城市轨道交通建设系列指南

城市轨道交通项目经理部质量安全标准化指南

江苏省住房和城乡建设厅
江苏省土木建筑学会城市轨道交通建设专业委员会　组织编写

中国建筑工业出版社

图书在版编目（CIP）数据

城市轨道交通项目经理部质量安全标准化指南/江苏省住房和城乡
建设厅，江苏省土木建筑学会城市轨道交通建设专业委员会组织编
写．—北京：中国建筑工业出版社，2020.9
（城市轨道交通建设系列指南）
ISBN 978-7-112-25395-1

Ⅰ.①城…　Ⅱ.①江…②江…　Ⅲ.①城市铁路-铁路工程-工程质
量-安全管理-指南　Ⅳ.①U239.5-62

中国版本图书馆 CIP 数据核字（2020）第 165758 号

本指南共分六篇 13 章。第一篇概述；第二篇质量安全行为标准化；第三篇技术管理
标准化；第四篇工程实体质量控制标准化；第五篇安全生产现场控制标准化；第六篇质量
安全信息化。本指南结合工程实践典型案例，具有很强的指导性、实用性和可操作性，可
供城市轨道交通工程参建各方、建设主管部门、大专院校、科研院所等单位的管理和技术
人员参考使用。

责任编辑：万　李
文字编辑：高　悦
责任校对：赵　菲

城市轨道交通建设系列指南
城市轨道交通项目经理部质量安全标准化指南
江苏省住房和城乡建设厅
江苏省土木建筑学会城市轨道交通建设专业委员会　组织编写
*
中国建筑工业出版社出版、发行（北京海淀三里河路 9 号）
各地新华书店、建筑书店经销
北京红光制版公司制版
南京海兴印务有限公司印刷
*
开本：787×1092 毫米　1/16　印张：23½　字数：567 千字
2020 年 10 月第一版　　2020 年 10 月第一次印刷
定价：72.00 元
ISBN 978-7-112-25395-1
（36355）

《城市轨道交通项目经理部质量安全标准化指南》

主编单位：

江苏省土木建筑学会城市轨道交通建设专业委员会

南通城市轨道交通有限公司

中铁二局集团有限公司

参编单位：

中铁十七局集团有限公司

通州建总集团有限公司

中铁十四局集团有限公司

上海市机械施工集团有限公司

中铁隧道局集团有限公司

中铁一局集团有限公司

南京坤拓土木工程科技有限公司

苏州科技大学

中国太平洋财产保险股份有限公司南通中心支公司

南京地铁建设有限责任公司

苏州市轨道交通集团有限公司

无锡地铁集团有限公司

常州市轨道交通发展有限公司

徐州市城市轨道交通有限责任公司

序 一

自 20 世纪 90 年代至现在是中国城市轨道交通快速发展的新阶段。随着经济的快速发展，城市综合规模的迅速扩大，中国城镇化进程的加快，我国的轨道交通也进入了大发展时期。规划建设城市轨道交通的城市迅速增多，大中城市轨道交通正逐步形成网络化，中国正初步形成了以地铁为主体，轻轨、单轨、有轨电车、磁浮、APM 和市域快轨等其他制式为补充的多元化发展格局，城市轨道交通正在高位稳定发展。中国城市轨道交通用不到 30 年的时间，走过了国外发达国家 150 年的发展历程。

实践证明，城市轨道交通在优化城市地下空间结构，促进新型城镇化发展，缓解城市交通拥堵和保护环境等方面显示出无比优越的作用。在大规模、高速度、跨越式发展的阶段，我们必须清醒地认识到，当前我国城市轨道交通建设正面临着一些严峻的问题和挑战。轨道交通建设的前期线网规划、线路、可行性研究、方案设计、比较研究和优化工作不够；在大建设时期还未来得及形成一套系统、完善的管理、勘察、设计、施工、监理、运营等在内的技术与管理标准体系；强调快速建设而压缩工期，强调最低价中标而造成材料设备和施工竞相压价，导致建设投入不足；建设管理薄弱，管理信息化水平不高，风险管理意识薄弱，工程事故时有发生；由于建设项目多、规模大、专业性强，造成目前轨道交通行业技术和管理力量稀释，专业技术人员、管理人员和熟练岗位技术工人严重匮乏，特别是一线操作工人来源短缺，技术水平较低，难以适应需求；工程建设中常见质量问题仍较普遍，质量水平不容乐观。

可喜的是，江苏省土木建筑学会城市轨道交通建设专业委员会在江苏省住房和城乡建设厅、江苏省科协的大力支持下，从 2014 年 10 月成立以来，一直以"建设一批优质工程、带动一批骨干企业、培养一批优秀人才、研究一批急需成果"为己任，先后开展了城市轨道交通工程"835""926"科技创新计划，经过 5 年多的努力，终于完成了两轮科技创新任务。两轮科技创新计划涵盖了城市轨道交通科研项目、地方标准和建设指南。其中编写的一套《城市轨道交通建设系列指南》，始于城轨需求，源自城轨实践；有理论，更有经验的提炼；有系统性，更重操作性，可喜可贺！本套丛书的问世，顺应了"聚焦高质量发展"新时代的要求，将对我国城市轨道交通建设水平的提升起到积极和重要的促进作用。

中国工程院院士、国家最高科学技术奖获得者：钱七虎

2019 年 12 月 9 日

序 二

从 1863 年英国伦敦第一条地铁线到 1965 年我国北京地铁一号线建设以来，因快捷准点、运输量大、节能环保等优点，城市轨道交通已成为百姓出行首选的交通工具。截至 2019 年 9 月底，我国已有 43 个城市运营突破 6300 公里；在建里程达 6600 公里。截至 2019 年 12 月，江苏省城市轨道交通已有 7 个地级市运营或在建，其中运营地铁 18 条线 704.5 公里、有轨电车 5 条线 83.8 公里；在建地铁 19 条线 539.4 公里。

城市轨道交通工程建设涉及土木工程、机电工程和管理工程等近 40 个专业。随着我国城市轨道交通进入高速发展阶段，该领域的管理、勘察设计、监理、施工、检测、监测等专业人员紧缺，安全与质量管理面临着严峻的问题和挑战。因此，项目管理、安全与质量风险管控，技术与管理人员管理水平等亟待提升。

为此，江苏省土木建筑学会城市轨道交通建设专业委员会（以下简称江苏城轨专委会）自 2014 年成立以来，一直把科技创新工作放在首位。先后联合了省内外城市轨道交通建设 110 余家勘察设计、施工、监理、检测、监测、科研院所、监管等单位和部门，共同开展了两轮科技创新活动，取得了一批可喜的成果。已出版了第一批《城市轨道交通建设系列指南》7 本、省级地方标准 6 本和 10 余项重要科研成果，第二批《城市轨道交通建设系列指南》将有 10 余本陆续出版，相关成果对推动城市轨道交通建设高质量发展起到了很好的引领作用。

组织《城市轨道交通建设系列指南》的编写，反映了江苏城轨专委会想城轨建设所想，急城轨建设所急，具有前瞻眼光和强烈的责任感。组织编写这样一套系列丛书，工程浩大，需要组织协调和筹集大量人财物。从选题、立项、确定主参编单位和人员、每本书的大纲和定位，到编写过程中邀请国内相关专家的数轮指导审核把关，付出了艰辛的努力；他们坚持不流于形式、不急于求成，坚持实用、创新、引领和指导等原则，体现了编审委员会严谨、求实和负责的态度和精神。

系列指南涵盖了我国城市轨道交通建设的多个领域，涉及面广。它的陆续出版，是我国城市轨道交通建设的一件盛事和喜事。编写者在城轨一线边工作边写作，边调研边提炼总结，对现行标准规范融会贯通，集思广益，倾注了大量的心血。他们紧扣该领域建设的实际需要，突出问题导向，突出经验总结和梳理，突出实用性和操作性，奉献出了一本本图文并茂、可读性强，集指导性、实用性、专业性为一体的指南，可喜可贺！系列指南的问世将对我国城市轨道交通工程建设水平的提高和高质量发展具有重要的促进作用。

陈湘生，博士，教授，中国工程院院士
深圳大学土木与交通工程学院院长
深圳市地铁集团有限公司技术委员会主任
2019 年 12 月 9 日

序　三

随着城市建设的快速发展，城市轨道交通作为百姓出行的首选方式，其工程建设也进入迅猛发展时期。针对如此大规模的城市轨道交通建设任务，为提高工程整体建设水平，急需在施工质量控制、新材料研究及应用、安全管理标准化、检测监测技术研究、建设项目管理等多方面编写一系列指南来指导工程建设。

江苏省土木建筑学会城市轨道交通建设专业委员会（以下简称江苏城轨专委会）作为科技社团，2014 年 10 月成立以来，紧紧围绕城市轨道交通建设"四大目标"和"六项任务"开展工作。"四大目标"即：建设一批优质工程、带动一批骨干企业、培养一批优秀人才、研究一批急需成果；"六项任务"即：搭建交流平台、开展标准（课题）研究、提供咨询服务、组织人才培训、指导工程创优、发挥助手作用。

通过 5 年多的努力，江苏城轨专委会充分发挥专家团队的技术优势，积极开展系列科技创新活动。先后牵头组织省内外 110 余家单位，近 800 人共同开展城市轨道交通"835"和"926"计划，参加的单位有城市轨道交通参建单位、高等院校、科研院所以及政府主管部门等，目前已基本完成全部科技创新计划任务。

系列指南的编写立足于城市轨道交通建设，内容丰富，书中大量的观点、做法、数据和案例都来自各编写单位一线工程实践经验，具有鲜明的工程特色，同时还引用了国内大量最新发布的标准和规范性文件，在写法上做到了图文并茂，整体具有较好的先进性、创新性和实用性。

本轮系列指南在编写过程中凝聚了全体主参编、审定人员的智慧和辛勤汗水，对推动城市轨道交通工程高质量发展具有非常重要的指导价值。

中国工程院院士：

2019 年 12 月 18 日

7

序　四

近年来，江苏省城市轨道交通工程建设进入大规模、高速度、跨越式发展阶段。自2000年南京地铁1号线开工建设以来，先后有苏州、无锡、常州、徐州、南通、淮安及昆山等地陆续开工建设，截至2019年12月，江苏省城市轨道交通在建和投入运营的线路（含有轨电车）共42条，共1327.7公里；预计到"十三五"末将达到1400公里左右。

城市轨道交通工程建设周期长、施工环境复杂、风险大，涉及专业众多。多年来，我省各级建设主管部门和奋战在我省城市轨道交通建设战线的广大管理和技术人员，在轨道交通工程建设和管理方面十分重视向北京、上海、广州、深圳等兄弟城市学习，同时结合江苏省的实际和特点进行探索，并注重实践经验的积累和总结。2014年7月25日，江苏省住房和城乡建设厅下发了"关于开展江苏省城市轨道交通工程建设系列指南（标准）编写工作的通知"，并委托江苏省土木建筑学会城市轨道交通建设专业委员会具体实施。通过110余家单位、近800人的攻关，首批系列指南已正式出版发行。第二批指南也列入江苏省住房和城乡建设厅科技创新工作计划，计划到"十三五"末，基本建立和健全江苏省城市轨道交通建设标准体系。目前，已出版了第一批《城市轨道交通建设系列指南》7本、省级地方标准6本和10余项重要科研成果，第二批《城市轨道交通建设系列指南》有10余本也陆续出版，相关成果对推动城市轨道交通建设高质量发展起到了很好的引领作用。

组织编写《城市轨道交通建设系列指南》，是我省城市轨道交通建设史上的一件大事，是全面总结和提高我省城市轨道交通建设水平的重要工作。江苏省土木建筑学会城市轨道交通建设专业委员会在组织编写系列指南过程中，积极协调各方资源，严密组织编写过程，坚持每本指南召开编写大纲、中间成果、修改后成果三次评审会和最终成果专家审定会，每次会议均邀请国内城市轨道交通建设专家学者严格把关，经过多次反复沟通修编，较好地保证了指南编写的质量。

由于江苏省城市轨道交通建设起步较晚，建设经验与兄弟省市相比还有较大的差距，系列指南（标准）的编写还存在许多不足，希望编委会和广大编写人员继续向兄弟省市学习，向实践学习，不断改进、总结和完善，为城市轨道交通建设作出积极的贡献。

江苏省住房和城乡建设厅党组书记：

2019年12月16日

前　言

百年大计，质量第一；安全生产，人命关天。城市轨道交通工程项目经理部质量安全标准化工作是城市轨道交通建设工程质量安全的基石。为指导城市轨道交通工程项目经理部质量安全标准化管理工作，江苏省住房和城乡建设厅、江苏省土木建筑学会城市轨道交通建设专业委员会组织南通城市轨道交通有限公司、中铁二局集团有限公司等多家单位，共同编写本指南。

本指南以现行城市轨道交通工程质量安全法律、法规、标准、规范和部委文件为依据，对多个已建和在建城市轨道交通工程的项目经理部质量安全标准化管理经验进行了认真梳理和总结，形成了质量安全行为、质量实体控制、安全生产现场控制、质量安全信息化等的标准化管理措施；从项目经理部质量安全行为标准化等方面，对实体质量控制、安全生产控制、信息化等进行了阐述；有助于完善质量安全管理体系，规范质量安全行为，落实质量安全主体责任，提高质量安全管理水平，推动城市轨道交通工程高质量发展。

本指南共分六篇13章。第一篇概述，主要介绍了城市轨道交通工程项目经理部质量安全标准化工作历程、重要性、主要内容等；第二篇质量安全行为标准化，主要介绍了城市轨道交通的组织管理、设施管理、技术管理、验收管理、资料管理等；第三篇技术管理标准化，主要介绍了技术方案分类、安全专项方案管理、技术方案管理、技术交底、验收管理分类、标准、要求、手段、资料管理；第四篇工程实体质量控制标准化，主要介绍了材料设备进场管理、样板示范管理、施工工序控制、质量缺陷整改；第五篇安全生产现场控制标准化，主要介绍了现场安全文明施工、安全风险管理；第六篇质量安全信息化，主要介绍了数字信息化与BIM技术的应用等内容。

同时，本指南为突出城市轨道交通工程的质量安全标准化管理特点，对常见的质量安全问题进行了分析，在相应章节插入了大量工程实景照片，具有较强的实用性和可操作性，可供城市轨道交通工程施工单位、监理单位、建设单位、建设主管部门、科研院所、高等院校等单位相关人员使用和参考。

本指南在编写过程中得到了江苏省内外城市轨道交通建设相关主管部门、建设单位及相关单位和专家、学者的大力支持和帮助，在此表示衷心的感谢！因时间仓促和编写人员的学术水平局限性，编写过程中难免存在一些不足和疏漏，敬请读者提出宝贵的意见和建议，并及时反馈至江苏省土木建筑学会城市轨道交通建设专业委员会，以供修订时参考。

本书编审委员会

2020年6月

目　　录

第一篇　概　　述

第二篇　质量安全行为标准化

第三篇　技术管理标准化

第四篇　工程实体质量控制标准化

第六篇 质量安全信息化

附录：城市轨道交通部分微创微改

第一篇　概　述

随着住房城乡建设部制定的《工程质量安全手册（试行）》的出台，标志着建筑行业推行质量安全管理标准化已步入实施阶段。该手册为质量安全标准化管理的具体落实指明了方向、明确了要求，为提升工程质量安全管理水平、提高人民群众满意度、推动建筑业高质量发展打下了坚实基础。

项目经理部是工程项目的具体实施单位。项目的质量安全管理工作能否按标准进行实施，关系到工程实体质量和安全生产管理的成败。因此，为确保工程质量、保障人民群众生命财产安全，项目经理部必须实行质量安全标准化管理。

1. 我国推行质量安全标准化的工作历程

自 2004 年 1 月国务院印发《关于进一步加强安全生产工作的决定》要求全国所有工矿、商贸、交通运输、建筑施工等企业开展安全质量标准化活动以来，党中央、国务院、国家建设主管部门一直在致力于推进质量安全标准化工作的具体落实；并相继制定、颁布了相关质量安全生产技术规范、标准、方案、指南、手册等文件；不断规范市场行为和管理流程。通过建立质量安全生产责任制、进一步落实主体责任、加强监管等手段、方法、措施，来推进质量安全管理的标准化。

我国推行工程质量安全标准化的工作历程，大致可分为三个阶段：第一阶段，2004—2010 年，学习推广煤炭行业安全质量管理经验；第二阶段，2010—2016 年，探索、落实安全标准化考核标准；第三阶段，2017 年至今，要求全面贯彻落实质量安全标准化管理工作。

期间，党中央、国务院及国家建设主管部门相继出台了相关指导性文件和意见，要求建筑施工企业推行质量、安全标准化管理，并就城市轨道交通工程质量安全管理标准化的推进专门作了发文。具体发文如下：

2005 年 12 月 22 日，住房城乡建设部印发了《关于开展建筑施工安全质量标准化工作的指导意见》（建质〔2005〕232 号），提出要规范企业市场行为、安全管理流程，促使场容场貌秩序化、施工现场安全防护标准化；同时提出了"四个结合"的工作方式。

2013 年 3 月 1 日，住房城乡建设部印发了《关于开展建筑施工安全生产标准化考评工作的指导意见》（建质办〔2013〕11 号），明确了建筑施工企业安全标准化考评的目的、主体及整体实施方案。

2014 年 7 月 31 日，住房城乡建设部印发了《建筑施工安全生产标准化考评暂行办法》（建质〔2014〕111 号），进一步要求规范建筑施工安全生产标准化考评工作。

2016 年 8 月 15 日，住房城乡建设部印发了《城市轨道交通工程质量安全检查指南》，目的是进一步规范和提升城市轨道交通工程质量安全标准化管理水平。

2017 年 3 月 3 日，住房城乡建设部印发了《工程质量安全提升行动方案》（建质〔2017〕57 号），要求进一步完善工程质量安全管理制度，落实工程质量安全主体责任，强化工程质量安全监管，提高工程项目质量安全管理水平，提高工程技术创新能力，促进全国工程质量安全总体水平明显提升。

2017 年 9 月 5 日，中共中央国务院发布了《关于开展质量提升行动的指导意见》（中发〔2017〕24 号），要求"加快推进工程质量管理标准化，开展质量提升行动，加强全面质量监管，全面提升质量水平和项目管理水平"。这是第一个以中共中央、国务院名义发文要求加快推进工程质量管理标准化建设的文件。

2017年12月7日，住房城乡建设部印发了《关于开展工程质量管理标准化工作的通知》（建质〔2017〕242号），明确要求加快推进工程质量管理标准化建设，并将"质量行为标准化和工程实体质量控制标准化"列为质量管理标准化的核心内容。

2018年2月2日，住房城乡建设部印发了《大型工程技术风险控制要点》，对轨道交通工程的工程技术风险控制和各阶段风险控制要点作出了明确规定。

2018年3月8日，住房城乡建设部出台第37号令《危险性较大的分部分项工程安全管理规定》，目的是加强对房屋建筑和市政基础设施工程中危险性较大的分部分项工程的安全管理，防范生产安全事故的发生。

2018年9月21日，住房城乡建设部出台《工程质量安全手册（试行）》（建质〔2018〕95号），首次明确了工程质量安全标准化行为准则和关键内容，旨在深入开展工程质量安全提升行动，保证工程质量安全，提高人民群众满意度，推动建筑业高质量发展，并要将工程质量安全要求落实到每个项目、每个员工，落实到工程建设全过程。

2018年12月25日，住房城乡建设部办公厅印发了《关于印发城市轨道交通工程土建施工质量标准化管理技术指南的通知》（建办质〔2018〕65号），文件首次明确了具体管理和技术要求。目的是建立城市轨道交通工程质量管理长效机制，实现质量行为规范化、工程实体质量控制程序化、管理标准化，促进工程质量均衡发展，有效提高工程质量整体水平。

由上述文件可见，工程建设领域推行质量安全标准化管理已迫在眉睫、势在必行，为提高工程建设质量、确保安全生产、保障人民群众生命和财产安全，必须实行质量安全标准化管理。

2. 城市轨道交通项目质量安全标准化的重要性

近年来，各大城市为缓解交通压力、提升城市形象、促进城市发展，相继加大对城市轨道交通工程的投入，轨道交通工程建设呈现出迅猛发展态势。城市轨道交通工程主要为地下工程，因涉及的专业较多、技术性较强、差异性较大，风险叠加效应明显，所以对工程项目质量安全管理的要求更高。

目前，项目经理部存在的风险隐患主要表现在以下方面：

1）随着工程项目增多，部分项目经理部人员配备不足、部门设置不合理，项目管理人员缺少现场施工经验。

2）部分项目总包管理流于形式，以包代管，对专业分包、劳务作业班组的管理存在脱节现象。

3）分包单位组织机构不健全，作业人员老龄化严重、质量安全意识淡薄、职业技能和技术水平参差不齐。

4）部分项目经理部在质量安全管理上与现场施工相脱节，技术安全交底针对性不强、培训教育流于形式、现场检查整改未落到实处。

5）项目经理部缺少专业的信息化技术人员，不能充分发挥出信息化技术对工程施工质量和安全生产管理的应有作用。

6）每个工程地质水文情况、周边环境因素各异，致使每个工程风险管控要点存在较大差异。

7）部分工程开工建设时间紧、任务急，边设计、边施工、边变更的"三边工程"较多，增加了项目管理难度。

因城市轨道交通工程施工过程质量安全管理，是由施工单位项目经理部负责具体实施，所以城市轨道交通工程项目经理部必须推行质量安全标准化管理，其重要性主要体现在以下方面：

（1）进一步贯彻落实相关文件精神的需要

推行质量安全管理标准化是认真贯彻落实新时代中国特色社会主义思想"质量强国""守住生命安全红线"，落实住房城乡建设部系列质量安全管理文件精神的需要。

（2）提升项目经理部质量安全标准化管理水平的需要

推行质量安全标准化管理，项目经理部组建将更为规范、岗位设置更为合理、管理行为更加规范；项目工程技术管理人员技术水平、管理能力能得到较快提升；进而促进项目经理部质量安全管理标准化水平的提升。

（3）有利于规范质量管理行为，提升工程实体质量

推行质量安全管理标准化，有利于项目经理部规范质量管理行为，对工程施工全过程各环节进行认真把控。通过控制成品半成品质量，优化施工方案和交底，各工序实行首件验收、样本引路等手段系统管理，规范施工验收各环节，提升工程实体质量和群众满意度，以推动城市轨道交通工程高质量发展。

（4）有利于规范安全生产管理行为，降低工程施工风险

推行质量安全标准化管理，通过规范安全生产管理行为，在施工前进行风险源识别、制定风险分级管控措施、隐患排查治理等方式，建立各施工工序、施工关键节点风险管控制度，强化落实重要部位、关键环节施工安全条件审查等措施，提升风险管控和应急处置管理能力，有效降低工程施工风险，保障人民群众生命财产安全。

（5）使施工方案编制更有针对性，便于统筹安排施工

推行质量安全标准化管理，在编制施工组织设计、施工方案前按流程对周边环境因素进行调查、充分理解图纸设计，列出本工程施工的重难点和风险源，优选施工方案和安全保障措施，并有针对性地制定风险防控措施，使施工组织设计及方案适用性、指导性、可操作性更强，便于统筹安排施工，使施工计划更合理。

3. 项目经理部质量安全标准化管理的内容

目前，城市轨道交通工程施工技术、施工方法相对比较成熟。因此，项目经理部推行质量安全标准化管理具有可操作性，也迫切需要推进标准化建设。目的是为了提升项目经理部质量安全标准化管理水平，以提升工程实体质量，降低施工风险，大幅度减少安全生产事故。

（1）质量安全标准化管理的内涵与外延

项目经理部质量安全标准化管理的内涵：在项目施工全过程，主动实施规范化、流程化、常态化的质量安全管理，并形成自我约束、持续改进管理的长效机制，达到持续提高工程实体施工质量、降低工程施工风险的目的。

项目经理部质量安全标准化管理的外延：项目经理部通过主动对项目实施过程中的人、机、料、法、环的规范化、流程化、常态化的标准化管理，来提升工程项目施工质量，提升安全生产管理水平，大幅减少安全生产事故的发生。

（2）质量安全标准化管理的主要内容

项目经理部如何规范质量安全管理、提升标准化管理水平是城市轨道交通工程项目经理部亟须解决的问题。根据近年来相继出台的相关管理规定、控制要点、工作手册等指导性文件，我们主要应从以下几个方面把握和具体落实相关文件精神，以提高城市轨道交通工程项目经理部质量安全标准化管理水平。

1）项目经理部组建标准化。通过合理设置项目经理部管理机构、配备足够的适岗人员，完善项目经理部制度建设和办公生活环境建设，规范对分包单位和劳务作业人员的管理，促使项目经理部充分发挥团队凝聚力和战斗力。

2）项目经理部质量行为标准化。项目经理部应有健全的质量管理机构，配备足够的工程技术质量管理人员；规范项目施工组织设计、施工方案的编制；促使技术交底具有实用性、施工过程有人监管指导，把好材料进场验收和工程验收关。质量领导组织机构主要人员应到岗履职，并确保人员综合素质。

3）项目经理部安全行为标准化。项目经理部主要人员到岗履职，安全生产管理机构健全；项目经理部各项安全生产制度健全，培训、教育落到实处；项目风险源管控到位、隐患排查治理工作落到实处；施工现场周边环境和作业面安全可靠、安全防护措施到位、应急处置措施到位。施工前风险源的识别、评价、管控等措施，关键节点重点部位风险管理制度，构件风险分级管控、安全条件审查、隐患排查治理，过程风险管控和应急处置。

4）工程实体质量控制的标准化。项目经理部严把材料设备进场检验检测关，分项工程实行样板引路首件验收制，积极开展科技创新、QC活动以不断提高各道工序施工质量，规范对成品、半成品的保护工作，确保工程实体质量合格并不断提高优良率。

5）将BIM技术、可视化技术、互联网＋、数字化技术等高科技手段运用到施工项目管理中来，以提升项目经理部质量安全标准化管理的水平。

总之，项目经理部应遵循以"质量强国""守住生命安全红线"为指引，认真落实好住房城乡建设部系列质量安全管理文件精神；以确保工程质量、降低施工风险为目的，保障人民群众生命和财产安全；促使项目质量安全管理水平达到"让标准成为习惯、让管理符合标准"的新高度。

第二篇 质量安全行为标准化

第1章 组 织 管 理

项目组织管理是运用系统的观点、方法和理论，对项目经理部质量安全工作进行有效的管理，项目管理目标能否实现的决定性因素是项目组织管理。

1.1 项目经理部机构及人员

项目经理部是施工企业为完成某项工程建设施工任务而设立的组织，是由项目经理与技术、安全、生产、物资、计划、财务等部门人员组成的项目管理机构，对项目生产的全过程进行管理。

1.1.1 项目经理部机构设置

1. 常见项目经理部机构设置

项目经理部机构设置及管理人员素质情况决定了工程项目能否安全、优质、高效完成，是项目能否顺利推进的重要条件之一。项目经理部管理机构的设置和人员配置一般根据项目具体情况，如：项目规模、地质水文情况、施工难易程度、创优目标及企业文化、人员素质等综合考虑。确保组建的项目经理部与工程项目相匹配，使项目分工更合理、岗位职责更明确、管理更规范化，并能充分调动项目管理团队的积极性和责任心，充分发挥好团队合作优势和个人特长，以提升项目经理部的质量安全管理能力。

经对国内在建的城市轨道交通工程项目经理部调查，各企业在项目经理部机构设置中主要采用矩阵管理模式，即项目经理负责制，下设部、工区等机构，便于各项工作的具体落实。各企业项目经理部机构设置情况见表 1-1，项目经理部机构设置优缺点分析见表 1-2。

国内项目经理部机构设置的调查统计　　　　　表 1-1

序号	模式一	模式二	模式三	模式四	模式五
	部门设置	部门设置	部门设置	部门设置	部门设置
1	工程部	工程部	工程部	工程管理部	技术质量部
2	安质部	安全环保部	安全环保部	技术质量部	安全环保部
3	物资设备部	物资设备部	物资设备部	物资设备部	物资设备部
4	计划合约部	工程经济部	计划合同部	经济管理部	成本控制部
5	财务部	财务部	财务部	财务部	财务部
6	综合办公室	综合办公室	综合办公室	综合办公室	综合办公室
7	试验室	试验室	试验室	试验室	风控管理部
8	—	质量监督部	机电部	党群工作室	—

項目经理部机构设置优缺点分析   表 1-2

管理模式	优缺点	内容分析	备注
模式一	优点	安全和质量管理整合为安质部，便于统一管理	
	缺点	要求安质部部长业务能力较强，不易实现	
模式二	优点	安全和质量管理分别单独成立部门，管理进行细化，有利于项目部精细化管理	
	缺点	安全和质量管理分别成立部门，部门配置人数较多	
模式三	优点	单独成立机电部，有利于大型设备的管理	
	缺点	质量管理纳入工程技术管理，部分管理指令交叉	
模式四	优点	加强日常党建管理	
	缺点	安全和质量管理相比于其他模式，管理偏薄弱	
模式五	优点	部门功能独立，技术质量、安全、风控管理责任清晰，便于质量安全管理的有效运行，风控管理独立设置能更好地发挥好监督、协调、约束作用	
	缺点	部门配置精简，对个人业务能力和责任心要求较高	

通过对央企、国企和民企在项目经理部组织机构设置的调查和比对分析可知，矩阵式管理组织结构适宜大项目管理，各部室的设置、职能分工明确，责权清晰，指令传达路径较短，对工程的组织与管理是有利的，但人员需求数量较多，能否在短暂的时间内配置适岗人员，是项目管理的关键。

2. 机构设置标准与组织架构

随着城市轨道交通工程质量安全标准化要求越来越高、越来越规范，项目经理部如何提升质量安全标准化管理水平变得越来越紧迫、越来越重要。此外，对项目经理部主要人员的综合能力、业务素质要求也越来越高。

为提高项目经理部综合管理能力、规范轨道交通建设项目标准化管理，目前常见的城市轨道交通项目经理部按 6 部 2 室设置，如图 1-1 所示，为工程技术部（含测量组）、安全环保部、质量监督部、计划合约部、物资机电部、财务部、试验室、综合办公室。

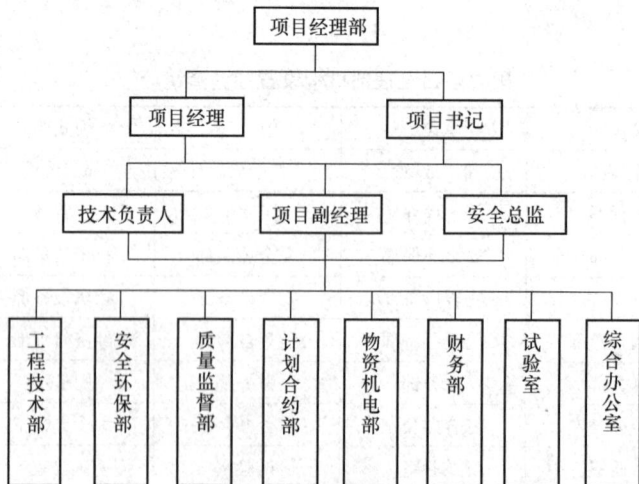

图 1-1　项目经理部的组织机构

10

3. 各机构与部门职能分工

项目经理部实行岗位责任制，承担项目全过程施工策划、安全、质量、进度、文明施工及环境保护、成本、信息化管理、合同履约等各方面责任。项目经理部各部门的分工和主要管理职能应与建设单位各部门职能衔接，具体职能可根据实际情况进行局部调整。

一般而言，项目经理部各机构部门职能分工矩阵见表1-3。

项目经理部各机构与部门主要管理职能的分工矩阵　　　　　表 1-3

工作职能	必要工作事项	工程技术部	安全环保部	质量监督部	计划合约部	物资机电部	财务部	试验室	综合办公室
前期策划	施工调查、风险识别	★	☆	☆					
	项目施工组织设计	★	☆	☆					
	项目管理策划书	★	☆	☆	☆	☆	☆	☆	☆
技术管理	施工方案、安全技术交底、作业指导书	★	☆	☆					
	工程测量、复核	★		☆					
	试验、检测			☆				★	
	竣工文件、资料管理	★	☆	☆	☆				
	与设计单位对接	★		☆	☆				
安全管理	方案安全	☆	★	☆					
	作业安全	☆	★	☆					
	管理安全		★						☆
	应急安全	☆	★	☆					☆
质量管理	施工质量、验收	☆		★				☆	
	缺陷处理	☆		★					
	成品保护	☆		★					
环境保护	扬尘控制	☆	★						
	生产、生活用水排放		★						☆
	噪声控制	☆	★						
	渣土处理	☆	★						
进度管理	施工进度控制	★			☆				
物资机械设备管理	机械进出场、使用管理					★			
	盾构、机电设备管理					★			
	物资材料采购、存储、周转					★			
分包管理	分包合同管理				★				
	计量、结算管理				★				
	分包队伍信用评价				★				
财务管理	预算、债权债务管理						★		
	资金、税务管理						★		
	经济活动分析				★		☆		
信息化管理	BIM 管理	★		☆					
	视频、监控管理	☆	★						
	实名制考勤管理		★		☆				

注：★表示主要部门负责；☆表示主要协助配合、分管部门。

11

1.1.2 项目经理部人员配备要求

1. 项目主要管理人员配置要求

项目经理部主要管理人员的综合素质决定了工程项目的管理水平和效率。根据建设单位招标文件要求和工程特点，配备具有相应技术、能力、知识及协调能力的人员，实现岗位设置满足管理要求，人员素质满足岗位要求，使组建的项目经理部能全面适应工程建设和管理需求。

项目主要管理人员应是本单位正式职工，无特殊情况在工程竣工前不得随意调整、调动。如需对项目经理、技术负责人、安全总监进行调整，应先向建设单位申请，得到同意后在规定时间内在省建筑市场监管与诚信信息一体化平台办理人员变更备案手续。变更人员应满足招标文件要求，并按规定程序进行任免；项目部主要管理人员基本配置要求见表1-4。

项目部主要管理人员的基本配置要求　　　　　　　　　　表 1-4

序号	主要管理人员	基本配置要求
1	项目经理	（1）具有相关专业国家一级注册建造师证，且注册单位为本单位。 （2）具有建设行政主管部门核发的《建筑施工企业专职安全生产管理人员安全生产考核合格证书》（B证）。 （3）具有类似工程施工经验，并在项目担任过重要管理岗位。 （4）满足招标文件所涉及的相关要求
2	项目书记	（1）具有中级（含）以上专业技术职称。 （2）中共党员（党龄不少于5年）。 （3）具有相关工程项目施工管理工作、党务工作或办公室工作等经验，任机关部门副职或项目副职及以上职务经历。 （4）满足其他相关要求
3	技术负责人	（1）具有中级（含）以上专业技术职称，并符合招标文件要求。 （2）具有类似工程施工经验，并在项目担任过技术部门主要管理岗位及以上（两年以上）。 （3）满足其他相关要求
4	项目副经理	（1）具有中级（含）以上专业技术职称。 （2）具有类似工程施工经验，担任过项目部门负责人及以上职务。 （3）满足其他相关要求
5	安全负责人	（1）具有工程师及以上专业技术职称。 （2）具有建设行政主管部门核发的《建筑施工企业专职安全生产管理人员安全生产考核合格证书》（C证）。 （3）具有类似工程施工经验，并担任过项目管理部门负责人以上职务（两年以上）。 （4）满足其他相关要求

序号	主要管理人员	基本配置要求
6	质量负责人	(1) 具有工程师及以上专业技术职称。 (2) 具有住房城乡建设部门监制，各省、自治区、直辖市住房城乡建设主管部门批准颁发的岗位培训考核证书（质量员证）。 (3) 具有类似工程施工经验，并担任过项目管理部门负责人以上职务（两年以上）。 (4) 满足其他相关要求
7	质量员	(1) 具有住房城乡建设部门监制，各省、自治区、直辖市住房城乡建设主管部门批准颁发的岗位培训考核证书（质量员证）。 (2) 具有类似工程施工经验。 (3) 满足其他相关要求
8	安全员	(1) 具有建设行政主管部门核发的《建筑施工企业专职安全生产管理人员安全生产考核合格证书》（C证）。 (2) 具有类似工程施工经验。 (3) 满足其他相关要求

2. 项目各部室人员配置标准

根据各省施工项目经理部关键岗位人员网上备案标准及相关管理要求，关键岗位备案人员包括项目经理、项目技术负责人、安全员、施工员、质量员。组建项目经理部时，还应根据工程规模、施工难度、创优要求、工期要求等完善项目经理部的人员配备，见表1-5。

施工总承包项目部关键岗位人员配置要求　　　　　　　　表1-5

大型工程		中型工程		小型工程	
岗位	人数	岗位	人数	岗位	人数
项目经理	1人	项目经理	1人	项目经理	1人
技术负责人	1人	技术负责人	1人	技术负责人	—
施工员	2人	施工员	1人	施工员	1人
安全员	2人	安全员	1人	安全员	1人
质量员	2人	质量员	1人	质量员	—

注：1. 此标准为关键岗位人员最低配备标准；

　　2. 市政工程中单项工程合同额5000万元以上的城市轨道交通工程属于大型工程。

针对城市轨道交通工程项目标段划分特点，本指南以2站2区间工程项目为例，项目经理部人员配置标准见表1-6。

项目各部室的人员配置标准　　　　　　　　表1-6

岗位职务	配置人数	职能部门	配置人数
项目经理	1人	工程技术部	部长1人，部员3人，资料员1人
项目书记	1人	安全环保部	部长1人，部员3人，安全员2~3人

岗位职务	配置人数	职能部门	配置人数
技术负责人	1人	质量监督部	部长1人，部员3人，质量员2~3人
项目副经理	3人	计划合约部	部长1人，部员3人
安全负责人	1人	物资机电部	部长1人，部员3人，材料员3人
质量负责人	1人	财务部	部长1人，出纳1人
—	—	试验室	主任1人，试验员2~3人
—	—	综合办公室	主任1人，部员2人
—	—	土建一工区	工区经理（项目副经理兼工区经理）、技术主管1人、技术员4人、安全员2人、质量员2人、材料员1人
—	—	土建二工区	工区经理（项目副经理兼工区经理）、技术主管1人、技术员4人、安全员2人、质量员2人、材料员1人
—	—	盾构工区	盾构经理（项目副经理兼盾构经理）、技术主管1人、地面调度1人、机长2人、机长助理4人、安全员2人、质量员1人、材料员1人

注：1. 表格内填写的人数为项目经理部建议配置的人数；
    2. 本指南推荐2站2区间分3个工区进行管理，各工区安全员、质量员、材料员在管理上统一纳入项目经理部管理体系；
    3. 关键岗位人员配置数量在本表基础上可根据工程进展适当增加。

1.1.3 项目经理部主要职责

项目经理部作为项目实施管理的重要决策层，主要包括项目经理、项目书记、技术负责人、项目副经理、安全负责人、质量负责人、质量员、安全员等岗位，承担了相应的岗位职责、安全职责、质量职责等。

（1）质量岗位职责

在城市轨道交通项目中，项目部的主要质量岗位有：项目经理、项目书记、技术负责人、项目副经理、安全负责人、质量负责人、质量员、安全员等，质量岗位职责见表1-7。

项目部的质量岗位及其职责 表1-7

岗位职务	岗位质量职责
项目经理	（1）项目经理是项目施工质量第一责任人，对项目质量工作全面负责。 （2）组织贯彻并督促各部门执行国家、行业和上级有关项目管理的方针、政策、指令、规章制度等。 （3）制订本项目的质量目标、指标，并把目标、指标分解到相应管理部门、岗位。 （4）策划、组织、建立、指挥本项目质量管理体系，确保质量管理体系的符合性、适宜性和实施的有效性。 （5）确保质量管理体系正常运行，充分提供所需的资源。 （6）规定项目领导班子成员和相关部门的质量职责和权限。 （7）完成上级领导交办的其他工作

岗位职务	岗位质量职责
项目书记	（1）项目书记是项目质量生产主要负责人，对项目质量生产负重要领导责任。 （2）负责根据项目质量目标要求，组织制订人力资源规划和措施，并指导、督促实施。 （3）负责组织建立保证和提高施工质量的激励和约束机制。 （4）负责组织策划、实施项目质量文化建设。 （5）完成上级领导交办的其他工作
技术负责人	（1）项目技术负责人是项目施工技术管理负责人，对项目施工质量生产负技术领导责任。 （2）组织贯彻国家、行业有关技术标准、施工规范、质量标准以及上级有关技术管理的方针、政策、指令、规章制度等。 （3）对质量管理体系的有效运行进行检查和监督，协调体系相关部门的工作，解决体系运行中存在的技术问题。 （4）组织编写和审批施工组织设计和质量计划以及重点、难点工序的施工方案，组织技术人员对施工中的重大技术难题开展攻关。 （5）定期或不定期对施工质量进行认真检查、分析，对存在的问题及时采取有效措施，保证施工质量。 （6）参加工程质量事故的调查、分析、处理工作，组织制订或审批处理方案。 （7）完成上级领导交办的其他工作
项目副经理	（1）在项目经理的领导下，协助项目经理抓好质量生产工作，对项目质量生产工作负直接领导责任。 （2）组织贯彻国家、行业有关质量标准、施工规范、验收标准以及上级有关质量管理的方针、政策、指令、规章制度等。 （3）定期或不定期对施工质量进行认真检查、分析，对存在的问题及时采取有效措施，确保施工质量。 （4）有效组织施工生产，组织协调施工过程中影响质量目标实现的相关因素，确保实现本项目的质量方针和目标。 （5）完成上级领导交办的其他工作
安全负责人	（1）安全负责人在项目经理、项目技术负责人的领导下，在施工质量控制中负安全管理责任。 （2）组织贯彻国家、行业有关质量标准、施工规范、验收标准以及上级有关质量管理的方针、政策、指令、规章制度等。 （3）参加工程质量事故的调查、分析、处理工作，从安全上分析事故原因，制订防范措施。 （4）完成上级领导交办的其他工作
质量负责人	（1）质量负责人在项目经理、技术负责人的领导下，具体负责项目的质量技术管理工作，对施工质量负直接管理责任。 （2）贯彻国家、行业有关质量标准、施工规范、验收标准以及上级有关质量管理的方针、政策、指令、规章制度等，制订本项目的质量管理办法和质量计划。 （3）贯彻规范质量标准和上级的质量体系文件，建立和实施本项目的质量管理体系，负责日常管理以及质量目标的制订，掌握所属各项目质量目标的分解及完成情况。 （4）经常深入现场检查施工质量，并分析工程的质量状况，收集施工过程中的不合格信息，进行数据分析，对存在的问题及时提出有效措施或向领导提出建议。 （5）负责本项目内部的质量检查和考核评比工作，配合监理工程师做好现场质量的监督检查和考核评比。 （6）参加工程质量事故的调查、分析、处理工作，组织制订质量事故的处理方案。 （7）完成上级领导交办的其他工作

岗位职务	岗位质量职责
质量员	（1）掌握设计文件、验标、规范、指南、工法、内控标准，熟悉施工程序、施工工艺流程。 （2）认真执行技术复核制度和技术交底制度，履行施工过程技术指导和质量控制。 （3）对工程施工技术指导的准确性和正确性负责。 （4）完成上级领导交办的其他工作
安全员	（1）认真贯彻国家、行业有关质量标准、施工规范、验收标准以及上级有关质量管理的方针、政策、指令、规章制度等。 （2）参与质量交底和检查，对存在质量隐患的部位从安全方面提出纠正措施。 （3）配合项目开展质量教育培训活动。 （4）完成上级领导交办的其他工作

（2）安全岗位职责

城市轨道交通项目经理部主要安全岗位有：项目经理、项目书记、技术负责人、项目副经理、安全负责人、质量负责人、质量员、安全员。安全岗位职责见表1-8。

项目部的安全岗位及其职责　　　　　　　　　　　　　　表1-8

岗位职务	岗位安全职责
项目经理	（1）项目经理是项目安全生产第一责任人，对项目安全生产工作全面负责。 （2）认真贯彻执行国家、行业有关安全生产法律、法规，督促落实安全生产规章制度和有关安全生产要求。 （3）组织建立、健全项目安全生产责任制，确定项目安全管理目标。 （4）保证项目按规定设置安全生产管理机构，并配备相应专职安全管理人员。 （5）主持项目安全生产会议，保证安全生产足额投入。 （6）向上级有关部门及时、如实上报安全生产事故，配合地方政府和上级单位相关部门做好事故调查处理工作。 （7）完成领导交办的其他工作
项目书记	（1）项目书记是项目安全生产主要负责人，对项目安全生产负重要领导责任。 （2）认真贯彻执行国家、行业有关安全生产、劳动保护方面的法律、法规和上级有关安全生产要求。 （3）负责项目工地形象宣传和安全生产文化建设工作。 （4）参加、主持安全生产会议，安排、布置项目安全生产工作。 （5）完成领导交办的其他工作
技术负责人	（1）作为项目施工技术管理负责人，对项目施工安全生产负技术领导责任。 （2）认真贯彻执行国家、行业安全生产、劳动保护法律、法规，落实上级有关安全生产要求和规章制度。 （3）贯彻安全生产的技术规程和标准，督促各级技术人员向作业人员层层进行安全技术交底和培训，负责监督、落实各项方案的执行。 （4）组织、主持项目危险源辨识、评价和开展重大安全隐患排查工作，制订风险控制防范措施和应急预案。 （5）配合安全生产事故的调查处理，负责安全技术原因的分析，提出有关安全技术预防措施。 （6）完成领导交办的其他工作

岗位职务	岗位安全职责
项目副经理	(1) 在项目经理的领导下，协助项目经理抓好安全生产工作，对项目安全生产工作负直接领导责任。 (2) 贯彻执行国家、行业有关安全生产法律、法规，落实上级有关安全生产要求和各项安全生产规章制度。 (3) 建立健全项目安全生产责任制，组织制订项目安全生产规章制度和操作规程，建立、完善项目安全生产监督管理体系，并督促落实。 (4) 组织并参与员工安全生产教育培训工作，并督促相关部门对员工进行安全技术交底和培训。 (5) 组织每月和不定期的安全生产大检查，经常深入施工现场，了解安全生产情况，发现问题及时解决，同时报告项目经理。 (6) 完成上级领导交办的其他工作
安全负责人	(1) 组织、监督执行国家安全生产的有关法律法规和上级的有关要求，对工程项目的安全生产管理和监督工作负具体领导责任。 (2) 协助项目经理，完善和推进项目安全生产保证体系的运行，策划项目安全生产的管理和监督，并负责组织实施。 (3) 根据企业安全生产监督管理规章制度的要求，负责组织项目周检和日常的安全生产督查、检查工作，对生产中危及安全的重大问题，有权下令停工整改并督促整改到位。 (4) 组织、主持编制项目安全专项方案和安全措施，组织、督促对相关班组、作业人员进行安全技术交底和培训。 (5) 组织有关部门对特种作业人员进行安全生产培训和办理取证工作，组织员工的安全培训教育及新员工的"三级"安全教育，不断提高员工的安全技术素质。 (6) 完成上级领导交办的其他工作
质量负责人	(1) 质量负责人在项目经理、项目技术负责人的领导下，具体负责项目的技术管理工作，在施工安全生产中负技术管理责任。 (2) 贯彻执行国家有关安全生产法律、法规和上级有关安全生产指示。 (3) 参与安全防护设施和设备的验收，发现问题及时采取措施，严格控制不符合标准要求的防护设备、设施投入使用。 (4) 负责部门业务工作安排，保证安全生产工作的顺利开展。 (5) 参与项目生产安全和工程质量事故调查，从技术上分析事故原因，制订防范措施。 (6) 完成上级领导交办的其他工作
质量员	(1) 认真贯彻执行国家、行业有关施工技术的安全生产法律、法规，严格落实上级有关安全生产的要求和规章制度。 (2) 参与安全技术交底和安全检查，对存在安全隐患的部位从技术方面提出纠正措施。 (3) 配合项目开展安全教育培训活动。 (4) 完成上级领导交办的其他工作
安全员	(1) 认真贯彻执行国家、行业有关安全生产法律法规和上级指示。 (2) 参与制订项目的安全生产规章制度，并督促全体员工严格执行。 (3) 宣传国家、行业和上级关于安全生产的法律法规和要求，协助组织开展各种安全活动和安全生产教育培训。 (4) 监督作业人员正确使用和佩戴劳动防护用品，积极协助改善员工劳动条件，做好防尘、防毒、防职业病工作。 (5) 深入施工现场，对发现的安全生产违章违规行为或安全隐患，应给予纠正或做出处罚决定。 (6) 对施工现场存在的重大安全隐患应立即报告或直接向领导、上级主管部门反映。 (7) 完成上级领导交办的其他工作

1.1.4 项目部劳务人员管理

1. 作业人员基本条件及要求

（1）一般作业人员基本条件与要求

项目经理部作业人员年龄应在 18～55 周岁之间，身体健康，持有本人居民身份证，或临时身份证，或户籍所在地派出所出具的身份证明书，具备一定的安全生产技术知识及技能。

（2）特种作业人员基本条件及要求

项目特种作业人员主要包括：电工、电焊工、架子工及特种设备操作、指挥人员等，特种作业人员基本条件及要求见表 1-9。

特种作业人员的基本条件及要求　　　　　　　　　　　　表 1-9

工种名称	条件要求
特种作业人员	（1）经社区或者县级以上医疗机构体检健康合格证明。 （2）具有初中及以上文化程度。 （3）具备必要的安全技术知识与技能
电工	掌握相应的电工作业安全技术、电工基础理论和专业技术知识，并具有一定的实践经验
电焊工	必须进行与本工种相适应的、专门的安全技术理论学习与实际操作训练，并经考核合格取得特种作业操作证后方准上岗作业
特种设备操作人员 （机动车司机、挖掘机司机）	司机必须取得对应机械的资格证书方可作业
架子工	经考核合格后取得职业资格证书，动作协调，身体健康，能适应高空作业
起重机械作业人员 （司索工、信号指挥工）	（1）有相应的职业资格证书，掌握一定的专业知识和娴熟的操作技能。 （2）相应特种作业规定的其他条件

2. 劳动合同签订

（1）自有人员劳动合同签订

项目自有人员主要为单位正式员工，也包含部分单位外聘人员或劳务派遣人员，以上人员与单位应签订书面劳动合同。劳动合同是双方确立劳动关系、明确双方权利和义务的协议，是处理纠纷的主要依据；劳动合同主要条款见表 1-10。

自有人员劳动合同的主要条款　　　　　　　　　　　　表 1-10

序号	条款内容
1	用人单位的名称、住所和法定代表人或者主要负责人
2	劳动者的姓名、居民身份证、住址、本人及应急联系人电话
3	劳动合同期限
4	工作内容和工作地点
5	工作时间和休息休假（或相关补偿约定）

序号	条款内容
6	劳动报酬
7	社会保险
8	劳动保护、劳动条件和职业危害防护
9	法律、法规规定应该纳入劳动合同的其他事项

（2）分包单位作业人员劳动合同签订

各分包单位作业人员应与直接聘用单位签订劳动合同，并将劳动合同复印件加盖单位公章后报项目经理部备案。为避免劳动纠纷，分包单位人员劳动合同主要内容见表1-11。

分包单位作业人员劳动合同的主要内容 表1-11

合同条款	主要内容
劳动用工模式	根据《劳动法》和《劳动合同法》的规定，劳动用工模式主要分为三种，即全日制劳动用工模式、非全日制劳动用工模式以及劳务派遣模式
劳动合同期限	根据《劳动合同法》的规定，劳动合同的期限分为三种，即固定期限、无固定期限和以完成一定工作任务为期限。分包队伍与劳务人员确定用工模式后，需选择一种适合的劳动合同期限
劳动工资报酬的确定与支付	（1）工资的主要形式有计时工资、计件工资、奖金、津贴和补贴、加班加点工资和特殊情况下支付的工资。 （2）约定考勤计量标准及确认方式，约定工资发放方式及发放主体责任。 （3）每月工资发放金额应按合同约定支付到位
劳动者基本权益保护条款	（1）工作时间的限制和休息、休假制度的规定。 （2）各项劳动安全与卫生措施。 （3）对女职工的特殊劳动保护。 （4）工伤事故处理原则及责任
违约处理条款	（1）约定可能存在的违约情况及处理办法。 （2）恶意讨薪的行为及处理原则

3. 劳务人员进退场管理

（1）劳务人员进场管理

劳务分包单位应向项目经理部报送进场人员身份证复印件、花名册、体检报告、管理制度、组织机构，驻场负责人应有授权委托书并明确授权范围。制订专人负责进/退场人员手续办理和日常劳务人员管理工作；项目经理部的计划合约部应对劳务分包单位驻场代表进行《人员进退场管理办法》等相关制度进行培训和交底。

劳务分包驻场代表进场前需向计划合约部报送的资料有：

1）进/退场人员花名册，并扫描身份证、上岗证等有效证件。

2）体检表（原件）、1寸照片1张、本人工资银行卡复印件。

3）"劳动合同"的复印件。

项目经理部的安全环保部对拟进场人员的体貌特征、年龄、上岗资格、证件、体检表、照片等信息进行认真审查，审查合格后联合计划合约部办理相关的进场手续。

项目经理部对进场所有人员应进行入场安全教育培训，考核合格后人员方可进场工作。同时，项目安全环保部给劳务人员录入实名制管理系统，物资机电部给分包队伍发放劳保用品，由分包队伍发给劳务人员，并将劳保用品领用签字表交物资管理部存档。劳务人员食宿由所在工区统一安排。进/退场人员花名册如图 1-2 所示。

序号	班组	姓名	性别	年龄	民族	籍贯	工种	进场时间	三级教育日期	退场人员签字	退场时间	备注

进/退场人员花名册

图 1-2　进/退场人员花名册

（2）劳务人员退场管理

劳务人员因工作任务已完成、工程完工或个人原因需离开工地的，项目经理部应给劳务人员办理退场登记；发放《劳务人员/队伍退场通知书》，如图 1-3 所示，办理退场手续，组织劳务分包队伍及其人员退场。

项目经理部应做好分包队伍退场的监督管理工作，计划、财务、物资设备等部门应做好人、财、物的清点、移交、登记等工作。

退场的人员应在进/退场人员花名册中签字。

4. 劳务人员考勤管理及薪酬发放

（1）劳务人员考勤管理

为了规范施工现场管理，加强劳务人员的劳动纪律，结合工程实际状况制订劳务人员实名制考勤制度，并将考勤作为工资发放的依据，项目部应该指定专人负责对劳务班组人员每月考勤进行复核、书面确认和公示。

在工地进出通道安装实名制考勤系统，劳务人员进出场均通过"刷脸"考勤，如图 1-4 所示。通过考勤系统采集劳务人员考勤信息，施工单位可凭此进行人工成本核算和发放工资，并通过专用账户委托银行代发工资，将工资打入劳务人员工资卡。便于相关监督

劳务人员/队伍退场通知书

_____劳务公司:

因_____原因,现通知你在_____工程的施工队伍_____人退

场。请办理各项退场手续,于_____年_____月_____日前退场。

劳务人员退场一览表

退场单位:_____劳务公司

序号	工种	班组名称	班组长	退场日期		退场人数	备 注
				月	日		

_____项目部

年　　月　　日

图1-3　劳务人员/队伍退场通知书

图1-4　劳务人员通过门禁考勤

部门和建设单位对进城务工人员工资发放的监督检查。

劳务班组作业人员考勤由分包单位驻场代表和项目经理部办公室专人负责核实确认,并将考勤情况每周进行公示,形成有效的考勤记录交项目经理部财务部存档。

施工现场劳务人员应该按入场时间、真实姓名考勤,严禁弄虚作假,故意伪造考勤表,虚报、多报人数冒领工资款,一经查实项目经理部将严厉处罚并追究责任。劳务人员考勤表如图1-5所示。

劳务人员考勤表

单位：　　　　　　　　　　　　　　　　　　　　　　　　　　　　　　　　　　　　　　年　　月

代号	出勤√ 半天出勤√ 出差1 探亲2 事假3 学习培训4 病假5 婚假6 产假7 丧假8 未签到0																																
序号	日期 姓名	26	27	28	29	30	31	1	2	3	4	5	6	7	8	9	10	11	12	13	14	15	16	17	18	19	20	21	22	23	24	25	出勤天数	出差天数	未签到天数
1	张三																																		
2	李四																																		
3																																			
4																																			
5																																			

项目经理：　　　　　　　　　　项目书记：　　　　　　　　　　考勤员：

图 1-5　劳务人员考勤表

（2）劳务人员薪酬发放

为了确保劳务人员的工资发放，项目经理部在银行开立工资发放专用账户；劳务分包单位在与总包单位签订代发工资协议书后，委托总包单位代发工资。

考勤表需有班组工人、班组长、现场负责人、项目劳务员、施工员和项目经理签字确认，劳务分包、专业分包单位也需分包单位现场负责人共同签字确认。考勤包含手工考勤和电子考勤，将每月考勤情况张贴在公示栏内进行公示。班组工人每月工资发放标准与劳动合同约定以及代发工资流水应一致，并确保不低于最低工资标准。

工资表，包括公示表和审核表，公示表按月制作并张贴在公示栏内，需有班组工人签字确认，审核表是报到专户银行用于发放班组工人工资的，在报到银行前复印留存 1 份。

班组工人维权告知牌每月将考勤表和工资表在公示栏内公示，并拍照留存。劳务人员工资发放表如图 1-6 所示。

劳务人员工资发放表

单位：					日期：　　　　　　年　　月					
序号	姓名	性别	证件类型	证件号	所属班组	满勤日期	考勤天数	实发工资	本人签字	备注
1	张三									
2	李四									
3										

项目经理　　　　　　　　　　项目书记　　　　　　　　　　考勤表

图 1-6　劳务人员的工资发放表

22

1.2 管 理 制 度

项目经理部建立质量安全管理制度有助于项目经理部制度化、标准化、规范化运行，本章包括了质量安全相关的管理制度，主要包括项目人员的综合管理制度、项目经理部常用的管理制度、制度化管理、项目经理部的质量安全管理制度等。

1.2.1 项目部人员综合管理制度

项目经理部作为工程项目直接管理机构，必须遵守国家、省、市或监督机构的相关政策法规和规章制度。确保项目经理部能够有效、有序地进行管理；确保项目经理部能优质的完成施工任务，其制度划分共9类，分别为安全生产管理类5项、质量生产管理类6项、例会制度类3项、临时用电制度类2项、消防管理制度类2项、信息管理制度类3项、大型机械设备管理类5项、应急管理类3项、危险性较大工程安全管理类3项，项目经理部需要建立的基本管理制度见表1-12。

项目经理部需要建立的基本管理制度   表 1-12

序号	制度名称	制度主要内容	制定制度目的
1	安全生产管理制度	安全技术交底、班前安全活动、安全生产检查、项目负责人带班、安全隐患排查和整改等	加强项目安全生产管理，防止和减少安全生产事故，保障职工生命安全
2	质量生产管理制度	隐蔽工程验收、检验批、三检制、成品保护、首件验收、试验检测等	加强项目质量管理，提高全员质量意识，使工程质量管理规范化、程序化、制度化，确保实体质量符合设计要求
3	例会制度	工程周例会、质量分析会、安全警示会等	分析质量安全进度存在的问题，确定解决问题措施和阶段性工作计划，规避风险
4	临时用电制度	临电方案编制与报审、现场和驻地安全临时用电规范管理	加强现场临时用电的管理，制订安全用电技术措施，从而保障施工生产安全运行
5	消防管理制度	消防器材安全检查和管理、入场人员消防教育等	加强消防安全管理，预防火灾，减少火灾危害
6	信息管理制度	信息收集和上传、实名制考勤、视频监控	加强项目信息管理，利用视频监控、实名制考勤等方式，确保项目管理安全可控
7	大型机械设备管理制度	大型机械设备登记、报审、管理、使用、检查及维护保养等	提高项目大型机械设备管理水平，确保安全优质完成任务目标
8	应急管理制度	应急管理队、应急预案与演练、应急救援等	预防和控制项目潜在的事故和紧急情况发生，做出应急预警和响应，最大限度减少可能产生的事故后果
9	危险性较大工程安全管理制度	危险源辨识与监控、安全风险告知、危险性较大工程专项方案编制与审核等	加强危险性较大工程安全管理，积极防范和遏制施工安全生产事故的发生

根据项目经理部的工作性质、地域不同，可选择建立特色管理制度，具体可以参考表1-13。

项目经理部建立的特色管理制度 表 1-13

序号	特色管理制度名称	制度主要内容
1	险长制	基本原则、风险管控原则、强调"一险一长、一险一档、一险一考"

1.2.2　项目经理部常用管理制度

由于各职能部门的岗位分工不同，各部门需建立的质量安全标准常用管理制度也有所不同，按照部门共分 7 类，分别为工程技术 9 项、安全环保 15 项、质量监督 10 项、计划合约 4 项、物资机电 4 项、试验检测 4 项、财务 2 项，见表1-14。

项目经理部应该建立的常用管理制度 表 1-14

部门	制度名称	备注
工程技术部（含测量组）	施工生产例会制度	由工程部部长编制管理制度，上报项目技术负责人审核、项目经理审批通过后，下发执行落实
	施工技术交底制度	
	施工技术资料管理制度	
	施工图现场核对制度	
	危险源辨识与监控制度	
	工程测量放样、复核、交底制度	由测量主管编制管理制度，上报项目技术负责人审核、项目经理审批通过后，下发执行落实
	测量仪器设备使用、管理、校订制度	
	监控量测信息分析、报送与反馈制度	
	监控量测异常数据预警、消警制度	
安全环保部	安全会议制度	由安全环保部部长编制管理制度，上报项目安全负责人审核、项目经理审批通过后，下发执行落实
	安全生产教育培训制度	
	安全技术交底制度	
	机械设备安全管理制度	
	临时用电安全管理制度	
	危险源辨识与监控安全管理制度	
	安全风险告知制度	
	危险品管理制度	
	消防安全责任制度	
	应急管理制度	
	节假日及阶段性专项安全检查、领导值班巡查制度	
	安全生产考核与奖惩管理制度	
	生产安全事故调查处理及报告制度	
	危险性较大的工程安全管理制度	
	班前安全活动制度	

部门	制度名称	备注
质量监督部	隐蔽工程质量验收制度	由质量监督部部长编制管理制度，上报项目技术负责人审核、项目经理审批通过后，下发执行落实
	检验批、分项、分部、单位工程质量检查、申报、签认制度	
	工程质量事故报告和调查处理制度	
	质量分析会制度	
	成品保护制度	
	质量信息管理制度	
	工程质量首件验收制度	
	工程质量三检制度	
	质量检查与评定管理制度	
	不合格项处置制度	
计划合约部	合同管理制度	由计划合约部部长编制管理制度，上报项目经理审批通过后，下发执行落实
	外部协作队伍管理制度	
	劳务结算管理制度	
	对上验工计价管理制度	
物资机电部	应急抢险物资的管理制度	由物资机电部部长编制管理制度，上报项目技术负责人审核、项目经理审批通过后，下发执行落实
	特种设备日常维修保养制度	
	大型机械和材料进场报验制度	
	易燃易爆物品使用管理制度	
试验室	试验室、样品室、养护室管理制度	由试验室主任编制管理制度，上报项目技术负责人审核、项目经理审批通过后，下发执行落实
	试件制作、养护管理制度	
	试验检测事故分析制度	
	检测频率保证及委外试验管理制度	
财务部	安措费使用管理制度	由财务部部长编制管理制度，上报项目经理审批通过后，下发执行落实
	劳务人员薪酬代付管理制度	

1.2.3 项目经理部质量安全管理制度

项目经理部作为工程项目管理的主要机构，必须在项目经理的领导下根据实际情况制订各种规章制度，确保项目部能科学、有效、有序地进行管理，并确保项目部能顺利完成施工任务。

1. 质量管理制度

完善的质量管理制度是实现城市轨道交通工程质量管理工作和目标的重要保证。项目部可以建立的主要质量管理制度，见表1-15。

项目部的主要质量管理制度表

表 1-15

序号	主要管理制度名称	制度编制目的
1	工程质量的责任制	根据《建设工程质量管理条例》等有关质量法律法规，建立从项目部、作业班组，从主要责任人、管理人员、作业人员的纵向到底、横向到边的覆盖各职能部门和岗位的全员质量责任制体系，实行工程质量终身负责制和责任追究制，通过有效措施将质量责任层层分解和落实。使工程按照预期的质量标准，满足整个项目的使用功能和达到必要安全要求，使项目能够正常的投入使用并发挥效益，同时，确保建设项目满足国家的强制标准和相关规范、规定要求
2	施工技术的交底制度	在工程开工前，施工图设计单位向项目部和监理工程师进行设计文件交底。项目部技术负责人在施工各阶段对项目管理层和操作层进行施工技术交底，将施工内容与施工组织、施工工艺和主要施工参数、工程质量要求和验收标准、质量通病的预防、安全技术要求等详细地交给施工人员，施工人员签字领取。未经施工技术交底，不得进行相应的工程施工
3	工程样板的管理制度	对标段各专业重点、难点工序，实行样板管理，在大面积施工前，对重点、难点工序进行样板段施工，经代建方、监理等相关单位验收合格后，按样板段标准进行全面施工
4	工程质量的旁站监督制度	项目部配备质量专职管理人员，对工程的特殊过程、关键工序和关键部位的全过程，实行旁站监督，确保工程质量始终处于受控状态。旁站监督做到严格执法，并做好监督记录，对所监督的施工质量负责
5	隐蔽工程的检查和签证制度	根据行业、国家、省、市有关规范、规定、标准，招标文件和代建方有关安全质量管理等文件要求，确定隐蔽工程和中间验收部位的分类、部位、质检内容、质检标准、质检表格和参检方。 （1）工程在隐蔽之前，经单项技术负责人自检合格后，质检工程师予检，并按规定时间报监理工程师检查签证。未经监理工程师检查签证不得隐蔽施工。 （2）隐蔽工程检查签证应按相关规定和业主要求由技术负责人填写，签认齐全，作为竣工文件保存。 （3）隐蔽工程检查手续应及时办理，不得后补。 （4）隐蔽工程检查合格后，如长期停工，在复工前应重新按规定进行检查签证
6	成品、半成品的保护制度	在施工过程中，根据保护产品的特点，分别采取"防护""包裹""覆盖""封闭"等保护措施，以及合理安排施工顺序等达到保护成品的目的
7	不合格产品的控制制度	严格控制不合格品的出现，严格控制施工操作过程中的不当和失误。一旦出现不合格品，视其损失及严重程度，组织评审和处置，从而确保产品合格
8	质量问题的消项、分析例会制度	为了有效推进施工质量问题的消除和质量的提高，项目部组织召开定期、不定期的质量专题会，分析施工中出现的质量问题以及产生的原因，并制订出相应的预防、纠正措施，杜绝质量问题重复出现
9	工程质量的奖罚制度	为了加强项目管理，确保工程质量，项目部建立有效的激励约束机制和绩效考核制度，按季度、年度开展劳动竞赛，对项目部作业队进行综合考评，并制订相应奖惩措施，其中质量状况作为重要考评要素之一，实行质量事故一票否决制，以充分调动各作业队的积极性，强化施工质量过程控制

序号	主要管理制度名称	制度编制目的
10	质量事故的申报制度	建立质量事故申报制度，确保事故能够得到及时处理。施工过程中发现质量问题，项目部及时上报代建方及监理单位，并组织有关人员分析原因和研究整改方案，在监理的监督下落实整改方案
11	项目试验室管理制度	试验室的管理是工程质量管理的重要手段，是保证工程质量的前提，为加强城市轨道交通项目试验室的管理，建立试验室管理制度，制度中明确试验室人员的岗位职责、工程材料的质量控制、试验检测仪器的管理、资料档案的管理等内容，保证试验检测工作质量，防止不合格材料的使用
12	工程质量三检制度	在作业班组实施工程质量三检制度是质量控制的基础环节，严格执行工班工程质量三检制度，并以此加强操作人员的质量意识，交流工艺操作经验，加深理解技术和质量标准，努力提高队伍的整体素质
13	实名制举牌验收制度	做好工程的质量检查和记录，落实操作和管理责任人的质量责任，严格工程检验程序，确保工程质量
14	工程创优制度	保证创优规划的实施，更好地开展安全质量工作，对关键工序按照规范和设计要求制订现场施工标准，将各工序安全质量、施工工艺、具体要求细化列表落实至作业班组，以便工班按质量标准开展自检，不断提高施工质量
15	图纸审核制度	收到设计文件后，由质量监督部负责对设计图纸进行审核。保证建筑物的类型、平面位置、结构尺寸、技术标准、施工方法、四新技术、特殊地质条件和临时设施等审核无误的情况下指导施工
16	材料进场的检验制度	物资采购工作严格按照物资采购程序执行，物资材料进场时按规定进行材质检验，填写材料进场检验记录和试验报告单。材质不合格、无合格证的材料坚决拒收
17	测量复核制度	工程实施前完成测量放线工作，测量复核无误的情况下，方可进行工程实施
18	试验与检验制度	工程试验是确保工程质量的一个重要环节。在工程开工前按规定把用于建筑物上的工程材料、半成品、成品送试验机构进行检测鉴定，各种材料的使用方法、配合比例和注意事项必须以试验机构出具的检测报告为依据
19	工程质量验收制度	分项、分部、单位工程完工以后，应按其行业的质量标准进行验收。分项、分部工程必须达到合格标准，方可进行下一道工序。 单位工程竣工后，按国家或行业验收标准，进行自验，不合格的工程不得交工。 对验收结果指定专人进行记录，建立台账管理
20	文件资料的记录制度	图纸审核记录、技术交底记录、测量及复核记录、隐蔽工程质量检查记录、成槽记录，水下混凝土灌注记录、试验报告单、材质检测记录、变更设计记录、质量验收记录、施工日志等都是质量追溯的依据。项目部指定专人收集整理，并经常检查落实情况。记录力求真实、详尽、规范、完整，签认齐全，保管妥善，为工程留下完整的技术档案
21	培训上岗制度	工程项目有关管理人员和操作人员应经过业务知识技能培训，经考试合格后持证上岗

序号	主要管理制度名称	制度编制目的
22	成品保护制度	重视成品的保护。合理安排施工工序，减少工序的交叉作业，上下工序之间应做好交接工作，并做好记录，下一道工序施工时保护上一道工序的成品，避免不了的破坏和污染，下一道工序完成后按要求和标准进行恢复
23	数据分析制度	对现场发生的所有不合格品进行分类建立台账管理，并定期运用图表等数理统计方法分析不合格品发生的原因，从人、机、料、法、环等方面进行分析，以消除不合格的原因，预防不合格品的出现。 此分析结果通过各种形式传达到现场施工人员，或通过培训方式进行讲解，作为指导施工的依据

2. 安全管理制度

健全的安全管理制度是实现城市轨道交通工程安全管理工作和目标的重要保证。项目经理部应建立的主要安全管理制度见表1-16。

项目部的主要安全管理制度表 表 1-16

序号	主要管理制度名称	编制目的
1	安全生产责任制	建立覆盖各职能部门和岗位的全员安全生产责任制体系，并通过有效措施将安全责任分解和落实
2	安全教育培训制度	所有员工定期接受安全培训教育，坚持先培训、后上岗的制度
3	安全检查与隐患排查治理制度	项目部每周由主要负责人带队组织开展安全大检查，定期组织开展隐患排查治理活动。专职安全管理人员进行日常安全巡查，对查出的问题和隐患按"四不放过"的原则进行处理
4	安全技术交底制度	工程施工前，由项目部向作业人员进行书面安全技术交底，安全技术交底全员覆盖
5	安全生产会议制度	为及时了解和掌控各时期的安全生产情况，协调和处理生产组织过程中存在的安全问题，消除事故隐患，确保安全生产。项目部组织定期、不定期的安全生产例会，对本项目的安全生产工作进行分析总结，并部署下一步安全生产工作
6	安全生产考核、评比与奖惩制度	以本项目部实际情况，项目部成立安全与文明施工考核评比领导小组，结合建设单位的安全生产考核办法制订考核评比和奖惩实施细则，按季度对项目部的安全与文明施工情况进行考核评比
7	安全禁令制度	(1) 进场人员未经信息登记、未经安全教育培训严禁上岗。 (2) 未佩戴安全帽严禁进入施工现场。 (3) 严禁未穿戴绝缘手套（鞋）进行电焊作业。 (4) 严禁在无安全防护的临边（支撑）作业（行走）。 (5) 未系安全带严禁进行高处作业。 (6) 严禁酒后作业。 (7) 严禁特种作业人员无证上岗。 (8) 无动火令、无灭火器材和监火人时严禁进行动火作业

1.2.4　制度化管理

为促进项目经理部管理制度制订、发布、执行的程序化、规范化，提高建章立制的质量，在制度管理方面项目经理部应该关注以下内容：

（1）管理制度的编制：根据工作职责，由责任部门的部长根据国家、省级、建设单位相关要求编制相关管理制度。

（2）征求意见：管理制度初步编制完成后由责任部门牵头组织项目管理人员进行讨论、修订并形成记录。

（3）审核：责任部门把修订好的管理制度提交项目经理，由项目经理组织召开领导班子会议，审核制度的格式，审核配套的附件、流程图是否正确。

（4）审批：经项目班子会议审核通过，会签后方可执行。

（5）管理制度的发布：由项目班子会议审核通过后，由责任部门编制正式版管理制度，经项目主管签发，下发给项目经理部全体人员。

（6）管理制度的实施。

1）管理制度发布后，由责任部门根据管理规定内容组织全体项目人员进行学习培训、指导，推进制度的执行，并形成记录。

2）项目经理部全体人员应落实发布的管理制度，对落实不到位、违反管理制度的人员进行处罚。

（7）管理制度的管理归口部门为责任部门。

（8）责任部门定期收集管理制度中存在问题，提出完善、修改和废止有关制度的建议。

（9）对管理制度进行编号存档。

（10）责任部门对管理制度的执行情况进行监督，项目技术负责人组织人员对管理制度的执行情况进行年度评估。

（11）管理制度的编制、讨论、审批、发布后，责任部门需将制度的电子版本及原件交由综合办公室备案。

（12）管理需要达到的要求：所有员工工作都能制度化，以最优的投入获得最佳的回报，进而为项目经理部创造更多的价值和利润。

1.3　分包单位管理

工程分包是施工企业弥补资源不足的一种手段，加强分包单位管理尤其重要。本章包括了合格专业分包单位的基本要求，分包队伍进场条件审核，主要包括项目经理部分包管理环节：分包商选择、分包协议内容、进场验证、过程管控、分包结算、考核评价、视频授权和录像作证、退场手续等。

1.3.1　合格专业分包单位基本要求

项目在实施过程中，部分工程或工作需进行分包。分包分为：专业分包和一般劳务分包。专业分包工程主要为降水、监测、连续墙、冷冻法联络通道、顶管工程等。项目经理部应构建以劳务分包、自有作业队为主体，专业分包为补充的施工组织管理体系，并依法分包、规范分包单位管理。

合格的专业分包单位应在资质、人员配置、工程业绩、履约等方面符合要求，可参考表 1-17 的合格专业分包单位基本要求。

合格专业分包单位的基本要求　　　　　　　　表 1-17

序号	类型	基本要求
1	资质要求	（1）专业分包队伍取得相应资质证照，有政府主管部门颁发的企业法人营业执照、建筑企业资质证书、安全生产许可证，且均在有效期内。 （2）劳务分包企业净资产 200 万元以上，具有固定的经营场所；技术负责人具有工程序列中级以上职称，持有岗位证书的施工现场管理人员不少于 5 人，且施工员、质量员、劳务员等人员齐全，经考核或培训合格的技术工人不少于 50 人
2	人员配置	（1）各专业分包单位必须按照总包的要求配齐管理岗位的专业管理人员，并持证上岗。 （2）分包单位主要管理人员应驻场管理（项目经理、技术负责人、质检员、安全员、材料员），特殊工种人员必须持证上岗。 （3）分包单位进场前应向总包上报管理人员岗位名单及其资格证书并得到总包确认，人员必须保持稳定。如果未经确认或证件不全，总包将拒绝其进场。 （4）进场的劳务人员必须持有身份证，特殊工种必须持有特殊工种证
3	工程业绩	专业分包单位近 3 年应有类似工程业绩和良好信誉，无不良信誉记录
4	人员履约	施工合同中约定的主要管理人员必须到场履职；不能胜任岗位要求的管理人员分包单位必须限期更换，其资质和工作经验不得低于原合同约定人员的条件

1.3.2 分包队伍进场条件审核

1. 分包队伍进场条件审核流程

各分包单位进场施工，需严格按审核流程进行，审核流程如图 1-7 所示。

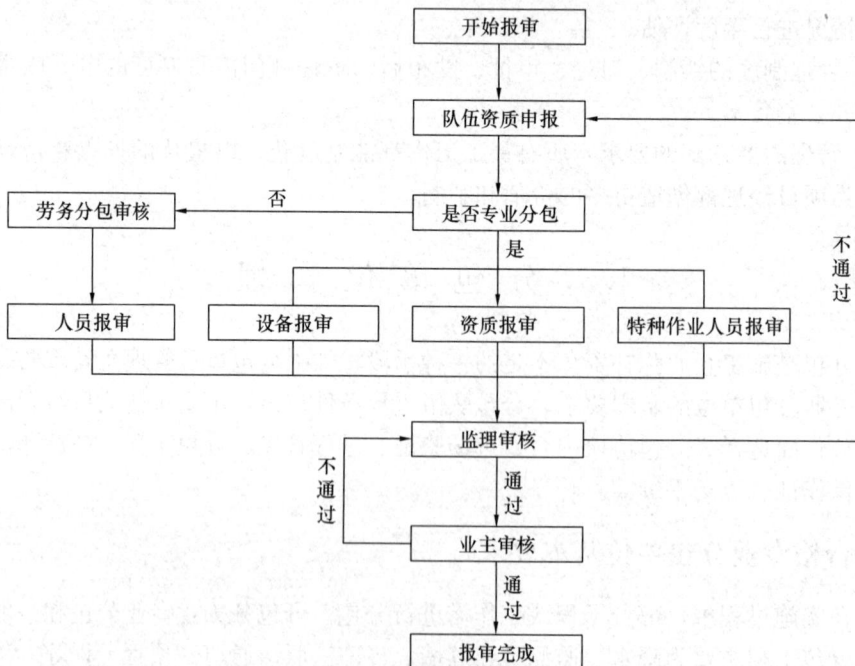

图 1-7　分包队伍进场条件的审核流程

2. 对专业分包单位资质资格审核

专业分包单位的资质资格审核主要包括以下内容：

（1）审核分包单位资质情况：审核营业执照中的施工承包范围、注册资金到位情况、资质证书的有效期、安全许可证有效期；审查企业性质、财务状况；审核经营手册，查阅其承担过的施工项目规模及内容；审核资质等级证书、施工机械、人员的核定数量；审核安全资质等级证书，对近三年有无重大伤亡事故及企业信誉等作必要调查。

（2）审核分包单位设备情况：审核分包单位拟进场设备的设备合格证、操作人员的相关证件是否有效。

（3）审核分包单位人员情况：审核分包单位拟进场管理人员证件、特种作业人员资格证、操作证的有效期及发证单位，并上网查询结果。

专业分包队伍进场条件审核见表1-18。

专业分包队伍进场条件的审核一览表　　　　　　　　　　表1-18

序号	分包类型	审核内容	审核部门	审核结果	是否报建设单位审核	是否报建设主管部门审核
1	专业分包	营业执照、资质证书、法人代表身份证明书、安全生产许可证、纳税人资格证明（一般纳税人）、法人委托书是否有效，是否符合分包要求	计划合约部			
2	专业分包	是否合格名录内的队伍，主要是审查分包队伍名称及合同签订人、承担的工程专业类别是否都与合格名录中一致，有无黑名单中的分包队伍	计划合约部			
3	专业分包	分包单位类似工程业绩	计划合约部			
4	专业分包	施工单位对分包单位的管理制度	安全环保部、工程技术部、质量监督部			
5	专业分包	人员持证状况及证件有效性	安全环保部			
6	专业分包	分包单位的进场设备的合格证及操作人员的相关证件	安全环保部			
7	专业分包	特种作业人员的资格证、上岗证	安全环保部			

3. 劳务分包单位审核

对劳务分包单位审核主要包括以下内容：

（1）审核劳务分包单位的务工人员持证状况（身份证、居住证、体检报告、资格证等）。

（2）审核证件有效性，是否符合当地政府和行业主管部门对劳务人员的持证要求。

劳务分包队伍进场条件审核见表1-19。

劳务分包队伍进场条件的审核一览表 表 1-19

序号	分包类型	审核内容	审核部门	审核结果	是否报建设单位审核	是否报建设主管部门审核
1	劳务分包	进场务工人员的持证情况（身份证、居住证、体检报告、资格证等）	安全环保部			
2	劳务分包	结合当地的有关要求，审核证件的有效性	安全环保部			

4. 专业分包单位备案

项目经理部的计划合约部负责收集专业分包单位相关资料，经监理单位、建设单位审批后，向当地主管部门备案。

1.3.3 项目经理部分包管理环节

为加强对分包单位的监督管理，规范工程施工作业，有效预防和遏制违法转包、违法分包、以包代管、包而不管等行为，尤其是市场各方主体行为不规范，为进一步加强对分包单位的质量、安全管理，防止分包单位超越资质、借用资质承接工程。

分包单位在施工过程中服从项目经理部管理，方能使施工生产处于受控状态。因此，为确保工程施工进度、质量、安全，维护公司社会信誉，依法经营、依法维权，项目经理部应对分包单位的资质和人员进行认真评价和选择。分包合同应将条款细化，明确责权利和过程管理要求，便于施工过程所遇到的问题按合同约定执行。

施工分包管理可分为八个关键环节，即：分包商选择、分包合同协议、进场验证、过程管控、分包结算、考核评价、视频授权和进城务工人员工资发放、退场手续。

1. 分包商选择

分包商的综合素质和实力直接关系到项目的质量、安全、进度，因此合格分包商选择非常关键。分包商选择的工作内容与方法，见表1-20。

分包商选择的工作内容与方法 表 1-20

管理内容	工作内容与方法	主要成果资料
分包计划申请	（1）项目经理部的计划合约部根据施工承包合同约定向监理、业主项目部提出项目专业施工拟分包计划申请，明确分包范围、分包性质、拟分包工程总价。 （2）监理审核项目施工拟专业分包计划申请，重点审查合法性和合规性，签署监理意见。 （3）建设单位审批项目施工拟专业分包计划申请并备案。 说明：分包计划申请必须在工程开工（分部工程）报审前办理	分包计划申请表
分包商选择	（1）施工企业成立分包管理领导小组，分包管理领导小组下设工作小组作为归口管理部门，负责分包商选择管理要求的执行与落实。 （2）施工承包商根据批准的分包计划，采用询价、招标投标、竞争性谈判和直接谈判等方式在合格分包商名录中择优选择拟分包工程的分包商	—

2. 分包协议内容

分包协议的主要内容见表1-21。

分包协议的主要内容

表 1-21

管理内容	工作内容与方法	主要成果资料
施工分包申请	(1) 项目经理部的计划合约部提出专业施工分包申请并将拟选用的分包商、参与分包工程施工的主要人员资格或相关证书、拟签订的分包合同、安全协议等资料报监理项目部。 (2) 监理结合工程特点审核专业分包申请。 (3) 建设单位审批专业分包申请。 说明：对未在合格分包商名录中选用的专业分包商，或者由于工程变更增加的有特殊技术要求、特殊工艺或者涉及专利保护等的专项工程需进行分包的，施工承包商必须按照合格分包商名录发布流程进行资格审查、上报，经单位复核通过后方可使用	施工分包申请表
分包合同、安全协议	(1) 施工承包商在工程分包项目开工前必须规范签订分包合同，分包合同应明确工程分包性质（专业分包或劳务分包）。 (2) 项目经理部的计划合约部配合施工承包商与经批准的施工分包商签订分包合同、安全协议；并报送监理、建设单位。 (3) 监理、建设单位将分包合同、安全协议备案。 说明：①签订分包合同、安全协议的发、承包双方必须是具备相应资质等级的独立法人单位，签字人必须是法定代表人或其授权委托人（附法定代表人授权委托书）；发、承包双方均不得以施工项目部或者无法人资格的分公司名义签订分包合同和协议。 ②分包合同必须遵循施工承包合同的各项原则，满足施工承包合同中的质量、安全、进度、环保以及其他技术、经济等条款的要求	(1) 法定代表人授权委托书； (2) 施工分包计划一览表

3. 进场验证

施工分包商进场验证的内容与方法见表1-22。

分包队伍进场的管理与控制

表 1-22

管理内容	工作内容与方法	主要成果资料
进场检查验证	(1) 计划合约部对进场的分包队伍进行入场检查和验证，建立分包队伍进场人员花名册，填写《分包人员动态信息一览表》并报送当地派出所，对分包人员的社会信息进行筛查，不合格者不得入场；对未满18周岁、超过55周岁的分包人员，体检不合格或有职业禁忌症者不得入场。建立分包人员退场机制，对技能素质不满足要求、作业水平较低、多次违章或不服从管理的分包人员，及时清退出场。 (2) 计划合约部审核分包队伍相关资格合格后，向监理单位提出分包队伍入场验证申请。 (3) 监理单位对照施工项目经理部报审的分包合同、安全协议及分包队伍资质、入场主要人员资格、机械工器具等进行验证，并将验证情况报建设单位备案，相应资料存放项目部备查。 (4) 建设单位审核监理验证情况并备案	分包人员动态信息一览表、分包队伍入场验证申请

4. 过程管控

分包管理是项目经理部管理的一个重要部分，直接关系到工程施工质量、安全、进度。对分包工作的各个环节实施有效管理，是确保工程质量、安全、进度的关键，对项目经理部而言尤为重要。在城市轨道交通项目施工过程中，应对分包队伍的人员信息、机械设备、安全防护用品使用、施工方案及安全交底、教育培训等方面进行管控。分包队伍施工过程的管理与控制，详见表 1-23。

分包队伍施工过程的管理与控制　　　　　表 1-23

管理内容	工作内容与方法	主要成果资料
人员信息	（1）安全环保部通过刷卡（或指纹打卡）制、无线视频监控等动态监测方式随时掌握施工现场分包人员基本情况、出勤、进出现场时间。 （2）安全环保部经审查合格的现场分包人员将本人单位、姓名、工种、照片等相关信息录入实名制考勤系统，并留存主要人员原始签字信息。 （3）综合办公室督导分包队伍必须与进场作业的每位分包人员签订书面劳动合同，组织身体健康检查，并将劳动合同、体检材料留存项目经理部备案。 （4）分包队伍必须将劳务分包人员纳入施工班组、实行与本单位员工"无差别"的安全管理，建立劳务分包人员三级安全教育、安全教育培训、员工体检等信息的分包作业人员名册并完善施工人员信息台账	分包人员实名制考勤系统、分包人员劳动合同、施工人员信息台账
机械设备	（1）物资机电部对专业分包队伍自带起重机械、施工机械、工（器）具等在入场前检查，检查资料报监理单位审核。 （2）监理单位对专业分包队伍自带机械、设备、工（器）具检验合格证明和自检材料进行审核	机械设备生产合格证、检测报告、设备操作人员证件、设备验收表
安全防护用品	（1）安全环保部督促专业分包队伍为分包人员配备合格工（器）具及安全防护用品并建立管理台账。 （2）物资设备部向劳务分包人员提供个人安全防护用品、用具和劳务作业所用的手持小型施工机具和工具。 （3）由分包队伍提供时，分包合同中必须有约定条款	个人安全防护用品领用台账
施工方案及安全交底	（1）工程技术部严格审查专业分包队伍的施工组织设计、作业指导书、一般施工方案、专项施工方案（或者专项安全技术措施）等，报监理单位审批，专项施工方案还需经过专家评审通过后，方可施工。 （2）监理单位审核专业分包队伍的施工组织设计、作业指导书、专项施工方案（或者专项安全技术措施）。 （3）工程技术部开工前组织或者督促专业分包队伍对全体分包作业人员进行安全技术交底，形成书面交底记录，参与交底人员签字。 （4）工程技术部负责编制劳务分包作业的施工方案、作业指导书（含安全技术措施）等施工安全方案。 （5）工程技术部负责在劳务分包作业前对全体劳务分包作业人员进行安全技术交底。 （6）专业分包队伍对所承担的施工项目必须按照要求编制施工作业指导书（施工方案）、专项施工方案（或者专项安全技术措施）等施工安全方案	施工组织设计、作业指导书、施工安全专项施工方案、安全技术交底

管理内容	工作内容与方法	主要成果资料
安全施工作业	(1) 安全环保部督促专业分包队伍按照规定办理安全施工作业表，组织交底并监督实施。专业分包工程的关键工序、隐蔽工程、危险性大、专业性强等施工作业必须由项目经理部派员工全过程监督。 (2) 安全环保部负责办理劳务分包作业安全施工作业表，并组织交底。劳务分包人员在参与三级及以上危险性大、专业性强的风险作业时，项目经理部应指派本单位责任心强、技术熟练、经验丰富的人员担任现场施工班组负责人、技术员和安全员，对作业组织、工（器）具配置、现场布置和人员操作进行统一组织指挥和有效监督	施工作业风险控制卡、预控卡
教育培训	(1) 安全环保部负责劳务分包人员安全教育培训，督促专业分包队伍常态化开展入场三级安全教育培训。 (2) 监理单位监督检查分包队伍安全教育培训台账。 凡增补或更换作业人员，在上岗前必须通过安全教育考试	安全教育培训记录安全考试登记台账
考勤、工资	(1) 计划合约部督导分包队伍建立分包作业人员考勤记录，随时掌握施工现场分包人员出勤情况，考勤记录按月报项目经理部备案。 (2) 计划合约部督促分包队伍及时上报考勤表、工资表，由项目经理部按月足额代付分包人员工资，款项由本月计价款中扣除	分包作业人员月度考勤表； 分包人员月度工资发放表

5. 分包结算

在城市轨道交通项目施工过程中，分包单位结算的工作内容与方法见表 1-24。

分包单位结算的工作内容与方法   表 1-24

管理内容	工作内容与方法	主要成果资料
分包结算	(1) 计划合约部接受并审核分包商工程进度款支付申请，应由各部门负责人先行签字，项目经理审核后报施工承包商财务管理部门；获取分包商开具的进度款发票，配合施工承包商财务部门支付进度款。 (2) 计划合约部办理分包合同结算，配合施工承包商财务部门支付分包工程尾款。 (3) 计划合约部接受并审核分包商保留金支付申请，施工项目经理审核后，报施工承包商财务管理部门，并配合完成保留金支付	各类结算资料

6. 考核评价

在城市轨道交通项目施工过程中，分包队伍考核的内容与方法见表 1-25。

分包队伍考核的内容与方法   表 1-25

管理内容	内容与方法	主要成果资料
考核方式	(1) 项目经理部的计划合约部对分包队伍以签订目标责任状进行考核，具体考核内容由项目经理部每月根据工作计划拟定发文。 (2) 考核周期以一定的施工节点为单位进行考核。 (3) 项目经理部制订整体生产计划及节点目标，由项目经理部的计划合约部将每月下达的生产任务细化分解到各分包队伍，明确节点目标及形象进度，签订目标责任状，留存计划合约部备案，由项目部根据节点目标完成情况对分包队伍进行考核评定	(1) 施工生产计划任务； (2) 目标责任状

在城市轨道交通项目施工过程中，分包单位的奖惩内容可见表1-26。

分包单位的奖惩内容

表1-26

名称	内 容	备注
奖惩办法	（1）质量奖惩：严格按图施工，项目经理部的质量监督部根据奖惩办法，质量控制良好的分包队伍，进行定级奖励。 对于项目经理部的质量监督部提出的整改要求，分包队伍延迟、推诿或拒绝整改的，项目经理部根据奖惩管理办法进行处罚。 （2）安全文明奖惩：对在安全生产及安全活动中成绩突出、作出较大贡献的分包队伍或个人，根据项目经理部的奖励情况予以表彰和奖励，对发生安全事故的单位和个人实行一票否决制取消奖励资格，同时予以处罚和追究相关责任。严格落实安全隐患整改，延迟、推诿或拒绝项目经理部提出的整改要求，项目经理部的安全环保部根据奖惩管理办法进行处罚。 （3）进度奖惩：劳务队伍资源投入考核，未配备相应管理人员及设备的，由项目经理部的计划合约部定级处罚，并在当月计量中进行扣除。 项目经理部根据当月节点目标及形象进度对分包队伍进行考核，根据目标责任状定级奖惩，并在当月计量中体现。 （4）信用评价奖惩：评选合同履约良好、进度快的分包队伍，推荐信用升级；评选合同履行较差、进度滞后的分包队伍，推荐信用降级或列入黑名单	（1）劳务队伍奖惩考评表； （2）安全违规处罚细则； （3）工程质量违规处罚细则； （4）项目部奖惩红头文件

7. 视频授权和进城务工人员工资发放

（1）视频授权

分包商在提交企业资质证明文件的同时，提交一份录制的视频文件，时长控制在3min之内，格式选择常用的视频格式，例如：RM、MPEG、AVI等。视频文件展现内容：法人身份证、企业营业执照、被授权人身份证、双方签署委托书、企业公章、主要管理人员身份等；拍摄视频应同步录音，说话人应为分包商的法定代表人。

（2）进城务工人员工资发放

项目经理部的财务部在指定银行为进城务工人员开具进城务工人员工资专用账户，并根据与分包商签订的合同约定，定期发放进城务工人员工资。保证工程款中劳务费部分按时支付，以防群体性突发事件的发生。

8. 退场手续

按照分包队伍退场程序办理相关手续，经各相关负责人共同签字确认后方可退场。

（1）按照合同约定的工作内容和施工完场清的要求进行检查。

（2）分包队伍退还借领的工具和剩余材料，签署意见后，转计划合约、财务部，完成分包结算工作。

（3）质量监督部负责办理质量确认工作，安全环保部办理相关安全手续。

第 2 章　项目经理部建设与设施管理

项目经理部建设与设施管理能有效地利用空间，对施工机械、生产生活临时设施、材料堆场等进行最优化的布置，满足安全生产、文明施工、便捷和环境保护的要求。科学化规划现场施工道路和出入口，以利于车辆、机械设备的进出场和物资的运输，并尽可能地减少对周边环境的影响。

2.1　办公区、生活区建设与设施管理

项目经理部负责项目范围内临时建设的施工组织设计（方案）编制、采购、租赁、安装调试、验收、使用、维护，拆除等工作。项目经理部建设与临时设施管理由项目工程技术部主责，负责对工程项目临时设施的规划、施工组织设计（方案）的审核、标准的评估确认、费用的核实批准，以及组织对临时建设的使用前验收。安全环保部门要定期对临时建设使用情况进行监督检查。

项目经理部办公区、生活区要选择在场内地势平坦部位，避开风口和容易积水的洼地，与车站基坑保持安全距离。办公区布设应做到合理、紧凑，遵循人员办公方便所需的原则。生活区布设应因地制宜，建设文体、娱乐设施，满足人员生活需要。生活区与办公区必须进行区分隔离。项目部与生活区整体道路布设必须满足消防应急需要，道路宽度满足消防车辆通行，道路坡度满足防汛排流，场内所有设施必须满足消防、防爆、防洪、防台、防雷等安全要求；相应的宣传牌和宣传标语需设置在醒目位置，达到美观效果。标准型临建布置图，如图 2-1 所示。

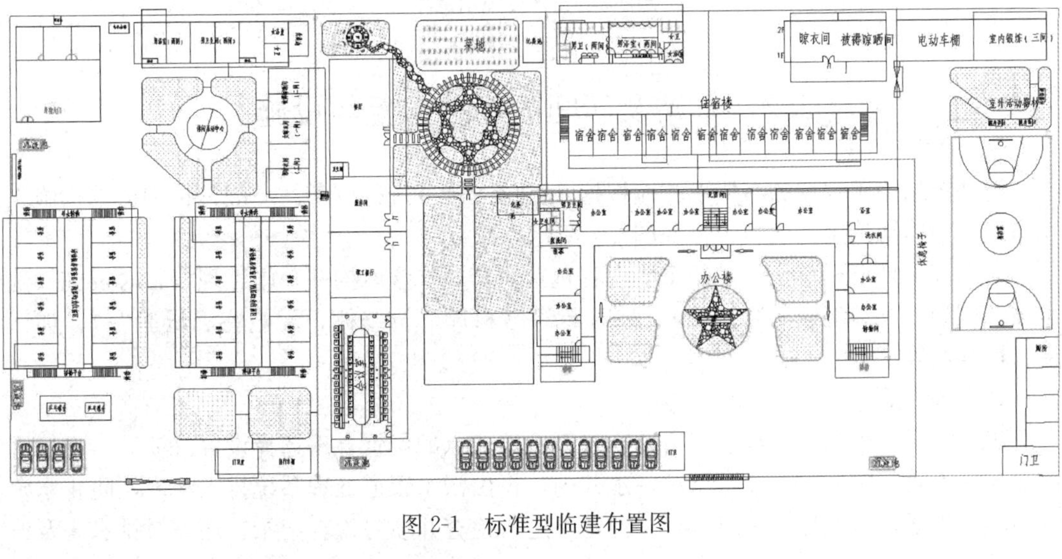

图 2-1　标准型临建布置图

办公生活区场地布置、房屋数量根据项目工程造价、场地条件等实际情况，因地制宜，合理建设，员工住宿房屋必须保证通风、采光效果好，住宿人员一般不超过 8 人/间，如图 2-2 所示。

图 2-2 活动板房构造样图

生活区配备卫生间、洗浴间、洗衣机（一般选择全自动波轮洗衣机）、垃圾桶、灭火器等基本设施。

生活区设置文体娱乐活动设施，如乒乓球桌、电视机、书柜、健身器材等室内外文体设施，并制订管理制度，由项目部综合办负责日常的管理和维护，如图 2-3 所示。

图 2-3 文体设施示意图

2.2 车站及区间的场地布置与设施

地铁车站施工现场的布置形式应根据车站施工进度进行调整。一般包括围护结构施工期布置、主体结构施工期布置，如图 2-4 所示。

车站施工现场标准化建设的主要内容包括：车站（含盾构井）施工现场临时设施（洗车槽、围挡、沉淀池、泥浆池等）、临时建筑（料库、机修棚、配电室、试验室）、加工场、堆料场等。

1. 沉淀池的管理

施工现场应根据污水排放与市政污水管网接驳点的位置合理选择设置沉淀池，现场沉淀池连接市政污水井，将废水排至污水井内，再由污水管道处理系统排入河内，防止水资源污染。现场技术管理人员应对沉淀池每月进行检查并填写检查记录，还需对排水沟及沉

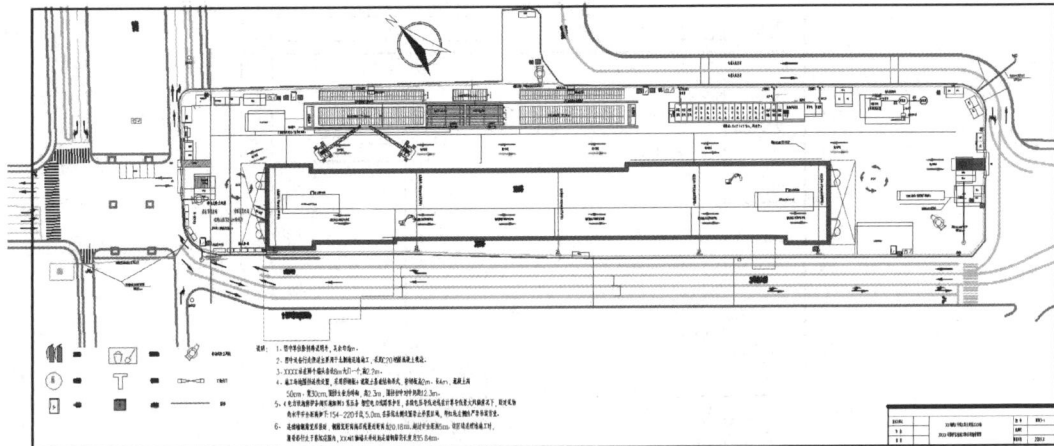

图 2-4　标准车站的平面布置示意图

淀池内的积泥进行定期清理,以免沟内及池内的积泥过多,影响使用,如图 2-5 所示。

2. 洗车槽的管理

为了有效的利用自动洗车槽系统,达到运土车辆不污染道路的目的,应加强日常管理与维修。在使用过程中,项目部应安排现场工程部 1 名技术人员进行洗车池的日常维护与管理,并定期对洗车槽系统、用水系统及配电设施进行检查,有损坏的及时上报并派专人进行维修,如图 2-6 所示。

图 2-5　三级沉淀池示意图

图 2-6　洗车槽示意图

3. 泥浆池的管理

(1)为确保施工安全和不污染周围环境,泥浆池在使用中现场专职安全员应实时监控泥浆是否有渗流,防止泥浆外流对外部造成污染。

(2)为防止泥浆外流,现场专职安全员定时对泥浆池进行巡查,泥浆池壁应设警戒水位,警戒线位于池顶下 50cm 处,当泥浆达到此警戒线时,及时安排泥浆车外运。

(3)泥浆池四周设置防护栏杆,栏杆高 1.5m,立柱间隔 2m 设置一根,外挂安全网封闭,并张挂安全警示标志,如图 2-7 所示。

(4)现场专职安全员应加强巡视并做好记录,现场工程部技术员负责监督所有泥浆排放至指定的泥浆池内,不得私自排放到场地、河道、下水管道中。

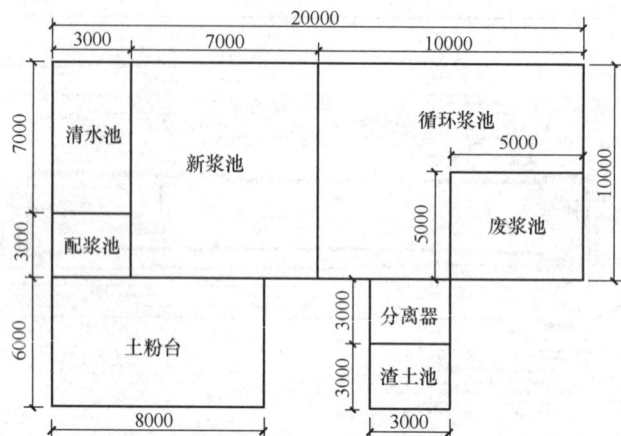

图 2-7　泥浆池示意图

4. 喷淋设施的管理

为减少施工扬尘，围挡上方应设置喷淋设施，围挡喷淋系统主要由 PPR 水管、直通、三通、弯头等组成，水箱提供喷淋水源，多级泵给予输送动力，智能控制器控制整个系统，早 6 点自动开启晚 7 点自动关闭，如图 2-8 所示。喷淋系统由项目部电工进行安装、维修，为了不影响系统的正常运行，电工每周对喷淋系统进行检查，门卫负责检查每日喷淋系统的运转情况，出现故障及时反馈给项目部电工进行维修。

图 2-8　喷淋设施示意图

5. 建筑垃圾存放管理

为秉承环保施工的新理念，营造良好的施工环境，展示企业管理的新风貌，达到标准化文明工地要求。项目部要切实承担起相应职责，加强对自身及各分包方文明施工的管理，采取有效的环境保护措施，将施工所产生的建筑垃圾对周围环境的影响降到最低。项目经理部在建筑垃圾处理保证体系中，明确各岗位的职责和权限，建立并保持一套工作程序，对所有参与人员进行相应培训。建立并执行施工现场建筑垃圾处理检查制度。每半个月组织一次由各施工单位及建筑垃圾处理负责人参加的联合检查，对检查中发现的问题，开出"问题处理通知单"，相关部门根据具体情况，定时、定人、定措施予以解决，项目经理部有关部门应监督落实问题的解决情况，如图 2-9 所示。

6. 现场排水系统管理

（1）施工现场排水沟应沿基坑四周布设；围护结构施工期间，围护结构包围区域的雨水宜设沟槽引流至废浆池。

（2）排水沟按照 30cm×30cm 的尺寸进行施工，沟槽底部设 3°纵坡。水沟开挖时，应对水沟底部进行夯实，若沟底较软时应对沟底土方进行换填，如图 2-10 所示。

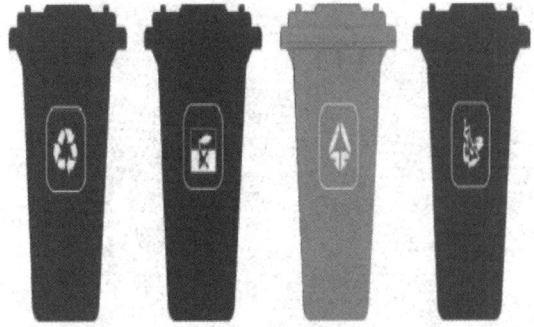

图 2-9　废物分类示意图

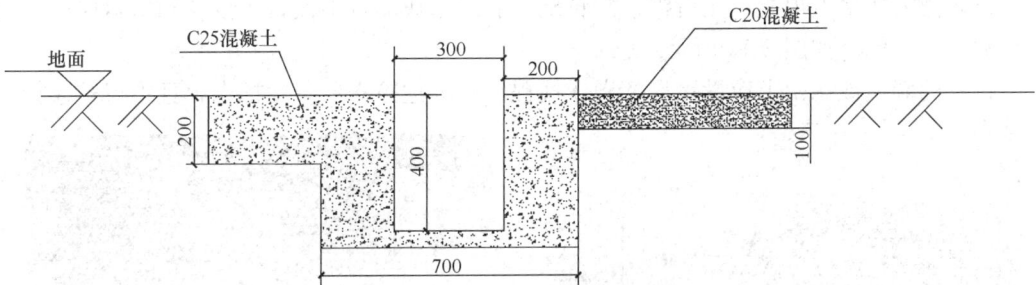

图 2-10　排水沟结构尺寸示意图

（3）水沟的底部、侧壁和硬化路面同时浇筑，水沟深度根据实际测量结果进行适当调整，以满足排水要求，如图 2-11 所示。

图 2-11　排水沟结构示意图

（4）施工道路上的排水沟及其周边 30cm 范围内混凝土应提高一个标号，水沟上宜加盖铁排栅。

（5）根据现场实际情况，施工现场沿基坑周边也可设置挡水围堰设施，围堰高度不小于 20cm 且必须保证挡水围堰四周地面标高略高于周边地面标高，确保水流通畅，无积水。

7. 仓库管理

普通仓储物库房宜采用可移动的集装箱组建，集装箱仓储库房实行货架管理，货架尺寸根据集装箱大小自行加工。

普通仓储物库房主要用于仓储日常低值易耗品材料、电气类材料、劳动保护用品、辅助材料、手持电动工具等零散易丢失材料。

普通仓储库房内实行货架式管理。货架采用角钢焊接制作，层间为木质中隔板，统一刷漆。货架整体尺寸：长×宽×高＝3m×0.6m×2m，长度方向正中间 1.5m 处增加角钢支撑肋，层高 0.7m，如图 2-12 所示。

图 2-12 仓库布设示意图

对不适合使用集装箱仓储库房的，可搭建活动板房仓库。

8. 机修棚设置与管理

机修棚宜采用彩钢板加工，面积不小于 $40m^2$ 的敞口式（或采用钢筋格栅封闭）加工棚。

机修棚地面采用混凝土硬化处理，地面略高于周围地势，便于雨水排出，如图 2-13 所示。

机修棚内设置物料架，采用方钢、角钢焊接。物料架宜靠边设置。

机修棚内布置电焊机、无齿锯、砂轮机、氧气乙炔等日常设备。设备和材料应当采用钢格栅封闭存储，如图 2-14 所示。

机修棚墙壁或棚架上应设置设备操作规程、施工危险作业警示标志，且不得被遮挡。

图 2-13　机修棚场地布置示意图

图 2-14　材料架示意图

9. 梯笼和楼梯

车站施工基坑上下通道，宜统一采用"梯笼"设计。

梯笼应当采用标准化构件，颜色统一，在显著位置应挂设笼梯安全注意事项。

梯笼安装应牢固、可靠，保证出入梯笼作业人员安全，采用上挂下支的加固方式并通过计算验收后方可投入使用，如图 2-15 所示。

10. 材料堆场管理

（1）材料堆场宜根据材料的加工使用区域及材料的尺寸在施工现场较为空旷区域设置，宜设置在施工场地内便道旁，方便材料装卸车。

（2）材料堆放场地必须进行硬化处理（应该和施工现场道路一起进行硬化），场地应该单面成坡或中间高四周低，宜于雨水排出，确保雨水能够顺坡排入排水沟内。

（3）在施工现场堆放的钢筋应有防雨措施，宜采用可推拉防雨棚、防晒棚方式存储；材料存储必须采用方木、枕木或钢支架进行架空处理，钢筋距离地面不得小于 20cm，方木、枕木或钢支架支撑点的间距不大于 2.0m。

图 2-15　笼梯样式示意图

（4）钢筋材料堆放场地宜和钢筋加工场地统一规划建设，尽量减少材料的二次倒运。钢筋存放如图 2-16 所示，钢筋场配电箱布置如图 2-17 所示。

图 2-16　钢筋堆场示意图

图 2-17　配电箱布置示意图

（5）防水、防冻材料堆放场地应同钢筋堆放场地，设置方木支撑，将防水防冻材料垫高；防水防冻材料采用雨布或彩条布进行覆盖。防水材料储存场地应该具备防晒功能。

（6）水泥、膨润土堆放场地宜采用砖砌体结构库房或活动板房库房，库房大小根据现场实际情况和需要确定。库房地面进行水泥硬化处理，地面必须高于室外地面 10cm 以上，在硬化地面上设置高约 15cm 的木架，将袋装水泥、膨润土架空存储。散装水泥应采用罐装；存放散装膨润土的地面应该铺设隔潮材料。

（7）水泥膨润土材料堆场不应建造在施工现场低洼地区，四周排水应畅通，外围必须设置雨水导流槽，引导雨水流入排水沟。

（8）水泥膨润土材料库房内四周应留有足够一人搬运材料通行的空间。材料进出库遵循"先进先出"的原则。

（9）油料、乙炔等易燃易爆物应该单独存储，防水材料、油料、乙炔等材料应远离火源，并设置消防器材。

（10）沙子、石子堆放料仓采用 240mm 实心砖墙砌筑，砂石料按规格分开用 240mm 砖墙分隔，以免混用。

11. 钢筋加工场棚设置管理

（1）钢筋加工场地的选择要充分考虑原材料的堆放、成品半成品的堆放、钢筋加工机械的位置、电源接入位置等因素。

（2）钢筋加工场地应设置防雨遮阳加工棚，加工棚宜采用轻钢结构搭设成可推拉伸缩结构；另外，可根据需要设防护栏杆。伸缩式钢筋加工棚如图 2-18 所示。

图 2-18　钢筋加工棚示意图

（3）钢筋加工设备应悬挂安全操作规程和设备标示牌，钢筋加工场内悬挂钢筋加工操作的有关规定。

（4）钢筋加工场内设置局部照明，以满足夜间钢筋加工施工为准。

（5）钢筋弯曲、焊接等机械应设置机械操作平台，操作平台应当平顺、稳固。

（6）钢筋加工场地内统一设置接地装置，钢筋机械、配电箱应当按照现行国家标准《施工现场临时用电安全技术规范》的有关规定完善重复接地。

（7）钢筋加工场的一端应设置两个废料池，废料池的大小根据场地条件及回收频次进行设计计算。废料以 0.8m 为分界，分类回收。

12. 周转材料堆场管理

（1）钢制周转材料：包括钢管、脚手架、顶托、扣件、钢支撑等。

（2）钢制周转材料应根据类别分类设置堆放场地，宜设置在起重机械可吊运范围内，方便吊运；钢管、脚手架等应离地面 10cm，并按照材料自身规律和特点堆码；扣件等散料应该装入编织袋管理，如图 2-19 所示。

图 2-19　周转材料存放布置示意图

（3）木制周转材料：包括模板、方木等。

（4）木制周转材料应根据材料的类别和规格不同，分类存储和堆放。堆放场地宜和加工场统一规划设置，配备消防器材。

（5）周转材料宜采用雨布覆盖防雨。

（6）周转材料应标志清晰。

（7）钢支撑堆放应该设置脚垫，防止自动滚滑。

盾构施工现场标准化建设应统筹兼顾，因地制宜，便于生产，保持相对稳定。

盾构施工现场标准化建设的主要内容包括：盾构施工现场的临时设施（充电房、搅拌站、充电池、龙门式起重机、隧道内机械设备轨道等）、盾构施工现场临时建筑（地面监控室、充电房、充电池）、盾构施工现场各类堆场（管片堆场、渣土坑、材料堆场）等。盾构场地平面布置如图2-20所示。

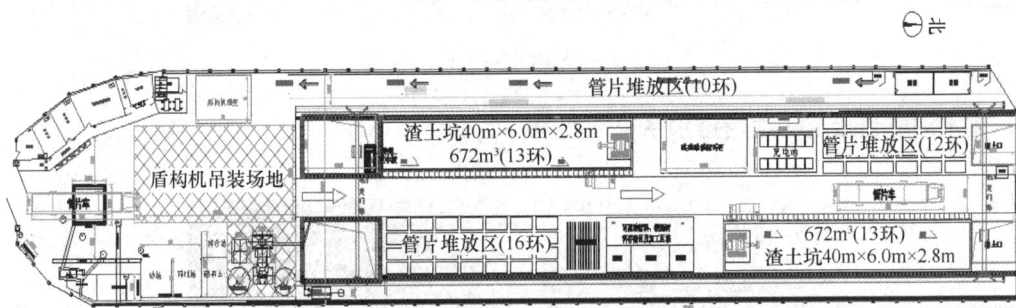

图2-20 盾构场地平面布置图

注：车站主体顶板距离地面高度$H=2.3m$，防水垫层厚度$H=0.5m$，渣土坑高度$H=2.8m$，最终渣土坑高出地面0.5m。

13. 龙门式起重机的管理

项目部成立设备管理领导小组，组长：1名；副组长：1名；成员：4名。设有专职设备管理员具体履行以下职责：

（1）检查和纠正龙门式起重机使用中的违章行为。

（2）管理龙门式起重机技术档案。

（3）编制常规检查计划并组织落实。

（4）编制定期检验计划并落实定期检验的报检工作。

（5）组织紧急救援演习。

（6）组织龙门式起重机作业人员的培训工作。

（7）落实"三定"工作，即定人、定维修保养制度、定操作规程。

安质部定期组织对龙门式起重机每年或半年检查（抽查）一次；设备使用单位每月进行一次检查，每次检查（抽查）都要将情况作详细记录，现场专职安全员应每日进行巡视，如图2-21所示。

14. 渣土坑的管理

为了保证施工现场的环境，施工现场渣土坑应由技术部门按照场布图进行设置，渣土坑根据工程的大小来确定数量，渣土坑应该设置在龙门式起重机可直接覆盖范围内，渣土坑大小可根据每日出土量确定，渣土坑外边缘应设置排水沟，将弃土中沉淀水及雨水排

图 2-21 龙门式起重机示意图

出；排水沟应连接至场地内排水系统，如图 2-22 所示。

图 2-22 渣土坑施工示意图

15. 材料堆放场地的管理

项目所需的各类材料，自进入施工现场至施工结束为止的全过程所进行的材料管理，均属施工现场材料管理的范围。项目经理部主管材料人员是施工现场材料管理直接责任人。材料进场要进行验收，验收工作按质量验收规范和计量检测规定进行。施工现场必须按阶段平面布置图堆放料具，做到现场料场地面平整，周围无杂物、无垃圾、无积水，堆料场周围加设围墙。料具堆放不影响现场运输道路和机械操作，要便于材料的收、发和管理。现场材料堆放整齐，各类材料分品种、规格堆放。进场的材料应做到堆放整齐和一次就位。施工现场及料场四周不能见到堆散砖、扣件零配件、钢管、钢筋头、余浆、工具、铅丝、构件混凝土碎块等料具头和零散材料。现场的垃圾必须经过筛选，经物资部确认后才能运出现场。施工现场必须按阶段平面布置图堆放料具，做到现场料场地面平整，周围无杂物、无垃圾、无积水，堆料场周围加设围挡，如图 2-23 所示。

图 2-23　材料堆场示意图

16. 地面监控室管理

地面监控室与现场值班室合建，面积宜为 $20m^2$，如图 2-24 所示。

地面监控室内配置对盾构机监控的计算机、显示器及办公桌椅等。另布置小型会议桌一张，简易会议椅若干。

监控室墙面张贴或者悬挂盾构掘进形象进度图、各类掘进数据表格及监控室管理规定。

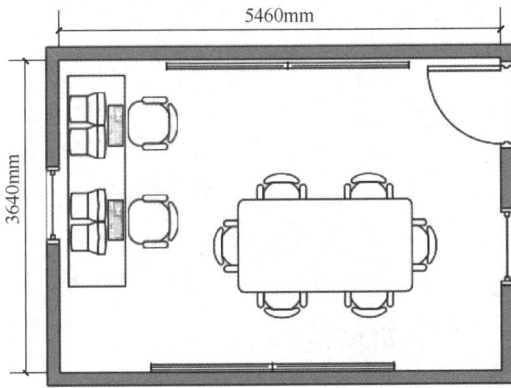

图 2-24　监控室布置示意图

17. 充电房及充电池管理

充电房与冷却池应该合建，一般建在龙门式起重机行走轨道内，便于吊装的位置。

充电房应采用轻型型钢焊接搭设骨架，顶棚采用蓝色轻薄波浪彩钢板，侧墙采用金属格栅网格防护，保障充电房的通风和散热。充电房的大小与设备数量相匹配。

在充电房的一端应设置一个不大于 $10m^2$ 的值班室。

与充电房并列设置冷却池，冷却池的大小与电瓶数量匹配，如图 2-25 所示。

图 2-25　充电房、冷却池示意图

冷却池采用砖砌体结构，墙厚24cm，墙体底部预留冷却水排水口。冷却水宜待冷却后循环利用。

18. 试验室的管理

项目部试验室每周不定期对施工现场"三室"进行检查：（1）核对温/湿度控制器与室内温湿度计情况是否匹配；（2）检查试件出/入库记录与实际浇筑情况、管理办法要求是否匹配；（3）留样室的样品留置情况是否完善；（4）成型室试件的成型过程是否规范，如图2-26所示。

图 2-26　施工现场养护室

第三篇　技术管理标准化

第3章 技 术 方 案

技术方案是城市轨道交通工程施工的重要依据，技术方案包括危险性较大的分部分项工程（以下简称危大工程）安全专项方案、技术方案、技术交底等。本章节主要叙述了方案分类、危大工程范围、常见危险性较大的分部分项工程、方案分级管理及策划、方案编制、方案实施、方案总结、技术交底等方面的标准化措施。

3.1 技术方案编制依据与原则

3.1.1 编制依据

技术方案编制依据主要包含以下几个方面：
（1）国家法律法规、部门规章。
（2）国家标准、行业标准，地方标准及相关文件。
（3）设计施工图。
（4）合同、建设单位管理制度。
（5）工程总体施工组织设计。
（6）工程实际环境调查结果。
（7）施工单位类似工程的施工经验、结论等。
（8）合同文件、投标文件、当地建设主管部门及建设单位的规章制度。

3.1.2 编制原则

技术方案编制的原则主要包括三个方面：
（1）可实施性。从实施的技术角度，应合理设计多个施工技术方案，并进行可行性比选和评价。
（2）安全性。从安全的角度，实施方案时，不应出现不可控的安全风险，不能出现安全事故。
（3）经济性。从方案经济投入的角度，设计方案时要充分考虑经济投入。同一个工程其施工方案不同，会产生不同的经济效果。因此需同时设计多个施工方案进行比选，择优选择。目的是从众多的施工方案中选出一个施工安全、工期短、质量好、材料省、劳动力安排合理、成本低的最优方案。好的施工方案，不仅能降低工程成本，取得较好的经济效益，还可缩短工期、提高质量、保证安全。

3.2 技术方案分类

城市轨道交通土建工程施工技术方案主要分为重点工程技术方案、一般技术方案、现场技术措施，其中重点工程技术方案还包括危险性较大的分部分项工程（后简称"危大工程"）安全专项方案。危大工程根据风险的大小划分为超过一定规模的危大工程（后简称"超规模危大工程"）与一般危大工程。

3.2.1 重点工程技术方案

城市轨道交通土建工程的重点工程技术方案，主要根据工程的重点、难点和安全风险来确定。一般情况下，重点工程施工难度较大、施工环境较差，一旦出现问题造成的影响较大。危大工程安全专项方案均属于重点工程技术方案。危大工程方案管理为项目经理部方案管理的重中之重。

3.2.2 一般技术方案

城市轨道交通土建项目工程中，大部分施工工序、施工工艺非常成熟，施工难度小，过程质量可控，施工环境较好，施工过程中对周边环境影响较小，安全风险小。针对这一类常规工序工程，也需要编制技术方案，属于一般技术方案。

土建全周期施工阶段共分为：项目前期、围护结构施工阶段、盾构施工阶段、主体结构阶段、附属结构阶段及其他。一般技术方案根据施工阶段归类，在各个施工阶段分为6类36个方案，一般技术方案清单见表3-1。

一般技术方案清单   表 3-1

序号	施工阶段	方案名称
1	项目前期	项目临建施工方案
2		周边管线保护方案
3		周边建筑保护方案
4		临时用电施工方案
5		交通疏解方案
1	围护结构施工阶段	地下连续墙、导向墙施工方案
2		钻孔灌注桩施工方案
3		高压旋喷桩施工方案
4		槽壁加固及坑底加固施工方案
5		SMW工法桩施工方案
6		混凝土冠梁、支撑、盖板施工方案
7		钢支撑安拆施工方案
8		围护结构质量缺陷处理方案
9		混凝土冠梁、支撑、盖板拆除施工方案
10		围护结构渗漏处理方案
11		测量专项施工方案

序号	施工阶段	方案名称
1	盾构施工阶段	盾构端头加固施工方案
2		盾构场地临建施工方案
1	主体结构阶段	主体结构施工方案
2		防水施工方案
3		主体结构常见质量缺陷处理方案
4		顶板回填施工方案
5		轨顶风道施工方案
6		站台板、楼梯等二次结构施工方案
7		冬、雨期施工方案
8		防淹度汛专项方案
1	附属结构阶段	附属围护结构（连续墙、钻孔桩、咬合桩、SMW工法桩）施工方案
2		附属围护结构质量缺陷处理方案
3		附属结构渗漏处理方案
4		附属主体结构施工方案
5		附属结构防水施工方案
1	其他	盖挖施工方案
2		暗挖施工方案
3		放坡施工方案
4		爆破施工方案
5		其他特殊要求的方案

3.2.3 现场技术措施

施工过程中，需要针对一些临时出现的工序，编制针对性强、可实施性强、安全风险低的施工技术措施。施工技术措施属于技术方案的补充。例如：施工区域临时围闭措施、管线临近施工临时保护措施、临时防护措施等。

3.2.4 危大工程安全专项方案

1. 一般性危大工程安全专项方案

根据国家法律法规、部门规章制度、住房城乡建设部《大型工程技术风险控制要点》《危险性较大的分部分项工程安全管理规定》（住房城乡建设部令第37号）《住房城乡建设部办公厅关于实施〈危险性较大的分部分项工程安全管理规定〉有关问题的通知》（建办质〔2018〕31号）和《江苏省房屋建筑和市政基础设施工程危险性较大的分部分项工程安全管理实施细则（2019年版）》，满足危大工程要求的安全专项方案，但未超过一定规模的危大工程要求，这类的专项方案就是一般性危大工程安全专项方案。

2. 超规模危大工程安全专项方案

根据国家法律法规、部门规章制度、住房城乡建设部《大型工程技术风险控制要点》

《危险性较大的分部分项工程安全管理规定》（住房城乡建设部令第 37 号）《住房城乡建设部办公厅关于实施〈危险性较大的分部分项工程安全管理规定〉有关问题的通知》（建办质〔2018〕31 号）及《江苏省房屋建筑和市政基础设施工程危险性较大的分部分项工程安全管理实施细则（2019 年版）》，满足超规模危大工程要求，这一类方案管理要求非常严格，方案需专家论证。城市轨道交通土建项目的超规模危大工程安全专项方案共计 14 类，见表 3-2。

超规模危大工程安全专项方案清单　　　　　　　　　　　　表 3-2

序号	方案名称
1	重点建筑物及地下管线保护安全专项方案
2	地下连续墙钢筋笼吊装安全专项施工方案
3	龙门式起重机安拆安全专项施工方案
4	区间工程盾构机适应性与可靠性评估安全专项施工方案
5	盾构机始发、掘进、到达安全专项施工方案
6	深基坑安全专项施工方案
7	高大模板支架安全专项施工方案
8	基坑降水专项施工方案
9	基坑监测安全专项施工方案
10	联络通道安全专项施工方案
11	冻结法安全专项施工方案
12	盾构机安拆安全专项施工方案
13	盾构洞门破除安全专项施工方案
14	其他方案

3.3　危大工程安全专项方案管理

3.3.1　危大工程范围

1. 一般性危大工程范围

根据国家法律法规、部门规章制度、住房城乡建设部《大型工程技术风险控制要点》《危险性较大的分部分项工程安全管理规定》（住房城乡建设部令第 37 号）及《江苏省房屋建筑和市政基础设施工程危险性较大的分部分项工程安全管理实施细则（2019 年版）》，城市轨道交通土建工程常见的一般性危大工程分为 5 类，见表 3-3。

一般性危大工程分类清单　　　　　　　　　　　　表 3-3

序号	分类	相关规定	备注
1	基坑支护、降水工程和土方开挖	开挖深度超过 3m（含 3m）或虽未超过 3m 但地质条件和周围环境复杂的基坑（槽）支护、降水工程	

序号	分类	相关规定	备注
2	模板工程及支撑体系	（1）工具式模板工程（大模板）。 （2）搭设高度 5m 及以上，跨度 10m 及以上，施工总荷载 10kN/m² 及以上，集中线荷载 15kN/m² 及以上，高度大于支撑水平投影宽度且相对独立无联系构件的混凝土模板支撑工程。 （3）用于钢结构安装等满堂支撑体系	
3	起重吊装及安装拆卸工程	（1）采用非常规起重设备、方法，且单件起吊重量在 10kN 及以上的起重吊装工程。 （2）采用起重机械进行安装的工程。 （3）起重机械设备自身的安装、拆卸	
4	拆除、爆破工程	建（构）筑物拆除工程	
5	其他	采用新技术、新工艺、新材料、新设备及尚无相关技术标准的危险性较大的分部分项工程	

2. 超规模危大工程范围

根据国家法律法规、部门规章制度、住房城乡建设部《大型工程技术风险控制要点》《危险性较大的分部分项工程安全管理规定》（住房城乡建设部令第 37 号）及《江苏省房屋建筑和市政基础设施工程危险性较大的分部分项工程安全管理实施细则（2019 年版）》，城市轨道交通土建工程，常见的超规模危大工程范围见表 3-4。

超规模危大工程清单 表 3-4

序号	分类	相关规定	备注
1	基坑支护、降水工程和土方开挖	开挖深度超过 5m（含 5m）或虽未超过 5m 但地质条件和周围环境复杂的基坑（槽）支护、降水工程	
2	模板工程及支撑体系	（1）工具式模板工程（滑模、爬模、飞模等）。 （2）搭设高度 8m 及以上，跨度 18m 及以上，施工总荷载 15kN/m² 及以上，集中线荷载 20kN/m² 及以上。 （3）用于钢结构安装等满堂支撑体系，承受单点集中荷载 700kg 以上	
3	起重吊装及安装拆卸工程	（1）采用非常规起重设备、方法，且单件起吊重量在 100kN 及以上的起重吊装工程。 （2）起重量 300kN 及以上的起重设备安装工程。 （3）高度 200m 及以上内爬起重设备的拆除工程	
4	拆除、爆破工程	（1）采用爆破拆除的工程。 （2）码头、桥梁、高架、烟囱、水塔或拆除中容易引起有毒有害气（液）体或粉尘扩散、易燃易爆事故发生的特殊建（构）筑物的拆除工程。 （3）可能影响行人、交通、电力设施、通信设施或其他建（构）筑物安全的拆除工程。 （4）文物保护建筑、优秀历史建筑或历史文化风貌区控制范围的拆除工程	
5	其他	（1）地下暗挖工程、顶管工程、水下作业工程。 （2）其他危险性比较大的工程	

3.3.2 常见危大工程

城市轨道交通土建工程常见的危险性较大的分部分项工程见表 3-5。

常见危险性较大的分部分项工程清单表　　　　　　　　　表 3-5

序号	分类	常见危大工程清单	备注
1	基坑支护、降水工程和土方开挖	（1）基坑开挖工程	
		（2）基坑降水工程	
		（3）基坑监测工程	
		（4）重要建筑物保护	
2	模板工程及支撑体系	（1）车站主体结构高大支架模板工程	
		（2）附属主体结构高大支架模板工程	
3	起重吊装及安装拆卸工程	（1）连续墙钢筋笼吊装	
		（2）履带式起重机安装与拆卸工程	
		（3）塔式起重机安装与拆卸工程	
		（4）三轴搅拌桩机安装与拆卸工程	
		（5）盾构机吊装与拆卸工程	
4	拆除、爆破工程	建筑物拆除工程	
5	其他	（1）区间盾构机适应性	
		（2）区间盾构始发与接收工程	
		（3）盾构机正常掘进施工	
		（4）区间联络通道施工	

3.3.3 危大工程方案管理

1. 方案编制要求

（1）施工单位应当在危大工程施工前组织工程技术人员编制专项施工方案。

（2）实行施工总承包的，专项施工方案应当由施工总承包单位组织编制。危大工程实行分包的，专项施工方案可以由相关专业分包单位组织编制。

（3）专项施工方案应当由施工单位技术负责人审核签字、加盖单位公章，并由总监理工程师审查签字、加盖执业印章后方可实施。

（4）危大工程实行分包并由分包单位编制专项施工方案的，专项施工方案应当由总承包单位技术负责人及分包单位技术负责人共同审核签字并加盖单位公章。

2. 超规模危大工程方案专家论证

单个车站、区间均包含有超规模危大工程，需编制安全专项施工方案。这一类方案均需根据国家法律法规、部门规章制度、住房城乡建设部《大型工程技术风险控制要点》《危险性较大的分部分项工程安全管理规定》（住房城乡建设部令第 37 号）及《江苏省房屋建筑和市政基础设施工程危险性较大的分部分项工程安全管理实施细则（2019 年版）》执行，均需组织专家论证。车站与区间超规模危大工程安全专项方案一般包含以下几类：基坑支护、降水工程和土方开挖、模板工程及支撑体系、起重吊装及安装拆卸工程等。常见的超规模危险性较大的分部分项工程见表 3-6。

常见超规模危险性较大的分部分项工程清单

表 3-6

序号	分类	方案名称	备注
1	基坑支护、降水工程和土方开挖	（1）车站主体基坑开挖工程安全专项方案	
2		（2）车站主体基坑降水工程安全专项方案	
3		（3）车站基坑监测专项方案	
4		（4）周边环境保护专项方案	
5		（5）附属结构基坑开挖工程安全专项方案	
6		（6）附属结构基坑降水工程安全专项方案	
7		（7）附属结构监测专项方案	
1	模板工程及支撑体系	（1）车站主体结构高大支架模板工程	
2		（2）附属主体结构高大支架模板工程	
1	起重吊装及安装拆卸工程	（1）连续墙钢筋笼吊装	
2		（2）盾构机吊装与拆卸工程	
1	拆除、爆破工程	建筑物拆除工程	
1	其他	（1）区间盾构机适应性	
2		（2）区间盾构始发与接收工程	
3		（3）盾构机正常掘进施工	
4		（4）盾构区间监测	

对于超过一定规模的危大工程，施工单位应当组织召开专家论证会对专项施工方案进行论证。实行施工总承包的，由施工总承包单位组织召开专家论证会。专家论证前专项施工方案应当通过施工单位审核和总监理工程师审查。施工单位应当在专家论证会召开前 5 个工作日，从工程属地的住房城乡建设主管部门建立的专家库中选取符合专业要求且人数不得少于 5 名的专家组成专家组，本地区专家无法满足需求时，可通过"省安全管理系统"省专家库中选取省内专家或邀请外省、国家部委的专家。论证专家的专业应与论证的危大工程类型相匹配。施工单位确定专家组成员后，应在论证会前将专项施工方案文本电子版交给专家进行预审。与工程有利害关系的人员不得以专家身份参加专家论证会。

专家论证会后，应当形成论证报告，对专项施工方案提出通过、修改后通过或者不通过的一致意见。专家对论证报告负责并签字确认。专项施工方案经论证需修改后通过的，施工单位应当根据论证报告修改完善后，重新履行相关程序。专项施工方案经论证不通过的，施工单位修改后应当按照本规定的要求重新组织专家论证。

在超过一定规模的危大工程实施前，施工单位应及时将专项施工方案专家论证会签到表和专项施工方案专家论证报告扫描上传至"省安全管理系统"。

超规模危大工程专项方案的报审流程包括以下两种：

（1）专业分包单位编制→专业分包单位内部审批（技术负责人签字、企业盖章）→项目经理部会审（形成会议纪要）→专业分包单位修改→总承包单位审批（企业技术负责人签字、企业盖章）→专业分包单位修改→项目监理部审核（形成审核意见）→专业分包单位修改→专家论证（一般不少于 5 名专家）→专业分包单位修改（按照专家意见逐条修改）→项目经理部审核（项目经理签字、执业印章）→专家组组长对修改后的方案签字确认→项目监理部审批（总监理工程师签字，盖执业印章）。

超规模危大分部分项工程安全专项施工方案专业分包报审流程如图3-1所示。

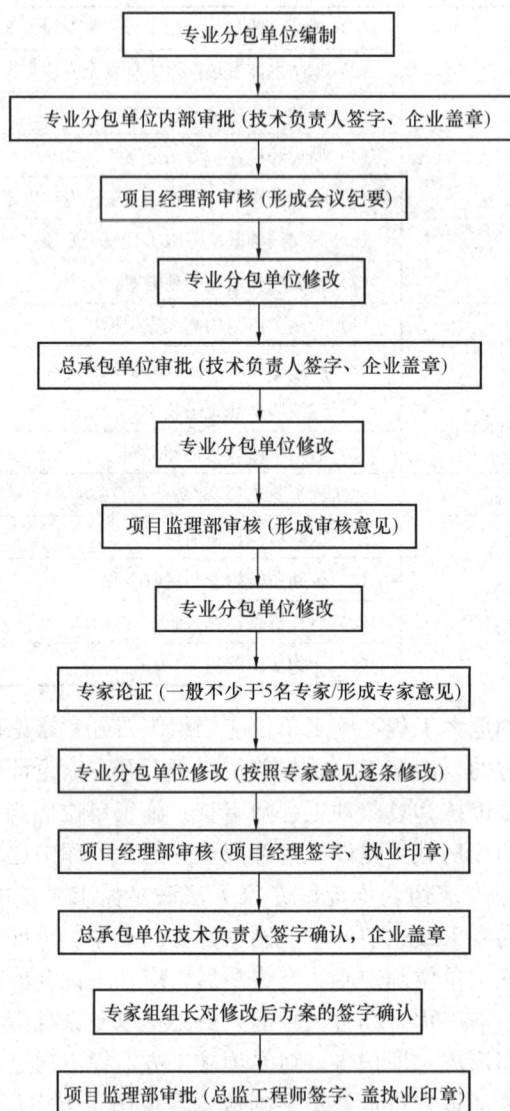

```
┌─────────────────────────────────┐
│          专业分包单位编制          │
└─────────────────────────────────┘
                │
┌─────────────────────────────────┐
│ 专业分包单位内部审批(技术负责人签字、企业盖章) │
└─────────────────────────────────┘
                │
┌─────────────────────────────────┐
│    项目经理部审核(形成会议纪要)     │
└─────────────────────────────────┘
                │
┌─────────────────────────────────┐
│          专业分包单位修改          │
└─────────────────────────────────┘
                │
┌─────────────────────────────────┐
│ 总承包单位审批(技术负责人签字、企业盖章) │
└─────────────────────────────────┘
                │
┌─────────────────────────────────┐
│          专业分包单位修改          │
└─────────────────────────────────┘
                │
┌─────────────────────────────────┐
│    项目监理部审核(形成审核意见)     │
└─────────────────────────────────┘
                │
┌─────────────────────────────────┐
│          专业分包单位修改          │
└─────────────────────────────────┘
                │
┌─────────────────────────────────┐
│ 专家论证(一般不少于5名专家/形成专家意见) │
└─────────────────────────────────┘
                │
┌─────────────────────────────────┐
│ 专业分包单位修改(按照专家意见逐条修改) │
└─────────────────────────────────┘
                │
┌─────────────────────────────────┐
│ 项目经理部审核(项目经理签字、执业印章) │
└─────────────────────────────────┘
                │
┌─────────────────────────────────┐
│ 总承包单位技术负责人签字确认，企业盖章 │
└─────────────────────────────────┘
                │
┌─────────────────────────────────┐
│   专家组组长对修改后方案的签字确认   │
└─────────────────────────────────┘
                │
┌─────────────────────────────────┐
│ 项目监理部审批(总监工程师签字、盖执业印章) │
└─────────────────────────────────┘
```

图 3-1　超规模危大分部分项工程安全专项
施工方案专业分包报审流程

（2）项目经理部的技术部门编制→项目经理部内部评审（形成会议纪要）→项目经理部的技术部门修改→总承包单位审批（企业技术负责人签字、企业盖章）→项目监理部审核（形成审核意见）→项目经理部的技术部门修改→专家论证（一般不少于5名专家）→项目经理部的技术部门修改（根据专家意见逐条修改）→项目经理部审核（项目经理签字、执业印章）→专家组组长对修改后的方案签字确认→项目监理部审批（总监理工程师，盖执业印章）。

超规模危大分部分项工程安全专项施工方案报审流程如图 3-2 所示，方案论证会如图 3-3 所示，论证报告如图 3-4 所示。

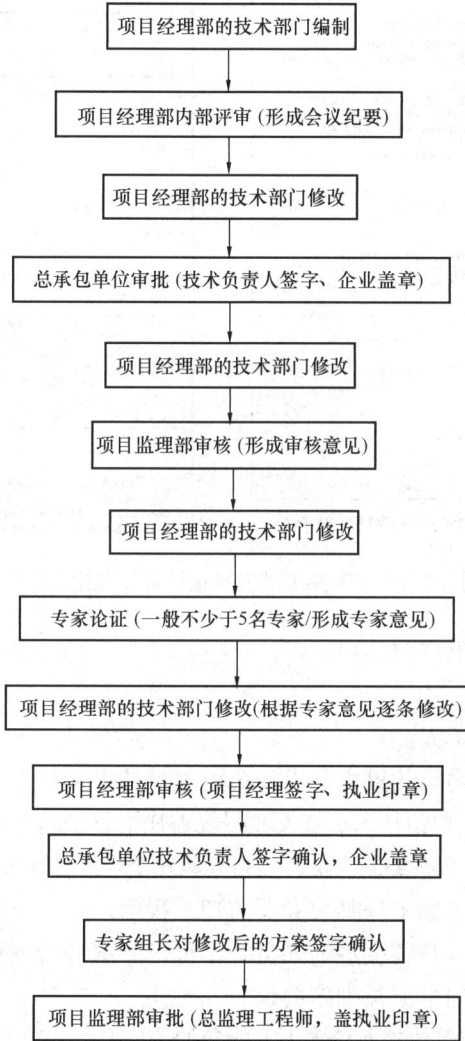

```
┌─────────────────────────────┐
│      项目经理部的技术部门编制         │
└──────────────┬──────────────┘
               ↓
┌─────────────────────────────┐
│   项目经理部内部评审 (形成会议纪要)     │
└──────────────┬──────────────┘
               ↓
┌─────────────────────────────┐
│      项目经理部的技术部门修改         │
└──────────────┬──────────────┘
               ↓
┌─────────────────────────────┐
│ 总承包单位审批 (技术负责人签字、企业盖章)  │
└──────────────┬──────────────┘
               ↓
┌─────────────────────────────┐
│      项目经理部的技术部门修改         │
└──────────────┬──────────────┘
               ↓
┌─────────────────────────────┐
│    项目监理部审核 (形成审核意见)      │
└──────────────┬──────────────┘
               ↓
┌─────────────────────────────┐
│      项目经理部的技术部门修改         │
└──────────────┬──────────────┘
               ↓
┌─────────────────────────────┐
│ 专家论证 (一般不少于5名专家/形成专家意见) │
└──────────────┬──────────────┘
               ↓
┌─────────────────────────────┐
│ 项目经理部的技术部门修改(根据专家意见逐条修改) │
└──────────────┬──────────────┘
               ↓
┌─────────────────────────────┐
│  项目经理部审核 (项目经理签字、执业印章)  │
└──────────────┬──────────────┘
               ↓
┌─────────────────────────────┐
│  总承包单位技术负责人签字确认，企业盖章   │
└──────────────┬──────────────┘
               ↓
┌─────────────────────────────┐
│    专家组长对修改后的方案签字确认      │
└──────────────┬──────────────┘
               ↓
┌─────────────────────────────┐
│ 项目监理部审批 (总监理工程师，盖执业印章) │
└─────────────────────────────┘
```

图 3-2　超规模危大分部分项工程安全专项施工方案报审流程

图 3-3　安全专项方案专家论证会

专项施工方案专家论证报告

工程名称		方案名称	
施工单位			

专项施工方案简述：

主要内容应当包括：
1. 工程概况：危大工程概况和特点、施工平面布置、施工要求和技术保证条件；
2. 编制依据：相关法律、法规、规范性文件、标准、规范及施工图设计文件、施工组织设计等；
3. 施工计划：包括施工进度计划、材料与设备计划；
4. 施工工艺技术：技术参数、工艺流程、施工方法、操作要求、检查要求等；
5. 施工安全保证措施：组织保障措施、技术措施、监测监控措施等；
6. 施工管理及作业人员配备和分工：施工管理人员、专职安全生产管理人员、特种作业人员、其他作业人员等；
7. 验收要求：验收标准、验收程序、验收内容、验收人员等；
8. 应急处置措施；
9. 计算书及相关施工图纸。

专家论证意见：

论证结论：□通过　□修改后通过　□不通过
建议修改意见：
主要内容应当包括：
1. 专项施工方案内容是否完整、可行；
2. 专项施工方案计算书和验算依据、施工图是否符合有关标准规范；
3. 专项施工方案是否满足现场实际情况，并能够确保施工安全。

日期：　　年　月　日

论证专家签字	姓名	职称	工作单位	专业	签字

修改后组长签字：

日期：　　年　月　日

注：专家论证意见应明确方案是否通过，存在的缺陷和处理建议，实施过程中需要注意的事项等，可另行附页。

附件5

专项施工方案专家论证会签到表

时间		地点	
论证内容			

建设单位

单位名称	姓名	职务	职称	签名	联系方式

监理单位

单位名称	姓名	职务	专业	签名	联系方式

施工单位（总包、分包）

单位名称	姓名	职务	专业	签名	联系方式

勘察/设计/监测单位/其他单位

单位名称	姓名	职务	专业	签名	联系方式

注：1. 施工单位参加人员：施工总承包单位和分包单位技术负责人或授权委派的专业技术人员、项目负责人、项目技术负责人、专项施工方案编制人员、项目专职安全生产管理人员及相关人员；2. 监理单位参加人员：项目总监理工程师及专业监理工程师；3. 建设单位参加人员：项目负责人；4. 其他参加人员：勘察、设计单位技术负责人及相关人员。

图 3-4　安全专项方案专家论证意见及论证报告

专家论证会的参会人员应包括：

（1）论证专家。

（2）建设单位项目负责人。

（3）涉及勘察、设计内容的勘察、设计单位项目技术负责人及其他相关人员。

（4）总承包单位和分包单位技术负责人或授权委托书委派的专业技术人员、项目负责人、项目技术负责人、专项施工方案编制人员、项目专职安全生产管理人员及其他相关人员。

（5）监理单位项目总监理工程师及专业监理工程师。

与本条（2）至（5）有利害关系的人员，不得以专家身份参加论证会。住房城乡建设主管部门或委托的安监机构可派员列席会议。

施工总承包单位或分包单位技术负责人不能参加论证会的，施工单位应在专家论证会前1个工作日将技术负责人授权委托书上传至"省安全管理系统"，授权委托书如图3-5所示。

3．现场安全管理要求

（1）施工单位应当在施工现场显著位置公告危大工程名称、施工时间和具体责任人员，并在危险区域设置安全警示标志，如图3-6所示。

（2）专项施工方案实施前，编制人员或者项目技术负责人应当向施工现场管理人员进行方案交底，交底内容应当包含施工工艺、材料、设备、工作流程、工作条件、安全技术措施，以及安全管理和应急处置措施，各方共同签字确认，如图3-7所示。

（3）施工现场管理人员应当向作业人员进行有针对性的安全技术交底，并由双方和项目专职安全生产管理人员共同签字确认。《江苏省房屋建筑和市政基础设施工程危险性较大的分部分项工程安全管理实施细则》文件要求：专项施工方案实施前应将危险性较大的分部分项工程交底记录上传至"省安全管理系统"。

施工单位技术负责人授权委托书

（论证会）

    本人   （姓名）是   （企业名称）的技术负责人，因   情况（附情况说明书），不能亲自参与由施工单位组织召开的关于   专项施工方案的专家论证会，特委托   （姓名）、职称   、职务   作为我的合法代理人，全权代表我参与专家论证会，行使我的各项权利，履行我的职责。

    对委托人在办理上述事项过程中所签署的有关文件我均予以认可并承担相应的法律责任。

    委托期限：自签字之日起至上述事项办完为止。

    附件：情况说明书

委托人（签字）：   日期：   年   月   日

图 3-5　施工总承包单位或分包单位技术负责人授权委托书

图 3-6　危大工程验收牌

图 3-7　项目技术负责人对施工现场
管理人员进行方案交底

    （4）施工单位应当严格按照专项施工方案组织施工，不得擅自修改专项施工方案。由于规划调整、设计变更等原因确实需要调整的，修改后的专项施工方案应当按照本规定重新审核和论证。涉及资金或者工期调整的，建设单位应当按照约定予以调整。

    （5）施工单位应当对危大工程施工作业人员进行登记，项目负责人应当在施工现场履职。

    项目专职安全生产管理人员应当对专项施工方案实施情况进行现场监督，对未按照专项施工方案施工的，应当要求立即整改，并及时报告项目负责人，项目负责人应当及时组织限期整改，如图 3-8 所示。

    施工单位应当按照规定对危大工程进行施工监测和安全巡视，发现危及人身安全的紧急情况，应当立即组织作业人员撤离危险区域。

图 3-8　施工现场管理人员现场旁站

    超过一定规模的危大工程施工期间实施报告制度。施工单位应于每月 10 日前在"省安全管理系统"中报告上月专项施工方案的实施情况，包括工程实施进展、项目负责人现场履职巡查、安全员巡查、隐患排查的文字说明、相关数据、现场照片等。

    （6）施工监测单位应当编制监测方案。监测方案由监测单位技术负责人审核签字并加盖单位公章，报送监理单位后方可实施。

    施工监测单位应当按照监测方案开展监测，及时向建设单位报送监测成果，并对监测成果负责，如图 3-9 所示；发现异常时，及时向建设、设计、施工、监理单位报告，建设单位应当立即组织相关单位采取处置措施。

图 3-9　监测成果日、周、月报

    （7）对于按照规定需要验收的危大工程，施工单位、监理单位应当组织相关人员进行验收。验收合格的，经施工单位项目技术负责人及总监理工程师签字确认后，才能进入下一道工序，如图 3-10 所示。

    危大工程验收人员应当包括：

    1）总承包单位和分包单位技术负责人授权委派的专业技术人员、项目负责人、项目技术负责人、专项施工方案的编制人员、项目专职安全生产管理人员及相关人员；

2）监理单位项目总监理工程师和专业监理工程师；

3）有关勘察、设计和监测单位项目技术负责人。

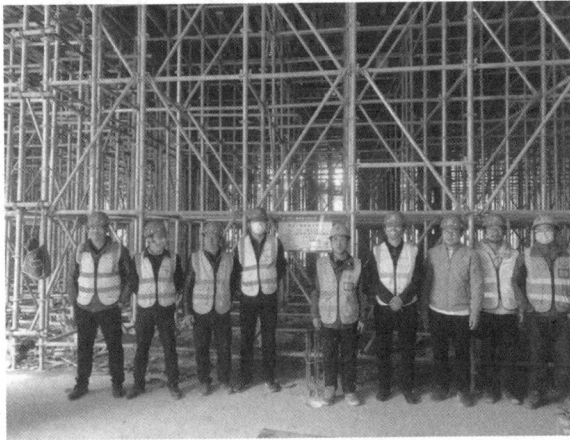

图 3-10　危大工程现场验收

危大工程验收合格后，施工单位应当在施工现场明显位置设置验收标志牌，公示验收时间及责任人员，如图 3-11 所示。

环西文化广场站站危大工程公示牌

序号	危大工程名称	基本概况	采取的安全技术措施	是否通过专家论证	施工时间	责任人
1	深基坑开挖（基坑1）	环西文化广场站位于人民中路与濠西路交叉口，为南通轨道交通1、2号线换乘站。1号线车站沿人民中路东西向布置，为地下两层车站。车站总长约364.17m，标准段净宽21.30m；1号线标准段基坑开挖深度为17.56m，小里程端头井基坑开挖深度约为19.26m，大里程端头井基坑开挖深度约为21.08m。2号线车站沿越龙路南北向设置，为地下三层车站，车站净长约205.40m，标准段净宽21.70m；2号线标准段基坑开挖深度为24.81m，端头井基坑开挖深度为26.51m	1、编制环西文化广场站主体深基坑安全专项施工方案、环西文化广场站深基坑降水专项施工方案、环西文化广场站监测专项施工方案。 2、基坑1围护结构选用800mm厚地下连续墙，标准段设置五道支撑，1号线车站小里程端头井段设置五道支撑+一道换撑，其中第一道为钢筋混凝土支撑，其余均为钢支撑；1号线车站西侧标准段地下墙深32.5m（标准段8m素混凝土段另算），插入比约0.85，小里程端头井段地下墙深35.5m（端头井段5m素混凝土段另算），插入比约0.84。 3、坑内设置疏干井和降压井，坑外设置水位观测井，基坑开挖前进行降水试验，基坑开挖期间严格实行分层开挖，按需降水，加强水位监测，发现异常立即处理。 4、严格按照监测方案进行监测，实行动态信息化动态管理，及时根据监测情况调整施工工序等。 5、严格按照方案施工	已通过专家论证	2019年6月~2020年11月	王玉文
2	高支模体系施工（基坑1）	环西文化广场站车站主体模板支架支撑体系采用盘扣式钢管支架	1、编制环西文化广场站主体主体高大模板支架安全专项施工方案。 2、根据荷载设计计算脚手架的搭设问题。 3、按照相关规范进行施工和验收，未经验收合格的脚手架不得进入下一步施工工序	已通过专家论证	2019年8月~2020年11月	王玉文

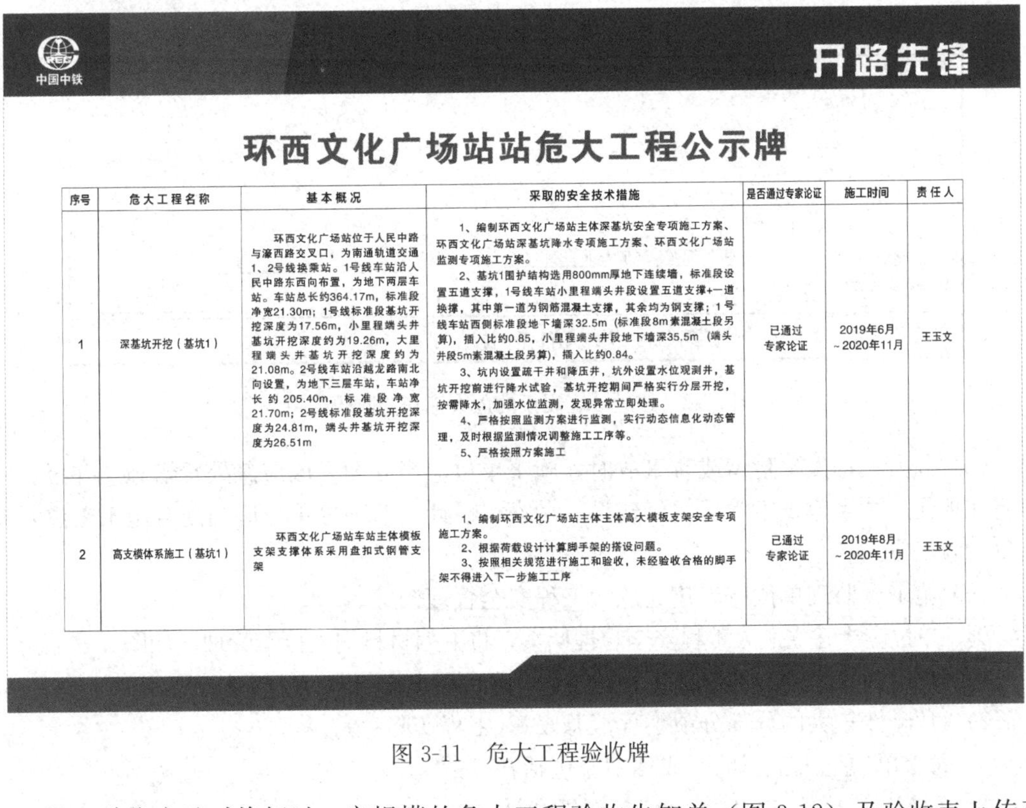

图 3-11　危大工程验收牌

施工单位应及时将超过一定规模的危大工程验收告知单（图 3-12）及验收表上传至“省安全管理系统”，施工总承包单位或分包单位技术负责人不能参加验收的，施工单位应将技术负责人授权委托书上传至“省安全管理系统”，授权委托书如图 3-13 所示。

超过一定规模的危大工程验收告知单

工程名称:_____

事由	
致: _____ (项目监理机构) 　我方已完成 _____危险性较大分部分项 工程的施工,定于_____年____月____日____时____分组织验收,请派人参加。 　　□ 基坑工程 　　□ 模板工程及支撑体系 　　□ 起重吊装及起重机械安装拆卸工程 　　□ 脚手架工程 　　□ 暗挖工程 　　□ 拆除工程 　　□ 其他: _____ 　　　　　　　　　　施工项目经理部(章): _____ 　　　　　　　　　　项目经理(签字): _____ 　　　　　　　　　　　　　　_____年____月____日	

项目监理机构签收人姓名及时间		施工项目经理部签收人姓名及时间	

确认意见:

　　　　　　　　　　　　　　　　　　　　　　　　　　

总监理工程师/专业监理工程师 (签字): _____

　　　　　　　　　　　　　　　　　　_____年____月____日

注:1、本表一式二份,项目监理机构、施工单位各一份

图 3-12　超过一定规模的危大工程验收告知单

　　(8) 危大工程发生险情或者事故时,施工单位应当立即采取应急处置措施,并报告工程所在地住房城乡建设主管部门。建设、勘察、设计、监理等单位应当配合施工单位开展应急抢险工作。

　　(9) 施工、监理单位应当建立危大工程安全管理档案。

　　施工单位应当建立危大工程安全管理档案,将下列材料纳入档案管理,如图 3-14 所示:

1)《危险性较大的分部分项工程清单》(开工报审);

2)《危险性较大的分部分项工程汇总表》(工程实际存);

3) 每个单项危大工程的完成档案应包括:

① 专项施工方案文本材料(包括图纸和计算书);

② 施工单位审核、监理单位审查;

③ 超过一定规模的危大工程专家论证报告、专家论证会会议签到表、专家论证意见

施工单位技术负责人授权委托书

（验收）

本人 （姓名）是 （企业名称）的技术负责人，因 情况（附情况说明书），不能亲自参与由施工单位组织的关于 （危大工程名称）的验收，特委托 （姓名）、职称 、专业 作为我的合法代理人，全权代表我参与验收，行使我的各项权利，履行我的职责。

对委托人在办理上述事项过程中所签署的有关文件和报告我均予以认可并承担相应的法律责任。

委托期限：自签字之日起至上述事项办完为止。

附件：情况说明书

委托人（签字）： 日期： 年 月 日

图 3-13 施工总承包单位或分包单位技术负责人授权委托书

图 3-14 施工资料纳入档案管理

的修改情况等；

④ 方案交底及安全技术交底；

⑤ 施工作业人员登记表；

⑥ 项目负责人现场带班记录；

⑦ 项目专职安全管理人员现场监督记录；

⑧ 论证专家组的现场技术服务记录材料；

⑨ 施工监测和安全巡视记录；

⑩ 验收记录；

⑪ 施工单位隐患排查整改和复查记录；

⑫ 建设、监理单位下发的各类整改文书、复查记录、施工单位回复记录；

⑬ 行政处罚书、通报、抽查记录单、隐患整改单、（局部）停工整改单等及施工单回复记录。

3.4 技术方案管理

技术方案是组织工程施工的重要依据，施工单位的各级管理机构都必须严格按照批准的方案组织施工，确保工程满足设计和施工规范及验收标准要求。施工单位技术负责人是方案管理的负责人，负责本单位方案的策划、编制、审查、审批以及实施过程的指导、培训、优化工作。项目经理部是方案的执行机构，项目经理对方案的经济比选和实施负责，项目技术负责人对方案的技术管理工作负责，见表3-7。

施工方案编制审批计划表　　　　　　　　　　　　　表 3-7

项目名称：												
工程概况：												
序号	方案名称	方案等级	编制人	复核人	计划完成日期	实际完成日期	计划审批层次					
							项目经理部	监理	建设单位	子（分）公司	局公司	集团公司

编制/日期：　　　　　　　　复核/日期：　　　　　　　　审核/日期：

填表说明：1. 表末的编制、复核分别为项目经理部技术负责人、施工单位或三级子（分）公司分管部门负责人、子（分）公司技术负责人。

2. 审批层次填写时，在需要审批的单位相应表格中填"√"。

3. 表格内应填写项目需要编制的各级方案。

3.4.1 方案管理流程

一般方案由项目经理部的技术部门归口管理，方案编制审批完成后，施工单位的各级管理机构都必须严格按照批准的方案组织施工，确保工程满足设计和施工规范及验收标准要求。项目经理部的技术部门负责交底实施。方案实施前，技术部门需对施工现场进行核实验收，确定实施条件，建立一般方案管理档案。

3.4.2 危大方案管理流程

危大工程安全专项施工方案由项目经理部的工程技术部归口管理。施工单位一般建立专家委员会或专家组（成员应是公司外部专家），在方案管理部门组织下进行方案审批工作。

项目经理部须对危大工程施工条件进行验证，同时对危大工程进行验收。施工前技术负责人或编制人应向项目管理人员及作业人员进行安全技术交底，并在施工现场显著位置悬挂或粘贴危大工程公示牌，在安全区域设置安全警示标志。需留有影像资料作为危大工程档案资料进行管理。

3.4.3 方案编制

由施工单位技术负责人或项目技术负责人主持方案的编制，施工单位技术方案管理部门组织专家、技术人员编制，其他各部门人员配合。

（一）危大方案：由施工单位技术负责人牵头，方案管理部门、项目经理部、专家等相关人员编制。除特级方案外的重点工程技术方案、超规模危大工程安全专项方案均被定为一级方案。

（二）一般方案：由项目经理部技术部门牵头，技术人员负责编制，包含现场技术措施。

方案编制的主要内容如下：

（1）工程概况。

① 工程地理位置、工程规模及结构设计情况、主要技术标准、施工平面布置图；

② 工程地质、水文、气候和交通环境等自然条件情况；

③ 工程特点、施工重点和技术难点分析及对策等；

④ 主要工程的数量；

⑤ 施工要求和技术保证条件。

（2）编制依据和编制原则。编制依据为与方案相关的现行法律、法规，规范性文件、标准、规范，施工图设计文件、施工组织设计等。

（3）危险源分析及预防控制措施。

（4）施工计划。

① 施工进度计划；

② 材料与设备计划；

③ 施工管理及作业人员配备和分工，包括施工管理人员、专职安全生产管理人员、特种作业人员、其他作业人员的配备和分工。

（5）总体施工方案。包括总体思路、施工步骤或顺序、工法的选择（有多种可选方案时应进行施工方案比选）。

（6）施工工艺技术。包括主要分部分项工程的技术参数（含主要临时结构、设施、设备和工装的结构设计及验算等）、工艺流程、施工方法、操作要求及检查要求。

（7）验收要求。包括验收标准、验收程序、验收内容和验收人员等（含材料和设备进场验收、过程验收、完工验收）。

（8）施工安全保证措施。包括组织保障措施、技术措施、监控监测措施等。

（9）质量、环保、工期保证措施。

（10）应急处置措施。包括编制目的、应急组织机构及人员职责、事故报告程序、事故应急处理措施、应急培训和演练、应急抢险的设备和物资准备、应急通信联络、信息发布等。

（11）方案附件。包括临时结构、设施、设备和工装的结构设计图及验算书（对计算难度大以及公司或项目管理单位有明确计算资质要求的复杂结构、设施、设备和工装的验算书，均应由有相关资质的单位提供），关键设备工况图、主体结构设计图、主体结构（需要承受较大临时施工荷载）相关验算书，特种设备制造、相关施工单位的资质，施工监控方案等。

施工方案技术经济比选书编制内容主要包括：

（1）工程概况。

（2）比选方案简介。

（3）比选方案的安全性、施工便利性、质量保证、工期、经济性分析比较。

（4）方案比选结论。

（5）相关附件资料。

3.4.4 方案管理流程

1. 施工单位内部审批

方案编制完成后及时上报施工单位方案主责部门。方案应在施工图纸齐备后，并在实施前报送至审批部门。危大方案需上报至施工单位进行审批，一般方案审批由项目技术负责人与项目经理负责。

施工方案上报施工单位或上报监理前，由项目技术负责人组织召开项目经理部内部方案评审会。通过评审后，上报施工单位逐级进行审批。完成审批后，根据要求再上报施工监理审批。

危大方案编制完成后，先进行项目经理部内部评审。通过评审后，由施工单位技术负责人组织召开方案评审会，参与人员主要是施工单位技术负责人、专职专家、项目经理、项目技术负责人等，必要时邀请外部专家共同参与方案审查。

项目经理部与施工单位方案审查主要内容包括：方案内容是否完整；方案计算书验算依据、计算结果和临时结构（设施和设备）设计图是否符合有关标准和规范要求；方案采取的施工方法、工艺和安全、质量保证措施是否满足工程实际情况；环、水保措施是否符合国家相关的法律、法规和满足工程需要及环境保护（建设项目环境影响评价）相关要求。

根据不同分级的技术方案，施工单位采取的内部评审形式不一样。

（1）危大方案实行主、副审初审制和会议审查制。

1）危大方案由施工单位专家、教授级高级工程师担任主、副审，高级工程师可担任副审；

2）审查会议由施工单位技术负责人或专家主持。

（2）审查及审批。

1）一般方案由项目经理、项目技术负责人负责审批，审批完成后上报监理单位；

2）一般方案须进行会议评审，评审会由项目技术负责人主持。

（3）对于超过一定规模的危大工程专项施工方案，施工单位应协助项目经理部组织专家论证。危大工程方案审批时，施工单位技术负责人应签署意见并加盖公司印章。

方案签字、盖章可通过网上、网下流程办理，均应出具项目经理部内部审批意见等资料。

对审批通过，但还需完善的方案，方案报送单位应按批复意见及时完善，并将完善后的方案报施工单位管理部门复审和备案。

2．监理审批

技术方案编制完成并经施工单位内部审批完成后，上报监理单位。技术方案必须经监理审批完成，才能实施。

3．方案优化和变更

经批准的方案必须严格遵照执行，施工单位的任何部门与个人不得擅自变更。

在工程环境条件发生变化、设计变更或建设管理单位有要求时，可优化和变更方案。优化和变更方案应报原批准部门与单位重新履行审批手续。

3.4.5 方案交底

（1）危大方案交底，由项目技术负责人或方案编制人组织现场交底，被交底人为项目全体管理人员、作业带班人员与作业人员，如图 3-15 所示。

（2）一般方案交底，由项目经理部负责人或方案编制人组织交底，被交底人为项目全体管理人员，如图 3-16 所示。

在方案实施过程中，关键工序转换前或项目出现技术难题时，施工单位技术负责人将根据工程需要，及时组织施工人员进行技术培训、技术服务工作。

超过一定规模的危大工程方案交底记录

工程名称：	交底时间：
分部分项工程：	
交底内容：	
交底人签字：	
接受交底人签字：	

注：交底人为项目技术负责人或方案编制人员，接受交底人为施工现场管理人员。本交底一式两份，项目部、现场管理人员各一份。

图 3-15　危大方案交底

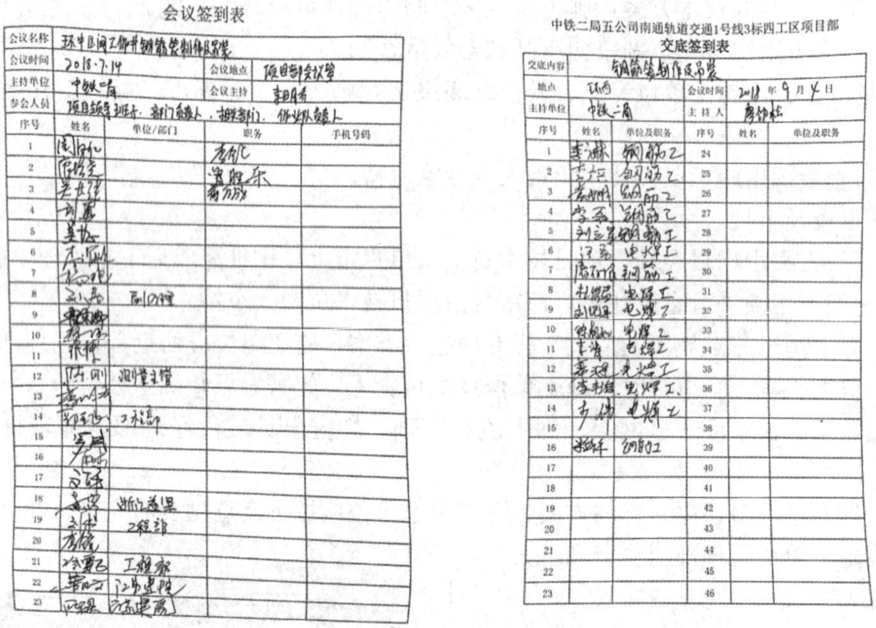

图 3-16 一般方案交底

3.4.6 方案实施管理

1. 方案实施管理

项目生产负责人、施工管理人员按审批后的施工方案组织作业人员具体实施。专业分包工程由分包单位具体实施,项目经理部的技术人员及现场施工管理人员负责应对方案实施过程进行监督。

施工方案实施前,项目经理部应组织方案交底。项目执行人员不得擅自改变施工方案。

施工方案现场施工技术复核工作由技术员、施工员、安全员、质量员、项目技术负责人等负责进行。

技术员应负责组织施工方案的实施,随时指导和检查实施情况,并作技术复核记录。发现不按照审批的施工方案施工的,应当要求其立即整改,并签发整改通知单。

项目经理部安全员、质量员应对审批的施工方案实施情况进行现场监督或监测并作技术复核记录。发现现场不按照施工方案施工的,应当要求其立即整改,签发整改通知单。

项目经理部技术负责人或技术人员应当适时或定期巡查施工方案的实施情况,对重要环节进行技术复核。发现不按照施工方案施工或存在安全、质量隐患时,应当要求其立即整改,签发整改通知单。

按规定需要验收的危险性较大的分部分项工程,项目经理部技术负责人应联系监理单位人员进行验收。验收合格的,经施工单位项目技术负责人及项目总监理工程师签字后,方可进入下一道工序。

2. 方案技术复核管理

施工方案实施过程中，施工、安全、质量、技术等人员对照技术方案，根据实施情况做好技术复核记录与下达整改通知单。

项目经理部按照方案，在分部分项工程实施期间，按照施工进展情况不定期进行技术复核，技术员每周至少一次技术复核；项目工程技术部对施工方案的技术复核每两周至少一次。

项目工程技术部每月核查施工方案的技术复核情况，督促各人员按时复核方案执行情况。

3.4.7 方案总结

对于采用新工艺、新材料、新设备、新技术的分部分项工程，或超规模危大工程施工完成后，项目技术负责人组织对实施情况进行总结，供今后类似工程借鉴。方案总结的内容主要包含：

(1) 方案管理过程中，管理的亮点与失误。

(2) 技术层面的亮点与还可继续加强的内容。

(3) 值得推广的技术经验与管理经验。

3.5 技 术 交 底

技术交底是使施工人员了解工程特点、施工方法、质量安全要求与措施等方面的必要方式，以便科学地组织施工。

技术交底是施工前的首要环节，未进行技术交底不能开工，被交底人未能理解交底意图、不能执行交底的各项要求不得参与施工。

技术交底应根据工程特点、条件等和交底的级别分别制订交底提纲和交底内容，交底必须具有针对性和指导性，交底应注意实效。

技术交底与方案交底间既有联系又有区别。首先交底的内容有相同的部分，技术交底中需包含方案交底中的施工方法、控制检查标准、保证措施等；不同的是方案交底是一个施工项目指定实施方案的交底，交底的对象是管理人员，交底应更全面，而技术交底更体现技术性，交底对象除管理人员外还包括一线操作工人，目的是让交底对象明白干什么、怎么干、怎么干得更好等。

3.5.1 技术交底的分级

技术交底是施工生产中非常重要的环节，但目前国内对技术交底没有统一的规范及要求，为了更好地做好技术交底，将其分为三级，见表3-8～表3-10。

一级技术交底清单

表 3-8

交底等级	交底人	接受交底人	交底目的	交底形式
一级技术交底	项目总工程师	各部门负责人、分项工程负责人及全体管理人员	第一级为项目施工技术总体交底，施工前对工程总体情况进行全面技术交底，目的是让项目管理人员掌握项目的总体概况、施工组织安排、整体施工方案、各项目标等内容	会议交底 书面交底

二级技术交底清单 表 3-9

交底等级	交底人	接受交底人	交底目的	交底形式
二级技术交底	项目总工程师或工程部长	分项工程技术负责人和技术人员	第二级技术交底在分部工程施工前，以各分项工程为单元进行交底，目的是让技术人员掌握分项工程的概况及特点、施工方法、具体要求、各项保证措施等内容	会议交底书面交底

三级技术交底清单 表 3-10

交底等级	交底人	接受交底人	交底目的	交底形式
三级技术交底	分项工程技术负责人或现场工程师	技术员、工长、操作人员	第三级技术交底主要针对一线操作工人，交底应更直观、形象、生动，目的是让一线操作工人掌握各工序该怎么干、干成什么标准、干的过程中的注意事项等内容	会议交底书面交底样板/模型交底挂牌交底现场示范交底视频交底

3.5.2 技术交底内容

技术交底层次不同、对象不同，交底内容也不同。各级技术交底必备内容要求如下。

1. 一级交底必备内容

（1）工程概况、工期要求。

（2）施工现场调查情况。

（3）投标文件和工程承包合同主要的承诺和要求。

（4）实施性施工组织设计，施工顺序，关键线路，主要节点进度，阶段性控制目标。

（5）施工方案及施工方法、技术标准及质量安全要求；重要工程及采用新技术、新材料等的分部分项工程。

（6）总体生产安全事故应急救援预案。

（7）工序交叉配合要求、各部门的配合要求。

（8）主要材料、设备、劳动力安排及资金需求。

（9）项目质量计划、安全目标、成本目标。

（10）设计变更内容。

一级技术交底表见表 3-11。

工程名称			
施工单位		交底日期	

技术交底内容：（可将交底文稿附后）

交底人签名：

	接底人签名
部门负责人、 分项工程负责人	
全体管理人员	

注：交底人应为项目总工程师。

2. 二级交底必备内容

（1）安全组织机构和人员责任分工。

（2）重大安全施工方案（如钢筋笼吊装、深基坑施工、高大模板支架工程等）及具体要求。

（3）关键、特殊施工工序、主要安全施工技术措施方案及具体要求。

（4）危险源特点、危害性质、存在部位、预防措施。

（5）生产安全事故应急救援程序、内容和实施方法和保证措施。

（6）本工程所采用的技术标准、规范、规程的名称，施工质量标准和实现创优目标的具体措施，质量检查项目及其要求。

（7）不利季节施工应采取的技术措施。

（8）正常情况下的半成品及成品保护措施。

（9）主要材料规格性能、试验要求。

（10）施工详图和构件加工图，材料试验参数及配合比。

（11）施工机械设备及劳动力的配备。

（12）现场测量控制网、监控量测方法和要求。

（13）施工进度要求和相关施工工序配合要求。

（14）安全文明施工及环境保护要求。

二级技术交底表见表3-12。

二级技术交底表 表 3-12

工程名称			
施工单位		交底日期	
技术交底内容：（可将交底文稿附后）			
			交底人签名：
接底人签名			
分项工程技术 负责人			
技术人员			

注：交底人应为总工程师或工程部长。

3. 三级交底必备内容

针对一线操作工人，三级交底应简明扼要，不应长篇大论，交底内容重点体现针对性强、易理解、可操作，交底宜采用卡片形式，宜做成卡片便于随身携带或悬挂于施工现场。三级交底必备内容如下：

（1）分项工程概况（含设计变更）、材料准备、周边环境、气候、工期要求等情况简介。

（2）分项工程施工安全、质量目标和保证措施。

（3）作业场所、工作岗位、施工过程中存在的危险因素。

（4）应采取的防范措施，包括个人防护用品的配备和使用、现场防护设施的要求、工种和设备操作规程、材料安全、用电安全、防火要求、文明施工、工艺安全等，必要时用图表说明细节。

  （5）发现安全隐患后如何处置。

  （6）可能发生的紧急情况（含事故）及相应的处理措施。

  （7）施工项目的工艺、安全技术措施及注意事项。

  （8）施工范围内的安全操作规章制度、安全防护、机械设备安全操作注意事项等。

  （9）类似工程施工案例教训。

  （10）施工图纸细部讲解，采用的施工工艺、操作方法及注意事项。

  （11）分项工程质量标准、交接程序及验收方式，成品保护注意事项。

  （12）易出现质量通病的工序及相应技术措施、预防办法。

三级技术交底表见表 3-13。

三级技术交底表 表 3-13

工程名称			
施工单位		交底日期	
技术交底内容：（可将交底文稿附后） <div align="right">交底人签名：</div>			
<div align="center">接底人签名</div>			
技术员、工长			
操作人员			

注：交底人应为分项工程技术负责人或现场工程师。

3.5.3　技术交底形式

由于各种交底繁简程度不同、对象不同、深度不同等原因，所以在技术交底时将交底分为不同的形式。一般分为：书面交底、会议交底、样板/模型交底、挂牌交底、现场示范交底、视频交底。交底人员可根据交底内容的不同选择适宜的交底方法，以便能够达到更好的交底效果。

（1）书面交底。

通过书面交底内容向下级人员交底，双方在交底书上签字，逐级落实，责任到人，有据可查，效果较好，是最常用的交底方式，如图 3-17 所示。

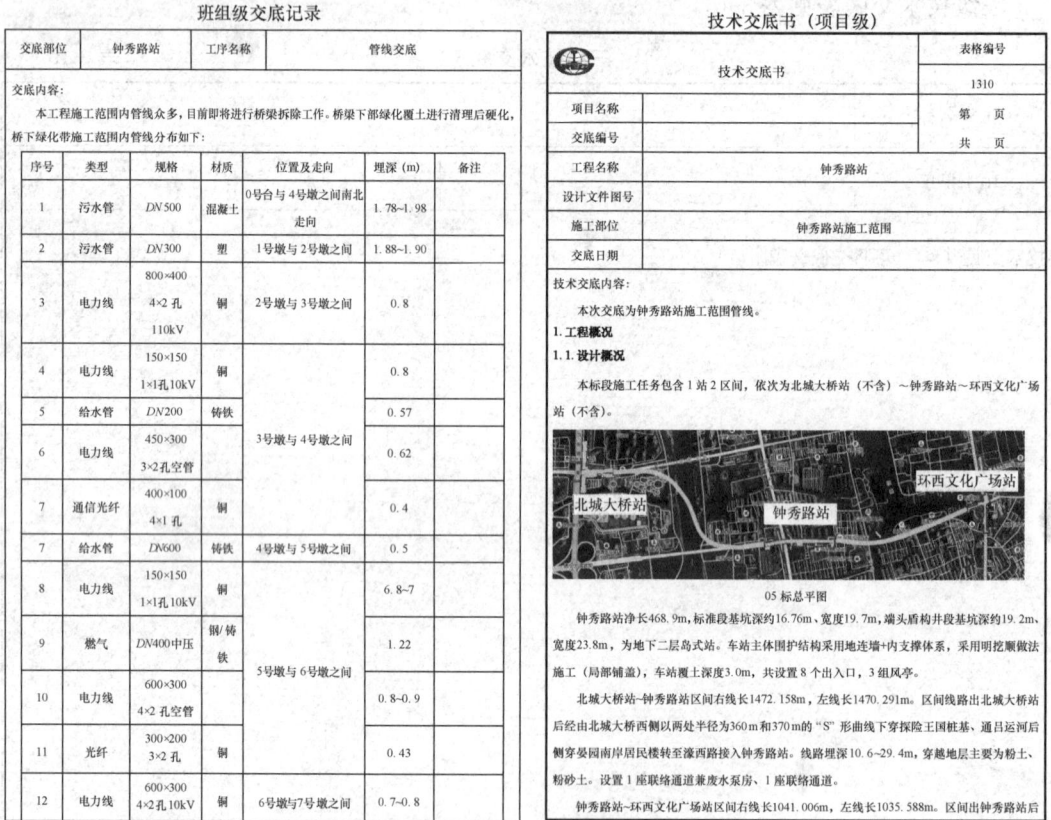

班组级交底记录

交底部位	钟秀路站	工序名称		管线交底	

交底内容：

本工程施工范围内管线众多，目前即将进行桥梁拆除工作。桥梁下部绿化覆土进行清理后硬化，桥下绿化带施工范围内管线分布如下：

序号	类型	规格	材质	位置及走向	埋深（m）	备注
1	污水管	DN500	混凝土	0号台与4号墩之间南北走向	1.78~1.98	
2	污水管	DN300	塑	1号墩与2号墩之间	1.88~1.90	
3	电力线	800×400 4×2孔 110kV	铜	2号墩与3号墩之间	0.8	
4	电力线	150×150 1×1孔10kV	铜		0.8	
5	给水管	DN200	铸铁		0.57	
6	电力线	450×300 3×2孔空管	铜	3号墩与4号墩之间	0.62	
7	通信光纤	400×100 4×1孔	铜		0.4	
7	给水管	DN600	铸铁	4号墩与5号墩之间	0.5	
8	电力线	150×150 1×1孔10kV	铜		6.8~7	
9	燃气	DN400中压	铜/铸铁		1.22	
10	电力线	600×300 4×2孔空管	铜	5号墩与6号墩之间	0.8~0.9	
11	光纤	300×200 3×2孔	铜		0.43	
12	电力线	600×300 4×2孔10kV	铜	6号墩与7号墩之间	0.7~0.8	

技术交底书（项目级）

	技术交底书	表格编号
		1310
项目名称		第　页
交底编号		共　页
工程名称	钟秀站	
设计文件图号		
施工部位	钟秀路站施工范围	
交底日期		

技术交底内容：

本次交底为钟秀路站施工范围管线。

1.工程概况

1.1.设计概况

本标段施工任务包含 1 站 2 区间，依次为北城大桥站（不含）～钟秀路站～环西文化广场站（不含）。

05 标总平图

钟秀路站净长468.9m，标准段基坑深约16.76m、宽度19.7m，端头盾构井基坑深约19.2m、宽度23.8m，为地下二层岛式站。车站主体围护结构采用地连墙+内支撑体系，采用明挖顺做法施工（局部铺盖），车站覆土深度3.0m，共设置 8 个出入口，3 组风亭。

北城大桥站～钟秀路站区间右线长1472.158m，左线长1470.291m。区间线路出北城大桥站后经由北城大桥西侧以两处半径为360m和370m的"S"形曲线下穿探险王国桩基、通吕运河后侧穿晏园南岸居民楼转至濠西路接入钟秀路站。线路埋深10.6～29.4m，穿越地层主要为粉土、粉砂土。设置 1 座联络通道兼废水泵房、1 座联络通道。

钟秀路站～环西文化广场站区间右线长1041.006m，左线长1035.588m。区间出钟秀路站后

图 3-17　书面交底

（2）会议交底。

召开会议传达交底内容，可通过多工种讨论、协商对技术交底内容进行补充完善，提前规避技术问题，如图 3-18 所示。

（3）样板/模型交底。

实行样板引路，制作满足各项要求的样板予以参考，常用于要求较高的项目；或制作模型以加深实际操作人员的理解，如图 3-19 所示。

（4）挂牌交底。

在标牌上写明交底相关要求，挂在施工场所，适用于内容及人员固定的分项工程，如

图 3-20 所示。

（5）现场示范交底。

工序施工前，由项目技术负责人或技术人员组织，由专人现场演示施工项目的操作方法、作业程序及施工注意事项等相关内容，向同工序施工作业人员交底，如图 3-21 所示。

图 3-18　会议交底

图 3-19　样板交底

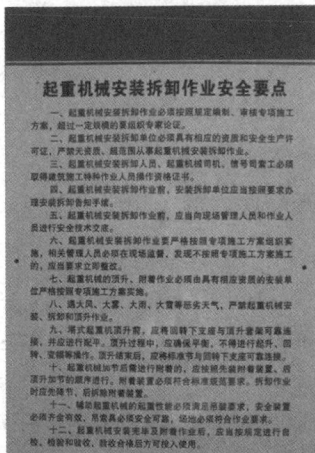

图 3-20　作业要点挂牌交底

图 3-21　现场示范交底

（6）视频交底。

可视化视频交底通过 BIM 演示、视频、动漫等方式向施工人员进行交底，生动、形象地介绍如何施工、操作，交底更直观、形象，特别是对于一线作业工人而言，这种交底形式的效果更好，如图 3-22 所示。

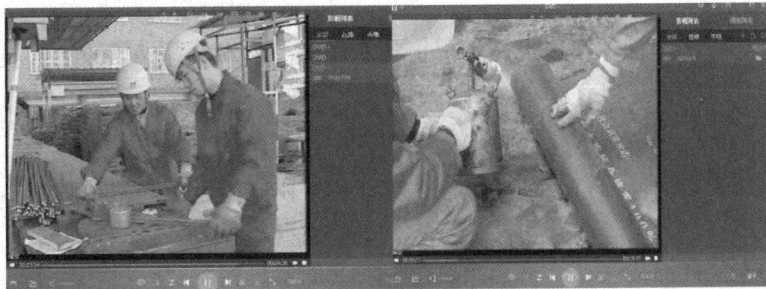

图 3-22　视频交底

3.5.4　技术交底要求

技术交底层次不同，内容与对象也不同，但交底要求是一致的，主要包括以下八个方面：

（1）交底应根据实际需要分阶段进行。

（2）当发生设计图纸、施工人员、环境、季节、工期的变化或技术方案的改变时应进行修改或补充，经项目技术负责人审批后重新交底。对施工周期较长的分项工程施工任务，同样应间隔一定的里程数或一定的时间进行重复交底。

（3）同一分项属于不同分部、不同单位时应分别交底。

（4）交底应严格执行施工及验收规范、规程。

（5）交底内容应严格执行工程建设程序。

（6）技术交底必须安排在施工前进行，并应为施工留出适当的准备时间。交底必须及时，不得后补。未经技术交底的工序不得进行施工。

（7）具备针对性、操作性。

1）交底内容量化、具体化。

2）交底内容要全面、明确、突出要点。

3）交底内容要实用。

（8）确保与某分部分项工程的全部有关人员都接受交底，形成相应记录。

3.5.5　技术交底资料要求

技术交底是施工生产中非常重要的环节，交底应留有纸质记录，资料要求包括以下五个方面：

（1）项目各级技术交底均应按要求做好记录，检查交底人与被交底人的相关手续是否齐全，并保留详细的交底文件。

（2）由工程部保存工程部技术交底记录文件及项目部工程总体交底记录文件，并建立技术交底台账。

（3）项目其他部门的交底文件和记录由各专业部门自行保存，根据存档要求定期交由工程部统一归档。

（4）班组技术交底文件记录由班组技术员负责保存，根据存档要求定期交由工程部统一归档。

（5）工程部应将项目各级技术交底记录和文件统一整理，并纳入竣工资料。

3.5.6　技术交底的效果验证

技术交底在施工前完成，为确保施工安全质量，施工过程中需要对技术交底的实施效果进行验证。

（1）交底人应督促接底人严格遵照执行，对交底实施情况进行跟踪检查，对没有想到的、新出现的情况及时进行补充交底，对违反交底要求的及时制止、纠正。项目安全员应加强巡查，项目技术负责人也应定期巡视，项目经理在现场时也应对常识性、通用性安全交底内容进行抽查。

（2）安全技术交底非常重要，从项目开工时就应制订交底计划，包括交底的分部分项工程、交底时间、交底人，严格按程序及形式，把详细的内容交底给作业人员，并及时跟进指导检查，不断总结完善。

第4章 验 收 管 理

验收管理是轨道交通工程施工的重要组成部分,严格执行验收管理制度是控制工程质量的有效手段。根据现行国家标准《地下铁道工程施工质量验收标准》相关规定,工程质量验收应划分为检验批、分项工程、分部及子分部工程、单位及子单位工程、项目工程等。

4.1 验 收 管 理 分 类

城市轨道交通工程一般建筑规模较大,具有综合使用功能的综合性建筑物,施工周期一般较长,一次性验收不方便。故单体工程划分若干验收部分,这样有利于正确评价建筑工程质量,有利于进行验收。

城市轨道交通工程的施工验收管理主要包括六个部分,见表4-1。

城市轨道交通工程施工质量验收一览表   表 4-1

序号	验收阶段划分	序号	验收阶段划分
1	检验批	4	单位及子单位工程
2	分项工程	5	项目工程
3	分部及子分部工程	6	竣工验收

4.2 验 收 管 理 标 准

验收管理是项目管理中施工阶段的重要组成部分,涉及自工序报验到竣工验收的全过程。现行国家标准《地下铁道工程施工质量验收标准》详尽描述了施工及验收重点,为施工提供了标准,给验收提供了依据。

4.2.1 验收依据

(1) 法律法规及相关文件。

(2) 国家标准,行业标准,地方标准及相关文件。

(3) 施工图设计文件。

(4) 合同、建设单位管理制度。

(5) 住房城乡建设部、省市级质量指南。

(6) 类似工程的施工经验、结论等。

4.2.2 基本规定

1. 一般规定

（1）施工现场应具有健全的质量管理体系，应有相应的施工技术标准。

（2）工程中使用的材料、半成品、成品、构配件、器具和设备的验收应符合下列规定：

1）应对其外观、规格、型号进行验收，质量证明文件、资料应齐全。

2）凡涉及安全、节能、环境保护和使用功能的材料和产品，应按本标准各章的规定进行复检。

3）有防腐、防潮、防虫和防霉变要求的材料，应进行复检。

4）各系统的设备及软件应是通过国家认证（认可）的产品，并应有认证证书和认证标志。

5）进口产品应提供原产地证明和商检证明，配套提供的质量合格证明、检测报告及（安装、使用、维护）说明书等文件资料应为中文文本或附中文译文。

6）设备、材料到货后应进行开箱检查，检查产品的包装外观是否完整，产品的规格、型号是否与订货合同相符，检验、试验报告是否齐全。

（3）施工过程质量控制的检验应符合下列规定：

1）各工序应按施工技术标准进行质量控制，每道工序完成后，应进行检查。

2）专业工种之间，应进行交接检验，并形成记录，未经检查认可，不应进行下道工序施工。

3）施工过程中，应进行施工试验和检验。

4）各专业、系统之间施工过程中应做好接口协调。

5）不应损坏原有绝热、保温、隔声、防水、防潮、防腐、绝缘构造；不应损伤、破坏受力的钢筋及构件。

6）各类质量检测报告、检查验收记录和其他工程技术管理资料，应及时填写，并应由责任人签字确认。施工质量验收资料的归档、整理应符合现行行业标准《城市轨道交通工程档案整理标准》CJJ/T 180 的规定。

（4）地下铁道工程施工质量验收应符合现行国家标准《建筑工程施工质量验收统一标准》GB 50300 的规定。

（5）工程质量验收中使用的检验设备、仪器等的检定和精度要求应符合《中华人民共和国计量法》中强检计量器具（A 类）、周期管理计量器具（B 类）、一般管理计量器具（C 类）的规定，不应超期使用。

（6）工程测量的质量验收，应符合现行国家标准《城市轨道交通工程测量规范》GB/T 50308 和《地下铁道工程施工标准》GB/T 51310 的规定。

（7）工程监控量测的质量验收，应符合现行国家标准《城市轨道交通工程监测技术规范》GB 50911 和《地下铁道工程施工标准》GB/T 51310 的规定。

（8）人防工程的质量验收，应符合现行国家标准《人民防空工程施工及验收规范》GB 50134 的规定。

2. 基本要求

（1）检验批验收应包括下列内容：

1）对工程实体和原材料、构配件和设备的实物检验。

2）工程实体和原材料、构配件和设备的资料检查。

（2）检验批质量验收合格应符合下列规定：

1）主控项目的质量经抽样检验应全部合格。

2）一般项目的质量经抽样检验应合格；当采取技术检验时，一般项目的合格点率应达到80%以上，且不合格点的最大偏差值不应大于规定允许偏差的1.5倍，钢结构工程不合格点的最大偏差值不应大于规定允许偏差的1.2倍。

3）应具有完整的施工操作依据，质量验收记录。

（3）分项工程，分部及子分部工程，单位及子单位工程的质量验收应符合现行国家标准《建筑工程施工质量验收统一标准》GB 50300的规定。

（4）项目工程质量验收应符合下列规定：

1）项目所含的单位及子单位工程均应完成验收。

2）对不影响运营安全及使用功能的缓建、缓验项目应经相关部门同意。

3）单位工程验收中提出的问题应已整改完成。

4）设备系统经联合调试应符合运营整体功能要求。

5）应已通过对试运营有影响的专项验收。

（5）竣工质量验收应符合下列规定：

1）项目工程质量验收中提出的问题应已整改完成。

2）应已完成至少3个月的空载试运行。

3）空载试运行过程中发现的问题应已整改完成，并应有试运行总结报告。

4）应已完成全部专项验收。

（6）地下铁道工程质量验收记录应符合现行国家标准《地下铁道工程施工质量验收标准》GB/T 50299按下列规定填写：

1）检验批质量验收记录按本标准附录B填写。

2）分项工程质量验收记录按本标准附录C填写。

3）分部及子分部工程质量验收记录按本标准附录D填写。

4）单位及子单位工程质量验收记录按本标准附录E填写。

（7）空载试运行应在地下铁道工程完成项目工程质量验收后进行，载客试运营应在地下铁道工程完成竣工验收后进行。

3．程序和组织

（1）地下铁道工程施工质量验收应按检验批、分项工程、分部及子分部工程、单位及子单位工程、项目工程和竣工验收的顺序进行验收。

（2）工程质量验收的组织应符合现行国家标准《建筑工程施工质量验收统一标准》GB 50300的规定。

4.3 验收管理要求

质量验收包括检验批验收、分项工程验收、分部工程验收、单位工程验收及竣工验收，不同层次的质量验收，其验收人员、验收程序及验收内容不尽相同。建设工程开工前需执行开工条件验收制度，重要分部分项工程开工前需执行首件验收制度，这些均是建设工程质量保证的重要措施。

4.3.1 开工前提条件验收

按照建设单位的轨道交通工程开工前提条件验收管理办法或制度等，单位工程开工前，应组织开工前提条件验收；开工前提条件验收由监理单位组织，办法中规定的各项开工条件完全具备后才能组织开工。

开工前提条件验收按下列程序进行：

（1）施工单位具备开工条件后，自检合格后填写《开工前提条件验收申请表》报监理单位。

（2）配合监理单位组织进行初步验收，若满足条件验收，确定验收人员，由总监组织开工前条件验收。若不满足条件，重新自检并报验。

（3）对验收发现问题的，应逐一记录在案。

（4）若存在足以影响工程开工问题的，验收结论为不合格。

开工前条件验收的流程如图 4-1 所示。

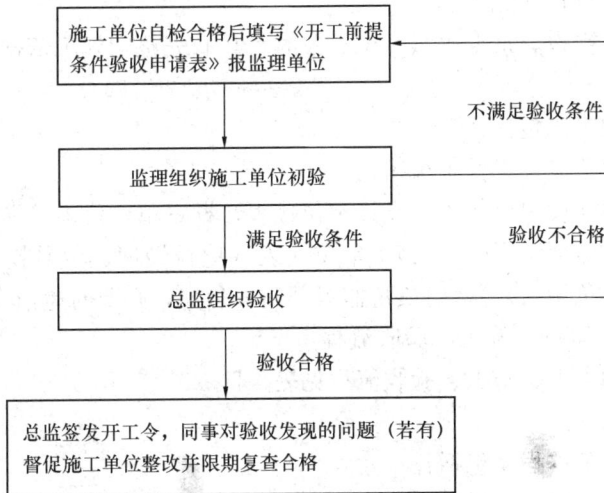

图 4-1 开工前条件验收的流程

4.3.2 首件验收

"首件工程"是指：采用同一施工方案和施工工艺在同类工程或工序的第一次施工产品，涉及结构安全和使用功能的分部分项工程必须执行首件验收制度。

分项工程开工前，各标段应按要求提前做好首件工程划分计划，该计划应包括首件工程项目名称、部位（含桩号）、计划开工和完工时间，报监理单位审核，总监理工程师批准。

实施首件验收的项目为城市轨道交通建设工程中较为关键或易于引起质量问题且数量较大的工程。当检验批不符合要求时应进行返工重做或更换构配件、设备，合格后重新组织验收。凡未经首件工程认可的分部分项工程，一律不得进行后续施工。

1. 验收内容

首件质量验收的基本内容包括：

（1）已完成的设计交底和图纸会审，施工方案已按要求进行审批、交底，设计图纸、施工规范及标准等齐全有效。

（2）根据进场批次和验收标准规定的抽样检验方案对原材料、构配件等进行检验。

（3）按照抽查总点数的合格率对在验收标准中采用技术检验的项目进行检查。

（4）进场前收集原材料、构配件、设备等地质量证明文件、质量合格证、规格、型号及性能检测报告，并上报监理审批。

（5）根据设计及相关规范要求，对首件工程实体通过实测实量、观察和查阅相关影像资料等多种方式进行检查。

2. 验收条件

首件质量验收的基本条件包括：

（1）主控项目的质量经检验全部合格。

（2）一般项目的质量经检验全部合格。当采用技术检验时，有允许偏差的抽检类，除专门要求外，合格率应达到80%以上；且不合格点的最大偏差不得大于规定允许偏差的1.5倍，钢结构不大于1.2倍。

（3）工序检查、申报、批准手续齐全、及时，具有完整的施工依据、质量检验记录。

3. 验收组织

首件质量验收的组织包括：

（1）首件验收由总监理工程师组织。

（2）首件验收由建设单位代表、设计单位代表、勘察单位代表（涉及地基基础部分）、监理单位代表（专业监理工程师）、施工单位代表（项目经理、项目技术负责人、项目质量负责人、项目安全负责人）、政府质量监督部门等参加，必要时邀请有关专家参加。

4. 首件工程方案审批、施工、验收流程

首件工程方案的审批、施工、验收流程见表4-2。

5. 验收程序

首件质量验收的基本程序包括：

（1）编制《首件制成品成果报告书》。报告书应包括试验资料汇总、开工报告、检测资料，具体施工过程中的现场记录和施工工艺、工程照片、声像资料、经验和教训，针对各项技术指标和参数与相关技术规范和质量目标，进行对照总结、分析、评价。

（2）上报首件制成品成果报告，报审首件工程验收申请表，申请验收。

（3）配合监理单位总监理工程师组织召开首件工程验收会。

（4）在验收会议中，针对首件工程介绍施工组织、工艺规范化执行情况及质量管理情况。

（5）配合、引导参会各单位进行现场查验工程实体施工质量情况，并检查质量控制和保证方面的资料。

（6）收集、汇总参与单位分别就首件工程验收发表的意见，形成首件工程验收意见。

（7）配合监理单位根据验收情况编制质量验收报告，验收通过后批准首件制成品成果报告或提出整改意见，整改完成经监理复查合格后批准分部、分项开工报告。

首件工程验收流程表 表 4-2

检查方式	流程	参与方
监理审核、检验、批准	首件制施工方案	项目部工程技术部编制方案，监理部审核，总监理工程师批准，重点部位建设单位批准
按工序检查、监理旁站	施工过程监督检查 ← 不合格整改	监理工程师，项目部工程技术部、安全环保部、质量监督部
监理参与	项目部对成品自检 合格 首件制成品成果报告书申请验收 不合格整改	项目部技术、质量负责人、现场负责人，监理单位监理工程师可参与检查
监理核查、验收	验收 合格	项目部编制报告书，申请验收，监理单位监理工程师验收。如验收不合格，项目部工程技术部、质量监督部跟踪整改
检查组检查、测量、试验	质量验收报告书 合格或存在缺陷整改	监理单位组织，建设单位相关部门、设计、第三方检测、监测单位、施工单位（工程技术部、安全环保部、质量监督部、试验室）参加，必要时请专家、质监站、勘察单位参加
监理核查、验收、批准	批准成果报告、提出整改意见 批准分部、分项开工	监理单位监理工程师核查、签署意见，报工程管理部、安全质量部备案
		总监理工程师批准

4.3.3 检验批质量验收

检验批的质量验收是施工过程中条件相同、质量基本均匀一致、有一定数量的材料、构配件或安装项目，可作为检验的基础单位，按检验批验收。

1. 验收内容

检验批质量验收内容见表 4-3。

序号	验收内容	责任部门	备注
1	（1）设计交底、图纸会审完善完整。 （2）施工方案已按要求进行审批、技术安全交底。 （3）设计图纸、施工规范及标准等齐全有效	工程技术部	
2	材料设备进场验收和使用前检验，主要包括： （1）材料设备进场时，应对其质保书、合格证、外观质量、品牌规格型号、数量、检验情况等进行核验，并进行标志。 （2）材料设备进场后如需进场复检的，应及时按规范要求进行进场复检，复检合格并报监理审批后方可使用。 （3）复检不合格的，应及时退场，相关资料应齐全	物资机电部 试验室	
3	材料设备现场管理，主要包括： （1）材料设备进场后，材料管理员进行分类、分级管理。 （2）材料设备仓库的选址应有利于材料的进出和存放，符合防火、防水、防风、防变质的要求。 （3）进场的材料应按型号、品种分区堆放，并分别编号、标志。 （4）有防潮湿要求的材料，应采取防潮湿措施，并做好标志。 （5）有保质期要求的库存材料应定期检查，并做好标志。 （6）易损坏的材料应保护好外包装，防止损坏	工程技术部 安全环保部 物资机电部 试验室	
4	严禁使用不合格的材料；禁止使用已被淘汰、被禁止使用的建材产品或施工技术（工艺）	工程技术部 物资机电部	
5	对设计结构安全的试块、试件以及有关材料应按规定进行见证取样检测	工程技术部 质量监督部 试验室	
6	根据设计及相关规范要求，对检验批实体通过实测实量，完善相关影像资料、自检记录及验收申报资料等	工程技术部 质量监督部 试验室	

2. 验收条件

检验批质量验收的基本条件包括：

（1）主控项目和一般项目的质量经抽样检验合格。

（2）具有完整的施工操作依据、质量检查记录。

3. 验收组织

检验批质量验收的组织包括：

（1）检验批质量验收由专业监理工程师组织。

（2）施工单位项目质量员、专业工长参加。

4. 验收程序

检验批的验收流程见表 4-4。

检查方式	流程	参与方
监理审核、检验、批准	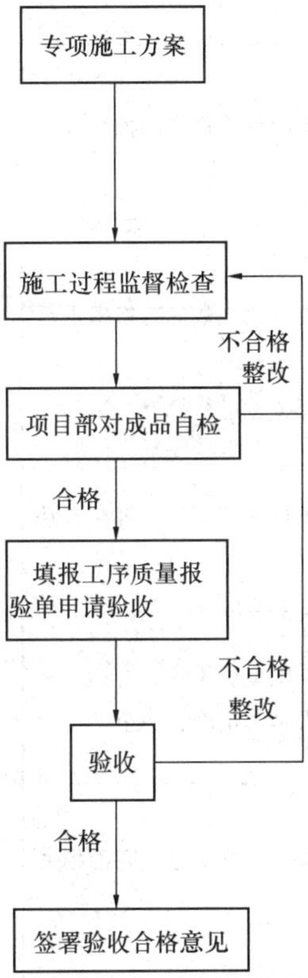	项目部工程技术部编制；监理部审核，总监理工程师批准，重点部位建设单位批准
按工序检查、监理旁站		监理工程师，项目部工程技术部、安全环保部、质量监督部
监理参与		项目部技术负责人、质量负责人、施工负责人，监理单位监理工程师可参与检查
监理验收		项目部编制工序质量验收单位，申请验收，监理单位监理工程师验收。 如验收不合格，项目部工程技术部、质量监督部跟踪整改
验收资料核查、监理批准		监理工程师对检验批核查、批准，项目部工程技术部、质量监督部参与

检验批的验收流程 表 4-4

流程图：专项施工方案 → 施工过程监督检查 → 项目部对成品自检（不合格整改）→ 合格 → 填报工序质量报验单申请验收 → 验收（不合格整改）→ 合格 → 签署验收合格意见

检验批质量验收的基本程序包括：

（1）施工单位项目部在对所施工的检验批自检合格后，按照工序报验要求，填报工序质量报验单等相关报验资料，报监理单位。

（2）专业监理工程师对检验批主控项目逐项检查并留取影像资料，定量项目按平行检验要求进行检查，评定是否合格；验收不合格应返工，施工单位重新报检直至合格为止。

4.3.4 分项工程质量验收

分项工程的质量验收在检验批验收合格的基础上进行。

1. 验收内容

分项工程质量验收内容见表 4-5。

分项工程质量验收内容

表 4-5

序号	验收内容	责任部门	备注
1	设计交底、图纸会审完善完整。 施工方案已按要求进行审批、技术安全交底。 设计图纸、施工规范及标准等齐全有效	工程技术部	
2	对原材料、构配件等检验，应按进场批次和验收标准规定的抽样检验方案执行	工程技术部 物资机电部 试验室	
3	对在验收标准中采用技术检验的项目，应按抽查总点数的合格率进行检查。 对分项工程所含的检验批的质量验收记录的完整性进行抽查	工程技术部 质量监督部 试验室	
4	核对检验批的部位、区段是否全部覆盖分项工程的范围，是否存有缺漏的部位未验收	工程技术部 质量监督部	
5	对所含检验批中无法检验的项目，在分项工程中重点验收。 核查所含的分项工程验收记录的内容及签字人是否正确、齐全	工程技术部 质量监督部	
6	根据设计及相关规范要求，对分项工程实体通过实测实量，完善相关影像资料、自检记录及验收申报资料等	工程技术部 质量监督部 试验室	

2. 验收条件

分项工程质量验收的基本条件包括：

（1）分项工程所含的检验批符合合格质量的规定。

（2）分项工程所含的检验批的质量验收记录完整。

3. 验收组织

分项工程质量验收的组织包括：

（1）分项工程质量验收由专业监理工程师组织。

（2）施工单位项目专业技术负责人等参加。

4. 验收程序

分项工程的验收流程见表 4-6。

分项工程质量验收的基本程序包括：

（1）施工单位对各分项工程包含所有检验批资料进行自检，评定后报监理单位。

（2）专业监理工程师组织对分项工程资料及实体进行验收签署意见，评定是否合格；如果不合格要求整改或者返工，施工单位重新报验直至合格为止。

检查方式	流程	参与方
监理检验、核查、批准	同一分项工程检验批施工完成并验收通过（第1个……第n个） ↓ 同一分项工程全部检验批完成	项目部工程技术部、质量监督部自检，监理工程师检验、批准
监理参与	项目部自检 ← 不合格整改 ↓ 合格	项目部工程技术部、安全环保部、质量监督部、试验室自检
监理检验分项工程资料及实体质量	监理部检验	专业监理工程师检验，项目部工程技术部、安全环保部、质量监督部、试验室参与
组织分项工程质量验收	专业监理工程师组织项目部进行分项工程质量验收 ↓ 不合格整改	监理单位组织，项目部工程技术部、安全环保部、质量监督部、试验室参与
验收资料核查、监理批准	验收 ↓ 签定验收合格意见	监理工程师对分项工程核查、批准，项目部工程技术部、质量监督部参与

4.3.5 分部工程质量验收

分部工程质量验收在其所含各子分部工程验收合格的基础上进行，子分部工程质量验收在其所含各分项工程验收合格的基础上进行。分部工程应按工程实施进度阶段性开展验收，下道工序施工前应开展将要隐蔽的分部工程验收。分部工程验收流程见表 4-7。

具体验收内容、条件、组织及程序参考《建筑工程施工质量验收统一标准》GB 50300—2013 及《住房城乡建设部关于印发城市轨道交通建设工程验收管理暂行办法的通知》（建质〔2014〕42 号）执行。

项目经理部的主要工作内容：

（1）组织分部工程自检验收合格后，上报分部工程质量验收申请表、分部工程质量验收记录及工程资料。

（2）配合监理单位组织有关单位进行（子）分部工程验收。

（3）编制分部工程施工质量的自评报告。

（4）配合验收，验收人员分组对工程资料、工程实体进行检查。

（5）根据检查意见进行整改落实，报送监理单位审查，监理单位组织有关单位复查，并在问题整改报告上签署复查意见。

检查方式	流程	参与方
监理检验、批准	同一分部工程子分项工程施工完成并验收通过(第1个……第n个)	项目部工程技术部、质量监督部自检,监理工程师检验、批准
监理参与	同一分部工程全部子分项工程完成	项目部工程技术部、安全环保部、质量监督部、试验室自检
监理检验分项工程资料及实体质量	项目部自检 → 合格 / 不合格整改 → 监理部检验	专业监理工程师检验,项目部工程技术部、安全环保部、质量监督部、试验室参与
监理组织分部工程质量验收	总监理工程师组织项目部进行分部工程质量验收 → 不合格整改 → 验收	监理单位组织,建设单位相关部门、设计、第三方单位(检测、监测、测量)、施工单位(工程技术部、安全环保部、质量监督部、试验室)参加,必要时请专家、质监站参加。涉及基础和主体结构分部验收的勘察单位应参加
验收资料核查、监理批准	签定验收合格意见	监理工程师对分项工程核查,总监理工程师批准,项目部工程技术部、质量监督部参与

（6）配合监理单位整理分部工程质量验收会议纪要、分部工程验收记录及问题整改报告，报送公司安全质量部备案。

（7）如一个分部工程有几个子分部工程组成时，应在所有子分部工程验收完成后进行质量评定、资料汇总，上报监理单位进行审核、签署意见；将分部工程质量验收记录、会议纪要（含验收影像资料）报公司安全质量部备案。

4.3.6 单位（子单位）工程质量验收

在所含各分部工程质量通过验收的基础上进行单位（子单位）工程质量验收，因特殊原因也可将个别分部工程甩项后进行单位（子单位）工程验收。单位工程质量验收在所有子单位工程验收全部通过后进行。

单位（子单位）工程验收分预验收、正式验收两个阶段。

单位（子单位）工程验收流程见表 4-8。

检查方式	流程	参与方
单位（子单位）工程预验收	同一单位（子单位）工程子分部工程施工完成并验收通过（第1个 ……第n个） 同一单位（子单位）工程全部子分部工程完成 项目部自检 合格 向监理报送预验收申请　　　不合格 总监理工程师组织专业监理工程进行资料、实体质量检验　　整改 总监理工程师组织预验收 项目部布置会场、清点需移交范围的工程，工程质量自评 专业检查组检查　　不合格，检查问题逐条整改 合格 监理单位确认 确认 向建设单位提交工程竣工报告，申请工程竣工 7日 建设单位组织单位（子单位）工程正式验收 五方责任主体单位分别汇报工程项目情况 验收组查验工程实地质量和资料（第三方质量检测机构进行工程质量实体抽测），形成验收意见 合格	项目部工程技术部、质量监督部自检，监理工程师检验、批准 项目部工程技术部、安全环保部、质量监督部、试验室自检 总监理工程师组织专业监理工程检验，项目部工程技术部、安全环保部、质量监督部、试验室参与 项目部综合办公室布置会场，工程技术部、安全环保部清点移交工程范围，质量监督部、试验室对工程质量自评 专业检查组检查： （1）工程实体组：建设单位（安全质量部、工程管理部、运营公司）牵头，项目部工程技术部、安全环保部参与 （2）档案资料组：建设单位工程管理部牵头，项目部质量监督部、试验室参与 根据整改验收存在的问题逐一进行整改，工程实体问题由项目部工程技术部、安全环保部负责整改，档案资料问题由项目部质量监督部、试验室负责整改
单位（子单位）工程正式验收	质量监督站出具验收监督意见 档案资料移交 向建设行政主管部门备案机构备案	验收组实地查验工程质量，项目部工程技术部、安全环保部参与。 验收组审阅工程档案资料，项目部质量监督部、试验室负责整改

具体验收内容、条件、组织及程序参考《建筑工程施工质量验收统一标准》GB 50300—2013 及《住房城乡建设部关于印发城市轨道交通建设工程验收管理暂行办法的通知》（建质〔2014〕42 号）执行。

项目经理部的主要工作内容：

（1）组织单位（子单位）工程自检验收合格后，向监理单位报送单位（子单位）工程质量验收申请、单位（子单位）工程质量验收记录及工程资料。

（2）配合监理单位组织有关单位进行（子）单位工程预验收。

（3）负责布置会场、书写条幅等会务工作。并在正式预验收会议开始前按正常运营状态启动所有设备、系统；施工单位完成移交工程范围内的土建、设备清点工作。

（4）施工单位作单位（子单位）工程质量自评报告，介绍工程概况、验收前自查问题的整改、自检自评的质量、目前遗留问题等。本次验收工作要移交的工程实体范围、设备清单、施工合同的履约等工作情况。

（5）配合专业检查组进行实体、内业验收检查。

（6）根据整改验收存在的问题逐一进行整改，整改完成后上报监理逐条进行确认。确认整改完毕后，向建设单位提交工程竣工报告，申请工程竣工验收。

（7）汇报工程合同履约情况和在工程建设各个环节执行法律、法规和工程建设强制性标准的情况。

（8）配合验收组实地查验工程质量，审阅工程档案资料，并形成验收意见。

（9）单位（子单位）工程验收时，配合相关单位对重要分部工程核查质量验收记录，进行质量抽样检查。

（10）子单位工程验收完成后三个月内，配合建设单位进行工程档案资料移交。

4.3.7 项目工程质量验收

项目工程验收是指各项单位工程验收后、试运行之前，确认建设项目工程是否达到设计文件及标准要求，是否满足城市轨道交通试运行要求的验收。

具体验收内容、条件、组织及程序参考《建筑工程施工质量验收统一标准》GB 50300—2013 及《住房城乡建设部关于印发城市轨道交通建设工程验收管理暂行办法的通知》（建质〔2014〕42 号）执行。

项目经理部的主要工作内容：

（1）汇报工程合同履约情况和在工程建设各个环节执行法律、法规和工程建设强制性标准的情况。

（2）配合相关单位实地查验工程质量，复查单位工程验收遗留问题的整改情况；审阅工程档案和各项功能性检测、监测资料。

4.3.8 竣工验收

竣工验收是指项目工程验收合格后、试运营之前，结合试运行效果，确认建设项目是否达到设计目标及标准要求的验收。

具体验收内容、条件、组织及程序参考《建筑工程施工质量验收统一标准》GB 50300—2013 及《住房城乡建设部关于印发城市轨道交通建设工程验收管理暂行办法的通知》(建质〔2014〕42 号)执行。

项目经理部的主要工作内容:

(1) 对项目工程验收的遗留问题全面进行自检自查,应全部整改完毕。

(2) 配合建设单位汇总整理所涉及施工工程的完整的技术档案和施工管理资料。

(3) 对试运行过程中发现由施工方造成质量问题进行整改,并整改完毕。

(4) 已通过相关单位及部门对所涉及项目工程进行验收,并取得相关验收或认可文件。

(5) 依据所涉及项目的工程概况、合同履约情况和在工程施工过程执行法律、法规和工程建设强制性标准的情况,编制《施工单位工程竣工自评报告》,并针对自评报告内容作简要汇报。

(6) 配合验收组对所涉及项目的工程竣工档案资料、项目工程验收遗留问题和试运行中发现问题的整改情况的审阅工作。

(7) 引导检查组对所涉及项目的实地察验工作。

4.4 验收管理手段

质量验收标准及内容应高度统一、齐全完整,而验收管理手段、验收管理形式或方法应灵活多变、推陈出现。

4.4.1 基本手段

质量验收手段主要通过项目质量管理基本制度来约束和规范。项目部应该根据相关规范、标准建立健全城市轨道交通项目质量管理基本制度,包括见证取样制度,材料、半成品、构配件检验制度,工序检验制度,试验室管理制度,养护室管理制度,不合格项处理制度,质量缺陷、事故预控方案、质量通病防治手册、实体检验制度,商品混凝土厂家驻场管理制度等。同时,制度编制要符合项目部所建设项目的实际情况,应细化至具体工班组,具体操作人员,应根据实际施工情况实时进行检查更新,制度编制的审批与签字程序要符合要求,签字、审批程序完善。

4.4.2 常用手段

项目上常见的质量验收手段,通过质量"三检"制度、实名制举牌验收制度、施工质量检查与检验制度、示范样板制度、工程质量评定与验收制度等在施工生产过程中执行和落实。在城市轨道交通建设工程中,最常用、典型的质量验收管理制度是质量"三检"制度、实名制举牌验收制度。

1. "三检"制验收管理

(1) 在工班组实施"三检"制度是质量控制的基础环节,不同的检查人员对某一已完成工序进行多次检查可有效覆盖检查区域。项目部要求严格执行工班"三检"制度,并以此加强操作人员的质量意识,交流工艺操作经验,加深理解技术和质量标准,努力提高队伍的整体素质。

在"三检"过程中,宜在适当位置放置标志牌,标明检验范围、人员、状态等信息,

"三检"内容应符合现场实际，重点突出，并形成书面意见，检查记录应齐全。

（2）验收形式、流程。为保证产品质量，一般运用自检（一级）、复检（二级）、专检（三级）而最终确定，见表4-9。

控制环节、验收形式表

表 4-9

控制环节	检查形式	责任人
自检	每道施工工序完成后，由作业人员进行自检，涉及交接班的作业工序应由接班相应人员对上一班组施工内容进行自检，并填写自检记录	作业人员
复检	自检合格后，将自检记录报送施工班组长，由施工班组长对其作业内容进行复检，涉及交接班的作业工序应由接班相应人员对上一班组施工内容进行复检，并填写复检记录	施工班组长
专检	全部检查合格后，填写完成自检、复检记录并报施工总承包单位项目质检员进行检查验收，项目专业质检员应仔细核查施工内容是否符合设计及规范规定要求，并填写检查记录，验收合格	项目质量员
监理单位（建设单位）验收	施工内容、数据及设计要求确认无误后，项目质检员填写实测数据检查记录、验收报验表，并与项目资料员整理各工序验收资料报送专业监理工程师验收，监理现场实体验收及资料核查合格后，及时填写验收结论，方能进行下一道工序施工	项目质量员 项目资料员

如验收不合格，项目部严格按照监理单位（建设单位）要求组织对检查问题进行整改，重新履行"三检"合格后，再次报送监理单位（建设单位）验收，直至验收合格。

（3）施工总承包单位制订质量控制奖惩制度，"三检"制度贯彻执行情况作为重要控制措施纳入项目部质量管理工作考评。

（4）"三检"记录表如图4-2所示。

2. 实名制举牌验收管理

为了做好工程的质量检查和记录，落实操作和管理责任人的质量责任，严格工程检验程序，确保工程质量，制订"实名制举牌验收制度"。

实名制验收取证标志牌、实名制举牌验收如图4-3、图4-4所示。

（1）验收程序。质量验收程序如图4-5所示。

（2）原材料入库后，由仓库保管员负责分类堆放，做好挂牌标志。标志包括产品名称、规格型号、产地、生产厂家等内容。

（3）施工现场使用的原材料或半成品，也应挂牌，做好标志。现场材料员负责实施，标志应清晰、明确。

（4）凡应进行工程质量验收的工程，必须在施工班组自检合格的基础上进行。项目部质量检查人员按照设计图纸和验收规范，检查原材料规格、型号、数量、部位及施工是否符合设计和规范要求。对未达到验收要求的项目提出限期整改通知，施工班组应立即整改，自检复查合格后重新进行质量验收，直至符合要求为止。

施工过程"三检"记录表

工程名称：×××城市轨道交通××号线工程土建施工××标

工程部位	×××站/区间	工序名称	
自检	检查内容： 检查记录：（检查记录由工区班组长提交复检人保留）		检查结果： □ 合格 经班组自检本工序合格，并于___年___月___日报技术员/质检员___到场复验 □ 不合格 处理情况：_____ _____ 返工或整改完毕后应采用新表格进行重新自检，并与本表一同归档，下同。
自检	自检人：	检查时间：	
复检	检查内容 检查记录：（见质量检验报告单或检测记录表）		检查结果： □ 合格 （ ）1. 经复检本工序合格，并于___年___月___日报质检工程师/专职质检员/总工___到场复验。 （ ）2. 经请示，本工程/工序不作专检，并于___年___月___日报监理工程师___到场检查。 □ 不合格 处理情况：_____
复检	复检人：	检查时间：	
专检	检查内容 检查记录：（如专检与复检结果偏差大必须重新填写质量检验报告单或检测记录表）		检查结果： □ 合格 本工程/工序专检合格，并于___年___月___日报监理工程师___到场检查。 □ 不合格 处理情况：_____
专检	专检人：	检查时间：	

图 4-2　"三检"记录表

×××城市轨道交通××号线土建施工××标 工序验收取证标识牌		
施工部位		
验收分项		
验收内容	验收结论	
操作人员	施工管理员	
施工质检员	施工质检员	
监理人员	日　　期	
×××××公司 ×××××××项目部		

图 4-3　实名制验收取证标志牌

图 4-4　实名制举牌验收

```
                    ┌──────────────┐
                    │   验收项目    │
                    └──────┬───────┘
                           │
                    ┌──────┴───────┐
                    │  验收项目自检  │
                    └──────┬───────┘
           ┌───────────────┴───────────────┐
  ┌────────┴────────┐              ┌─────────┴────────┐
  │   通知建设        │              │    通知质量        │
  │  （监理）单位     │              │    监督机构        │
  └────────┬────────┘              └─────────┬────────┘
  ┌────────┴────────┐              ┌─────────┴────────────┐
  │会同建设（监理）单位参加验│       │根据工程特点、部位的重要程│
  │收，有需要设计认可部位会同│       │度及监督管理规定确定验收 │
  │设计单位           │              │部位                  │
  └────────┬────────┘              └─────────┬────────────┘
  ┌────────┴────────┐              ┌─────────┴────────┐
  │   形成质量        │              │    监督质量验收    │
  │   验收文件        │              │                  │
  └────────┬────────┘              └─────────┬────────┘
           └───────────────┬───────────────┘
                    ┌──────┴───────┐
                    │   予以验收    │
                    └──────────────┘
```

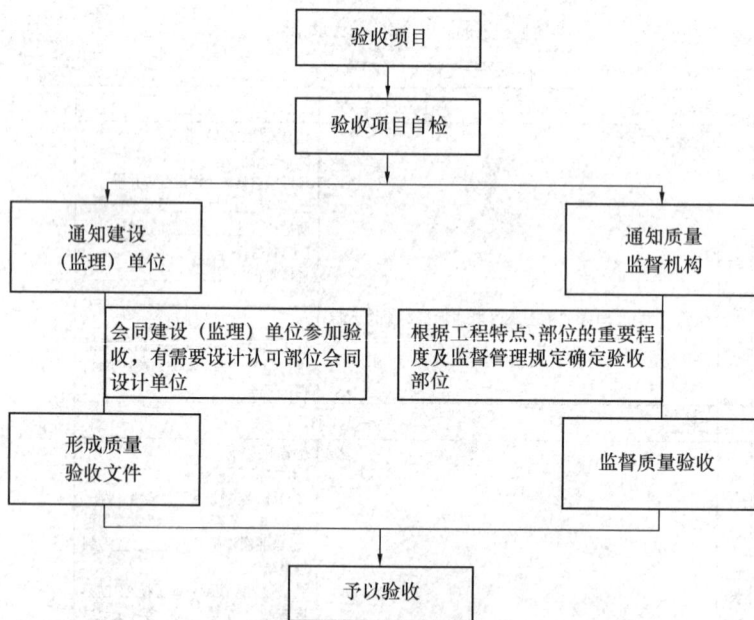

图 4-5　质量验收程序

（5）项目部质量检查人员质量验收检查合格后，由质量检查人员负责实施质量挂牌，在施工部位标明施工日期、管理者人员和操作人员姓名、质量验收结论。同时，按规定通知建设（监理）单位。

（6）监理单位进行质量验收检查，如未达到验收要求，必须立即整改直至再次复查验收合格为止。施工单位质量检查人员认真按规定要求做好挂牌验收记录，记录应与实际情况相符，并与施工进度同步进行。挂牌记录在分项工程完成后由质检员交给资料员，作为施工资料保存，便于实施追溯，并形成验收文件。

（7）现场质量检查时发现存在质量缺陷时，根据挂牌记录追究有关人员责任。质量验收合格，由监理单位签署验收文件，施工单位方可进行隐蔽。

（8）工程质量验收时，应详细填写被验收的分部、分项工程；被验收的部位和轴线、标高、规格和数量，如有必要应画出简图或说明，检查意见栏内不得使用"基本符合"等不肯定用语，也不能无检查意见。

（9）如果没有进行质量验收的工程进行下一道工序施工，监理单位和质量监督机构均有权要求剥离检查，所造成的一切损失由责任方承担。

第5章 资料管理

档案资料是工程实体以外工程建设的重要体现形式，资料管理是工程项目管理的重要组成部分，做好工程档案资料的管理对于城市轨道交通后续建设和运营维护工作有着重要的作用。

5.1 工程档案资料的管理体系

档案资料是工程建设的真实记录，如实反映施工过程及实体状况，记录具有保存价值的各种文件材料、图纸、音像资料。档案资料从原始资料的收集、整理，到竣工验收文件的编制，贯穿于项目建设的全过程，必须坚持科学认真、实事求是的态度，做好收集、积累、整理、立卷工作，以便在工程竣工验收时及时提交完整、准确的竣工文件。工程项目档案以自身真实、准确、完整、翔实的特色再现了整个工程实际情况和全部特征，是工程实体以外的一个重要体现形式，是项目管理水平高低的衡量标准之一，档案管理是工程项目管理非常重要的惯例内容。

5.1.1 档案管理机构

1. 管理组织机构

项目经理部应建立档案管理体系，成立项目档案管理领导小组，由项目专职档案管理员任组长，兼职管理人员任副组长，各部门资料员为组员。

档案管理领导小组应按照要求设置档案室（一般档案室由工程管理部负责管理，工程管理部部长兼任档案室主任），应明确档案室及各部门档案管理的职责，按标准配备档案室人员和设施，指导、检查、督促和推进档案管理工作，提高项目档案管理水平。

项目部档案室负责制定项目档案管理相关制度，明确档案室配置标准，负责档案室规划和建设，负责工程档案的收集、整理、归档、保存和移交。

项目各部门设有资料员负责收集和整理本业务部门职能范围内的工程档案。

2. 人员配备标准

项目档案室设管理人员 2～3 人，由专职档案人员负责管理，其余可为兼职档案管理人员。

专职档案员应具有一定城市轨道交通施工经验和档案管理经验，熟悉档案移交的相关规定，工作认真、品行端正、原则性强，熟悉电脑操作以及各种档案资料的收集及归类归档。

兼职档案员要求工作认真、责任心强，熟悉城市轨道交通施工，熟练掌握档案的接收、整理、装订、存放等业务知识，具体要求见表5-1。

序号	人员配置	数量	人员要求
1	专职档案员	1人	(1) 有城市轨道交通档案管理经验，经过档案管理专业培训最佳； (2) 熟悉城市轨道交通施工流程及相关规范； (3) 专科以上学历，具有资料员资格证书； (4) 熟悉使用 Office 办公软件；专业以管理类为主
2	兼职档案员	2人	(1) 具有至少1年城市轨道交通资料管理经验，熟悉城市轨道交通施工流程； (2) 具有一定写作能力，书写工整； (3) 应具有专科以上学历； (4) 能够熟练应用 Office 办公软件

5.1.2 档案管理制度

项目档案室负责制定项目档案管理相关制度，项目技术负责人进行审核，经项目经理同意后发布实施，实现档案管理工作的制度化、规范化、科学化。具体管理制度如下：①文件、材料收集归档制度；②档案统计制度；③档案室管理制度；④档案借阅管理制度；⑤档案检查制度；⑥档案复制制度；⑦档案保密管理制度；⑧档案定期送交制度；⑨档案检查管理制度；⑩档案联系催要制度；⑪档案销毁制度。

5.1.3 档案管理流程

工程档案管理流程应由档案管理领导小组牵头，档案室负责制定，档案管理流程如图5-1 所示。

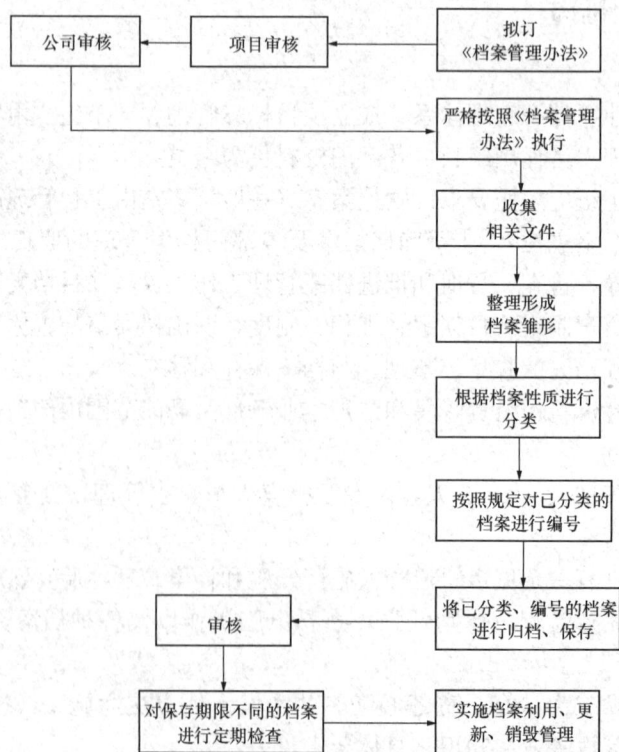

图 5-1 档案管理工作流程图

5.2 工程项目档案室配备标准

1. 一般要求

（1）一般档案室门高 2m、宽 1m，特殊档案室门可加高、加宽。要求门窗必须加防尘橡胶条密封，窗户建议采用防盗窗，门采用防火、防盗门。

（2）给水管、排水管、雨水管不宜穿越档案室，消火栓不应设在档案室内，应设在明显而又易于取用的走廊内或楼梯间附近，如图 5-2 所示。

（3）空调应注意安装位置，应避免空调出风直接吹向文件资料。

图 5-2 档案室

2. 面积要求

档案室的最小面积应能容纳各类资料存放，还必须考虑一定的发展空间，按照两站两区间考虑，档案室面积应不小于 25m²。

3. 档案柜配置

（1）档案柜每组分为六层搁板，每层搁板承重为 80kg，柜体自重为 80kg。

（2）每组柜体存放档案盒的多少根据档案盒尺寸来计算。

（3）建议使用铁质档案橱（架）。在布置橱柜时，应考虑到工作人员管理和放置档案保护、检测设备的空间。主通道净宽不小于 1m，两行装具间净宽不小于 0.8m，装具端部与墙之间走道净宽不小于 0.6m，装具背面与墙的间隔不小于 0.1m，装具顶端与顶棚间隔不小于 0.5m，如图 5-3 所示。

4. 办公用品配置

（1）档案室需根据专、兼职资料员人数配备相应计算机，硬盘空间需在 1T 以上，保证电子版资料能够及时归档，台账能及时录入和更新。

（2）档案室办公桌采用单人单桌，根据专职资料员人数配置相应办公桌，兼职资料员则不配备专门的办公桌。

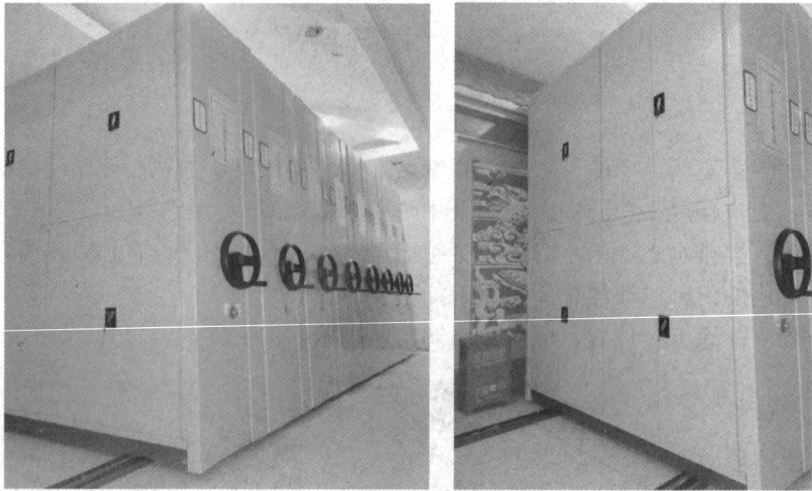

图 5-3 档案柜示意图

（3）一个档案室打印机按照 1 台大彩色打印机、1 台小黑白打印机配置，如图 5-4 所示。

图 5-4 档案室设施配置

5. 位置选择

（1）档案室要远离易燃、易爆、空气污染区。

（2）档案室应布设在工程管理部、安全部、设备物资部办公室附近，便于档案归档、借阅。档案室要远离卫生间、洗漱间、热水房等。档案室一般要求与档案管理办公室分开。

（3）档案室采用临时板房时，一般应布置在一楼。采用楼房作档案室时，楼板承重必须达到一定要求，如档案室楼面均布活荷载应为 $5kN/m^2$；采用密集架时，不应小于 $12kN/m^2$。

6. 通风、防火、防潮（水）、防高温要求

（1）档案室应采用自然风，也可以使用空调进行通风。

（2）档案室人工照明应选用 40W 或 60W 乳白色白炽灯，并加装防爆罩；禁止使用荧光灯，防止用电时间过长发生失火。

（3）档案室严禁烟火，严禁使用明火照明，要在明显处标志"严禁烟火"警示牌；灭火器材要选用气体或干粉灭火剂，灭火器材存放位置要方便取放，不应放在档案室内，已到保质期的应及时更换。

（4）档案室应安装空调等除湿、防高温设备。

5.3　工程档案资料的管理

5.3.1　档案资料的内容与范围

1. 文书类资料归档的内容与范围

文书类资料指与项目部或工程相关，由项目内部与上级机关、业主、监理、设计、地方等部门往来的综合性文件。

文书类资料由项目部办公室按收发文统一登记，呈报相关领导和部门传阅后按内容转各部室归口管理，各部室根据文件内容分类登记，编排清单后归档保存。

2. 技术类资料归档的内容与范围

技术类资料主要指：①设计文件资料：包括设计施工蓝图、设计变更图、设计交底、技术核定单、设计变更资料、图纸会审等；②过程控制资料：包括检验批记录、分部分项工程验收资料、首件验收资料、条件验收资料、技术交底、工作联系单及回复、整改通知单、现场签证记录等；③施工管理资料：施工日志、施工大事记、施工许可证、中标通知书、单位工程、分部工程开工报告、施工安全、环保措施、供货商资质、委托试验检测合同、现场议定的涉外备忘录、委托书、协议书、确认书等；④施工技术资料：包括项目部形成的各种技术文件、会议记录和会议签到表、施工组织设计、施工方案、施工规范及验收标准、质保体系、施工技术小结或总结、施工过程验收及竣工验收记录，竣工验收报告等；⑤工程试验资料：包括原材料试验检验报告、材料合格证、成品及半成品质量合格证、原始检查试验资料、理论配合比、施工配合比、进场检验、试件记录等；⑥测量监测资料：包括测量方案、导线复测报告、测量检验批、工程测量交接桩记录、工程定位测量记录、基槽验线记录、平面放线记录、标高测量记录、净空测量记录、测量复核记录；监测方案、基坑支护变形监测记录、地面沉降监测记录、结构净空收敛监测记录、拱顶下沉监测记录、地下管线变形监测记录、车站区间结构沉降监测记录、监测日报、监测周报、监测总结等。

项目工程技术部负责设计文件资料、过程控制资料、施工技术管理资料的收集、整理和归档工作，工程技术部测量班负责测量、监测资料的收集、整理和归档工作；项目实验室负责工程试验资料的收集、整理和归档工作。图纸分类存放如图 5-5 所示，过程控制及技术

图 5-5　图纸分类存放

类资料分类存放如图 5-6 所示。

图 5-6 过程控制及技术类资料分类存放

3. 安全类资料的内容与范围

安全类资料包括安保体系、特种人员报验资料、人员进场三级教育、安全交底、安全责任书、安全操作规程资料、机械设备报验资料、应急预案、风险辨识清单、隐患排查记录等。安全类资料由安全环保部负责收集、整理和归档。

4. 合同类资料的内容与范围

合同类资料包括施工期间各类分包合同、协议，招标投标文件以及工程预概算，过程中对上、对下计量和决算资料等。合同类资料由计划合约部负责收集、整理和归档。

5. 物资设备类资料的内容和范围

物资设备类资料包括施工期间产品检验、包装、工装图、检测记录；设备、材料采购、招标投标文件、合同、出厂质量合格证明；设备、材料装箱单、开箱记录、工具单、备品备件单；设备图纸、使用说明书、零部件目录等。物资设备类资料由物资机电部负责收集、整理和归档。

6. 财务类资料的内容和范围

财务类资料包括施工期间项目财务计划及执行、年度计划及执行、年度投资统计记录；工程概算、预算、标底、合同价、决算、审计及说明；主要材料消耗、器材管理财务往来凭证记录；交付使用的固定资产、流动资产、无形资产、递延资产清册；其他应归档的文件等。财务类资料由财务会计部负责收集、整理和归档。

7. 影像资料的内容和范围

根据《城市轨道交通工程档案整理标准》CJJ/T 180—2012 中声像资料归档内容，影像资料的内容及范围有：施工阶段的主体结构隐蔽工程施工影像，工程关键节点、部位、施工工艺、四新技术应用的影像，重要试验、测试影像，工程事故和处理情况影像及施工文物保护影像；竣工验收阶段工程竣工验收会议影像等。

其中，工程技术部负责施工阶段的主体结构隐蔽工程施工影像，工程关键节点、部位、施工工艺、四新技术应用的影像，施工文物保护影像，竣工验收阶段工程竣工验收会议影像的收集、整理和归档工作；试验室负责重要试验、测试影像的收集、整理和归档工作；安全环保部负责工程事故和处理情况影像的收集、整理和归档工作。各类影像要设置专人每月定期收集、整理，保存在指定的电脑或硬盘中。

5.3.2 档案资料的过程管理

1. 过程管理的基本要求

（1）项目应及时、准确、完整地收集、编制、传递文件资料，并确保项目档案工作与工程建设同步，维护项目档案的完整、准确、系统。

（2）建立和完善相应的工程管理台账；台账应能准确反映工程实施过程中的各项要素，如时间、地点、人物、内容等，并与相应的工程资料及现场记录相对应；台账随着工程进展应及时更新。

（3）各部门资料管理人员每月定期对部门业务内的档案资料进行梳理并更新台账记录。对于临时性档案资料各部门按时间顺序进行归档，保存于项目部门资料柜中；对于竣工验收要求永久归档保存的档案资料，项目业务部门每月定期与档案室进行档案资料归档交接工作，做好交接记录，档案室对归档资料编辑造册，存放于城建档案馆要求的档案盒内保存。

（4）项目部应按照规定对档案管理工作进行检查，奖优罚劣，提高档案管理人员工作积极性和主动性。

2. 档案资料的编制

（1）工程档案资料应严格按照现行国家标准《建筑工程施工质量验收统一标准》GB 50300，和城建档案馆、业主档案管理、竣工资料及企业档案管理的要求进行编制；施工技术档案资料编制流程如图 5-7 所示，工程竣工验收文件编制流程如图 5-8 所示，工程材料档案资料编制流程如图 5-9 所示。

（2）工程开工前，应由项目技术负责人牵头，项目档案室负责，各部门负责档案人员配合，根据项目实际情况，结合有关要求研究制定项目"档案管理分类标准"及"档案管理资料目录"。根据部门职责分工，各部门编制完成"档案资料清单"。

（3）档案资料填写应采用"样板"引路，各部门牵头，档案室配合，将所有档案资料填写的样式、内容制作成样板，供填写人员参考，并对资料填写人员进行培训。

（4）档案资料填写应与工程相结合、与现场相结合，切忌闭门造车。档案资料内容及数据要与规范、设计、施工方案要求及现场实际相符，应随工程进展及时同步编制工程资料。

（5）档案资料要严格按照程序履行签字审批手续。责任部门应及时报验，业主、设计、监理等签字手续完善后方可办理移交手续，如隐蔽工程验收、关键节点验收、设计变更等。

（6）资料管理应根据检查发现的问题及时进行整改。如政府主管部门、业主及项目组织的检查中发现问题时，要认真分析，总结经验，及时改进，并避免类似问题反复出现。

（7）对于有特殊要求的档案资料，如城建档案、竣工资料等，要在开工前，了解资料的具体要求，并按规定填写，如资料原件的份数、表格的格式等。

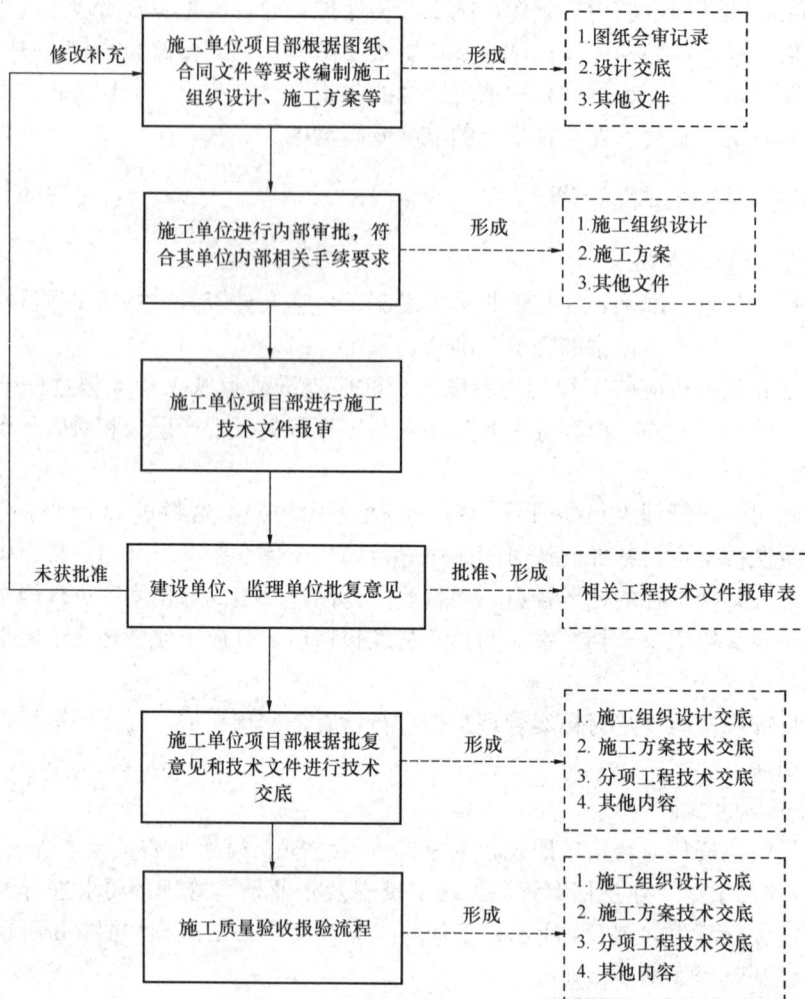

施工单位项目部根据图纸、合同文件等要求编制施工组织设计、施工方案等 — 形成 → 1.图纸会审记录 2.设计交底 3.其他文件

修改补充

施工单位进行内部审批，符合其单位内部相关手续要求 — 形成 → 1.施工组织设计 2.施工方案 3.其他文件

施工单位项目部进行施工技术文件报审

未获批准

建设单位、监理单位批复意见 — 批准、形成 → 相关工程技术文件报审表

施工单位项目部根据批复意见和技术文件进行技术交底 — 形成 → 1.施工组织设计交底 2.施工方案技术交底 3.分项工程技术交底 4.其他内容

施工质量验收报验流程 — 形成 → 1.施工组织设计交底 2.施工方案技术交底 3.分项工程技术交底 4.其他内容

图 5-7　施工技术档案资料编制流程

（8）项目作为总包应负责指导分包单位编制的施工资料。分包单位应负责分包范围内施工资料的收集和整理，对所分包项目施工资料的真实性、完整性和有效性负责。

3. 档案资料的收集

（1）档案收集的方式和方法：档案收集主要依据国家档案管理规范、城建档案馆、业主档案管理、竣工资料及企业档案管理的要求，由档案室对各种类、各部门档案编制的种类、格式、内容等提出要求，各部门按照要求编制相应的档案资料，最后向档案室移交。

（2）档案材料收集范围：档案资料收集范围详见第 5.3.1 小节。

（3）档案材料收集应执行定期送交制度和联系催要制度，形成档案材料的各职能部门应在文件材料办理完毕后，按照归档时间、质量的要求，送交至档案室。档案工作人员应经常了解和掌握形成档案材料的信息，及时向形成材料的部门催收应归档的材料。

（4）收集材料的要求：

1）收集的材料必须是办理完毕的原始材料（原件），要完整、齐全、真实、文字清楚。

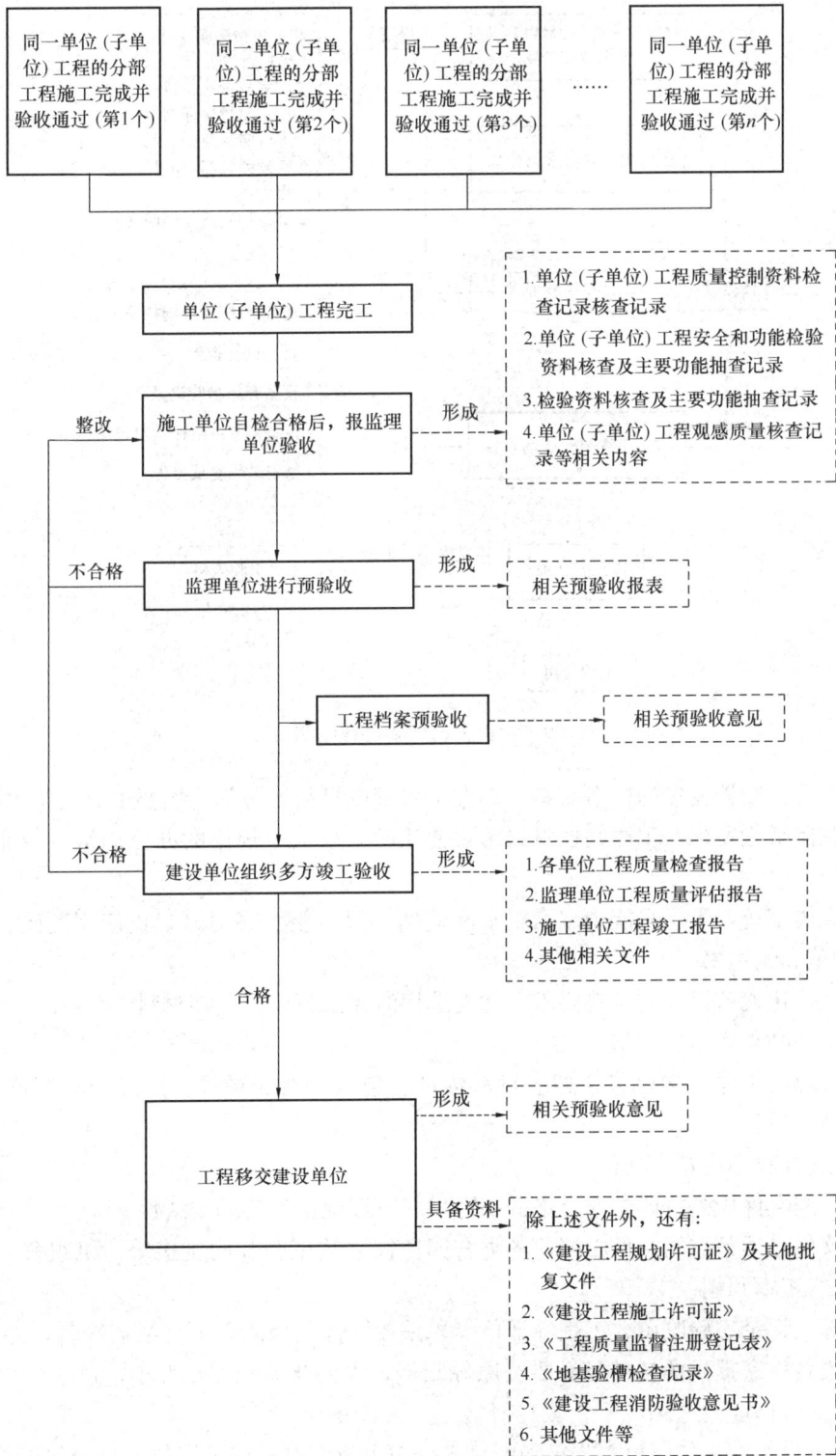

| 同一单位(子单位)工程的分部工程施工完成并验收通过(第1个) | 同一单位(子单位)工程的分部工程施工完成并验收通过(第2个) | 同一单位(子单位)工程的分部工程施工完成并验收通过(第3个) | …… | 同一单位(子单位)工程的分部工程施工完成并验收通过(第n个) |

单位(子单位)工程完工

整改 施工单位自检合格后,报监理单位验收 —形成→
1. 单位(子单位)工程质量控制资料检查记录核查记录
2. 单位(子单位)工程安全和功能检验资料核查及主要功能抽查记录
3. 检验资料核查及主要功能抽查记录
4. 单位(子单位)工程观感质量核查记录等相关内容

不合格 监理单位进行预验收 —形成→ 相关预验收报表

工程档案预验收 — 相关预验收意见

不合格 建设单位组织多方竣工验收 —形成→
1. 各单位工程质量检查报告
2. 监理单位工程质量评估报告
3. 施工单位工程竣工报告
4. 其他相关文件

合格

工程移交建设单位 —形成→ 相关预验收意见

具备资料 → 除上述文件外,还有:
1.《建设工程规划许可证》及其他批复文件
2.《建设工程施工许可证》
3.《工程质量监督注册登记表》
4.《地基验槽检查记录》
5.《建设工程消防验收意见书》
6. 其他文件等

图 5-8 工程竣工验收文件编制流程

```
┌─────────────────────┐  提交   ┌─────────────────────────┐
│ 材料供应商根据供货合同 │ ┄┄┄▶ │ 相关质量证明文件:        │
│ 组织货物进场          │       │ 1.出厂合格证             │
└──────────┬──────────┘        │ 2.厂家质量检验报告        │
           │                   │ 3.厂家质量保证书          │
           ▼                   │ 4.进口商品商检证明        │
┌─────────────────────┐        │ 5.质量检验部门出具的检验  │
│ 组织工程材料进场检验   │        │   报告                  │
└──────────┬──────────┘        │ 6.其他约定质量证明文件    │
           │                   └─────────────────────────┘
    不合格      不合格
┌───────┐  ┌──────────┐  ┌──────┐   ┌─────────────────────────┐
│ 抽样复试│◀─│ 按合同处理 │◀─│ 开箱检查│   │ 1.材料、构配件进场检验记录 │
└───┬───┘  └──────────┘  └──┬───┘   │                         │
    │                        │        │ 2.材料试验报告           │
   合格                     合格       │ 3.设备开箱检验记录        │
    │                        │        │ 4.设备及管道附件试验记录   │
    ▼                        ▼   形成  │ 5.物资进场复试报告        │
┌─────────────────────┐ ┄┄┄┄┄┄▶    └─────────────────────────┘
│ 进行工程材料进场验收   │
└──────────┬──────────┘
           │
           ▼      审批签字,形成   ┌──────────────┐
┌─────────────────┐ ┄┄┄┄┄┄▶ │ 相关报验表格  │
│ 按合同处理        │           └──────────────┘
└────────┬────────┘
        合格
         ▼
┌─────────────────┐
│ 工程使用          │
└─────────────────┘
```

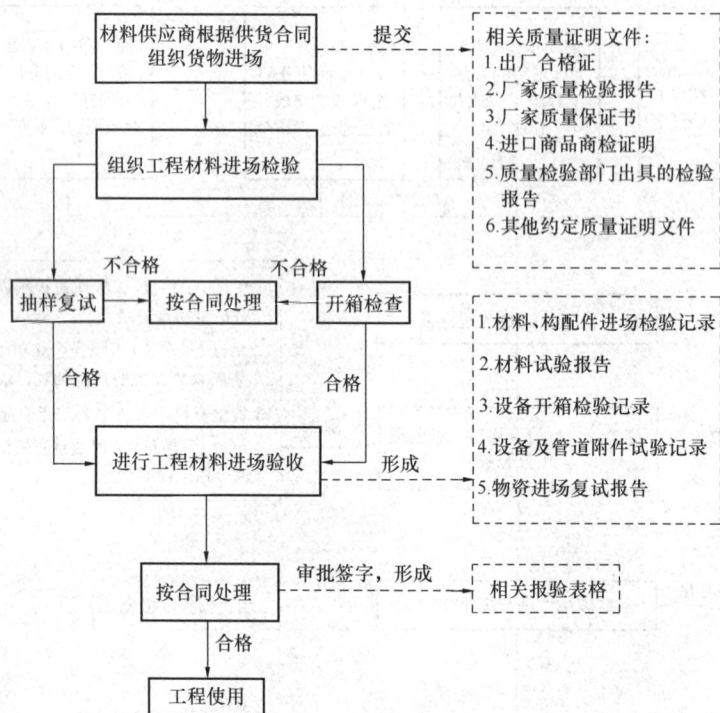

图 5-9　工程材料档案资料编制流程

2）不符合归档要求的档案材料，档案室将责成材料编写部门按要求完成整改。

3）载体纸张要求：工序归档材料统一使用 A4（80g）规格的办公用纸（专业特殊要求的除外）。

4）载体字迹要求：只能用碳素墨水和蓝黑、黑色墨水书写。禁止使用纯蓝、红色墨水，圆珠笔和铅笔书写。

5）现代化设备形成的材料要求：优先选用激光式打印机归档材料。

6）材料必须齐全、完整。

7）各部门工作职责要包含相应材料佐证。包括录音、录像、照片、幻灯片、图片、表格及文字材料。

（5）文件收集注意事项：

1）归档文件应是打印件或合格的书写材料，以保证字迹的耐久性。

2）文件必须是红头文件归档，各类合同协议、签证验收的交接单、机组移交证书等材料，作为正本归档。

3）施工记录、验收单、工程签证单等，是按原件归档的必须有亲笔签名。

4）设备厂家提供的各种资料要按原件归档，大的折叠成 A4 大小，过小的要进行托裱（如产品合格证）。

（6）项目作为总包应负责收集和汇总各分包单位编制的施工资料。在分包工程完成并验收合格后，项目档案室牵头，各部门配合，对分包的资料应进行审查、验收，合格后将施工资料归档。若城建档案馆或业主验收不合格，分包单位应负责整改。

（7）对于声像资料收集，开工前要制订标准。声像材料整理时应附文字说明，对事由、时间、地点、人物、作者等内容进行著录，如图 5-10 所示。

施工照片和录像资料拍摄内容涵盖较广，包括施工进度、安全及文明施工、技术细节、材料类型、隐蔽工程、施工现场条件和样板施工等。应按照职能分工由各部门按照标准拍摄。

事由：中青区间盾构始发条件验收 时间：2019年8月8日 地点：
人物：专家、勘察、设计、监理、施工等与会人员 作者：

图 5-10 声像资料文字说明

4. 档案资料的检查

（1）项目部每月组织对档案工作进行检查，项目经理为检查组组长，项目技术负责人和安全负责人为副组长，成员由档案室主任和各部门部长组成。

（2）检查内容包括：

1）档案资料的完整性，填写格式是否规范，填写内容是否完整；

2）档案资料的及时性，是否及时填写更新，是否及时办理签字报验和审批手续，是否及时办理移交、归档；

3）档案资料的真实性、准确性，填写内容是否真实，与施工现场是否一致，逻辑是否合理，表述是否准确；

4）档案资料的美观性，档案是否做到材料规范、字迹工整、图片清晰，归档的文件是否完好整洁；

5）档案管理的实效性，是否按规定的要求按时归档，整理分类归档是否合理，档案借用、销毁、受控的是否按审批流程执行，台账是否及时完整记录。

（3）检查方法：根据检查表评定得分。

（4）检查对象：档案室、各相关部门的档案管理，包括资料的编写、收集、归档、保管等。

（5）考核奖惩：根据检查进行表彰奖励和惩处，并将结果列入部门年终考核。

5. 档案资料的归档

档案资料的归档由档案室负责，资料提供部门配合完成。

（1）分类。项目档案资料要做好分类管理。

项目施工文件按单项工程、单位工程或装置、阶段、结构、专业组卷；项目竣工图按建筑、结构、水电、暖通、电梯、消防、环保等顺序组卷；设备文件按专业、台件等组卷；管理性文件按问题、时间或项目依据性、基础性、竣工验收文件组卷；原材料试验按单项工程、单位工程组卷。

项目开工时，就要做好档案文件的分类设计，按照种类、一级类目、二级类目等逐级向下分类，如图 5-11 所示。

（2）排列。归档文件以件为单位，按照类别结合时间、重要程度排列。

1）在一份文件中，正本在前，定稿在后；正文在前，附件在后；原件在前，复印件在后；转发文在前，被转发件在后；不同文字的文本，无特殊规定的，中文本在前，其他文本在后。本单位文件在前，上级机关文件在后；案件结论、决定性文件在前，依据性材

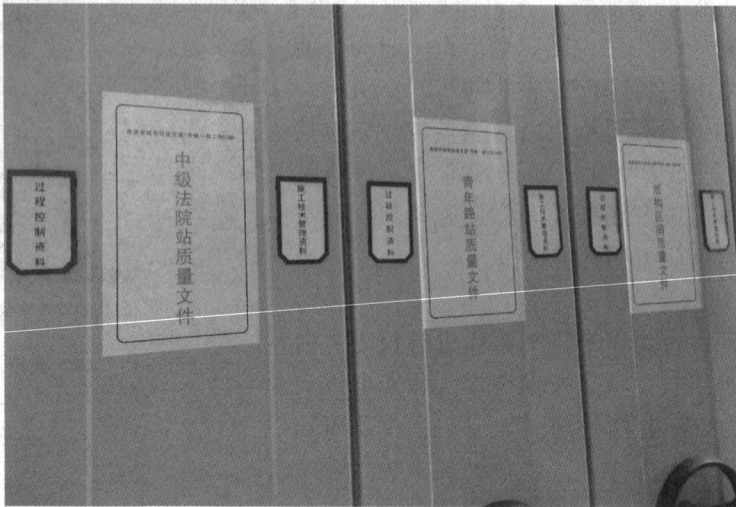

图 5-11　档案室资料按单位工程分类

料在后；重要法规性文件历次修改稿依次排列在定稿之后。

2）会议文件按文件形成次序排列，或按重要程度排列。

3）一般文件材料按时间顺序排列。

（3）装订。归档文件需要装订时，要按件装订。采用左侧装订应将左、下侧对齐；采用左上角装订，应将左、上侧对齐。

装订方式和用品应符合档案保护要求，对归档文件无损害，不影响档案的保存寿命。对于归档保管的档案，装订可以采用胶粘、不锈钢钉（夹）、无酸纸封套等。

（4）编号。归档文件要逐件编号，在首页右上端的空白处加盖归档章并填写相关内容，文件首页无法加盖归档章的要另附空白纸，填写文件提名后加盖归档章。归档章应设置全宗号、年度、室编号号、机构或问题、保管期限、页数等项。

（5）编目。归档文件依据分类方案和件号顺序编制归档文件目录。归档文件目录设置件号、责任者、文号、题名、日期、页数、备注等项目。

（6）装盒。将归档文件按件号顺序装入档案盒，并填写档案盒封面（立档单位全称）、盒脊等项目。

6. 档案资料的保管

（1）项目经理部档案存放在档案室，各部门根据职责分工建立档案，并应定期向档案室移交，也可根据需要及时移交。移交后由档案室统一管理，如需借阅或复制，应按照有关制度办理借阅、复制审批手续，应定期归还或办理延期借阅手续。

（2）档案员要对归档的资料进行把关，不符合要求的资料不得移交归档。主要包括内容填写是否规范、签字手续是否完善、卷面是否整洁、有无破损等。各部门移交应有专门档案人员办理。

（3）各部门编制的资料应做好保存，部门办公室应设置存放档案的箱柜，并具备防火、防潮等安全条件。

（4）档案管理员要科学地进行分类，编制分类目录，以便于查找，一般按照工程管理资料、工程资料分类。工程管理资料按类别分类，如文件、会议记录、监理通知、技术方案等；工程资料可按单位工程、子单位工程分类，如检验批、试验资料、工程变更资料等。根据需要编制专题目录，完善检索工具。

（5）档案要分类、分卷编制资料台账，档案盒内资料要有编号，便于查找，防止丢失。

（6）档案管理人员要熟悉所管理的档案资料，了解使用者的需求，掌握、利用规律。

（7）项目完工后，档案室应按照要求向业主、城建档案馆及公司档案室移交资料。具体移交事项由项目总工程师牵头，档案室组织，各相关部门配合。如资料有问题，由编制部门负责进行修改完善。

（8）经确定需销毁的档案，由档案管理员编造销毁清单，经项目领导及有关人员会审批准后销毁。销毁的档案清单由档案员永久保存。

（9）严格遵守档案安全保密制度，做好档案流失的防护工作。

第四篇　工程实体质量控制标准化

第6章 材料设备进场管理

城市轨道交通工程项目体量大，施工所需材料、设备数量大、品种多，且日新月异；通过对材料设备的管理，可有效保障工程项目质量，避免安全隐患的发生。

6.1 材料进场管理

工程项目施工过程中，所需施工材料数量大、品种多，而市场上各种类型材料品牌繁杂、质量参差不齐，如项目在材料进场过程中，未能严把材料进场关，出现"只供不管、盲目储备、优材劣用、劣材充优"等现象，将极有可能导致质量安全事故的发生，因此，项目部应将强化材料进场管理作为项目管理的重要内容。

6.1.1 材料管理的主要内容

为确保工程项目施工顺利进行，施工现场材料管理必须有组织、有目标、有次序地分阶段实施。其主要管理内容如下：

(1) 现场材料的平面布置规划，做好场地、仓库、道路等设施的合理布置。

(2) 履行供应合同，保证施工需要，合理安排材料进场，对现场材料进行验收。

(3) 掌握施工进度变化，及时调整材料配套供应计划。

(4) 加强现场材料保管、减少损失和浪费，防止材料丢失，并做好材料出入库记录。

(5) 做好废旧材料处理工作。

6.1.2 项目材料管理

1. 项目材料管理的主要任务

项目材料管理的主要任务是贯彻执行国家政策和上级管理规定，认真做好材料供应方案的制订、材料计划统计、采购供应、核算核销及内业资料等管理工作，实现供应材料及时齐备、质量合格、经济合理。

2. 项目材料管理模式及主要职责

项目材料管理工作实行统一领导、分级负责，相互监督、共同把关的管理模式。项目应设置物资机电部作为材料管理的主管部门，工程技术部、试验室等作为配合部门共同对项目材料进行管理。项目材料管理职责分工见表6-1。

3. 项目材料分类

工程项目主要使用材料根据合同可分为：甲供材料、甲控材料和自购材料三类，根据合同方式不同，需采取不同的管理方式。

序号	管理部门及主要管理人员	主要职责
一	物资机电部	（1）参与公司组织的集中采购工作，负责项目零星材料的采购工作。 （2）负责对分供方的考察、招（议）标、推荐、选择、评价工作，并提供相关的资料与建议。 （3）负责工程所需周转材料的计划、购置、租赁管理。 （4）根据进度要求及需用计划，制订分批采购计划。 （5）做好现场材料的验收、标志、堆码、储存、保管和限额领料发放工作，严把质量关、数量关。 （6）负责材料的账务处理及材料的成本归集、分析核算工作，及时编制和保管各类台账和材料报表，动态掌握现场材料的库存、消耗情况。 （7）及时完成在综合项目管理系统、集中采购网络交易平台的信息化录入工作，负责培训新入围供方在集中采购网络交易平台中的运用。 （8）负责废旧材料的收集归类、建立台账及处置申报工作
1	物资机电部部长	（1）认真贯彻执行材料设备管理办法和标准，在项目经理的带领下，负责项目材料设备部的全面管理工作。 （2）负责项目材料管理，完善材料采购、材料节约措施，确保项目所需材料满足质量、环境、职业健康安全管理体系要求，制订有关材料管理制度、措施。 （3）负责新项目开工前的材料供应准备工作，调查掌握工程概况，交通运输条件，业主、监理在材料供应方面的特殊要求及地方政府法律法规，核算项目主要材料构成总量，对材料供应做总体规划。 （4）收集材料采购有关规范标准，材料价格信息资料，进行市场调查分析，掌握主要厂家的生产规模、价格、质量、服务信誉等方面的情况，对主要材料分供方进行初审评定工作和参与材料采购招（议）标工作。 （5）根据生产安全部计算编制的主材《材料总需用计划》，结合项目工期制订项目采购计划，确保项目施工生产需要。 （6）负责指导材料人员做好进场材料的验收、发放和送检工作，做好材料标志、搬运、检验、试验、储存、保管和使用情况的监督检查工作。 （7）严格遵守材料管理规章制度，做好现场材料管理，防止材料积压、损失和浪费，及时回收利用废旧材料，为项目经营利益最大化做好服务。 （8）做好材料基础管理工作，建立健全有关台账、报表、记录、制度，做到完整、规范、数据真实准确。做好项目竣工材料技术总结编制工作
2	材料内业员	（1）负责收集、整理、保管项目与材料相关的质量体系、技术、业务资料、记录等。 （2）做好现场材料统计分析，竣工后对项目材料各种数据做出完整准确的反映。 （3）必须及时掌握材料出入情况，逐笔核对到货的每一批材料的数量、单价和金额；出库时，应将每笔材料单价、金额填写清楚，负责将保管员交来的入库单、领料单等进行认真核对，核对相符后，分类、编号、及时登账。 （4）负责在每月末结账，结账前应与保管员核对账、物，盘点仓库材料，结账后应与项目成本会计对账，做到账账、账物、账卡相符，如遇到不符时，要及时查明原因。 （5）定期做好库存材料盘点工作，与工程盘点要同步进行，防止因盘点不实造成虚盈实亏或虚亏实盈，以确保材料成本和工程成本的准确性。 （6）负责建立进销存账，按时填报相关报表，确保真实性、准确性、完整性和及时性，参与耗量分析、成本分析，并将各项资料分项装订成册保存备查。 （7）负责综合项目管理系统常态化运用，培训新入围供方运用集中采购网络交易平台，及时完成每月在集中采购网络交易平台中与供应商对账工作

序号	管理部门及 主要管理人员	主要职责
3	收料员	（1）做好材料的进场验收和发放工作。 （2）材料进场验收时，应会同不同部门（如工程技术部、试验室等）两人以上进行验收，验收必须以实物验收，严禁凭单验收，每次材料进场必须及时填写《材料试验委托单》交付试验室。 （3）验收时要详细核对产品名称、数量、规格等，对所收材料的数量、规格、外观质量负责，并做好材料的进场记录，注明材料的各项属性，索要材料质量保证书，确保材料质量的可追溯性。 （4）做好现场材料的存储管理工作，对现场材料的堆放、数量定期检查，防止失窃。 （5）材料的发放必须及时地填写领料单，劳务队的领料必须有劳务队负责人签字或由劳务队负责人委托书中指定的领料人签字。 （6）做好自用机械和租赁机械的燃料调配工作。 （7）每月按时盘点库存，做好记录，为材料内业员的统计提供数据
二	工程技术部	（1）在施工前必须编制准确完整的需用计划，材料需用计划包括材料名称规格或规范要求、总数量、单位、进场时间、分批进场的时间、数量，并严格按材料需用计划组织采购和供应。 （2）配合物资机电部做好材料进场验收工作。 （3）配合物资机电部做好材料盘点，并根据设计图纸工程数量核对每月实际材料消耗用量，避免出现"偷工减料"等现象
三	试验室	（1）配合物资机电部做好材料招标中关于性能指标、设计要求等是否符合的审查工作。 （2）配合物资机电部做好材料进场验收、核查工作，特别针对材料进场批次、性能指标等各种参数的核查工作。 （3）做好进场原材料等复试检测工作，坚决杜绝劣质材料进场使用

4. 材料计划管理

材料计划分为总需求计划、年度计划、季度计划、月计划、周计划、批次采购建议计划等。

（1）甲供、甲控材料由工程技术部根据工程施工计划在规定时间内编报月、季、年度、标段总需用计划，经技术负责人、项目负责人签字确认。物资机电部根据工程管理部提出的需用计划编制采购计划逐级审批后上报上级单位。

（2）主体施工用主要批量材料，如钢筋、水泥、混凝土等材料计划，由工程技术部根据生产任务提前提报需用计划。物资设备部按采购程序进行采购。

（3）其余辅助性及消耗性材料、零星材料等由施工班组向工程技术部提出需求计划，经现场副经理和工程技术部签字确认后，上报物资机电部，由物资机电部按采购程序进行采购。

5. 采购管理

材料采购流程如图 6-1 所示。

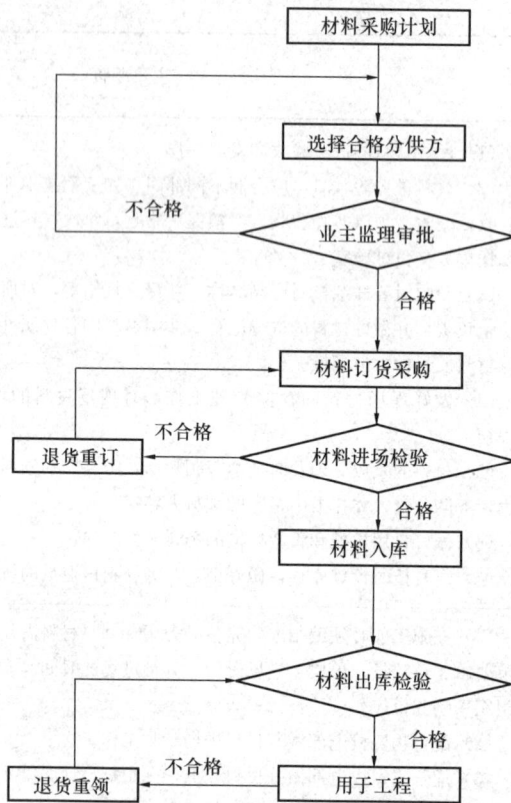

图 6-1　材料采购流程图

（1）甲供材料是指在工程招标文件和合同中约定，由业主招标采购供应的工程专用物资材料。甲供材料的范围按照业主材料管理规定和制度文件执行。物资材料部需按业主管理规定要求，上报需求计划，并经监理单位、业主单位批复后采购。

（2）甲控材料是指在工程招标文件和合同中约定，在建设单位监督下工程承包单位采购的物资，主要是指对工程质量、安全和造价有直接影响的大宗通用物资。甲控材料应按照业主单位或上级单位相关规定，在业主单位提供的合格产品名录范围内招标采购，并在监理单位、业主单位的监督下现场采购使用。

（3）自购材料是指在工程招标文件和合同中约定，由项目部自行采购的物资。自购材料由项目部按有关规定自行组织采购。

6. 材料进场验收

材料进场验收流程如图 6-2 所示。

（1）材料验收由专人负责，材料进场后，收料员应会同不同部门（如工程技术部、试验室等）两人以上进行验收，验收必须以实物验收，严禁凭单验收，每次材料进场必须及时填写《材料试验委托单》交付试验室。收料员依据采购单或送料凭证对进场材料的数量、质量、规格、型号进行检验，如有质量问题或规格、型号不符的不得签收。

（2）材料进场验收

1）根据进货通知单、采购合同或协议等资料，核对合同的计划，判定是否为应进库存物资，避免错收。

2）核对供货单位提供的质量证明文件或合格证是否符合有关标准，发货明细表与装箱单、发票等是否配套正确。

3）准备验收用的工具、计量器具。

4）确定存放地点、堆码方式和保管方式。

5）安排需用的设备、工具和劳力。

6）计算需要上盖、下垫的物资。

7）必要时，事先邀请会检验的单位和人员进行验收。

（3）所有材料进场后首先需核查质量证明相关文件，并会同试验室及时填写试验委托书，经监理工程师现场见证取样复试，检测合格后方可使用。严禁未检先用。

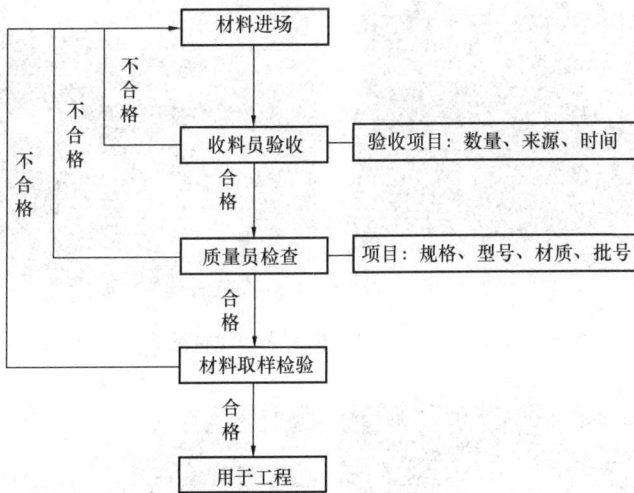

图 6-2　材料进场验收流程

7. 现场材料标志摆放

（1）所有进场材料需按照场地布置方案进行挂牌摆放，包括设备标志牌、材料标志牌、小型工具标志牌、抢险物资标志牌等。

（2）水泥、外加剂等原则上须在满足防潮要求的材料库房内存放，按品种、标号分别码放，标志清晰、明确。水泥码放要离地面20cm以上，下设隔潮层，并离开墙壁不少于50cm，码放层数不大于10包，做到先进先用。材料库房需做到上不漏水，下排水畅通，安设大门，满足防潮要求。库房内干净、整齐、物品摆放合理、标志清楚，如图 6-3 所示。

（3）钢材、木材及半成品、成品构件等材料需按品种、规格、型号在垫木上堆放整齐，如图 6-4～图 6-9 所示，必要时加以覆盖（尤其是在阴雨、雾天一定要覆盖，特别是钢筋被雨淋后很快就会生锈，影响施工质量）。

1）钢筋堆放场地基本要求：场地要坚实平整，在场地基层上用混凝土硬化或铺设一层碎石，并从中间向两边设排水坡度，避免基层出现积水。堆放时钢筋下面要垫垫木或钢筋堆放架，垫木或钢筋堆放架高度不应小于200mm，间距1500mm，以防止钢筋锈蚀和污染，如图 6-10 所示。

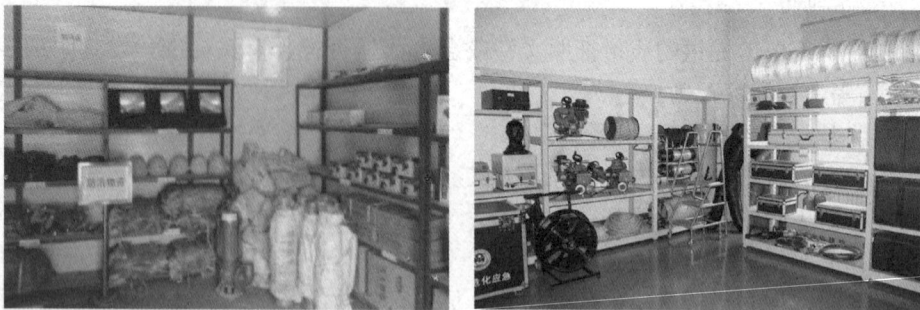

图 6-3　应急物资库房示意图

图 6-4　钢筋加工棚及内部原材堆放

图 6-5　钢筋半成品堆放

图 6-6　钢板及井管堆放

图 6-7　模板支架堆放

图 6-8　防水材料、油料堆放

图 6-9　盾构材料堆放

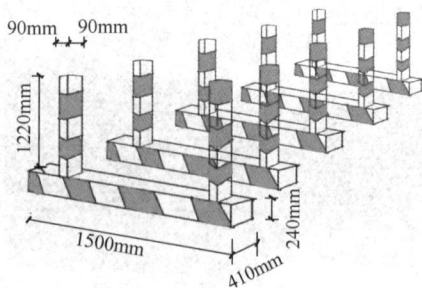

图 6-10 钢筋堆放架示意

2）钢筋原材应按照现场施工总布置图的位置分规格进行堆放，不能为了卸料方便而随意乱放。

3）成品钢筋堆放：将加工成型的钢筋分部、分层、分段和构件名称按号码顺序堆放，同一部位钢筋或同一构件要堆放在一起，保证施工方便。

4）钢筋标志：钢筋原材及成品钢筋堆放场地必须设有明显标志牌，标志牌采用 400mm×400mm 的木板制作，钢筋原材标志牌上应注明钢筋进场时间、受检状态、钢筋规格、长度、产地等；成品钢筋标志牌上应注明使用部位、钢筋规格、钢筋简图、加工制作人及受检状态，设专人分类、发料。

（4）砂、石料等设置分隔墙分仓堆放，标志清楚，在不用时要覆盖，做到文明施工，如图 6-11 所示。

图 6-11 砂石料分仓堆放

6.1.3 材料管理措施及方法

1. 原材料质量保证措施

（1）根据质量方针和质量目标的要求，首先加强原材料的控制，选择合格的供应商，保证所有同工程质量有关的材料采购时能满足规定的要求，做到比质比价，质量第一，品质证明与物相符。

（2）进场材料由项目物资机电部、工程技术部、试验室等联合验收。

进场材料必须首先保证"三证"等资料齐全。钢筋、水泥等必须经复验合格后，报监理或业主验收通过后方可使用。如未经检验和试验的材料，未经批准紧急放行的材料，经检验和试验不合格的材料，无标志或标志不清楚的材料，过期失效、变质受潮、破损和对质量有怀疑的材料等均不得使用。当材料需要代用时，应先办理代用手续，经设计单位或监理单位同意认可后才能使用。

（3）进场验收工作程序

1）进场材料的检验、验收。为了保证用于工程的材料满足规定的要求，所有材料进

120

场后都必须先行接受检验或试验，经证明合格后方能允许使用。

2）进场材料的取样由项目试验员负责进行，且需监理工程师见证。

3）材料的进货检验由材料员、试验员及工程技术人员共同进行。材料员负责材料的外观物理性能检验，试验员负责材料的性能检验。

4）材料进场后，材料员清点材料，填写料具验收单，核对送货单内容与采购合同的内容或事先的协定是否一致，不一致则应通知采购责任人及时与材料供应商联系协商处理。

5）材料员根据采购合同及送货单核对到场材料数量，并检查是否与合同要求或通常要求的各种证明文件齐全。

6）当材料的质量不符合合同规定时，材料员可拒收该批材料并通知采购员退货。

7）送货单准确，有材质证明及材料经检验合格的，材料员在验收单上签字。

（4）进到施工现场的材料由项目部的物资机电部组织人员同工程技术部、试验室等进行联合验收，验收时根据签订的购销合同要求和国家规范要求对进场材料的品种、规格、型号、数量、质量及售后服务等进行验收。

（5）进场的钢材对其外观质量、直径、数量、出厂合格证（牌号、批号、规格、数量）进行验收；检查质量证明书包括牌号、批号、规格、数量、化学分析、机械性能等应符合规范要求；质量证明书如为复印件必须有持原件单位盖章并注明原件存放单位、进场钢材的牌号、批号、规格、数量及经办人签字。

（6）进场的水泥对其水泥标号、出厂日期、生产厂家、数量及准用证（证书有效期）和质量证明书包括水泥强度等级、出厂日期、生产厂家、数量、安定性、细度、强度实测值（28d强度后补）等进行验收。

（7）进场的中砂、碎石对其外观质量、产地、细度模数、级配、含泥量、泥块含量等指标进行验收。

（8）进场的防水材料、保温材料、装饰材料必须有合格的准用证和质量证明书。

（9）对进场材料需卸到指定的地点，且按规定要求卸货，不得野蛮装卸。

（10）对进场材料验收不合格的不得用于工程，并及时与供应商联系要求退货，且做好退货记录。

6.2　设　备　进　场　管　理

轨道交通在建工地设备种类繁多，包括塔式起重机、龙门式起重机、履带式起重机、汽车式起重机、码头起重机类起重吊装设备，成槽机、三轴搅拌桩机、各类桩机、挖掘机类大型设备，盾构机组，小型机具等。为规范施工过程中设备管理，达到安全施工的目的，设备管理从进场、安装、拆除、检测、登记、检查、验收及日常管理等方面对设备进行规范要求。

6.2.1　起重吊装设备管理

1. 起重吊装设备管理流程

城市轨道交通工程起重吊装设备管理流程见表6-2。

设备类型	设备名称	设备管理流程								
		①	②	③	④	⑤	⑥	⑦	⑧	⑨
		安装告知	安装或分包单位自检	总包单位检查	监理单位检查	检测	使用登记	监理审批	拆卸告知	日常管理
起重设备	塔式起重机	√				√		√	√	
	龙门式起重机									
	履带式起重机		√	√	√	√	√		√	√
	汽车式起重机	×				×（需年检报告）		×		×
	码头起重机					√				

注：打√表示需要，打×表示不需要，所有打√检查结果均应合格方可进入下一步骤。

2. 起重吊装设备安拆、检测、登记、验收管理

（1）进场管理。所有起重吊装设备进场之前，总包单位报请监理单位查验设备的"两证一书"、保险单，严禁使用私人设备，经监理查验同意后设备方可进场。

另外对于租赁设备，还应满足以下要求：

1）出租人和使用人应签订租赁合同，明确安全责任，总包单位对使用人的合同签订情况纳入设备管理；

2）使用人必须向成建制的企业租赁设备（使用人指分包单位或总包单位），不得向自然人租赁；

3）出租单位应持有合法的经营手续，如有机械设备租赁经营项目的营业执照、起重设备租赁行业确认书（其中省内出租单位应持有省建筑安全与设备管理协会核发的行业确认书；省外出租单位应持有省建筑安全与设备管理协会核发的行业确认书）。

（2）安装、拆除管理。塔式起重机、龙门式起重机安装及拆除必须严格按照《建筑起重机械安全监督管理规定》执行。

1）起重机械安装和拆卸工程应由工程技术部组织、机电物资部配合，依据规范要求编制安装、拆卸施工专项方案，并由企业技术负责人签字报监理审批。专项方案应该由施工总承包单位组织编制，起重机械安装拆卸实行专业分包的，专项方案可由专业承包单位组织编制，总承包单位审批后报监理批准。

2）塔式起重机安拆应按照施工专项方案、规范、操作规程等要求进行。

3）安装、拆卸现场应设置警戒隔离区域，防止无关人员进入。

4）安拆单位应具有建设行政主管部门颁发的起重设备安装工程承包资质。

5）安装拆卸特种作业人员应持有住房城乡建设部颁发的特种作业操作资格证书，起重司机（履带式起重机、汽车式起重机、码头起重机）取得有关部门颁发的特种作业操作资格证书后，方可上岗作业。

（3）验收管理。项目经理部机电物资部组织，其他部门参与对起重吊装设备进行验收，自检合格后，报监理验收合格后方可使用。

3. 起重吊装设备日常管理

（1）人员持证。作业人员持证要求详见表 6-3。

起重吊装设备操作人员持证一览表　　　　　　　　　　表 6-3

序号	证件种类	设备名称	人员持证类型	发证机构	相关要求
1	司机	塔式起重机	建筑塔式起重机司机	住房和城乡建设行政主管部门	持证满 3 个月方可独立上岗
		龙门式起重机	桥（门）式起重机司机		
		履带式起重机	起重机械司机	（××市）质量技术监督局	持证满 1 年方可独立上岗
		码头起重机			
		汽车式起重机	起重机械作业	质量技术监督局	
2	信号司索	住房和城乡建设行政主管部门			信号司索工须自初领证之日起且从事本职工作满 3 个月后方可单独上岗作业
3	塔式起重机、门式起重机安拆工	住房和城乡建设行政主管部门			持证满 3 个月方可独立上岗

（2）设备标志。起重设备必须在指定位置张挂使用登记牌、人员信息牌（尺寸一致）和操作规程，并在醒目位置设置安全管理信息牌，如图 6-12～图 6-14 所示。

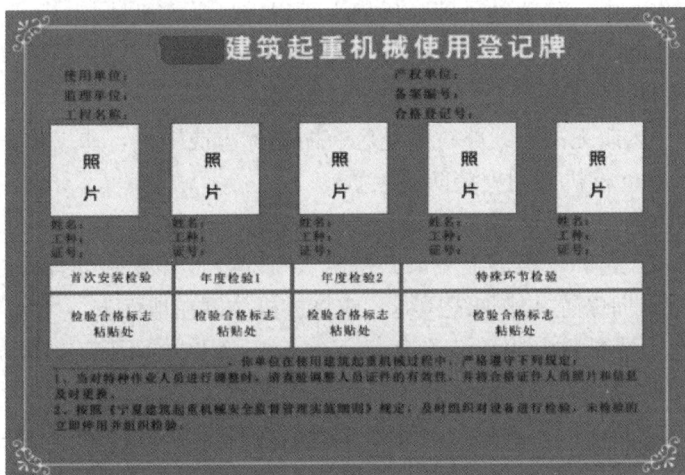

图 6-12　起重设备使用登记牌

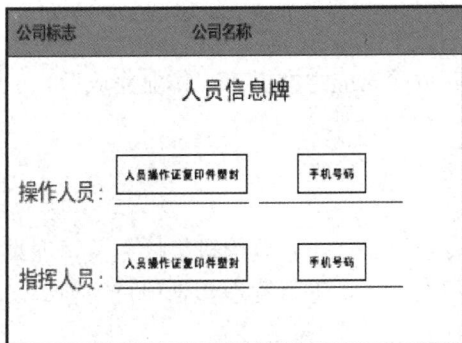

图 6-13　人员信息牌

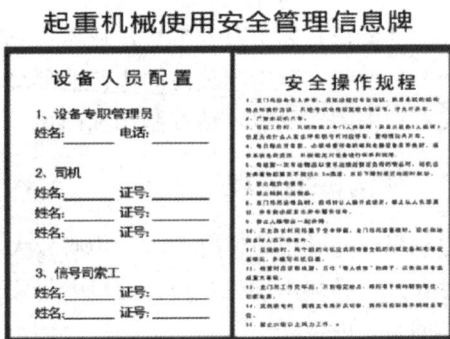

图 6-14　安全管理信息牌

6.2.2　大型设备进退场管理

大型设备进场必须办理进场报验手续，由施工单位、监理单位共同验收，做好验收记录。成槽机、各类桩机还应检验合格。

大型设备退场应及时报告监理单位。

大型设备日常管理如下：

（1）成槽机日常管理

1）成槽机的运作必须在视线范围之内，成槽机、履带上严禁站人。

2）在进行回转前必须确认周围无人，在任何情况下都不允许在作业人员的头顶上方或运送车辆的驾驶室顶上回转。

3）成槽机起升起高，操纵室内警报器发出警报后，应立即停止起升。

4）禁止对成槽机和摇臂施加横向载荷。

5）离开机械时，必须将成槽机降到地面放稳，并将所有操作杆都按停机要求放置。

（2）土方机械日常管理

1）作业前，应查明施工场地明、暗设置物（架空电缆、地下电缆、管线、坑道等）的地点和走向，并采用明显记号标明。

2）在行驶或作业中，除驾驶员外，任何人不得乘坐土方机械。

3）挖掘机作业时，回转半径内严禁站人。

（3）各类桩机日常管理

1）桩机作业区内应无高压线路；作业区有明显标志或围栏，非工作人员不得入内。

2）高度超过 20m 桩机必须安装防雷装置。

3）卷扬机钢丝绳要经常润滑，不得干摩擦。

4）遇有雷雨、大雾和六级以上大风等恶劣天气时，应停止一切操作。当风力超过七级时，应将桩机顺风向停置并增加缆风绳，或将桩机放倒在地面上。

（4）各总成件、零部件及附属装置应齐全、完整；钢结构不应有变形，主要受力构件的焊缝不得有开焊、裂纹，螺栓连接及销连接应牢靠。

（5）机身张贴或悬挂操作规程牌。标志和吊索具参照本标准起重设备要求执行。

（6）成槽机、三轴搅拌桩机、挖掘机等操作人员必须持有效证件上岗作业。

（7）作业前应对操作人员进行安全技术交底，并严格遵守《建筑机械使用安全技术规范》JGJ 33—2012 规范要求。

（8）严禁设备超负荷或带病作业。

（9）作业时，应密切关注周边作业环境，有危险时应立即撤离；作业完成后，应切断设备电源或关闭发动机，锁好制动和门窗。

6.2.3　盾构机组管理

盾构机组是城市轨道交通施工中必要大型专业设备之一，盾构机组操作及管理具有很强的专业性，必须由项目经理部的机电物资部门专业人员进行管理，是项目经理部设备管理工作的重要内容之一。

1. 盾构机进场管理

（1）旧盾构机应经过维修保养，状态良好，满足施工作业要求，且进场必须办理进场报验手续。

（2）盾构机分三类验收：

1）进场前验收：盾构机在进场前进行验收，验收通过后方可进入施工现场。项目经理部的机电物资部在自检合格后，向业主提交验收申请（附盾构选型专家评审报告，旧盾构机，应具有相应资质单位出具盾构评估报告），总监理工程师主持在1个月内完成相关验收。

2）始发前验收：盾构机现场组装完成后，进行始发前检查验收，验收盾构机各项性能及参数指标是否满足始发要求。项目部的机电物资部自检合格后向监理和业主提交验收申请。

3）穿越特殊地段前验收：盾构机在穿越特殊地段［指大江大河、重要建（构）筑物、重要管线等］前100m进行检查验收，验收盾构机各项性能及参数指标是否满足要求。项目机电物资部在自检合格后向监理和业主提交验收申请。

2. 盾构机吊装、组装、调试、拆卸管理

（1）盾构施工前，项目经理部的工程技术部应编制《盾构机组吊装、组装、调试、拆卸安全专项方案》，方案需组织专家评审，经企业技术负责人，总监理工程师审批通过，专家同意后方可实施。

（2）盾构吊装前，由总监理单位组织建设单位、设计单位、监理单位及相关专业人员进行吊装条件验收。

3. 盾构机组日常管理

（1）盾构机的选用应与周围岩土条件相适应。各总成件、零部件及附属装置应齐全、完整；钢结构不应有变形，主要受力构件的焊缝不应有开焊、裂纹，螺栓连接及销连接应牢靠。高压用电作业人员必须取得高压电工证。高压电缆施工完成后，必须请有资质的单位现场做打压试验；打压试验合格后方可供电使用。

（2）盾构机应配备有毒有害气体检测仪，每6h测试一次；当地质条件发生变化时，每2h测试一次，并做好书面记录。

（3）供紧急情况使用的通信联络设备、避难用设备器具、急救设备、器材、应急医疗设备、消防设备应齐全，并在有效期内。

（4）电瓶车

1）电瓶车驾驶员应持有效证件上岗，起步前，观察四周，确认无妨碍行车安全的故障后，先鸣笛，后起步。

2）电瓶车驾驶门应装有电器连锁装置，当门打开时，总电源应自动切断。行车和倒退时严禁将身体的任何部位露出驾驶室外。

3）任何人不得搭乘电瓶车进出隧道。

4）严禁超速行驶。电瓶车在直线上行驶最高不得超过10km/h，接近岔道、弯道和靠近工作面100m距离时限速至3km/h，并打铃警示，注意来往行人随时鸣笛。

5）电瓶车设置后视摄像头并开启，驾驶员密切关注显示屏。

6）电瓶车制动装置及电气线路良好，轨道铺设应牢固，轨距符合说明书要求，两端头必须设置挡轨器。

（5）管片拼装机

1）管片拼装机应由专人操作、专人指挥。

2）举重臂旋转时严禁作业人员进入举重臂活动范围内。举重臂必须在管片固定后方可复位，封顶块拼装就位未完成连接和螺栓紧固，作业人员严禁进入封顶块下方。

3）管片拼装机旋转时，作业人员必须离开拼装机旋转范围。

4）管片起吊销必须全插到位，并时刻注意旋转过程中销子是否脱出。

（6）开挖系统

1）刀盘开口度应符合说明书规定的允许范围；刀盘密封油脂密封应良好。

2）刀具不应偏磨、崩刃；刀具与刀座连接牢固。

3）压力仓上的开口、盾壳上的阀门不应有堵塞、缺损。

4）超挖装置调整应方便、可靠；能准确控制超挖量和超挖范围。

5）螺栓输送机的出土速率应与土仓出土速率一致。

6.2.4 小型机具管理

小型机具管理适用于城市轨道交通工程现场的钢筋切断机、钢筋弯曲机、电焊机、对焊机、切割机、圆盘锯、振动器、氧气瓶、乙炔瓶、空压机储气罐、潜水泵、手持电动工具等各类小型机具管理。项目机电设备部门应对小型机具作业人员加强培训，现场应悬挂操作规程；小型机具使用情况应纳入每天巡视检查范围。

1. 小型机具的进退场管理

小型机具进场办理进场报验手续，由项目机电设备部门验收后，报监理单位验收，并做好进退场记录。

2. 小型机具的日常管理

（1）钢筋切断机日常管理

1）切断钢筋时，手和刀距离应保持15cm以上。

2）加工较长钢筋时，应有专人帮扶，并听从操作人员指挥，不得任意推拉。

3）应按调直钢筋的直径，选用适当的调直块及传动速度。在调直块未固定、防护罩未盖好前不得送料。

（2）钢筋弯曲机的日常管理

1）严禁在钢筋弯曲机的作业半径和机身不设固定销的一侧站人。

2）应按加工钢筋的直径和弯曲半径的要求，装好相应规格的芯轴和成型轴、挡铁轴。

3）作业中，严禁更换轴芯、销子和变换角度以及调整，也不得清扫和加油。

4）对超过机械铭牌规定直径的钢筋严禁弯曲。不直的钢筋，不得在弯曲机上弯曲。

（3）电焊机的日常管理

1）交流电焊机必须安装防二次侧触电保护器，焊钳与把线必须绝缘良好、连接牢固，不得采用钢筋等金属构件代替二次线接地，如图6-15所示。

2）交流弧焊机变压器一次侧电源线长度应小于5m，二次侧电源线长度应小于30m。

3）外壳必须有保护接零，应有二次空载降压保护器和触电保护器。

4）移动电焊机时，应切断电源，不得用拖拉电缆的方法移动；当焊接中突然停电时，应立即切断电源。电焊机宜制作专用小车，方便移动与使用，如图6-16所示。

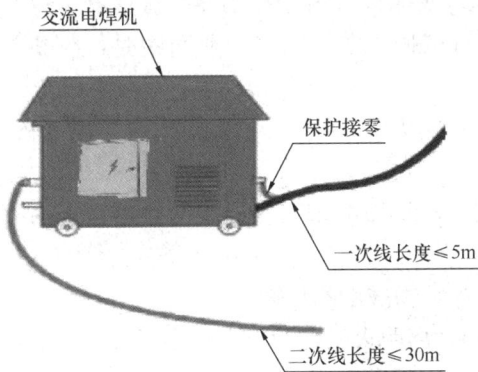

图 6-15 电焊机接地示意图

图 6-16 电焊机运输小车示意图

（4）砂轮切割机的日常管理

1）必须使用绝缘手柄，配备防护设施，防止火星溅射。

2）使用接触式通断开关（即按下去接通电源，松开断开电源），不得使用倒顺开关。

3）砂轮必须装设不小于180°的防护罩和牢固可靠、可调整的工作托架，使用夹具固定切割物，严禁使用砂轮机进行打磨作业。

（5）圆盘锯的日常管理

1）作业前必须检查锯片、刀片的松紧程度、有无裂痕、损伤及运转是否正常等情况，检查锯片防护罩、皮带轮防护罩等安全防护装置是否有效，如图 6-17 所示。

2）作业场所严禁吸烟和明火作业，并设置消防设备。场内木屑、刨花应经常清理。

3）锯割长料须由两人配合进行，送料一端距锯片 20cm 必须放手；锯割短料时必须所用推杆送料。

4）木工机械应设置防护罩和分料器。防护罩应离台面高 10～15cm，材料可采用厚度不小于 0.8mm 的钢板，如图 6-18 所示。

图 6-17 砂轮切割机防护设施

图 6-18 木工机械防护示意图

（6）振动器的日常管理

1）振动器应装有漏电保护装置，操作人员必须穿绝缘鞋，戴防护手套，站立位置应牢固。

2）电缆线应满足操作所需的长度。严禁用电缆线拖拉或吊挂振动器。振动器不得在初凝的混凝土、地板、脚手架和干硬的地面上进行试振。在检修或作业间断时，应断开电源。

3）如果需要移动振动器时，应先关闭电动机，再切断电源；不得用软管拖拉电动机。

（7）氧气瓶、乙炔瓶的日常管理

1）氧气瓶必须安装减压器、防震圈和安全帽；乙炔瓶必须安装回火防止器；压力表不得损坏。

2）氧气瓶、乙炔瓶禁止倒置，禁止用金属棒等硬物敲击乙炔瓶。

3）氧气瓶、乙炔瓶之间安全距离不得小于 5m，离明火安全距离不得小于 10m。

4）氧气瓶、乙炔瓶的搬运可使用专用运输小车，随车配置 4kg 干粉灭火器 1 支，氧气瓶、乙炔瓶严禁滚动搬运，如图 6-19、图 6-20 所示。

图 6-19　氧气瓶、乙炔瓶运输车示意图

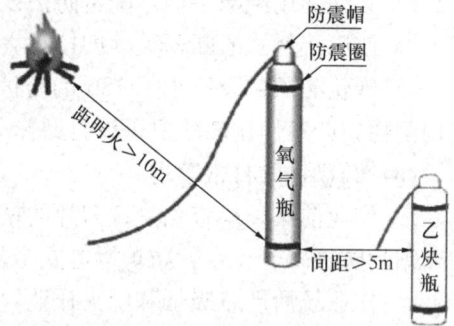

图 6-20　氧气瓶、乙炔瓶使用间距示意图

第 7 章　样 板 示 范 管 理

样板示范管理可以使设计得到进一步优化，可以获得更多的工程质量通病防治手段；从源头控制开始，通过对质量通病的预防控制，确保项目施工质量。

7.1　样板示范的目的

随着建筑行业迅猛发展，中国建筑行业出现劳动力供应不足的现象，在这种情况下吸收了大量的农村剩余劳动力，以满足施工要求，但是这些劳动力缺乏施工经验，实际施工过程中会出现诸如钢筋锚固搭接长度不足、混凝土浇筑质量差、后砌墙砌筑不规范、抹灰出现裂缝等工程质量通病；另外由于现场未事先制作符合规范的实物质量样板，这样后续施工中质量检查、质量验收等都缺乏统一的判断标准，也给施工质量造成了较大影响。为最大限度地规避质量通病以及因缺乏统一标准而引起的判断标准不一现象，"样板引路"油然而生，并且"样板引路"是快速提高施工人员施工技术、强化技能的有效途径，也是统一标准、推广新工艺的捷径，同时附上现场照片、文字说明等，使得管理人员对一线施工人员的技术交底以及岗前培训更加简洁明了，易于掌握，保证了后续施工的精确性，同时也为现场质量验收、质量检查提供统一的判断标准，有利于消除建筑通病，有效地促进了工程施工质量的整体提高。

7.2　样板示范管理机构和职责

7.2.1　管理机构

项目部成立以项目经理为组长，项目技术负责人为副组长，由质量员、施工员、技术员及有关职能部门人员组成样板示范管理小组。

7.2.2　管理职责

（1）执行施工样板工程有关规定，负责本项目样板工程具体实施及组织管理工作。
（2）制订样板工程实施方案，组织样板工程现场施工。
（3）进行方案验证、总结，形成样板工程施工工艺和施工方法要点，并全面推广。

7.3　样板工程实施程序

7.3.1　样板示范范围

在分项工程大面积施工前，应以现场示范操作、视频影像、图片文字、实物展示、样板间等形式直观展示关键部位、关键工序的做法与要求，使施工人员掌握质量标准和具体工艺，并在施工过程中遵照实施。样板工程应符合现场实际，以同等施工条件下可以普遍达到为准。通过"样板引路"，将工程质量管理从事后验收提前到施工前的预控和施工过程的控制。按照"标杆引路、以点带面、有序推进、确保实效"的要求，积极培育质量管理标准化示范工程，发挥示范带动作用。

7.3.2 样板工程实施

1. 实施范围

样板工程由样板示范管理小组根据工程的实际情况，会同监理、建设单位共同研讨，明确需要制作样板的详细清单，根据设计图纸相关规范标准、图集制订详细的样板示范方案。

项目部根据施工进度计划，编制详细的样板制作计划，提前考虑每一道工序中需要做的样板，层层落实，责任到人。

2. 实施步骤

（1）方案确认。首先进行方案确认工作，包括施工工艺、质量标准，尤其是容易出现质量通病的工序，需由建设、设计、监理、施工等参加方共同确认，集思广益采取最合理的方案，保证工程质量。

（2）技术交底与实施。样板方案确认后，项目部要对施工操作人员及项目部管理人员进行技术交底工作，召开技术交底专项会议，甲方、监理必须全程监督实施，保证样板按照规范及方案实施制作，同时样板的制作区域要确定好，尽量采取特殊部位、施工难度大、有代表性的部位制作样板。

1）项目负责人组织样板示范管理小组成员，编制该样板工程初步的施工作业指导书。施工作业指导书的编制重点应以样板工程的各个工序为单元，制订出详细的施工作业指导书，每一工序要有质量控制点，明确实施责任人和实施班组，重要的工序要有施工工序。

2）初步施工作业指导书确定后，项目技术负责人应组织小组成员作业班组长、操作工人代表参加技术研讨会，广泛征集意见，集思广益，博采众长，以达到优化施工作业指导书的目的。研讨会上达成共识后形成的结论，要反馈到初步施工作业指导书中，经修改后形成最终方案。难度较大的样板工程经一次研讨达不到目的的应继续进行，直到满意为止。

3）项目技术负责人按照最终的施工作业指导书对现场施工人员进行技术安全交底，技术安全交底要求的内容包括：

① 工艺方法、技术标准、施工组织、质量要求、施工技术安全、环保等；

② 机械设备安排、操作规程；

③ 材料规格、数量、质量及使用要求；

④ 测量放样，尺寸、高程和施工过程控制；

⑤ 试验检测项目、标准、试验配比等。

4）交底会应使所有参与施工的人员掌握样板工程施工作业指导书的具体措施和施工方法，交叉作业的协作及注意事项等，使每一个工序的责任人清楚自己的岗位职责，明确有关具体措施。项目专职安全员必须参加技术安全交底会，参加交底人员应进行签到，交底应形成详细记录，整理后下发到有关管理和施工人员，指导施工过程。

（3）样板验收总结。由建设、设计、监理、施工等参加方及当地行政主管部门共同验收，严格按照方案进行验收，对于样板工程绝对不能有丝毫的马虎、懈怠，验收合格后签写样板验收表并存档。对于未达到验收要求及存在问题的，项目部需及时总结提高。

样板示范管理小组应收集施工记录和验收记录，根据施工作业指导书，对施工工艺、设备要求、技术标准、材料及使用、劳务队伍等与施工作业指导书进行比较验证，明确施工方法是否满足和有效指导施工过程。项目负责人组织样板工程总结会议，由参加施工各部门人员对验证情况进行讨论，如各项指标均达到要求且外观验收合格则总结样板工程工艺和方法要点，形成最终施工作业指导书。如有的指标没达到要求或外观验收不合格则对原施工作业指导书进行修订，或提出新的施工作业指导书。

合格样板工程的施工作业指导书经整理完善后，由项目技术负责人签认，对签认样板工程认可的作业指导书，重新进行技术交底，全面推广和实施，并在实施过程中严格按样板工程认可的施工作业指导书执行，在实施过程中应对方案进行优化。

（4）大面积施工。样板验收合格后，方可进行大面积施工，现场做好过程控制，避免造成不必要的返工，延误工期。

7.4 样板验收的意义

样板验收是防止当前各种质量通病发生的最行之有效的方法，其主要意义在于：

1. 使设计进一步优化

通过"样板示范"，可以使建设单位、施工单位提早发现设计方案在总体布置、所选材料等方面的不足之处，对设计进行修改完善，选择最佳方案，提高设计的准确性和可靠性，从源头控制，最大限度地避免工程返工而带来的工期延长、费用增加等问题，从而达到降低工程成本、提高施工效率的目的。

2. 获得更多的工程质量通病防治手段

质量通病产生的原因很多，有材料方面的，有设计方面的，也有施工方面的，但无论哪个方面，通过实施"样板示范"，可以预先找到质量通病存在的原因，从而可以有针对性地制订出消除质量通病的预防措施和方法，最大限度地规避质量通病的发生。

7.5 样 板 示 范 示 例

7.5.1 工程微缩模型样板示范

1. 适用范围

适用于城市轨道交通等各类工程。

2. 主要做法

根据设计图纸，结合地形地貌，采用一定的比例将整体或局部工程制作成微缩模型。利用模型展示的方式，使作业人员能直观、形象地了解工程的设计和功能要求。

3. 图例

工程实物模型如图 7-1 所示。

图 7-1　工程实物模型

7.5.2　工程 VR 体验样板示范

1. 适用范围

适用于城市轨道交通等各类工程。

2. 主要做法

（1）采用虚拟现实技术，将工程整体制作成 VR 模型。

（2）施工现场设置 VR 体验馆，利用 3D 技术，使广大作业人员能身临其境地了解工程设计、功能及施工安全要求等相关信息。

3. 图例

工程 VR 体验如图 7-2 所示。

图 7-2　工程 VR 体验

7.5.3　钢丝绳安全实物展板

1. 适用范围

适用于起重吊装过程中钢丝绳卡口安装、报废检验等。

2. 主要做法

（1）按照规范和交底要求，列举工程实际施工过程中可能遇到的钢丝绳破损、钢丝绳卡扣等问题。

（2）根据上述问题，通过正确示例和错误示例对比的方式，在工地现场，以图片或实物形式制作展板，使施工作业人员能直观认识和了解规范和交底要求，达到实物交底的良好效果。

3. 图例

钢丝绳安全实物展板如图 7-3 所示。

图 7-3　钢丝绳安全实物展板

7.5.4　钢筋加工样板展示

1. 适用范围

适用于围护结构相对简单的钢筋加工工程。

2. 主要做法

（1）按照设计和规范要求，列举围护结构钢筋加工过程中可能存在的质量通病。

（2）针对上述质量通病，以实物标准件、二维码交底等方式，在工地现场，以图片或实物形式制作展板，使施工作业人员能直观地认识和了解规范和交底要求，达到实物交底的良好效果。

3. 图例

围护结构钢筋加工实物展板如图 7-4 所示。

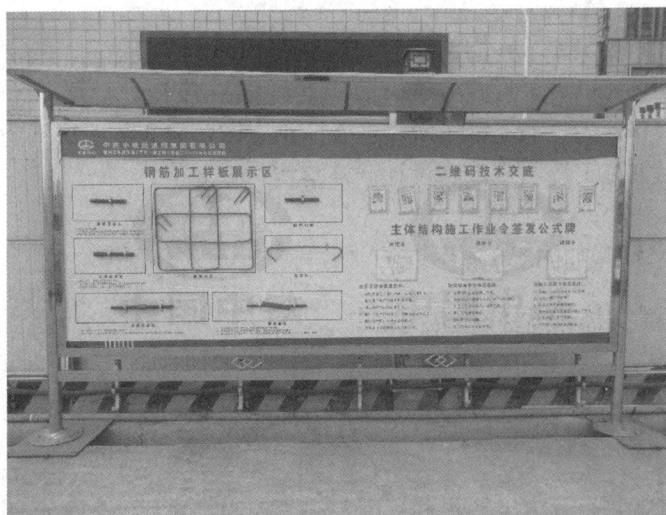

图 7-4　围护结构钢筋加工实物展板

7.5.5　模板工程实体模型样板展示

1. 适用范围

适用于主体结构模板支架工程施工。

2. 主要做法

（1）按照规范和方案要求，列举侧墙、结构柱等施工过程中模板支架搭设可能存在的质量问题。

（2）在工地现场，实体搭设标准的模板支架，使施工作业人员能直观地认识和了解规范和方案交底要求，达到实物交底、样板示范的良好效果。

3. 图例

模板支架样板示范如图7-5所示。

图 7-5　模板支架样板示范

7.5.6　钢筋工程 BIM 模型样板示范

1. 适用范围

适用于钢筋工程施工。

2. 主要做法

（1）按照设计和规范要求，制作结构钢筋工程 BIM 模型。

（2）在工地现场，以展板形式将结构钢筋工程 BIM 模型进行展示，通过直观的图片展示方式，使广大作业人员能充分了解设计及图纸意图，能充分明确钢筋的布置方式和间距等要求，确保后期施工按照规范和设计严格落实。

3. 图例

钢筋工程 BIM 模型如图7-6所示。

7.5.7　结构工程实体模型样板展示

1. 适用范围

适用于结构工程施工。

2. 主要做法

（1）按照设计、规范及方案要求和标准化施工流程，采用一定的比例，制作结构工程的实体模型。

图 7-6　钢筋工程 BIM 模型

（2）在工地现场，将结构工程实体模型进行展示，通过直观的展示方式，使广大作业人员能充分了解设计图纸、规范及方案要求，确保后期施工质量。

3. 图例

结构工程实体模型如图 7-7 所示。

图 7-7　结构工程实体模型（一）

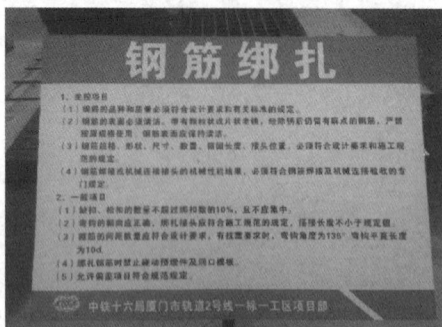

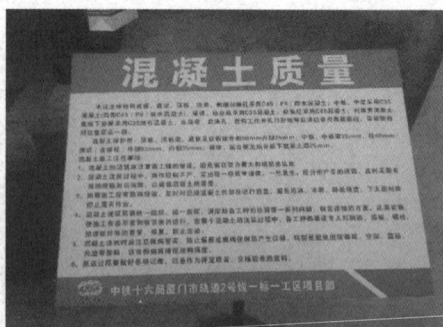

图 7-7 结构工程实体模型（二）

7.5.8 防水工程实体模型样板展示

1. 适用范围

适用于防水工程施工。

2. 主要做法

（1）按照设计、规范及方案要求和标准化施工流程，采用一定的比例，制作防水工程的实体模型。

（2）在工地现场，将实体模型进行展示，通过直观的展示方式，使广大作业人员能充分了解设计图纸、规范及方案要求，确保后期施工质量。

3. 图例

防水工程实体模型如图 7-8 所示。

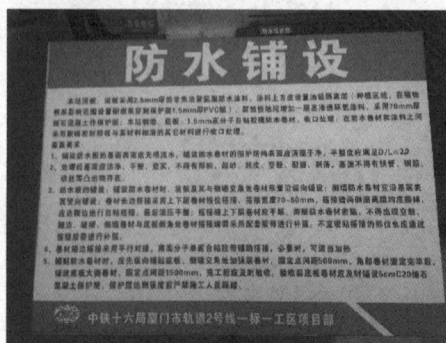

图 7-8 防水工程实体模型

第8章 施工工序控制

城市轨道交通工程涵盖了土建施工、机电安装、装饰装修、轨道铺设等多个专业领域，本章节主要以土建施工过程中经常涉及的关键工序质量控制为例，以点带面，总结出工序质量标准化管理流程。

8.1 围 护 结 构

8.1.1 地下连续墙工序质量控制

1. 施工工艺规范化

地下连续墙是在地面上采用一种挖槽机械，沿着深开挖工程的周边轴线，在泥浆护壁条件下，开挖出一条狭长的深槽，清槽后，在槽内吊放钢筋笼，然后用导管法灌注水下混凝土筑成一个单元槽段，如此逐段进行，在地下筑成一道连续的钢筋混凝土墙壁，作为截水、防渗、承重、挡水结构，如图8-1所示。

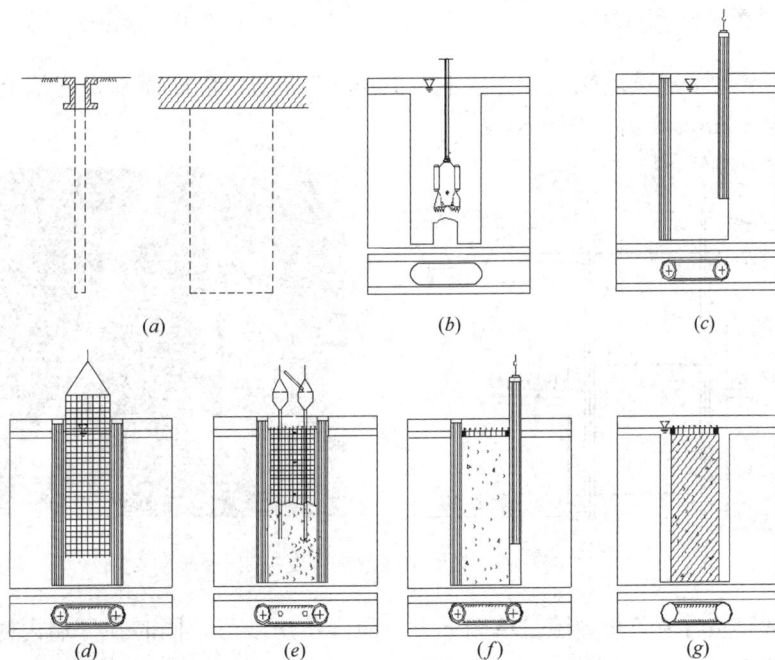

图 8-1 地下连续墙主要工艺流程
(a) 准备开挖的地下连续墙沟槽；(b) 成槽机进行沟槽开挖；(c) 安放接头箱；
(d) 吊放钢筋笼；(e) 水下混凝土浇筑；(f) 拔除接头箱；(g) 已完工的槽段

工序特点：施工振动小，墙体刚度大，整体性好，施工速度快，可省土石方，可用于密集建筑群中建造深基坑支护及进行逆作法施工，可用于各种地质条件下，包括砂性土层、粒径50mm以下的砂砾层等。适用于建造建筑物的地下室、地下商场、停车场、地下油库、挡土墙、高层建筑的深基础、逆作法施工围护结构，工业建筑的深池、坑、竖井等。

2. 质量控制标准化

(1) 导墙测量放样由施工单位专业技术人员进行，根据地下连续墙轴线计算出导墙坐标，现场测量放线落实"双检制"，如图8-2所示。

(2) 导墙沟槽开挖净距应大于地下连续墙设计尺寸40～60mm，挖土标高由人工修整控制，严禁超挖，如坑内有积水，应及时抽排，如图8-3所示。

图8-2　测量放样

图8-3　导墙沟槽开挖

(3) 导墙与地下连续墙轴线偏差控制±10mm，导墙内墙墙面垂直度偏差为5‰，内墙面平整度为3mm，如图8-4所示。

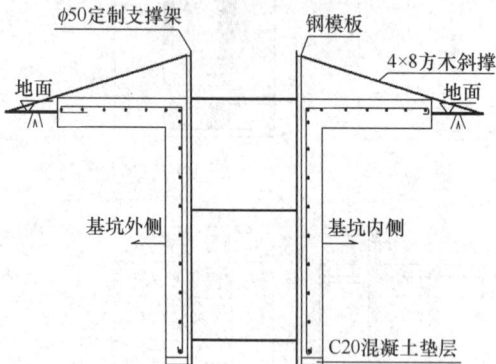

图8-4　导墙轴线及垂直度控制

(4) 导墙拆模后为防止导墙受单侧土压力向内挤压变形，同时在导墙内侧分层支撑，方木水平间距2m，上下间距为1.5m，梅花形布置，如图8-5所示。

(5) 泥浆在地下连续墙成槽过程中主要起护壁作用，泥浆护壁技术是地下连续墙工程中最重要的技术之一，其质量好坏直接影响到地下连续墙的成槽质量与安全。泥浆在成槽施工中，会受到各种因素的污染而降低质量，为确保护壁效应及混凝土质量，必须满足国

138

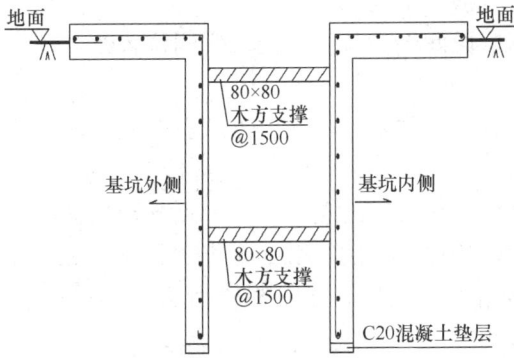

图 8-5　拆模及加设内支撑

家现行标准《钢筋混凝土地下连续墙施工技术规程》中新拌制泥浆性能控制指标，并对护壁泥浆进行有关指标的测试，检查新浆、循环泥浆和废泥浆的质量，如图 8-6～图 8-9 所示。

图 8-6　泥浆密度检测

图 8-7　泥浆黏度检测

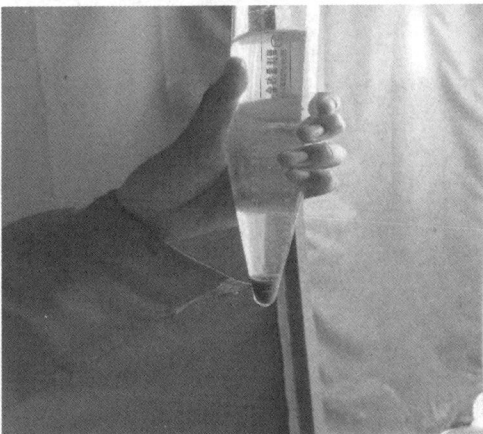

图 8-8　泥浆含砂率检测

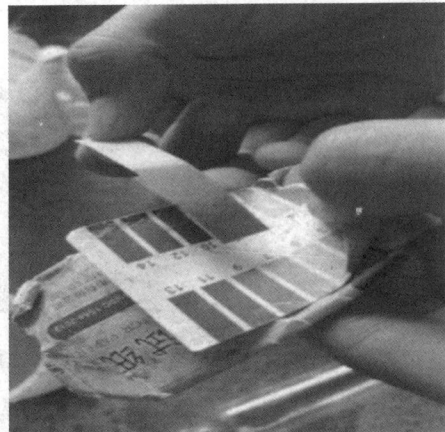

图 8-9　泥浆 pH 值检测

（6）成槽质量控制

1）槽段平面位置偏差控制：用测锤实测槽段两端的位置，两端实测位置线与该槽段分幅线之间的偏差即为槽段平面位置偏差。

2）槽段深度控制：用测锤实测槽段左中右三个位置的槽底深度，三个位置的平均深度即为该槽段的深度。

3）槽段壁面垂直度控制：用超声波测壁仪器在槽段内左中右三个点分别扫描成槽壁面，扫描记录中壁面最大凸出量或凹进量（以导墙面为扫描基准面）与槽段深度之比即为壁面垂直度，三个位置的平均值即为槽段壁面平均垂直度，如图 8-10 所示。

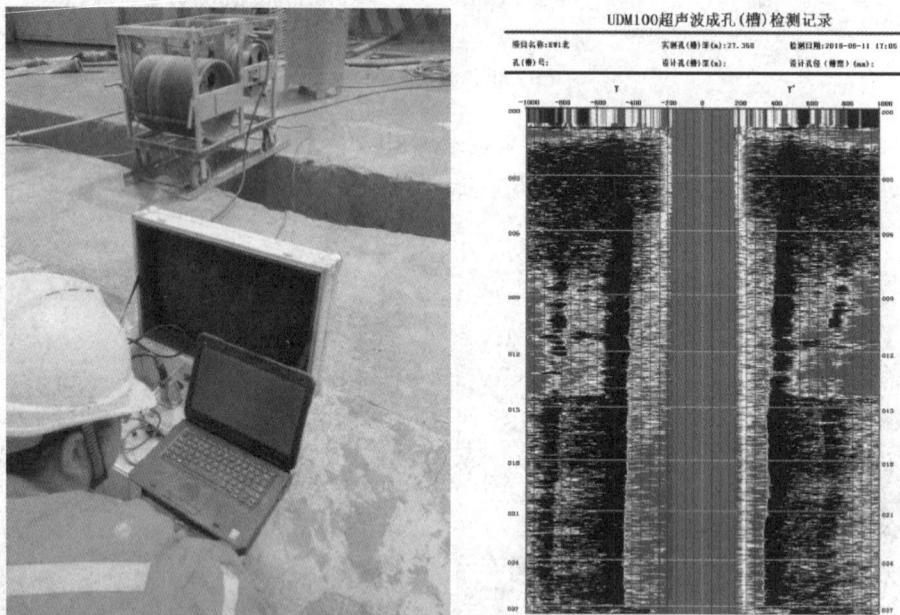

图 8-10　地下连续墙超声波检测

（7）当成槽完成后利用履带式起重机配合专用的刷壁设施，在接头处上下反复清刷不少于 20 次，深度至槽段底部，确保接头无夹泥，防止基坑开挖后接缝渗漏水现象的发生，如图 8-11 所示。

图 8-11　型钢接头刷壁

（8）钢筋笼制作质量控制

1）根据设计图纸要求及施工现场的实际情况，一般采用型号16a槽钢拼接搭设，搭设的平台尺寸满足车站最大钢筋笼尺寸，钢筋笼平台定位用全站仪控制，标高用水准仪校正。

2）对每幅地下连续墙钢筋笼编制下料单，根据现场施工工艺、焊接及机械连接要求，钢筋下料满足设计和规范要求，如图8-12所示。

3）机械连接丝头加工。机械连接的钢筋端头首先要对原材端头进行切除，并对端头进行打磨，保证端头平整。对进场的车丝机进行调试，丝头使用通规、止规检查合格后，再进行丝头加工，丝头长度满足规范要求，如图8-13所示。

图8-12　钢筋下料

图8-13　钢筋机械连接丝头加工

4）钢筋笼制作

① 对钢筋笼主筋机械连接进行扭力值检查，根据规范要求抽检10%；

② 对焊接的桁架筋宽度尺寸和桁架筋的焊缝质量进行检查，满足单面焊$10d$，双面焊$5d$；

③ 钢筋笼底层主筋和分布筋摆放完成后进行验收，验收完成后进行主筋与分布筋焊接，钢筋笼制作完成后进行整体验收，如图8-14所示。

图8-14　钢筋笼加固

（9）混凝土浇筑

1）混凝土检测。地下连续墙采用水下混凝土，坍落度控制在 $180\sim220mm$，具有良好的和易性。满足设计要求的抗压强度等级、抗渗性能及弹性模量等指标，水灰比≤0.55，如图 8-15 所示。

2）导管布置。灌注混凝土采用内径为 $\phi250mm$ 的快速接头钢导管，一般节长为 2m。导管下口距孔底 $300\sim500mm$，不宜过大或过小。导管使用前要进行导管气密性试验，如图 8-16 所示。

图 8-15　混凝土坍落度检测

图 8-16　导管气密性试验

幅宽小于等于 6m 槽段设置 2 根导管，幅宽大于 6m 设置 3 根导管。导管间距小于3m，导管距槽段端头不宜大于 1.5m，槽内混凝土面应均衡上升，两导管处的混凝土表面高差不大于 0.5m。

3）混凝土浇筑。地下连续墙混凝土浇筑必须在钢筋笼吊装完毕后 6h 内进行，刚开始浇筑时速度要快，使槽底沉渣随着混凝土表面一起上升，要保证一次性连续浇筑 6m以上的混凝土。随着混凝土面的上升，要适时提升和拆卸导管，导管底端埋入混凝土面以下 $2\sim4m$ 内，严禁将导管提出混凝土面。导管提升时应避免碰撞、挂住钢筋笼。

设专人每浇筑 2 车混凝土，测量一次导管埋深及管外混凝土面高度，每半小时测量一次导管内混凝土面高度。混凝土应连续浇筑不得中断，间歇时间任何情况下不得超过 30min。

混凝土浇筑时，槽段内的泥浆一部分抽回沉淀池，另一部分暂时存放到导墙内，严格控制泥浆的液面标高。

3. 问题排查清单化

（1）地下连续墙接缝渗漏。控制地下连续墙的接缝质量，是地下连续墙施工的关键所在，是基坑开挖的安全保证，因此对地下连续墙的接头一定要做好保护和彻底清除接头范围内的淤泥等，以满足接缝止水要求。

成槽过程中碎土坍落及混凝土浆液的绕流都会在地下连续墙接头上黏附很多顽固的淤泥不易清理，另外沉渣的产生也会在接头处形成夹泥现象。因此有效刷壁是确保地下连续墙接头防渗质量的关键。

（2）地下连续墙露筋现象的预防措施。钢筋笼必须在水平的钢筋平台上制作，制作时必须保证有足够的刚度，架设型钢固定，防止起吊变形。按设计和规范要求放置保护层垫块，严禁遗漏，吊放钢筋笼时发现槽壁有塌方现象，应立即停止吊放，重新成槽清渣后再吊放钢筋笼，确保泥浆质量，减少土体缩径现象发生。

根据地铁相关施工经验，为了避免地下连续墙在开挖过程中出现露筋现象，在吊放地下连续墙钢筋笼时对开挖面采取彩条布覆盖等措施。

4. 实体检查责任化

根据地下连续墙施工流程，施工现场应该针对导墙施工质量、地下连续墙钢筋笼加工质量、地下连续墙成槽施工质量、混凝土浇筑质量等施工流程，实施、落实责任主体，压实质量管控流程，见表 8-1。

地下连续墙施工检查项及责任主体

表 8-1

序号	检查验收项目	验收内容	验收人	责任人
1	导墙施工	平面位置、标高	工长、测量员	项目质量工程师
		垂直度	工长、测量员	
		平整度	工长、测量员	
2	地下连续墙钢筋笼加工	钢筋笼尺寸	工长、测量员	
		钢筋板扎质量	工长、质量员	
3	泥浆质量	密度、黏度、含砂率、pH 值	工长、质量员	
4	成槽施工	槽壁垂直度、槽段尺寸、槽深	工长、测量员	
		刷壁质量	工长、质量员	
5	混凝土浇筑	混凝土配比、试块	工长、试验员	
		导管气密性、坍落度、拔管与液面高度	工长、质量员	

8.1.2 高压旋喷桩工序质量控制

1. 施工工艺规范化

高压旋喷桩施工技术是在静压灌浆的基础上，引进水力采煤技术而发展起来的，是利用射流作用切割掺搅地层，改变原地层的结构和组成，同时灌入水泥浆或复合浆形成凝结体，借以达到加固地基和防渗的目的。施工机具设备简单，施工简便，具有较好的耐久性，且料源广阔，施工占地少、振动小、噪声较低，通常用作地下连续墙接缝止水、盾构始发接收的洞门加固处理，如图 8-17 所示。

2. 质量控制标准化

（1）高压旋喷桩施工前须进行地下障碍物探测，及时清除施工范围内的场地及地下障碍物，可采用专用引孔机引孔。

（2）场地平整：先将施工场地加以平整，确保桩机正常行走，工作面宽度必须保证桩机正常施工，这是保证桩身垂直度等质量的基础，如图 8-18 所示。

（3）试桩确定工艺参数，根据地质条件不同，为保证高压旋喷桩施工质量，应严格遵

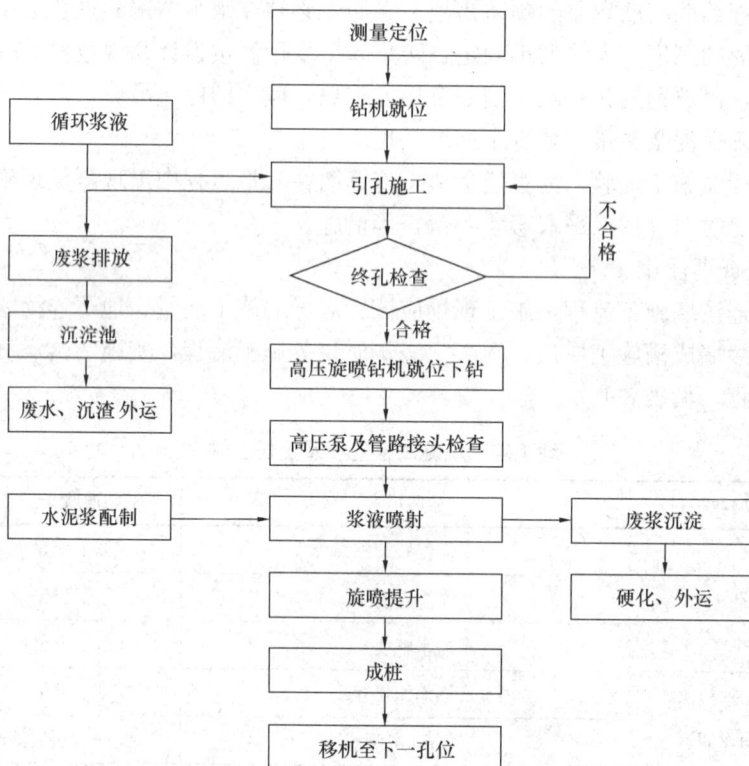

图 8-17　高压旋喷桩工艺流程

图 8-18　旋喷桩引孔

守试桩要求，在展开大批量制桩前进行试桩，以校验施工工艺参数是否合理，如图 8-19 所示。

（4）把钻机移至钻孔位置，水平方向对准孔位，垫牢机架、校验钻机的垂直度、倾斜度不得大于 1.5%，如发现钻机倾斜，则找平后再开钻。满足精确要求，经技术人员检测合格后方可开钻。

（5）旋喷桩水泥浆液配置要求

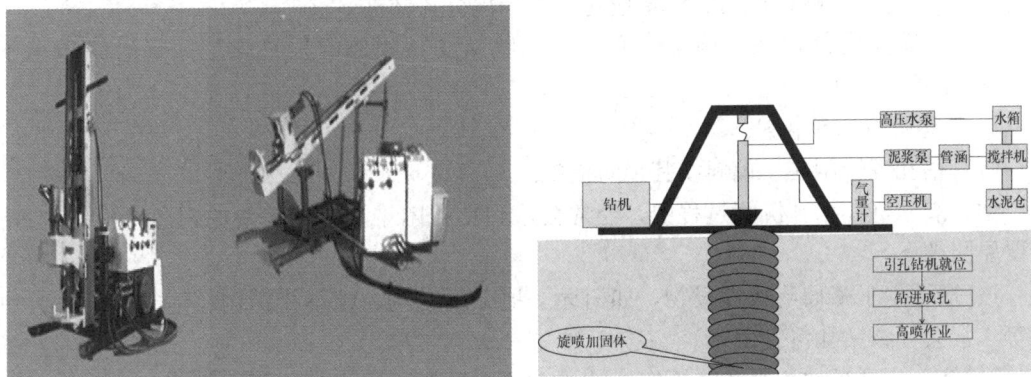

图 8-19　旋喷桩试桩施工工艺

1）浆液的搅拌时间大于 3min，不长于 2h，采用二次搅拌法，并随制随用，如图 8-20 所示。

2）核验浆液配置所用水泥等级、浆液水灰比与设计要求及试桩结论的匹配性，现场流量计量装置配置情况及校验情况，如图 8-21 所示。

图 8-20　制浆设备

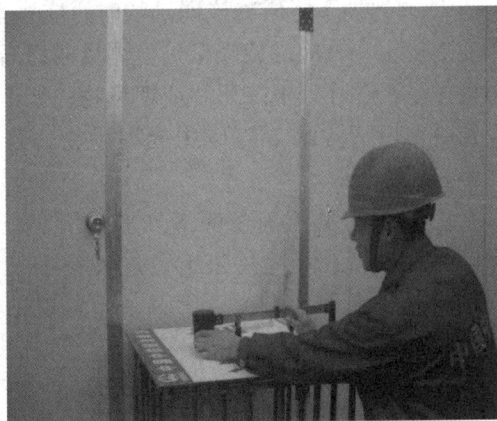

图 8-21　水泥浆检测

（6）按要求将钻机就位好，进行钻孔作业。桩定位偏差不大于 50mm，过程中要详细记录，钻孔过程中及时检查桩身垂直度，偏差不大于 1%，由技术人员进行质量检查，合格后方可移位进行下一孔的钻进。

（7）喷射过程中，检查浆液密度，每孔喷浆结束后核查单桩的水泥浆用量。浆液用高速搅拌机搅制，拌制浆液必须连续均匀，搅拌时间不小于 30s，一次搅拌使用时间亦控制在 4h 以内。

（8）旋转和提升，当喷射管下至设计深度，待成孔到设计深度，将拌制好的水泥浆液倾入集料斗，将低压泵由送水改为送浆。

1）为保证桩底有足够的水泥浆量，桩底应停喷 30s，然后边旋转边提升。

2）旋转速度和提升速度按照设计规范及试桩要求进行。

3）提升过程中喷射压力、流量应符合设计规范及试桩要求。

（9）为防止孔间串浆，施工时必须采用跳跃法，相邻两根桩施工间隔时间不小于48h，间距不小于4～6m。

3. 问题排查清单化

（1）钻孔沉管困难、偏斜及其预防措施。

钻孔灌注桩在钻孔沉管过程中，经常会遇到钻孔困难、钻孔偏斜的现象，根据调查，主要原因如下：

1）遭遇地下障碍物或埋设物，如树苑、地下电缆沟、地下排污沟、建筑垃圾中大块石等，常会导致钻孔沉管困难。

2）施工现场场地不平整或不实，钻机就位安装时难以保证水平、周正、稳固；高压旋喷桩主要适用于淤泥、淤泥质土、黏性土及人工回填土等地基土处理，钻机就位安装时水平、周正、稳固，但在钻孔沉管和旋喷注浆过程中，钻机发生倾斜或者移位，常导致钻孔倾斜现象。

3）钻杆垂直度不够，即钻杆倾斜度超过1.5％，也会导致钻孔倾斜。

针对上述分析的钻孔沉管困难、偏斜的原因，制订了一系列的预防措施，具体如下：

① 遭遇地下障碍物或埋设物时，应当及时清除地下障碍物或埋设物，或者经设计同意变更桩位。在完成旋喷桩桩位测量放样后，应当在一定范围内进行钎探，主要目的是探明桩位是否存在地下障碍物或埋设物；如遭遇地下障碍物或埋设物时，若具备开挖条件，应及时开挖清除地下障碍物或埋设物。若不具备开挖条件，应及时移动桩位，调整桩间距。

② 旋喷桩施工前，应当先平整场地，确保钻机就位安装时水平、周正、稳固，并保证钻机设备在旋喷注浆施工过程中不发生倾斜和移位，同时施工过程中应当经常检查钻机是否水平、周正、稳固，如发现钻机倾斜，应当重新将钻机垫平，再进行旋喷桩施工。

③ 旋喷桩施工前，应当检查钻杆的垂直度，钻杆倾斜度控制在1.5％以内。

（2）旋喷注浆冒浆及其预防措施。

旋喷注浆冒浆是指在旋喷注浆过程中，往往会出现部分水泥浆液携带一定数量的土粒沿着注浆管管壁冒出地面，形成"冒浆"现象。冒浆（内有土粒、水和水泥浆液）量小于20％属于正常现象，超过20％或者完全不冒浆时，属于异常现象，应当查明原因，采取相应措施。旋喷注浆冒浆的主要原因有：有效喷射范围与注浆量不相适应，造成注浆量大幅度超过喷浆回结所需要的浆量。

通过分析，旋喷注浆遭遇地层较大空隙或空洞是导致旋喷注浆完全不冒浆的主要原因，具体的预防措施如下：

1）适当缩小喷嘴直径，提高喷射压力。

2）采用高压泵提高喷射压力，用高压喷射浆液冲击破坏土体以获得较理想的喷射直径。

3）适当加快注浆管提升速度和回转速度，避免因注浆管提升速度和回转速度缓慢，造成喷浆量的损失。

4）对于冒出地面的浆液，若能够迅速地收集、过滤、沉淀除去杂质和调整浆液浓度，应及时予以回收利用。

对于地层中存在较大空隙或空洞出现不冒浆现象，应采取下列措施：

1）在浆液中掺入适量的速凝剂如水玻璃，缩短浆液的凝结时间，使浆液在一定土层范围内凝结硬化。

2）先在空隙地段注浆填充，待填满空隙后再进行正常喷射注浆施工。

（3）旋喷固结体强度不均、缩径和其预防措施及处理方法。

旋喷固结体强度不均和缩径的主要原因：

1）正式旋喷注浆前，没有针对施工现场地质条件试喷，喷射方法和喷射参数没有根据施工现场地质条件进行选择和调整。

2）在喷射注浆过程中，喷射注浆设备出现故障，如高压泥浆工作不正常、管路堵塞、串浆、漏浆、卡钻等故障，造成喷射注浆施工中断。

3）在喷射注浆过程中，注浆管提升速度和回转速度与喷射注浆量没有形成配合，造成旋喷桩直径大小不均匀，浆液或多或少，形成旋喷桩固结体不均匀或发生缩径现象。

4）在喷射注浆过程中，喷射浆液与喷射切割下来的土粒搅拌不充分、不均匀，直接影响旋喷桩加固处理效果。

5）在喷射注浆过程中，旋喷桩遭遇坚硬状黏性土，容易产生缩径现象。

旋喷固结体强度不均和缩径的预防措施及处理方法：

1）在正式旋喷注浆前，应当依据设计要求和现场地质条件进行试喷试验，选择更合理的喷射方法和机具，并调整其喷射参数。

2）在喷射注浆施工前，应当先进行压水、压浆、压气试验，喷射注浆机械设备正常后才能配制浆液，保证施工机械设备在喷射注浆过程中正常运行，避免因机械故障造成喷射注浆中断。

3）在水泥浆搅拌过程中，应当用筛网过滤，及时清除水泥团块、水泥包装塑料袋等杂质，避免水泥团块等杂质造成高压泥浆泵工作不正常或管路堵塞。

4）在喷射注浆过程中，应当注意检查浆液初凝时间、注浆量、风量、压力、回转速度与提升速度等喷射参数是否符合设计要求，如发现异常，应及时调整回转速度、提升速度、喷射压力和注浆量等技术参数，使注浆管回转速度和提升速度均匀，喷浆量均匀，使固结体更均匀。

5）对容易出现缩径部位如遇坚硬状黏性土，应采取不提升定位旋转喷射或复喷方法扩大旋喷桩直径。

6）严格控制水泥浆液的水灰比和稠度，尤其是冒浆的重复利用，必须加水泥重新搅拌均匀，并调整其稠度。

7）在喷射注浆过程中，喷嘴孔经常会被水泥浆磨损而使孔径扩大，造成喷射压力降低的现象，发现喷嘴孔磨损严重时，应及时更换。

4．实体检查责任化

根据高压旋喷桩施工流程，施工现场从钻机就位、水泥浆配置、钻孔、提升喷浆、检测等施工流程中，按流程定人定岗检查验收，每日检查项目及责任主体见表8-2。

高压旋喷桩施工检查项及责任主体
表8-2

序号	检查验收项目	验收内容	验收人	责任人
1	钻机就位	平面位置，标高	工长、测量员	
		钻机垂直度	工长、测量员	
2	试桩	水泥浆配比、水灰比、喷射压力、提升速度、单桩水泥浆用量	工长、质量员	
3	水泥浆配置	配比、水泥等级	工长、试验员	
		水灰比、密度	工长、质量员	项目质量工程师
4	钻孔	孔深、垂直度	工长、质量员	
5	提升喷浆	喷射压力	工长、质量员	
		提升速度	工长、质量员	
		水泥浆流量	工长、质量员	
6	检测	渗透系数	工长、试验员	
		无侧限抗压强度	工长、试验员	
		成桩质量、承载力（按需要）	工长、试验员	

8.1.3　三轴搅拌桩工序质量控制

1. 施工工艺规范化

三轴搅拌桩机是长螺旋桩机的一种，同时有三个螺旋钻孔，施工时三条螺旋钻孔同时向下施工，利用三轴搅拌机向设计深度进行旋转掘进，同时在灰浆制拌系统及高压喷浆系统作用下，在钻头喷射出水泥浆液，钻头及螺旋钻杆将水泥浆与原位土体反复搅拌，在各桩之间采取咬合方式施工，提高土体的强度，可用于软弱地基及桩间止水，是软基地基处理的一种有效形式，利用搅拌桩机使水泥与土发生一系列物理化学反应，使软土硬结而提高地基强度。该施工方法的主要施工步骤如图8-22所示。

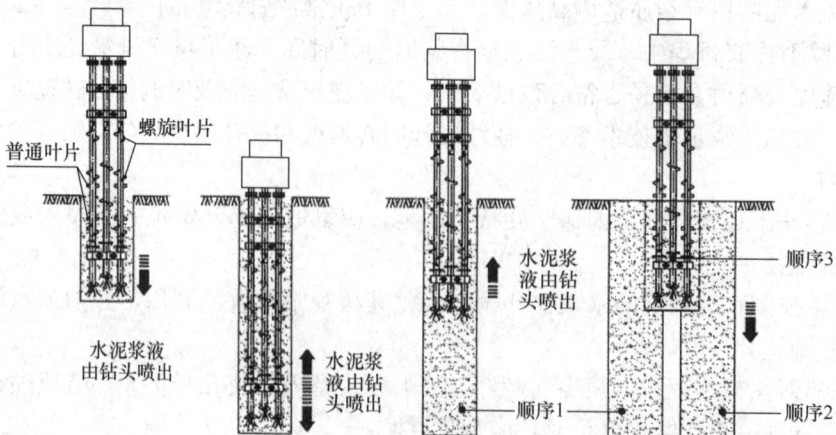

图8-22　三轴搅拌桩施工步骤

三轴搅拌桩在地铁基坑围护工程中起到重要作用，一种中间不插型钢，只作为止水用，如需挡土应与其他工艺结合应用；一种是搅拌桩桩体内插 H 型钢（俗称 SMW 工法）既可以起到止水作用亦可以作挡土墙，可适用于挖深较深的基坑支护。

2. 质量控制标准化

（1）桩位放样控制，根据测量点准确放好桩位，并复检桩中心偏差不超过 50mm，做好桩位定点标记。

（2）试桩试验，搅拌桩正式施工前选取 3 组试桩，主要确定钻进速度、地层变换后电流的变化值、喷浆量大小、桩的深度、成桩时间、搅拌次数，为正式施工提供较准确的参数。

（3）场地平整质量控制

1）清除障碍：清除施工范围内的场地及地下障碍物。

2）平整场地：场地清理整平，然后进行放样，该项工作的测量放样包括两个内容：一是根据设计资料放出搭设宽度；二是根据设计画出布桩平面图，标明排列编号，放出具体桩位，如图 8-23、图 8-24 所示。

图 8-23　施工场地平整

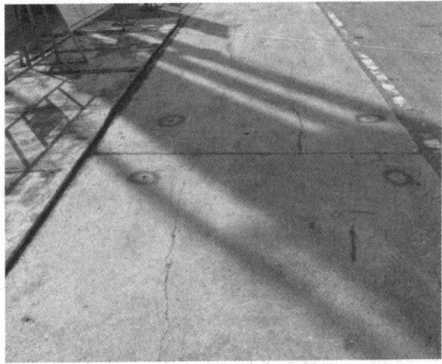

图 8-24　桩位放样确定

（4）桩机就位。桩机垂直度校正时，在桩架上焊接一半径为 5cm 的铁圈，10m 高处悬挂一铅锤，利用全站仪校直钻杆垂直度，使铅锤正好通过铁圈中心。每次施工前必须适当调节钻杆，使铅锤位于铁圈内，即把钻杆垂直度误差控制在 0.5％以内。按照测放的桩位，将桩机移至桩位上，桩尖对准桩位，桩位偏差不大于 5cm，调平机台，用线垂调整机身垂直度，垂直误差小于 0.5％，如图 8-25 所示。

图 8-25　三轴搅拌桩桩机就位示意图

（5）水泥浆拌制。根据设计要求结合试桩参数，选择符合要求的水泥，加水进行搅拌配制浆液，浆液的搅拌时间大于 3min，小于 2h，采用两次搅拌法，随制随用，拌制过程中控制水泥浆的水灰比、泥浆密度等参数，如图 8-26 所示。

图 8-26　三轴搅拌桩后台

（6）搅拌成桩。将桩机钻头尖部对准桩位下钻，一边打开送浆泵送浆至钻头出浆口，一边搅拌成桩。成桩过程需均匀喷浆，搅拌桩桩身全长范围内为两喷四搅。成桩过程中根据桩长和下沉速度控制喷浆压力和喷浆量。

三轴水泥搅拌桩地基加固，水泥和原状土须均匀搅拌，下沉喷浆过程中要注意控制浆液的均匀性，防止水泥浆液发生离析，同时严格控制下沉和提升速度与设计参数相匹配，提升至桩顶标高 0.5m 应停浆，下钻至桩底标高应停留钻动 30s，在桩底部分宜重复搅拌喷浆。

每根桩开钻后应连续作业，不得中断喷浆。严禁在尚未喷浆的情况下进行钻杆提升作业，储浆罐内的储浆量应不小于一根桩的设计用量，如图 8-27 所示。

图 8-27　三轴搅拌桩施工图

3. 问题排查清单化

（1）三轴搅拌桩搭接冷缝。三轴搅拌桩在施工过程中，由于遇到地下不明障碍物机械

150

无法继续钻至设计深度、施工现场突然停电机械中断运转、机械发生故障暂停施工或者遭遇恶劣天气无法继续施工，三轴搅拌桩施工中出现的"冷接头"，即为搭接冷缝。

对于施工中出现的"冷接头"部位，要准确记录产生原因，同时在相应位置做好标志，做好数据记录，经监理和设计单位认可后采取相应措施。

处理措施：施工过程中一旦出现冷缝则采取在冷缝处内排桩外侧补搅 2～3 幅素桩方案，在内排桩达到一定强度后进行补桩，以防偏钻，保证补桩效果，素桩与内排桩搭接厚度约 10cm，桩长同内排桩，如图 8-28 所示。

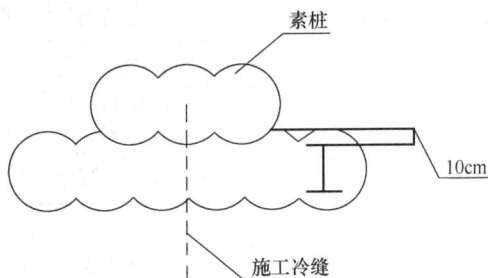

图 8-28　施工冷缝处理图

（2）桩身倾斜过大。三轴搅拌桩在施工中未能有效控制钻杆的垂直度，导致三轴搅拌桩垂直偏差较大，基坑开挖过程中，出现三轴搅拌桩支护体系侵入主体结构的现象。

主要治理措施：桩机自带的线垂控制垂直度，在桩架上设置 2.5m 长线坠，底部对中处设一钢圈，钢圈上用十字交叉丝标示，锤尖在十字叉位置四个方向偏移不超过 $2.5×1000×b/$ 桩（单位为毫米：mm）即视为垂直度控制合格，如图 8-29 所示。

图 8-29　垂直度控制线垂

（3）搅拌桩体检测强度不均匀。搅拌桩施工过程中，在导沟内取出的水泥浆所制作的水泥块抗压强度及成桩 28d 桩体钻芯取样抗压强度，高于或低于设计无侧限抗压强度要求。

产生的可能原因：

1）施工工艺不合理；

2）搅拌机械、注浆机械中途发生故障；

3）供浆不均匀，使黏土被扰动，无水泥浆；

4）搅拌机提升速度不均匀。

针对上述分析的原因，主要治理措施包括：

1）选择合理的施工工艺，根据水泥用量情况，合理调节钻进及提升搅拌喷浆的循环次数，以达到设计水泥用量为准。

2）机械检修，对搅拌桩机、注浆源进行维修，使其处于良好的正常运行状态。

3）控制水泥浆搅拌时间，水泥浆在搅拌桶里搅拌时间不得低于 3min，过网后在储浆桶内进行二次搅拌。

4）快搅及复搅，提高搅拌转数，降低钻进速度，提高拌和均匀性；注浆设备单位时间内注浆量相等，不能忽多忽少，不得中断，复搅拌下沉或提升各一次，以反复搅拌法解决钻进速度。

4. 实体检查责任化

根据三轴搅拌桩施工流程，施工现场从测量放线、水泥浆配置、钻机定位、下沉提升喷浆、检测等施工流程中，按流程定人定岗检查验收，每日检查项目及责任主体见表 8-3。

三轴搅拌桩施工检查项及责任主体 表 8-3

序号	检查验收项目	验收内容	验收人	责任人
1	测量放线	平面位置，标高	工长、测量员	项目质量工程师
		钻机垂直度	工长、测量员	
2	试桩	水泥浆配比、水灰比、喷射压力、提升速度、单桩水泥浆用量	工长、质量员	
3	水泥浆配置	配比、水泥等级	工长、试验员	
		水灰比、密度	工长、质量员	
4	钻机定位	垂直度	工长、质量员	
5	下沉提升喷浆	喷射压力	工长、质量员	
		提升速度、下沉速度	工长、质量员	
		水泥浆流量	工长、质量员	
6	检测	渗透系数	工长、试验员	
		无侧限抗压强度	工长、试验员	
		成桩质量、承载力（按需要）	工长、试验员	

8.2 基坑开挖与支护

8.2.1 基坑降水工序质量控制

1. 施工工艺规范化

基坑降水是指在开挖基坑时，地下水位高于开挖底面，地下水会不断渗入坑内，为保证基坑能在干燥条件下施工，防止边坡失稳、基础流砂、坑底隆起、坑底管涌和地基承载力下降而做的降水工作。

基坑降水方法主要有：明沟加集水井降水、轻型井点降水、喷射井点降水、电渗井点降水、管井降水等，如图8-30、图8-31所示。地铁施工通常涉及管井降水，根据井管埋入地层位置的不同，分为疏干井和承压水降水井，疏干井主要以疏干潜水为主；承压水降水井顾名思义，主要是抽排承压水，通过抽排承压水达到降低承压水水头的目的，防止基坑坑底突涌。管井降水井施工工艺流程如图8-32所示。下面以管井降水为例，描述管井降水工序质量控制。

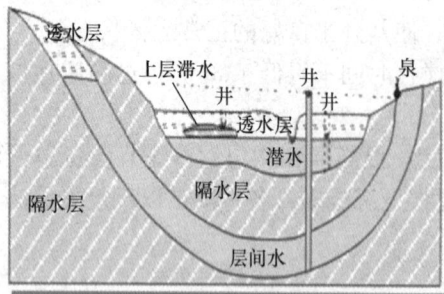

图 8-30 管井降水

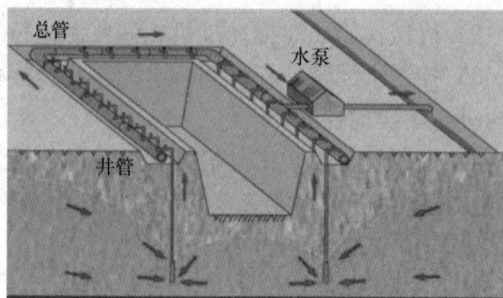

图 8-31 真空井点降水

2. 质量控制标准化

（1）降水井井管材料质量控制

1）降水井井管采用钢管，钢质井管外径不应小于245mm（疏干管井）和273mm（降压管井）。

2）为保证井管强度，井管壁厚宜为3.5～4mm的焊接钢管。滤管外包30～40目的尼龙滤网，并用镀锌的铁丝绑扎牢固，如图8-33所示。

（2）成孔下井管

1）严格控制降水井井位置，注意避开基坑支护结构及主体结构梁、柱等重要构件，施工前管井位置需由项目技术管理人员确认后，经过测量员定位确定好降水井位置。

2）降水井采用钻机成孔，成孔后及时检查孔深、孔径以及滤管位置，核实滤管位置是否与方案一致。

3）成孔后及时下井管，回填滤料，滤料围填的料面标高不应低于设计标高，且不小于滤管顶端以上2.0m。管井孔口以下滤料顶面以上应使用黏性土封填实，封填高度≥1.5m，滤料回填后洗井、封闭井口。

（3）降水运行。基坑开挖前20d，进行基坑降水，基坑降水期间应记录出水量、测量水位标高，确保水位降至基底下1m，然后再进行基坑开挖，如图8-34所示。

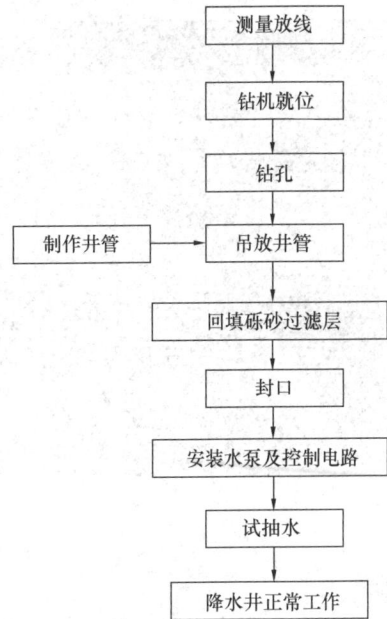

```
测量放线
  ↓
钻机就位
  ↓
钻孔
  ↓
制作井管 → 吊放井管
  ↓
回填砾砂过滤层
  ↓
封口
  ↓
安装水泵及控制电路
  ↓
试抽水
  ↓
降水井正常工作
```

图8-32　管井降水井施工工艺流程

图8-33　降水井管

（4）降压井。降压井管井施工与疏干降水管井施工相同，降压井运行应满足承压水位控制在安全埋深以下的要求，同时应考虑其对周边环境的不利影响。主要控制原则如下：

1）应严格遵守"按需减压降水"的原则，综合考虑环境因素、安全承压水位埋深与基坑施工工况之间的关系，确定各施工区段的阶段性承压水位控制标准，制订详细的减压降水运行方案。

2）所有降压井抽出的水应排到基坑影响范围以外或附近天然水体中。现场排水能力应考虑到所有降压井全部启用时的排水量，每个降水井的水泵口宜安装水表和单

图 8-34　基坑降水

向阀。

3）降压井应在施工完成、现场排水系统安装完毕后，进行一次抽水试验或降压井试运行。

4）坑内水位观测井（兼备用井）数量宜为同类型降水井总数的 5%～10%。

（5）降压井管井布置。降压井可以布置在坑内也可以布置在坑外，当现场客观条件不能完全满足布置在坑内或坑外时也可以坑内坑外联合布置，当布置在坑内时，在具体施工时应避开支撑，同时应尽量靠近支撑以便井口固定，如图 8-35 所示。

图 8-35　降压井布置

（6）封井。停止降水后，应对降水管井采取可靠的封井措施。封井时间和措施应符合方案和设计要求。

对于基础底板浇筑前已停止降水的管井，浇筑底板前可将井管切割至垫层面附近，井管内采用黏性土充填密实，然后采用钢板与井管管口焊接封闭。

对于基础底板浇筑后仍需要保留的管井，应采取专门的封井措施。封井时应考虑承压水风险和基础底板的防水。

3. 问题排查清单化

（1）井点数量和间距不合理。在深基坑降水工程中，依旧存在着只要井打得越多越深，地下水位降深就越大的误区。这种认识忽视了地质、水文条件以及含水层的地质结构的影响，导致在实际项目施工中，效果不尽如人意无法满足工程施工需求，对此，应采取以下措施：

1）布井时应坚持周边多、中间少，地下水补给方向多的原则进行布井。

2）为保证井的出水能力，布井时应当根据水文地质报告提供的数据，把井的滤水器部分布置在较厚的砂卵层中，而不是泥沙中。

3）布井时可根据地下水位和地质结构采取均匀或不均匀布置，在结构复杂处和地下水分布较多的部位，适当增加井点。

（2）降水困难，降水速度过慢或无效。在深基坑降水过程中，常常由于以下原因造成降水困难：

1）降水井因为滤料质量差，洗井不规范、不彻底等原因导致不能正常工作。

2）降水井过浅、井径过细、井间距过大，致使降水后水位不符合设计标高。

3）渗入降水井的水量无法满足抽水泵的要求，导致水井被抽空，水位下降。

4）基坑周围存在破裂的管道，造成管道内的水渗入。

5）基坑周围的地下可能存在含有水源的废弃建筑物。

为了确保基坑降水效果，在施工中可以采用以下技术措施：

1）选取滤料时应当选用经过仔细清洗、筛选的粒径合适的级配碎石，且滤料回填时要严格控制回填时间和高度。

2）钻孔时保证降水井深度满足要求或者适当增大井径以提高其透水性，如果地下水比较多还可以缩小井间距来提高降水效果。

3）根据降水井水位情况可以交替使用功率大小不同的抽水泵，从而提高降水效果。

（3）死井形成原因及预防措施。

1）井管在投放时发生偏斜，导致过滤部位填料分布不均，而过滤层比较薄的部位因为吸入细泥造成过滤器堵塞形成死井。为避免此情况发生，可以在滤管端部安装"定中环"，来避免井管偏斜。

2）滤网的破损或脱落堵塞井管形成死井。对此，一方面要对滤网质量及安装进行严格把关，保证滤网质量合格、安装牢靠。另一方面在井管下管时要规范施工，不可强干、蛮干。

3）砂井的渗透性不好。对此，首先要保证砂井的成孔质量，其次选择的滤料粒径要合适，再者要严格控制投料成井时孔内的循环水含泥量。

4）未及时进行洗井，致使泥沙堵塞滤孔形成死井。对此，应用高压水插入井点管底部反复冲洗井点管或拔出重新埋设。

4. 实体检查责任化

根据降水井打设、运营施工流程，施工现场从管井材料、管井定位、降水运营、降压井控制、封井等施工流程中，按流程定人定岗检查验收，每日检查项目及责任主体见表8-4。

序号	检查验收项目	验收内容	验收人	责任人
1	管井材料	式样（桥式或花管）	工长、质量员	项目质量工程师
		管径、壁厚	工长、质量员	
2	管井施工	管井坐标、标高	工长、测量员	
		管井井深、井径	工长、测量员	
		管井连接、滤管位置	工长、质量员	
		管井周边空隙回填	工长、质量员	
3	降水运营	出水量	工长、施工员	
		水位标高	工长、施工员	
4	降压井控制	位置、按需降水	工长、质量员	
5	封井	焊接质量	工长、质量员	

8.2.2 土方开挖、支撑工序质量控制

1. 施工工艺规范化

在基坑支护结构体系作用下，提前进行基坑降水，并对基坑内的土方进行开挖，遵循"纵向分段、横向分块、开槽支撑、先撑后挖、分层开挖、严禁超挖"的原则，保证基坑开挖安全，如图 8-36 所示。

2. 质量控制标准化

在深基坑开挖施工过程中，须严格按照设计、规范施工，并应满足以下技术管理要求：

（1）土方开挖过程中须遵循"纵向分段、横向分块、开槽支撑、先撑后挖、分层开挖、严禁超挖"的原则，掌握好"分层、分部、对称、平衡、限时"五个要点，施工时要快速封底施作底板。土方开挖至基底后须立即施工底板，底板混凝土未浇筑完成前不得开挖下段底层土方。

（2）土方开挖竖向分层，开挖过程中注意控制开挖深度、开挖坡度、开挖台阶宽度，开挖坡度根据土质情况、降水效果和周边环境选取安全坡度，禁止大锅底开挖，如图8-37所示。

（3）纵向开挖分段，注意控制开挖段长度、每段土方开挖和支撑架设控制在 24h 内完成。

（4）每皮土开挖时序严格遵循先上后下的顺序，禁止自下向上掏土挖。

（5）开挖到基底以上 0.3m，应进行基坑验收，并改用人工配合开挖至基底，禁止超挖，及时垫层封底，封底必须见底后 24h 内完成。

（6）围护结构的接缝及结构体面须清理后逐个检查，发现渗漏、露筋、孔洞必须暂停开挖并立即封堵。

（7）钢筋混凝土支撑范围内，混凝土强度未达到设计要求，禁止向下开挖。

（8）土方开挖期间，施工机械不得碰撞围护结构、立柱、支撑、降水井，挖土时应先掏挖立柱四周，避免立柱承受不均匀侧向土压力。

156

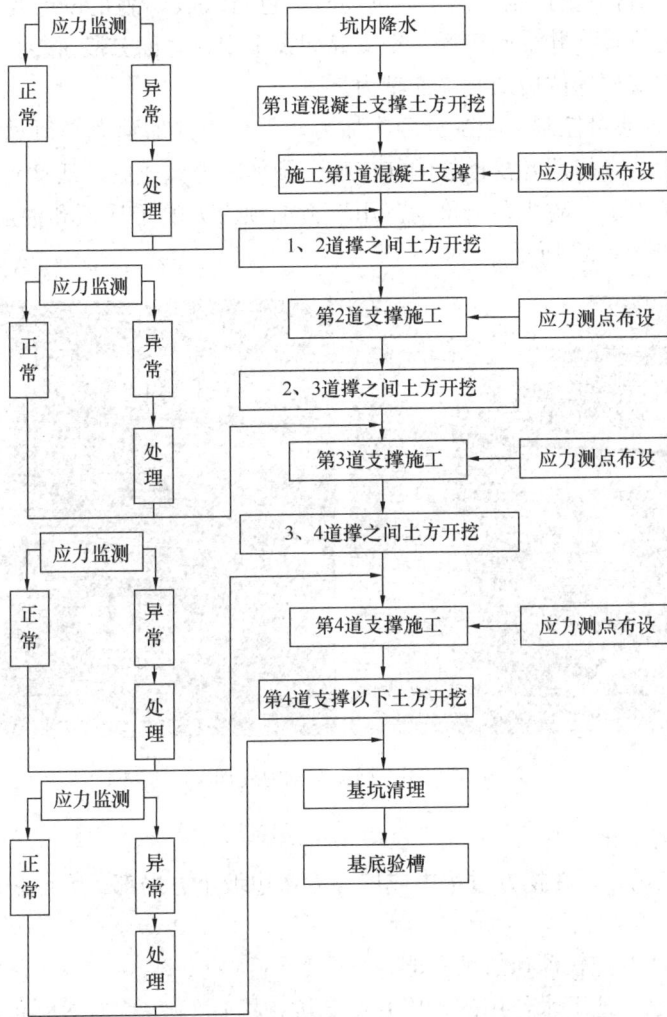

图 8-36 基坑开挖施工顺序

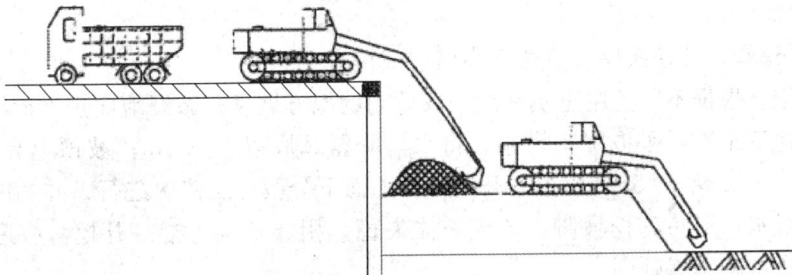

图 8-37 土方开挖施工

（9）基坑防护采用钢质制式固定护栏，基坑四周设混凝土挡水措施。

（10）雨天坡面要采取防护措施，边坡平台采取截水、排水措施，不得因积水影响边坡稳定；基底应设排水明沟和集水坑集中抽排，积水不得浸泡基底。

（11）钢支撑原材质量控制。钢支撑进场时应进行验收，满足设计要求后按照场地布置方案堆放在指定位置，并堆码整齐。钢支撑架设采用在地面分段拼装，吊装至基坑内拼装成整体，钢支撑安放到位后及时施加轴力。

（12）支撑架设质量控制。至少分两次加力，千斤顶预加轴力必须对称同步，以平衡横撑自重下落的荷载和初期开挖预放的初应变。预加轴力完成后，活动头滑移槽采用钢板楔块塞紧，并焊接固定，防止泵出松动。用于施加预应力的千斤顶和油压表需经过标定，钢支撑轴力施加如图 8-38 所示。

图 8-38　钢支撑轴力施加

3. 问题排查清单化

（1）挖方边坡塌方，在挖方过程中或挖方后，边坡土方局部或大面积塌陷或滑塌，可能的原因有以下几点：

1）基坑（槽）开挖较深，放坡不够。

2）在有地表水、地下水作用的土层开挖基坑（槽），未采取有效降水、排水措施，由于水的影响，土体湿化，内聚力降低，失去稳定性而引起塌方。

3）坡顶堆载过大或受外力振动影响，使坡体内剪切应力增大，土体失去稳定而导致塌方。

4）土质松软，开挖次序、方法不当而造成塌方。

防治措施：根据不同土层土质情况采取适当的挖方坡度；做好地面排水措施，基坑开挖范围内有地下水时，采取降水措施，将水位降至基底以下 0.5m；坡顶上弃土、堆载，使其远离挖方土边缘 3~5mm，土方开挖应自上而下分段分层依次进行，并随时作成一定坡势，以利泄水；避免先挖坡脚，造成坡体失稳；相邻基坑（槽）开挖，应遵循先深后浅，或同时进行的施工顺序。

处理方法：可将坡脚塌方清除，作临时性支护如堆装土草袋、设支撑护墙等措施。

（2）基坑应急物资更新不及时。施工单位应编制具有针对性的基坑开挖应急抢险专项预案，并报监理单位审批；基坑开挖前，施工单位应按照预案配备抢险人员、物资、设备，并组织培训和应急演练；施工、监理单位应每周对抢险物资、设备进行检查，如有缺失或故障及时补充修复；发生险情后，施工、监理单位要第一时间启动应急响应，并立即向轨道公司汇报，如有必要需在规定时间内向政府主管部门汇报。

4. 实体检查责任化

根据基坑开挖施工流程，施工现场从基坑开挖、钢支撑架设等施工流程中，按流程定人定岗检查验收，每日检查项目及责任主体见表8-5。

基坑开挖施工检查项及责任主体　　　　表 8-5

序号	检查验收项目	验收内容	验收人	责任人
1	基坑开挖	开挖坡度、台阶控制	工长、施工员	项目质量工程师
		开挖深度、分段宽度、标高	工长、施工员	
2	支撑架设	混凝土支撑强度	工长、质量员	
		千斤顶标定	工长、试验员	
		钢支撑壁厚、材质	工长、材料员	
		钢支撑轴力控制	工长、质量员	
		钢支撑时效控制	工长、质量员	
3	应急物资	应急设备清点	工长、安全员	
		应急物资清点	工长、安全员	

8.3　主　体　结　构

8.3.1　钢筋工程工序质量控制

1. 施工工艺规范化

钢筋工程包括了钢筋放样、钢筋下料、钢筋制作等工艺，工艺流程如图8-39所示。

钢筋加工制作前，根据设计图制订钢筋加工表，并核查下料表是否有错误和遗漏，对每种钢筋要按下料表检查是否达到要求，经过这两道检查后，再按下料表放出实样，试制合格后方可成批制作，加工好的钢筋应挂牌堆放、整齐有序。

2. 质量控制标准化

钢筋施工必须进行过程控制，从钢筋材料进场、钢筋加工制作、钢筋的连接焊接、钢筋的安装等每个环节进行过程控制，每一环节必须由监理检查合格后进入下一环节，最后进行验收。严禁无过程控制，而待钢筋完全安装完毕后才开始检查。

（1）钢筋连接方式严格按照批准的施工方案施工，由监理对照检查验收。

（2）钢筋安装前监理要对钢筋半成品进行现场检查及验收并根据部位进行标示，待验收合格后方可进行安装施工，防止错用。钢筋安装前，监理对结构边线的控制点进行复核，同时进一步核实能否满足结构尺寸要求，如有缺陷则须制订专项处理方案，如涉及结构尺寸变化的则要经设计单位同意后方可实施。

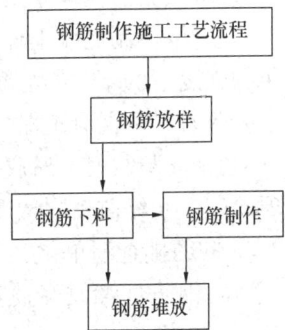

图 8-39　钢筋工程工艺流程

（3）钢筋安装过程中监理单位须按照批准的施工方案严格检查施工单位钢筋定位、骨架防倾斜及变形措施是否到位，确保钢筋安装及混凝土浇筑过程中钢筋骨架、钢筋间距及保护层等各项指标的控制。钢筋验收时，对设计图纸中所明确需预留、预埋的孔、管、构件进行专项验收。未经监理同意严禁在结构上预留、预埋图纸以外的其他孔、管、构件。

（4）采用机械连接接头钢筋在安装过程中，应采取有效的钢筋接头保护措施，防止安装过程中机械接头损坏及变形，来确保接头质量。钢筋直螺纹加工及保护套、钢筋直螺纹丝扣和扭矩检查如图 8-40 所示。

图 8-40　钢筋直螺纹加工及保护套

（5）钢筋加工机械设备需要摆置整齐，同时参考施工机械设备管理办法，还应遵守以下规定：

1）自行、可移动的机械、设备定置化管理：非作业时间固定地点停放，并确保其安全状态符合该机械执行的现行标准或规程。

2）对于固定设备的使用必须搭建机械棚，并有防洪、防台风等措施。

3）棚内不允许存放易燃易爆品，应设立"严禁烟火"等警示牌。

4）机械棚内应建立安全操作规程制度和保管责任制，指定专人保养与维护。

5）严格控制混凝土保护层厚度，钢筋垫块采用专门加工的、定型生产的预制垫块，垫块的强度不低于结构混凝土强度，并固定牢固，钢筋验收时应同时验收垫块设置情况，施工验收时实测混凝土保护层厚度应有 95％以上的保证率。

6）钢筋验收时，对底板范围内设计图纸中所明确需预留、预埋的孔、管、构件进行专项验收。未经监理同意严禁在底板上预留、预埋图纸以外的其他孔、管、构件。

3. 问题排查清单化

（1）钢筋直螺纹套筒连接质量问题。现象和问题：钢筋直螺纹连接未按规范要求施工。

原因：钢筋连接采用的直螺纹，所车丝牙偏长，没有标记，部分节头露丝过多，丝牙是否拧到位无法辨别，如图 8-41 所示。

防治措施：在丝牙上做出油漆标记（1/2 套筒长度），作为检查质量的依据。

要求：总包、监理对所有直螺纹套筒接头进行 100％检查。

1）钢筋下料时，应采用砂轮切割机，切口的端面应与轴线垂直，不得有马蹄形或挠曲。

2）直螺纹接头应使用扭力扳手或管钳进行施工，见表 8-6。

160

图 8-41 套筒连接

3）经拧紧后的直螺纹接头应做出标记，单边外露丝扣长度不应超过 2P。

直螺纹钢筋接头拧紧力矩值   表 8-6

钢筋直径（mm）	16～18	20～22	25	28	32	36～40
拧紧力矩（N·m）	100	200	250	280	320	350

（2）钢筋连接质量问题。原因：钢筋的下料长度不够，如图 8-42 所示。

图 8-42　钢筋焊接长度不够

防治措施：

1）认真核对图纸和熟悉规范要求，精确计算配料单。

2）钢筋安装时核对配料单和构件尺寸。

规范要求：

1）纵向受拉钢筋的最小搭接长度除符合验收规范要求外还应注意：

① 受压钢筋绑扎接头的搭接长度应为纵向受拉钢筋最小锚固长度 L_a 数值的 0.7 倍。

② 在任何情况下，纵向受拉钢筋的搭接长度不应小于 300mm。受压钢筋搭接长度不应小于 200mm。

③ 两根直径不同的钢筋搭接长度，以较细钢筋直径计算。

④ 在绑扎接头的搭接长度范围内，应绑扎三点。

161

2）电弧焊连接：钢筋采用电弧焊焊接时，搭接双面焊长度 5d，搭接单面焊长度 10d。

图 8-43　钢筋锚固示意图

（3）钢筋锚固长度不够问题：由于钢筋下料长度不够，或者工人有意偷工，导致了钢筋锚固长度不够。防治措施：

1）认真核对图纸和熟悉规范要求，精确计算配料单。

2）钢筋安装时核对配料单和构件尺寸。

3）当受力钢筋平直伸入支座长度不符合锚固要求时，可采用弯折形式，如图 8-43 所示。

4）圆钢筋末端应做 180°弯钩，弯后平直段长度不应小于 3d。

5）纵向受拉钢筋在任何情况下锚固长度不应小于 25d。

6）当Ⅱ、Ⅲ级钢筋的直径大于 25mm 时其锚固长度应乘以修正系数 1.1。

纵向受拉钢筋的最小锚固长度 L_a 见表 8-7。

纵向受拉钢筋的最小锚固长度 L_a（mm）　　　表 8-7

钢筋类型		混凝土强度等级			
		C15	C20～C25	C30～C35	≥C40
光圆钢筋	HPB235 级	45d	35d	30d	25d
带肋钢筋	HRB335 级	55d	45d	35d	30d
	HRB400 级、RRB400 级	—	55d	40d	35d

4. 实体检查责任化

根据钢筋工程施工流程，施工现场从钢筋放样、钢筋下料、钢筋制作等施工流程中，按流程定人定岗检查验收，每日检查项目及责任主体见表 8-8。

钢筋工程施工检查项及责任主体　　　表 8-8

序号	检查验收项目	验收内容	验收人	责任人
1	钢筋放样	钢筋型号、规格	工长、技术员	项目质量工程师
		核实放样长度、尺寸	工长、技术员	
2	钢筋下料	钢筋半成品形状、尺寸	工长、质量员	
		钢筋半成品数量	工长、质量员	
		钢筋端头、丝牙	工长、质量员	
		钢筋半成品标志、保护	工长、质量员	
3	钢筋制作	钢筋定位	工长、测量员	
		钢筋数量、间距	工长、质量员	
		钢筋保护层	工长、质量员	
		钢筋焊接、直螺纹连接质量	工长、质量员	

8.3.2 混凝土工程工序质量控制

1. 施工工艺规范化

混凝土是当代最主要的土木工程材料之一，它是由胶凝材料、颗粒状集料（也称为骨料）、水以及必要时加入的外加剂和掺合料按一定比例配制，经均匀搅拌，密实成型，养护硬化而成的一种人工石材。混凝土具有原料丰富，价格低廉，生产工艺简单的特点，因而其用量越来越大。同时混凝土还具有抗压强度高、耐久性好、强度等级范围宽等特点。这些特点使其在轨道交通中广泛使用。混凝土施工工艺流程如图 8-44 所示。

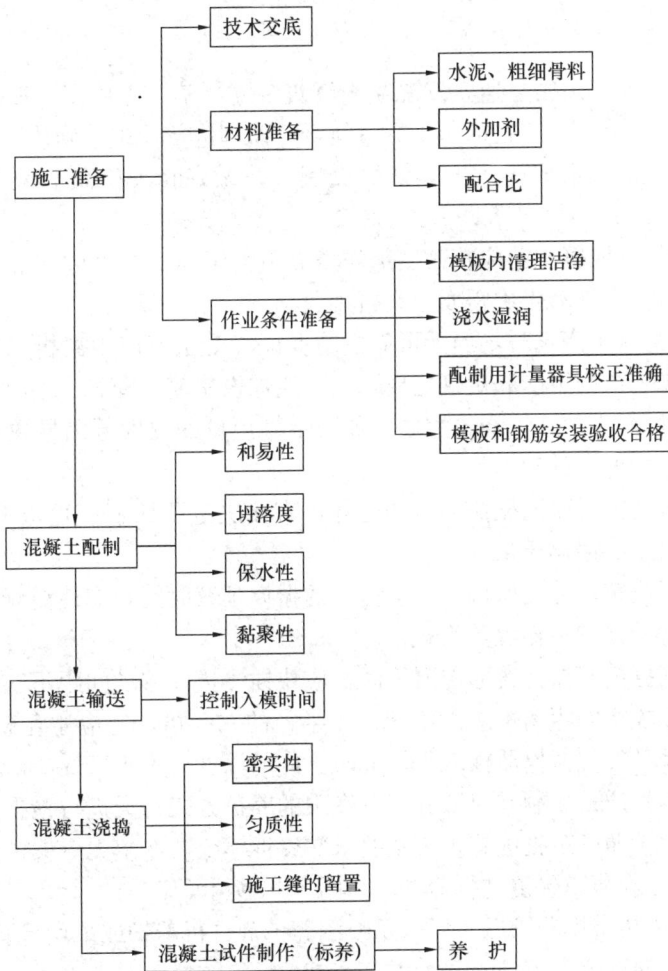

图 8-44 混凝土施工工艺流程

2. 质量控制标准化

（1）混凝土浇筑。混凝土振、摊、辅、质监要协调一致，人员、设备、后配套要满足施工现场要求，严格控制混凝土坍落度、和易性，如图 8-45 所示。

1）混凝土浇筑过程中监理、施工单位派专人监站，浇筑过程中监理全程旁站，严禁雨天露天浇筑混凝土。

图 8-45　混凝土浇筑过程

2）混凝土浇筑前必须由总监签发混凝土浇筑令，严禁无令施工。混凝土浇筑工艺按照设计图纸要求、规范、已审批的施工方案执行，监理进行检查、确认。

3）混凝土浇筑前应根据施工方案认真交底，并做好相关隐蔽验收后，才可浇筑混凝土。

4）浇筑竖向结构混凝土前应在其底部先填以不大于 30mm 厚的与混凝土成分相同的水泥砂浆，浇筑过程中混凝土不得发生离析现象。

5）柱、墙的混凝土浇筑时，当无可靠措施保证混凝土不产生离析，其自由倾落高度应符合规范相关规定，当不能满足规定要求时，应加设串筒、溜管、溜槽等装置。

6）每块底板混凝土须连续浇筑完成，如因不可预见的突发原因导致混凝土浇筑未连续浇筑完成，则进行返工处理。

（2）混凝土振捣。混凝土振捣质量的好坏，直接决定了地下工程防水混凝土的质量，必须严格控制混凝土的振捣质量。

混凝土宜分层浇筑，分层振捣。每一振点的振捣延续时间，应使混凝土不再往上冒气泡，表面不再呈现浮浆和不再沉落为止。

当采用插入式振捣器振捣普通混凝土时，应快插慢拔，移动间距不宜大于振捣器作用半径的 1.4 倍，与模板的距离不应大于其作用半径的 0.5 倍，并应避免碰撞钢筋、模板、芯管、吊环、预埋件等，振捣器插入下层混凝土内的深度应不小于 50mm。

（3）混凝土养护质量控制。对照施工方案中的养护方式每天进行检查、确认；混凝土拆模的时间由监理按照已审批的施工方案要求签发拆模令，严禁无令拆模。

1）柱体采用塑料薄膜包裹进行养护，如图 8-46 所示。

2）结构侧墙采用带模养护后，可采用喷洒养护剂进行养护或采用薄膜、土工布覆盖，采用后者养护方式时配合人工洒水，如图 8-47 所示。

3）底板、中板、顶板浇筑完成后，采用覆盖土工布洒水养护，如图 8-48 所示。

（4）成品保护。柱子棱角采用角钢包裹，并刷涂警示色；上翻梁棱角采用角钢包裹，防治碰撞损坏棱角。柱子和上翻梁棱角保护如图 8-49 所示。

3.问题排查清单化

（1）蜂窝混凝土：结构局部出现松散、砂浆少、石子多、石子之间形成类似蜂窝的空隙。可能的原因如下：

1）混凝土配合比不当或砂、石子、水泥材料加水量计量不准，造成砂浆少、石子多。

164

图 8-46　采用塑料薄膜包裹养护

图 8-47　喷洒养护剂或土工布覆盖洒水养护

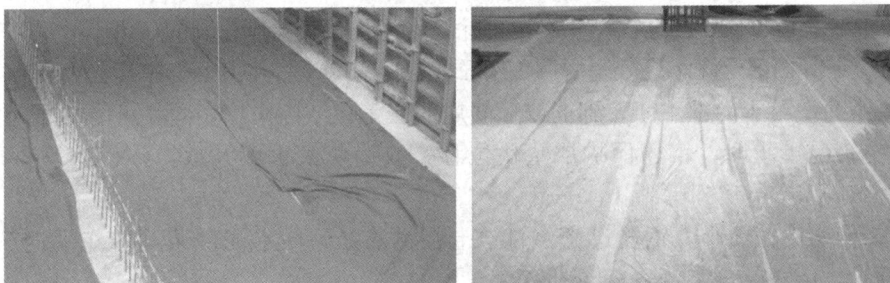
图 8-48　覆盖土工布洒水养护

图 8-49　柱子和上翻梁棱角保护

2）混凝土搅拌时间不够，未拌和均匀，和易性差，振捣不密实。

3）下料不当或下料过高，未设串筒使石子集中，造成石子砂浆离析。

4）混凝土未分层下料，振捣不实，或漏振，或振捣时间不够。

5）模板缝隙未堵严，水泥浆流失。

6）钢筋较密，使用的石子粒径过大或坍落度过小。

7）基础、柱、墙根部未间歇就连续浇筑上层混凝土。

防治措施：认真设计、严格控制混凝土配合比，经常检查，计量准确，混凝土拌和均匀，坍落度合适；混凝土下料高度超过2m应设串筒或浇筑应分层下料，分层捣实，防止漏振；模板缝应堵塞严密，浇筑中，应随时检查模板支撑情况防止漏浆，基础、柱、墙根部应在下部浇完间歇1～5h，沉实后再浇上部混凝土，避免出现"烂脖子"。小蜂窝：洗刷干净后，用1:2或1:2.5水泥砂浆抹平压实；较大蜂窝，凿去蜂窝薄弱松散颗粒，刷洗净后，支模用高一级细石混凝土仔细填塞捣实；较深蜂窝，如清除困难，可埋压浆管、排气管，表面抹砂浆或浇筑混凝土封闭后，进行水泥压浆处理。

（2）麻面混凝土：局部表面出现缺浆和许多小凹坑、麻点，形成粗糙面，但无钢筋外露现象，可能的原因如下：

1）模板表面粗糙或黏附水泥浆渣等杂物未清理干净，拆模时混凝土表面被粘坏。

2）模板未浇水湿润或湿润不够，构件表面混凝土的水分被吸收，使混凝土失水过多出现麻面。模板拼缝不严，局部漏浆。

3）模板隔离剂涂刷不匀，或局部漏刷或失效，混凝土表面与模板粘结造成麻面。

4）混凝土振捣不实，气泡未排出，停在模板表面形成麻点。

防治措施：模板表面清理干净，不得粘有水泥砂浆等杂物，浇筑混凝土前，模板应浇水充分湿润，模板缝隙，应用油毡纸、腻子等堵严；模板隔离剂应选用长效的，涂刷均匀，不得漏刷；混凝土应分层均匀振捣密实，至排除气泡为止。表面作粉刷的，可不处理，表面无粉刷的，应在麻面部位浇水充分湿润后，用原配合比混凝土，将麻面抹平压光。

（3）露筋混凝土内部主筋、副筋或箍筋局部裸露在结构构件表面，可能的原因如下：

1）浇筑混凝土时，钢筋保护层垫块位移，或垫块太少或漏放，致使钢筋紧贴模板外露。

2）结构构件截面小，钢筋过密，石子卡在钢筋上，使水泥砂浆不能充满钢筋周围，造成露筋。

3）混凝土配合比不当，产生离析，靠模板部位缺浆或模板漏浆。

4）混凝土保护层太小或保护层处混凝土漏振或振捣不实；或振捣棒撞击钢筋或踩踏钢筋，使钢筋位移，造成露筋。

5）木模板未浇水湿润，吸水粘结或脱模过早，拆模时缺棱、掉角，导致露筋。

防治措施：浇筑混凝土时，应保证钢筋位置和保护层厚度正确，并加强检查；钢筋密集时，应选用适当粒径的石子，保证混凝土配合比准确和良好的和易性；浇筑高度超过2m，应用串筒或溜槽进行下料，以防止离析；模板应充分湿润并认真堵好缝隙，混凝土振捣严禁撞击钢筋，在钢筋密集处，可采用刀片或振捣棒进行振捣；操作时，避免踩踏钢筋，如有踩弯或脱扣等及时调直修正；保护层混凝土要振捣密实；正确掌握脱模时间，防止过早拆模，碰坏棱角。表面露筋的应刷洗干净，在表面抹1:2或1:2.5水泥砂浆，将充满露筋部位抹平；露筋较深的应凿去薄弱混凝土和凸出颗粒，洗刷干净后，用比原来高一级的细石混凝土填塞压实。

4. 实体检查责任化

根据混凝土施工流程，施工现场从混凝土原材料、混凝土浇筑、混凝土养护、混凝土成品保护等施工流程中，按流程定人定岗检查验收，每日检查项目及责任主体见表 8-9。

混凝土施工检查项及责任主体　　　　　表 8-9

序号	检查验收项目	验收内容	验收人	责任人
1	混凝土材料	检查配比	工长、测量员	项目质量工程师
		检查坍落度	工长、测量员	
		氯离子含量	工长、测量员	
2	混凝土浇筑	钢筋笼尺寸	工长、测量员	
		钢筋板扎质量	工长、质量员	
3	混凝土养护	与养护方案一致	工长、施工员	
		控制温度、湿度	工长、施工员	
4	混凝土成品保护	成品柱子	工长、施工员	
		成品梁	工长、施工员	
		其他成品构件	工长、施工员	

8.3.3　防水工程工序质量控制

1. 施工工艺规范化

地下结构的防水设计遵循"以防为主，刚柔结合，多道设防，因地制宜，综合治理"的原则。确立钢筋混凝土结构自防水体系，即以混凝土结构自防水为根本，采取材料、构造、施工等综合措施控制结构混凝土裂缝的开展，提高混凝土的抗渗性能和耐久性能；以施工缝、变形缝、穿墙管、桩头等细部构造的防水为重点；同时尽量在结构迎水面设置柔性外包防水层。

地下车站、行人通道和机电设备集中区段的防水等级均为一级，不允许渗水，结构表面无湿渍。明挖区间、非机电设备集中区的中间风井及连接通道等结构防水等级为二级，顶部不得滴漏，其他部位不得漏水；结构表面可有少量湿渍，总湿渍面积不应大于总防水面积的 2/1000，任意 $100m^2$ 防水面积上的湿渍不应超过 3 处，单个湿渍的最大面积不应大于 $0.2m^2$。

（1）混凝土结构自防水。防水混凝土应通过调整配合比，或掺外加剂、掺合料等措施配制而成，抗渗等级应符合表 8-10 的规定。

防水混凝土的抗渗等级　　　　　表 8-10

结构埋置深度（m）	抗渗等级
$h<10$	P8
$10<h<20$	P8
$20<h<30$	P10

（2）地铁车站采用附加柔性全包防水。明挖车站和区间顶板采用优质单组份聚氨酯涂料，底板采用预铺式自粘防水卷材，侧墙密贴式采用预铺式自粘防水卷材。卷材通常选用

塑料防水卷材（P类），整体厚度不少于1.5mm。

（3）特殊部位防水设计方案。特殊部位包括施工缝、变形缝、抗拔桩、穿墙管件等，这些部位属易发生渗漏水的部位，应采取多道设防的防水设计方案。

1）施工缝。施工缝常用的防水方案见表8-11。

施工缝常用的防水方案　　　　　　　　　　　　　　　表8-11

施工方法	施工部位	防水方案
明挖法	侧墙、顶板、底板环向、纵向施工缝	中埋式止水带＋水泥基渗透结晶型防水涂料
	楼板环向施工缝	膨润土橡胶遇水膨胀止水条＋聚氨酯嵌缝膏
	特殊施工缝	止水胶＋注浆管＋止水胶

2）变形缝。车站变形缝仅设置在附属结构与主体结构接口部位以及区间隧道及通道内；变形缝两侧结构厚度不同时，在变形缝两侧50cm范围内的现浇混凝土结构应做等厚、等强处理；变形缝中埋式止水带和外贴式止水带均应为中孔型橡胶止水带。

3）抗拔桩和穿墙管件。抗拔桩和穿墙管件均需要穿过防水层，因此对这些部位应采用防水加强措施，并采取必要的刚柔过渡处理。过渡层采用高渗透改性环氧、水泥基渗透结晶型防水材料，聚合物防水砂浆等材料进行加强。

2. 质量控制标准化

（1）结构自防水泥。防水混凝土的抗渗等级根据结构的埋置深度确定，并不得小于P8。优化混凝土配合比，综合分析水泥品种、水泥用量、外加剂、掺合料、水灰比对混凝土自防水的影响。控制水化热、内外温差裂缝和收缩裂缝，提高混凝土的防裂、抗裂能力。施工时严格控制坍落度，分层浇筑、仔细振捣，并及时进行养护，如图8-50～图8-52所示。

图8-50　坍落度控制

图8-51　振捣控制

图8-52　养护控制

（2）卷材防水施工质量控制

1）铺设卷材部位时应先弹线后铺设，要求铺设平顺、舒展、无褶皱、无隆起。所有不满足上述要求的凸出部位应凿除，后铺时要满粘无空鼓、密贴、粘贴牢固，在阴阳角等特殊部位，增做卷材加强层，加强层宽度宜为 300～500mm，如图 8-53、图 8-54 所示。

图 8-53　施工缝处加强层

图 8-54　阴阳角加强层

2）相邻两幅卷材的有效搭接宽度为 10cm（不包括钉孔），将钉孔部位覆盖住。要求上幅压下幅进行搭接，并进行错缝。搭接时，搭接缝范围内的隔离膜必须撕掉，搭接必须采用与卷材相配套的专用黏胶，并在内侧增加专用胶带，如图 8-55、图 8-56 所示。

图 8-55　短边错缝

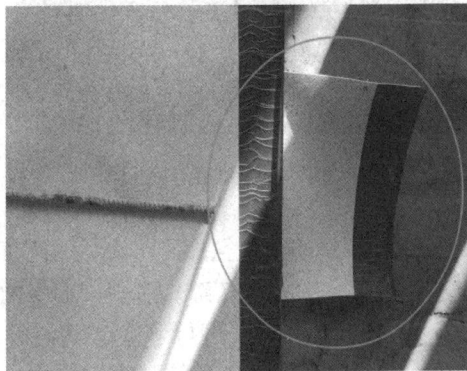

图 8-56　加强层

（3）单组份聚氨酯防水涂料

1）基面处理要求。基层表面的气孔、凹凸不平、蜂窝、缝隙、起砂等，应修补处理，基面必须干净、无浮浆、无水珠、不渗水；在阴阳角位置，应涂刷 1mm 厚的聚氨酯涂膜防水加强层，然后设置耐碱玻纤网格布，最后涂刷防水层。所有阴角部位均应采用 5cm×5cm 的 1：2.5 水泥砂浆进行倒角处理，阳角做成 R≥10mm 的圆角，如图 8-57、图 8-58 所示。

图 8-57　阳角做成 $R \geqslant 10\mathrm{mm}$ 的圆角

图 8-58　阴角部位做成 5cm×5cm 倒角

2）防水加强层质量控制。基层处理完毕并经过验收合格后，先在阴阳角和施工缝等特殊部位涂刷防水涂膜加强层，加强层厚 1mm，加强层涂刷完毕后，立即粘贴耐碱玻纤网格布胎体增强层，严禁加强层表干后再粘贴增强层材料（玻纤网格布较硬，加强层表干后会出现空鼓），如图 8-59、图 8-60 所示。

图 8-59　玻纤网格布施工

图 8-60　防水涂料厚度控制

3）大面积单组份聚氨酯防水涂料的施工。加强层晾干后，开始涂刷大面积防水层，防水层采用多道（一般 3～5 道）涂刷，上下两道涂层涂刷方向应互相垂直。当涂膜表面完全固化（不粘手）后，才可进行下道涂膜施工（每层间隔时间约 18～24h，与施工气温相关）。

（4）细部防水施工质量控制。钢格构柱防水钢板应焊接牢固、内外焊接；防水卷材铺设时应注意转角的焊接及卷材上翻。格构柱止水钢板焊接、降水井防水处理如图 8-61、图 8-62 所示。

（5）施工缝。分段浇筑的混凝土施工缝分为纵向水平施工缝和环向垂直施工缝两种，环向垂直施工缝还宜避开纵梁剪力和弯矩较大区段，尽量设置在 1/4～1/3 柱跨范围内。

1）施工缝一般采用止水钢板或者钢边橡胶止水带。镀锌钢板止水带用特制钢架固定，确保埋入先浇，后浇混凝土内宽度各为 1/2，且保证止水带安装平直。施工缝端头模板做到坚实可靠，且在浇筑时不跑模。施工前对先浇混凝土基面进行充分凿毛，之后清洗干净，排除杂物（如采用快易收口网则不需凿毛）。对施工缝处混凝土认真振捣，新旧混凝土结合紧密，振动时棒头必须距离止水带有一定距离，且要防止粗细骨料集中在施工缝处。中埋止水钢板的安装、止水钢板的连接如图 8-63、图 8-64 所示。

图 8-61　格构柱止水钢板焊接

图 8-62　降水井防水处理

图 8-63　中埋止水钢板的安装

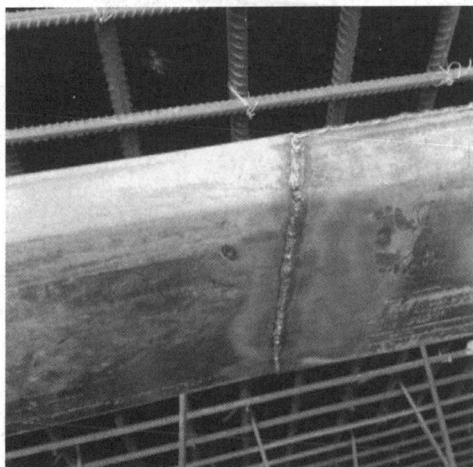

图 8-64　止水钢板的连接

2）水平施工缝浇筑混凝土前，应将其表面浮浆和杂物清除；先涂刷 $1.5 kg/m^2$ 水泥基渗透结晶型防水涂料，再铺 $30 \sim 50mm$ 厚的 $1:1$ 水泥砂浆，并及时浇筑混凝土；垂直施工缝浇筑混凝土前，应将其表面凿毛并清理干净，涂刷混凝土界面处理剂或 $1.5 kg/m^2$ 水泥基渗透结晶型防水涂料，并及时浇筑混凝土，如图 8-65、图 8-66 所示。

图 8-65　施工缝清理

图 8-66　施工缝凿毛

3）变形缝。底板及侧墙变形缝部位采用迎水面设外贴式止水带，中部采用带注浆管＋中埋式止水带，缝内充填防水嵌缝材料等措施进行防水处理。顶板无法设置背贴式止水带时，采用结构外侧变形缝内嵌缝密封，中埋式止水带的方法，同时在结构内表面变形缝预留凹槽，设置不锈钢板接水盒。底板变形缝防水构造、结构侧墙变形缝防水构造如图8-67、图8-68所示。

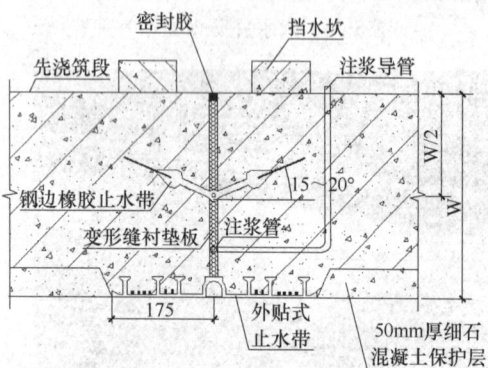

图 8-67 底板变形缝防水构造

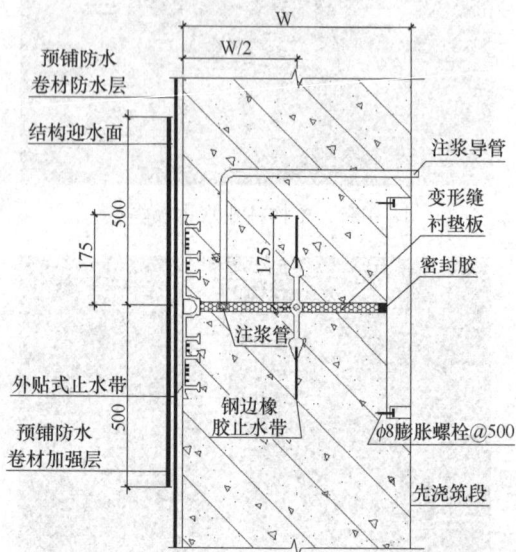

图 8-68 结构侧墙变形缝防水构造

4）诱导缝（一般采用背贴止水带）。外贴式橡胶止水带是在混凝土浇筑过程中部分或全部埋在混凝土中，混凝土中有许多尖角的石子和锐利的钢筋头，由于塑料和橡胶的撕裂强度比拉伸强低3～5倍，外贴式橡胶止水带一旦被刺破或撕裂，不需很大外力裂口就会扩大，所以在外贴式橡胶止水带定位和混凝土浇捣过程中，应注意定位方法和浇捣压力，以免外贴式橡胶止水带被刺破。

背贴止水带安装如图8-69所示。

图 8-69 背贴止水带安装

3. 问题排查清单化

（1）基面处理不平整，平整度应满足 $D/L \leqslant 1/20$（D：相邻两凸点间的最大深度，L：相邻两凸点间的最小距离）。

整改措施：不满足要求的部位应用 1：2.5 水泥砂浆修补平整，如图 8-70 所示。

图 8-70　基面处理

（2）常见问题：防水接头留在同一断面内，相邻两幅防水卷材错位长度不足，卷材粘贴不牢固接缝开叉。

整改措施：防水接头设置应相互错开，避免在同一断面内，如图 8-71 所示。

图 8-71　防水搭接

（3）施工缝杂物未清理到位。

整改措施：施工缝杂物在绑扎钢筋前清理干净，在封闭模板之前再进行吹洗确保施工缝清洁，保证混凝土的有效粘结，减少施工缝位置渗漏水的发生，如图 8-72 所示。

4. 实体检查责任化

根据防水施工流程，施工现场从结构自防水、卷材防水、涂料防水、细部防水、三缝防水等施工流程中，按流程定人定岗检查验收，每日检查项目及责任主体见表 8-12。

图 8-72 施工缝杂物清理

防水施工检查项目及责任主体 表 8-12

序号	检查验收项目	验收内容	验收人	责任人
1	结构自防水	混凝土配合比	工长、测量员	项目质量工程师
		坍落度控制	工长、施工员	
		振捣控制	工长、施工员	
		养护控制	工长、施工员	
2	卷材防水	基面处理平整度、坚硬	工长、质量员	
		加强层（施工缝、阴阳角）	工长、质量员	
		卷材搭接质量	工长、质量员	
3	涂料防水	基面处理平整度、阴阳角	工长、试验员	
		附加层（阴阳角）	工长、质量员	
		涂刷遍数、涂刷厚度	工长、质量员	
4	细部构造	穿墙管、桩头	工长、质量员	
5	三缝处理	施工缝	工长、质量员	
		变形缝	工长、质量员	
		诱导缝	工长、质量员	

8.4 盾构施工工序控制

盾构法指的是利用盾构进行隧道开挖、衬砌等作业，用盾构在软质地基或破碎岩层中掘进隧洞的施工方法。盾构是一种带有护罩的专用设备，利用尾部已装好的衬砌块作为支点向前推进，用刀盘切割土体，同时排土和拼装后面的预制混凝土衬砌块。

根据支护地层形式可以分为：自然支护式、机械支护式、压缩空气支护式、泥浆支护式、土压平衡式等，本文以目前地铁施工采用较多的土压平衡式为例进行介绍。

8.4.1　盾构始发工序质量控制

1. 施工工艺规范化

盾构始发是指盾构机组装调试到盾构机完全进入区间隧道并完成试掘进的过程，盾构始发具体流程为：洞圈放样→基座（发射架）安装→盾构安装、调试→洞口防水装置安装→洞门凿除→盾构推进、负环拼装→洞门密封→始发段推进，如图 8-73 所示。

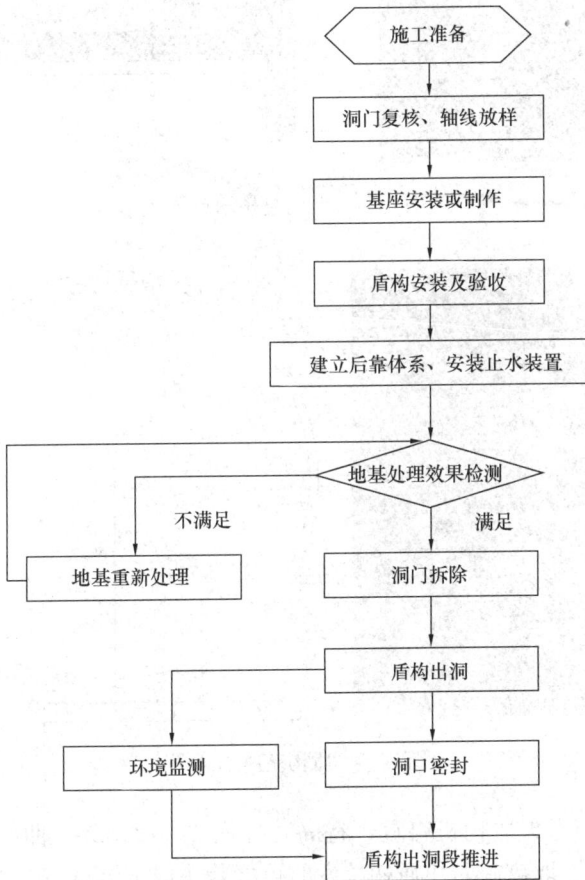

图 8-73　盾构始发流程图

2. 质量控制标准化

（1）洞门复测、轴线放样。盾构始发前需对洞门直径进行米字形放样复核，按照设计轴线与洞门交汇点坐标及高程进行放样并做好标志点。如若洞门偏差过大，需由设计调整轴线后，按照新设计轴线恢复掘进，如图 8-74 所示。

（2）盾构基座安装质量控制。盾构始发前需将盾构机准确地搁置在符合设计轴线的始发基座上，待所有准备工作就绪后，沿设计轴线向地层内掘进施工。

盾构始发基座的控制包括洞门中心的位置、设计坡度与平面方向，应严格控制始发托架、反力架和负环的安装定位精度，保证隧道中心的精度，反力架安装位置误差不能超过10mm，确保盾构始发姿态与设计线路基本重合，如图 8-75 所示。

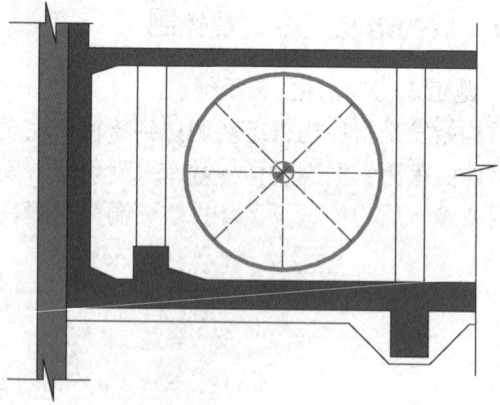

图 8-74　洞门复核示意图

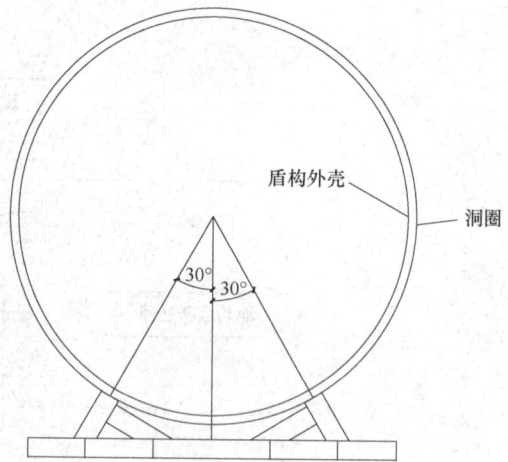

盾构外壳

洞圈

30°　30°

图 8-75　盾构基座示意图

1）始发台定位应考虑盾构机自重，将高程提高 10～20mm，曲线段始发应考虑割线始发，盾构始发前应采取措施防止盾构始发时可能栽头或下沉。

2）盾构机始发前及始发过程中应检查始发托架及反力架加固效果，如出现变形或移位，应立即停机加固。

（3）反力系统安装。

1）盾构后盾支撑体系由负环管片、传力架体系及后靠体系组成，始发掘进前，反力架应进行安全验算。

2）在最后一环负环和井壁结构之间加设钢后靠，过程中检查钢后靠与井壁结构之间的间隙，及时浇筑水泥砂浆，确保混凝土管片受力均匀，环面平整。

3）后盾支撑设置完成后，在盾构推进时，应注意观察后靠的变形，防止位移量过大而造成破坏，如图 8-76 所示。

4）在后靠设置变形观测点，开始时每推进一箱土测量一次，待后靠变形较稳定时每环测量一次，直至后靠稳定后方可停止观测。后靠如变形过大，应立即采取加固措施，如

图 8-77 所示。

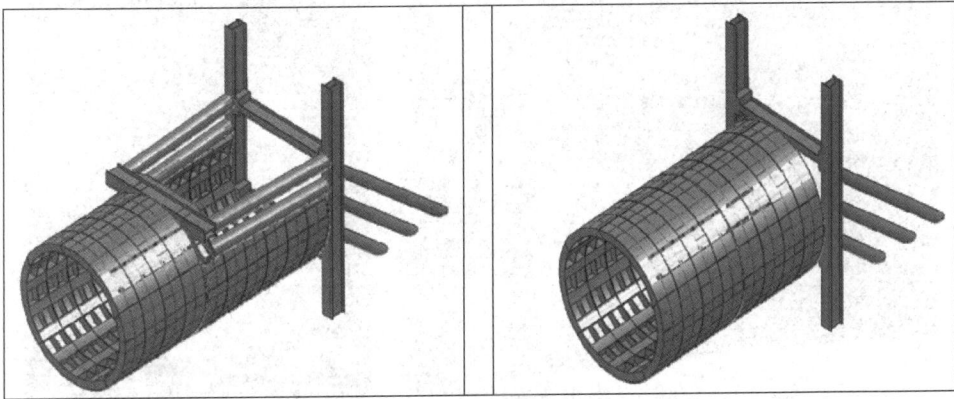

图 8-76 开口环/满环后盾支撑体系示意图

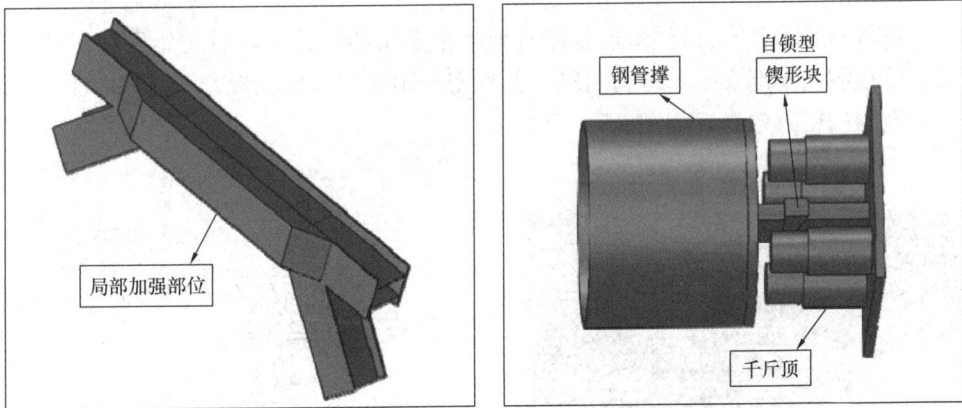

图 8-77 支架横梁局部加强部位及水平钢管支撑活络端设置示意图

（4）盾构机吊装。

1）进场设备必须严格履行设备报验手续。

2）吊装前，应对盾构的吊耳焊接质量委托检测，并出具检测报告。

3）吊装前，应对地基承载力进行验算，对端头加固效果进行检测并出具检测报告。对周围环境进行预判，再进行试吊。

4）现场必须设置警戒线，非作业人员严禁进入吊装作业区域，吊装过程中应有专职安全员全程监控，发现异常应及时停止吊装。

5）吊装作业必须严格遵守"十不吊"规定，并按起重吊装安全操作规程进行作业，多台起重机联合作业时，应制订防撞措施，并服从统一指挥，如图 8-78 所示。

（5）洞圈止水装置。洞口密封一般包括两道帘布橡胶板、圆环板、折页压板和扇形板及相应的连接螺栓和垫圈等，注意区分盾构始发与接收帘幕橡胶板的安装方向。

1）盾构机外壳须光滑，以利于保证洞口密封效果。

2）为了有利于盾构机的通过，应在橡胶密封环的相应侧面涂黄油。

3）安装密封环时注意其上凸缘的朝向，盾构始发与盾构接收凸缘的朝向相反。

图 8-78 盾构机起吊示意图

4）当盾构始发洞门处砂性地层较厚且地下水丰富的条件下，盾构始发存在较大渗漏风险时，可在洞门中部安装一道密封刷，并在密封刷与帘布橡胶板之间空隙内注入盾尾油脂，以加强洞门密封效果，如图 8-79 所示。

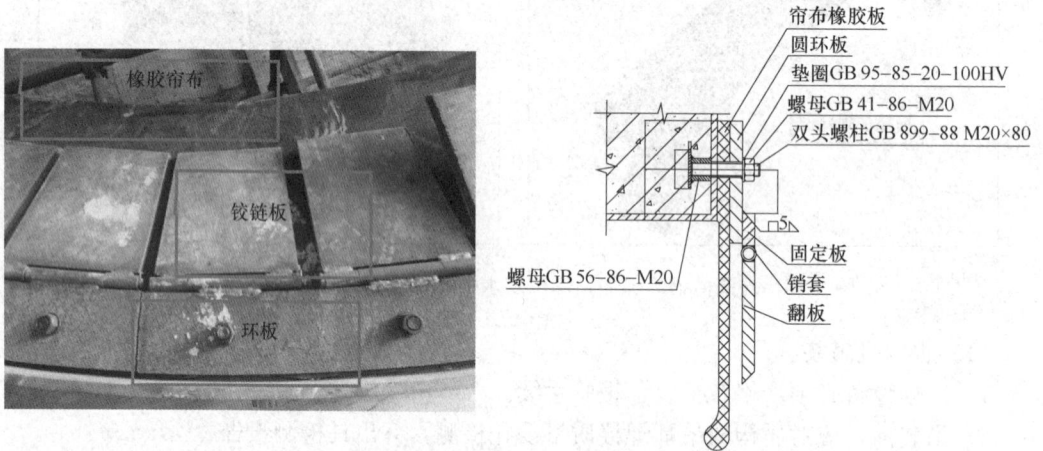

图 8-79　洞圈止水装置示意图

（6）盾构机验收。

1）空载调试。盾构机组装和管线连接完毕后，即可进行空载调试。主要检查设备是否能正常运转。主要调试内容为：配电系统、液压系统、润滑系统、冷却系统、控制系统、注浆系统以及各种仪表的校正。

2）负载调试。主要检查各种管线及密封设备的负载能力，对空载调试不能完成的工作进一步完善，以使盾构机的各个工作系统和辅助系统达到正常生产要求的工作状态。

调试工作由专业人员负责，调试工作完成后设备应达到合同规定的技术状态。盾构机在完成各项目检测和调试合格后，即可对盾构机进行验收，验收完后方可进行始发施工，如图 8-80 所示。

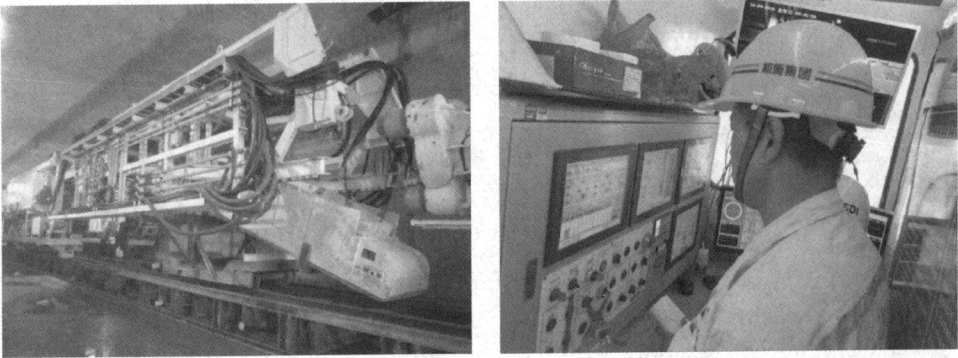

图 8-80　盾构机调试示意图

（7）盾构测量系统。为了保证盾构顺利出洞，盾构在离洞门100环以及穿越加固区时应加强对盾构姿态以及管片姿态测量频次。盾构测量是在地下施工导线上进行的，包括当前盾构姿态、管片姿态盾构等内容，为了确保盾构姿态数据的准确无误，同时采用传统的人工测量方法进行校核，如图8-81所示。

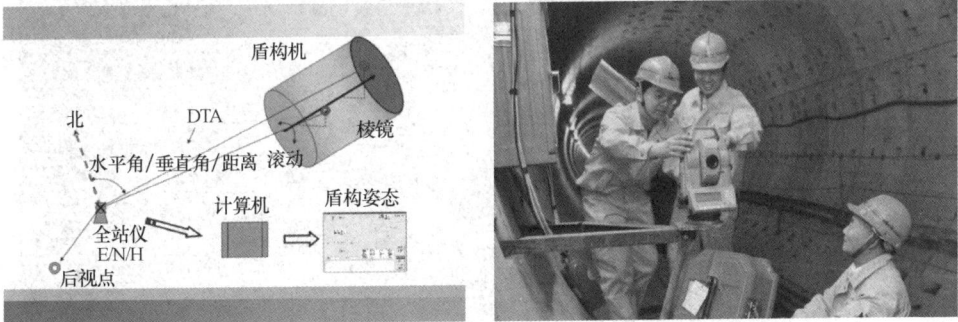

图 8-81　盾构掘进姿态测量系统示意图

（8）端头井加固及洞门探孔。

1）盾构始发、接收时，洞口段地层应预先采用旋喷桩、搅拌桩或注浆等进行加固处理，以保证盾构机始发、接收的安全。加固范围应根据实际水文地质条件确定，设计未明确时，始发段和接收段加固长度范围一般为10m，隧道周边各3m。加固后的地基应具有良好的均匀性和自立性，其无侧限抗压强度应达到1.0～1.5MPa；加固取芯检测如图8-82所示。

2）在凿除洞门前需对加固土体进行验收，洞门上下左右及中心部位共设置9个深度3m的直径50mm"米"字形探孔，并根据探孔检验情况可适当增加探孔。在探洞无明显漏水漏泥现象后，才能进行洞门凿除施工，否则应采取相应的地基加固、止水处理措施，如图8-83所示。

（9）洞门凿除。在洞圈内搭设钢制脚手架，脚手架搭设共设三层，每层满铺跳板，并且每层都要有安全防护栏杆，栏杆高度为1.2m。

分层凿除洞门混凝土，割去内排钢筋、外排钢筋及地下连续墙工字钢接头。迅速清理洞门内残余混凝土和钢筋，保证始发时无障碍物。

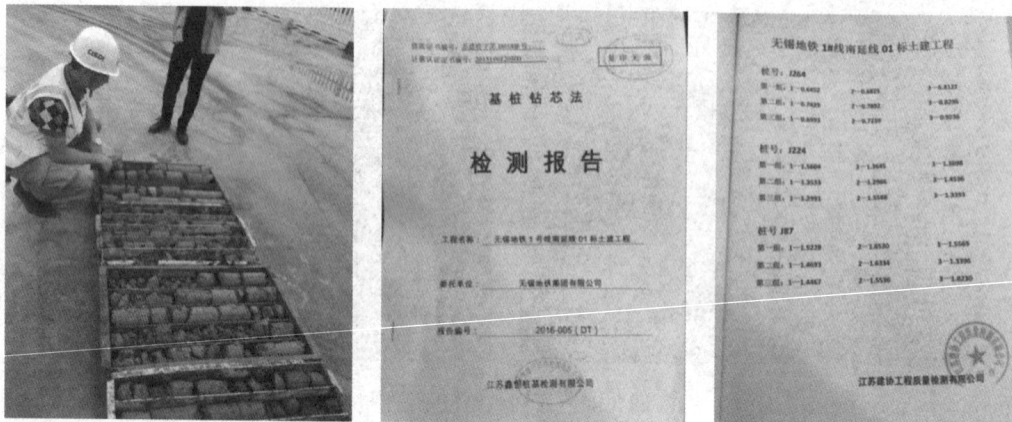

图 8-82　加固取芯检测图

图 8-83　洞门探孔示意图

1）洞门凿除要连续施工，尽量缩短作业时间。整个作业过程中，由专职安全员全过程监督，杜绝安全事故隐患，确保人身安全，同时安排专人对洞门上的密封装置做跟踪检查，发现破损及时修补，如图 8-84 所示。

2）洞门凿除需在端头加固达到设计要求的强度、渗透性、自立性等技术指标，探孔无漏水流砂、土体加固效果达到设计要求、盾构机安装调试验收完毕、负环管片已拼装、其他准备工作完成的前提下开始凿除洞门，凿除采用自上而下粉碎性凿除。

3. 问题排查清单化

（1）加固效果不好。端头土体加固的效果不好是在始发和接收过程中经常遇到的问题，必须根据端头土体情况选择合适的加固方法，并加强过程控制，特别是要严格控制一些基本参数。对于加固区与始发井间形成的间隙要采取其他方式处理。

（2）开洞门时失稳。开洞门时失稳主要表现为土体坍塌和水土流失两种，其主要原因也是由端头加固效果不好所致。在小范围情况下可采用边破除洞门混凝土，边喷素混凝土的方法对土体临空面进行封闭。如果土体坍塌失稳情况严重，只能封闭洞门重新加固。

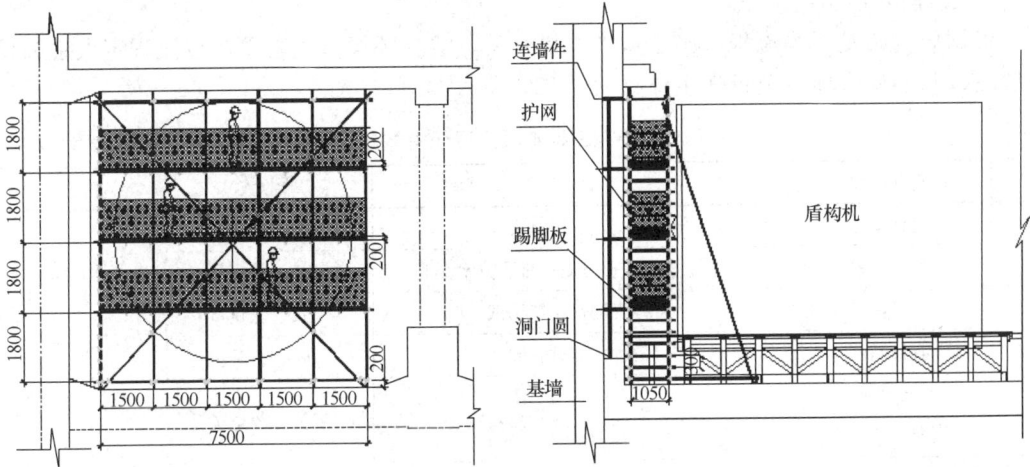

图 8-84　洞门圈脚手架搭设示意图

（3）始发后盾构机"叩头"。始发推进后，在盾构机抵达掌子面及脱离加固区时容易出现盾构机"叩头"的现象。通常采用抬高盾构机的始发姿态、合理安装始发导轨以及快速通过的方法尽量避免"叩头"或减少"叩头"的影响。

（4）密封效果不好。洞门密封的主要目的是在始发掘进阶段减少土体流失。当洞门加固达到预期效果时，对于洞门环的强度要求相对较低，否则要在盾构推进前彻底检查和确定洞门环的状况。在始发过程中若洞门密封效果不好，可即时调整壁后注浆的配合比，使注浆后尽早封闭，也可采用在洞门密封外侧向洞门密封内部注快凝双液浆的办法解决。

（5）盾尾失圆。在正常情况下，盾构机组装阶段，由于盾尾内部没有支撑及盾尾的自重，盾尾圆度会出现失圆现象。在盾尾焊接前，应对盾尾圆度进行测量，并进行调整，调整完成后才能进行焊接。

焊接时应使用两把焊枪分别在同一侧焊缝的内外两侧同时进行，并采用分段焊接的方式先进行位置固定，以减少焊接对盾尾产生的变形。

一般盾尾竖直方向和水平方向的直径偏差不宜超过 20mm，如发现严重偏差，只能再对盾尾进行割除，调整圆度后再重新进行焊接。

（6）支撑系统失稳。支撑系统在某些情况下由于盾构机推进的瞬时推力或扭矩较大而产生失稳，这样将导致整个始发工作的失败。对于支撑系统的失稳只能从预防角度进行，同时在始发阶段对支撑系统加强人工观测，如发现异常，应立即通知操作手停止掘进，对支撑系统进行加固处理后，再进行掘进。

（7）地面沉降较大。由于始发施工的特殊性，始发阶段的地面沉降值均较大，因此在始发阶段需尽早建立盾构机的适合工况并严格控制出土量及土压情况，同时加大监测频率，控制地面沉降值。

盾构隧道始发技术是盾构法施工技术的关键，也是盾构施工成败的一个标志，必须全力做好。同时还应确保盾构连续正常地从非土压平衡工况过渡到土压平衡工况，以达到控制地面沉降，保证工程质量等目的。

4. 实体检查责任化

根据盾构始发工序流程，施工从人、机、料、法、环等方面着手，按流程定人定岗检查验收，落实检查项目及责任主体见表 8-13。

盾构施工检查项及责任主体   表 8-13

序号	检查验收项目	验收内容	验收人	责任人
1	设计文件	设计交底、图纸会审	工长、技术员	
2	施工方案	方案专家论证、方案审批、方案交底	工长、技术员	
3	测量	盾构机测量系统调试	工长、测量员	
4	盾构机安装调试	盾构机调试安装	工长、机管员	
5	始发托架、反力架及导轨	安装完成、轴线标高复核	工长、测量员	
6	土体加固	加固范围及检测结构符合设计要求	工长、试验员	
7	洞门密封	洞门止水装置安装	工长、质量员	
8	盾构管片	管片进场、验收	工长、质量员	
9	浆液制作	浆液配比、性能复核设计要求	工长、质量员	项目部工程师
10	监控量测	监测点布设、初始值采集	工长、测量员	
11	安全监控系统	监控系统安装、调试	工长、安全员	
12	风险因素	周边环境调查、风险因素分析	工长、安全员	
13	应急准备	应急物资、设备到位	工长、安全员	
14	材料及构配件	进场报验及复试试验已完成	工长、材料员	
15	设备机具	进场验收记录齐全有效，特种设备安全技术档案齐全，安装稳固，防护到位	工长、机管员	
16	分包管理	分包队伍资质，许可证等资料齐全，安全协议书已签署	工长、劳务员	
17	培训及交底	上岗人员培训资料齐全；特种作业人员类别和数量满足作业要求，安全、技术交底已完成	工长、安全员	
18	风、水、电	隧道内风、水、电符合要求	工长、施工员	

8.4.2 盾构掘进工序质量控制

1. 施工工艺规范化

盾构机在进入土体后，设置 $100\sim200\text{m}$ 试验段，根据试验段试验总结，优化相关的盾构掘进参数，如图 8-85 所示。

2. 质量控制标准化

（1）管片验收。

1）钢筋混凝土管片质量包括结构性能、混凝土强度和抗渗等级、外观质量、几何尺寸和主筋保护层厚度允许偏差，以及水平拼装检验允许偏差等，如图 8-86、图 8-87 所示。

2）管片的成品检验包括：局部承压、抗弯和检漏等任何以单个管片为试验对象进行的所有检验，所有成品的检验均按照设计要求进行，如图 8-88 所示。

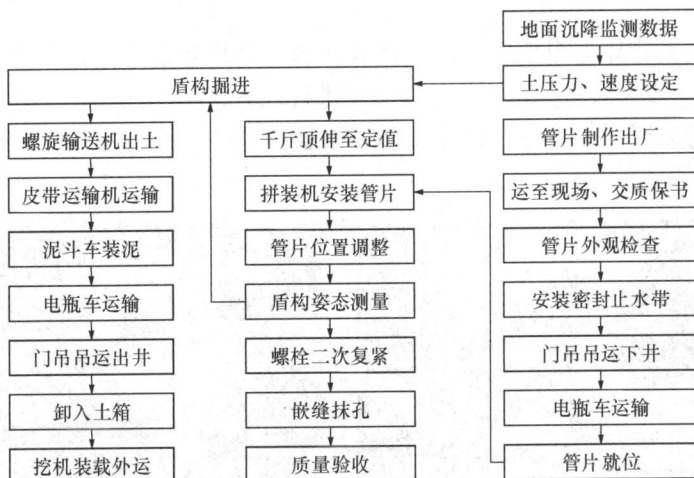

图 8-85　盾构掘进流程

图 8-86　外观质量检查

图 8-87　三环拼装试验

图 8-88　抗弯试验

3）中心注浆孔预埋件是管片拼装时的主要受力件，因此，应对其进行抗拉拔试验。根据设计经验，抗拉拔力一般不低于管片自重的 7 倍。

4）钢筋混凝土管片进场时的混凝土强度、抗渗等级等性能和管片结构性能应符合设计要求。

5）钢筋混凝土管片外观质量不应有严重缺陷，管片外观不应有裂缝，管片进场时，在监理的见证下，专人对每一环管片外观质量进行现场验收，对不合格管片作退场处理。

6）在监理的见证下，对进场管片合格证书进行检验，并做好进场记录等相关工作，如图 8-89 所示。

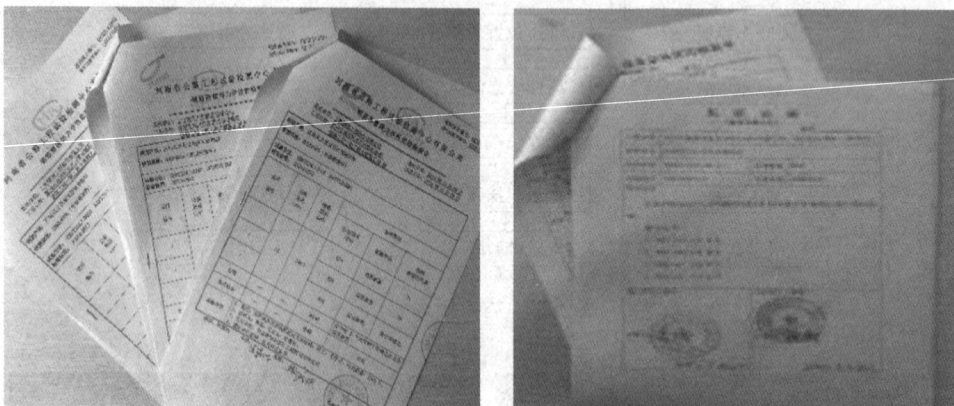

图 8-89　管片合格证等资料

（2）管片防水质量控制。

1）盾构管片防水材料及管片螺栓等材料必须在监理工程师现场监督下，按规定抽检比例送具有专业资质的第三方检测机构检测合格后才能投入使用。

2）管片槽缝应清理干净，密封条应粘贴牢固，不得出现空鼓、开胶现象。

3）粘贴防水条的管片应有防晒措施，遇水膨胀止水条应有防雨、防潮措施，如图 8-90所示，所有橡胶制品、胶水应按规定采取防老化、防火措施，如图 8-91 所示。

图 8-90　管片防雨、防晒措施

图 8-91　密封条应粘贴牢固

（3）盾构推进。为了更好地掌握盾构施工各类参数，施工时应注意对推进参数的设定和微调，对各项技术参数进行采集、统计、分析，摸索地面沉降、盾构姿态、成型隧道施工质量与施工参数之间的关系，争取在较短时间内掌握盾构机械设备的操作性能及盾构在此地质条件下推进的施工参数设定范围。

1）平衡压力值控制原则。正面平衡压力：$P=k_0\gamma h$

式中　P——平衡压力（包括地下水）；

　　　γ——土体的平均重度（kN/m^3）；

　　　h——隧道埋深（m）；

　　　k_0——土的侧向静止平衡压力系数。

盾构在施工中设定土压力值，通过调整土压力以达到控制地面沉降的目的，在控制地面沉降良好的情况下，同时参照以上方法来取得土的侧向静止平衡压力系数 k_0。当然 k_0 值还需根据盾构埋深、土层状况、周边环境以及监测数据进行微调。

2）推进速度。盾构推进速度需匹配土压平衡盾构机的其他施工参数，如土压力、螺旋机转数等，在确保盾构均衡施工原则下，以隧道稳定以及管片质量良好为条件来确定盾构推进速度最佳值。正常推进时速度宜控制在 3～5cm/min 之间。过建筑物时推进速度宜控制在 5～10mm/min。

3）推进出土量控制。

根据实际地面沉降情况综合其他施工参数确定最佳出土量。

4）隧道轴线信息控制

① 隧道内控制网宜为支导线和支水准路线，当有联络通道时，应形成附和路线或结点网，长隧道宜布设交叉双导线。

② 施工导线和施工水准应随盾构掘进布设，当直线隧道掘进长度大于 200m 或到达曲线段时，应布设施工控制导线和控制水准。

③ 盾构就位后应采用人工测量方法测定盾构的初始姿态，人工测量与盾构导向系统测量校差不应大于 2m（m 为点位测量中误差）。

④ 盾构每掘进 20 环，需对成型管片进行测量，及时反馈成型管片姿态；盾构每掘进 150m 需对盾构机姿态进行一次人工复测，确保导向的准确性。对转弯段盾构隧道应加密人工复核测量。

⑤ 自动导向系统中全站仪与激光靶（棱镜）距离不宜超过 100m，以免影响测量精度。

（4）管片拼装。隧道衬砌由六块预制钢筋混凝土管片拼装而成，成环形式为小封顶纵向全插入式。管片在拼装过程中必须控制以下几点：

1）应将每块管片 6 个面清洗干净，无任何黏着物，盾尾仓内泥沙等杂物必须清理干净，以免管片拼装时，导致管片环面发生错台现象。

2）检查管片的止水带有无脱落现象，以免在管片拼装时翻到槽外，使与前一环的环面不密贴，引起管片的渗漏水现象。

3）抓举提升、转动、定位过程中拼装机动作应缓慢，避免急停急起导致管片磕碰掉角，吊装孔破碎。

4）管片定位时，需专人测量管片错台，精确指挥管片的微调。

5）管片拼装允许偏差为：高程和平面 ±50mm，每环相邻管片平整度 5mm，纵向相邻环间平整度 6mm。在地铁隧道建成后，中线允许偏差为：高程和平面 ±100mm，且衬砌结构不得侵入建筑限界；每环相邻管片允许高差 10mm，纵向相邻环管片允许高差 15mm；衬砌环直径椭圆度小于 5‰D，如图 8-92 所示。

6) 整环拼装相邻环面间隙 0.6～0.8mm，整环拼装纵缝相邻块间隙 1.5～ 2.5mm，如图 8-93 所示。

图 8-92　管片拼装

图 8-93　成型隧道

7) 在每环管片拼装过程中及时拧紧连接管片的纵、环向螺栓；在推进下一环时，应在盾构千斤顶顶力的作用下，复紧纵向螺栓；当成环管片退出车架后，必须再次复紧纵、环向螺栓。

(5) 同步注浆。盾构推进中的同步注浆是充填土体与管片圆环间的建筑间隙和减少后期变形的主要手段，也是盾构推进施工中的一道重要工序。

1) 根据注浆要求，应通过试验确定注浆材料和配比。可按地质条件、隧道条件和工程环境选用单液或双液注浆材料。

2) 注浆材料的强度、流动性、可填充性、凝结时间、收缩率和环保等应满足施工要求。

3) 应根据注浆量和注浆压力控制同步注浆过程，注浆速度应根据注浆量和掘进速度确定，注浆压力应根据地质条件、注浆方式、管片强度、设备性能、浆液特性和隧道埋深等因素确定。

4) 同步注浆和即时注浆的注浆量充填系数应根据地层条件、施工状态和环境要求确定，充填系数宜为 1.30～2.50。二次注浆的注浆量和注浆压力应根据环境条件和沉降监测结果等确定，如图 8-94 所示。

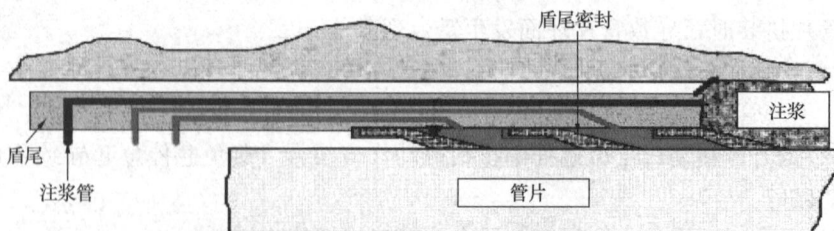

图 8-94　同步注浆系统示意图

(6) 二次注浆。二次注浆应按实际情况进行压注，二次注浆宜采用双液浆，为水泥浆和水玻璃的混合浆液，水泥浆和水玻璃溶液体积比 1∶1。压浆时根据地层变形监测信息及时调整压入位置、压入量，确保压浆工序的施工质量。

1）二次注浆的水泥、水玻璃等材料进场应进行抽样送检，检测合格后方可使用。

2）注浆浆液拌制应严格按照配合比报告中显示的配合比进行，浆液应具备良好的和易性及可泵性。

3）二次注浆应在管片脱出盾尾 5～10 环、同步注浆浆液凝固后进行，如图 8-95 所示。

4）注浆过程中注浆压力不宜大于 0.5MPa，如果注入过程中盾尾出现漏浆现象，应停注 5～10min 后再重新注入，注浆压力应满足设计压力。

（7）隧道测量。

1）地面平面控制测量。

① 接桩及复测。在工程开工之前，组织专业测量人员根据业主提供的工程定位资料和测量标志资料，对业主提供的导线网、水

图 8-95　二次注浆

准网按原测精度等级进行复测，将复测成果上报驻地监理和第三方复核，在确认符合规范要求的精度后用于布设隧道施工控制网。

② 平面控制网布设及测量。利用监理工程师批准的测量成果书，由专业测量人员结合工程实地条件布设独立的隧道施工测量控制网。可布设成附合导线、闭合导线等形式，将控制网点延伸至隧道起点及终点洞口附近，按精密导线等级要求进行外业观测和内业计算。测量成果在报请业主方、第三方测量单位、测量监工程师审查、批准后方可用于指导施工。

2）地面高程控制测量。沿线敷设Ⅱ等附合水准线路。加密水准网在Ⅱ等水准点之间布设成附合和闭合环线，往返较差、附合或闭合环线闭合差$\leqslant \pm 8\sqrt{L}$mm（L 为往返测段、附合或环线的路线长度，以公里计算）。点位的埋设、使用的仪器、标尺、观测方法、平差精度均按国家Ⅱ等水准测量要求作业。

3）竖井联系测量。平面控制网联系测量拟采用联系双三角形法，采用 0.3mm 钢丝吊 10kg 重锤，悬挂三根钢丝，在平面上钢丝绳与井上、井下的观测台组成两个直伸三角形。在布设时三角形长短边之比应至少大于 2.5，而 a/c 则不应大于 1.5 倍，三角形中 α 角应小于 2°，如图 8-96 所示。钢丝下端悬挂垂球，为防止钢丝晃动，将垂球浸在盛满稠度相对较高的润滑油桶内，垂球不得与油桶接触。观测时井上、井下连接角及联系三角形观测要求以两台测角精度 1s 及以上的全站仪做全圆观测，测角要求 9 测回，各方向值测回较差$\leqslant 4''$（最大角与最小角差值），各方向 2C 差$\leqslant 9''$，归零差$\leqslant 6''$，测角中误差应$\leqslant 2''$。联系三角形边长测量采用在钢丝上贴反射片，用对边模式来测边，每次独立测量六次，这六个数据间每次较差应$\leqslant 1$mm，并在测边时考虑井上与井下的温度不同，输入现场实测的温度和气压进行改正。地上、地下同一边测量较差应小于 2mm。进行三角形解算时，利用三角形闭合差的条件，用严密平差来计算，求得井下方位和井下控制点坐标。然后，再对另一组数据进行如上计算，求得的方位和坐标与第一组的进行比较，当测得的地下起

始边方位角互差小于 2 倍测角中误差允许值时，取二者的平均值作为最终使用成果。计划在盾构始发前、掘进 100m 时、掘进 500m 时、掘进 1200m 时、掘进至终点前 100m 时共进行 5 次联系测量，此方法已在贯通距离达 2.8 km 左右的多条长距离盾构隧道中成功使用，方法成熟，精度较高，各次联系测量基准边的方位角较差可以满足≤2″，点位较差≤5mm。

4）高程传递。

① 向地下传递高程的次数，与坐标传递同步进行，先做趋近水准，再做竖井高程传递。

② 地面趋近水准测量按Ⅱ等水准测量方法和仪器施测、限差不大于±8$\sqrt{L}$mm（L 以公里计）。

③ 采用在竖井内悬吊钢尺的方法进行高程传递测量时，应在钢尺上悬吊与钢尺鉴定时相同质量的重锤，井上井下安置两台水准仪同时读数，每次错动钢尺 3～5m，共测三次，高差较差不大于 3mm 时，取平均值。

5）地下导线测量。地下平面和高程起算点应采用直接从地面通过联系测量传递到地下的近井点。地下起算方位边不应少于 2 条，起算高程点不应少于 2 个。盾构法施工的隧道内测量控制点应埋设在隧道结构的边墙上或者拱顶上，并应经常复测地下平面和高程测量控制点。

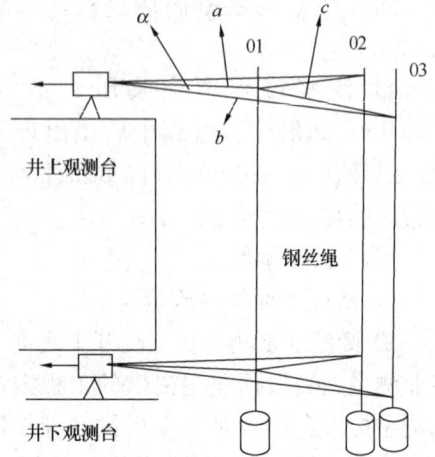

图 8-96　悬挂 3 根钢丝的一井定向

在施工推进过程中，随盾构掘进深度，布设地下隧道控制导线点。控制导线一般平均边长 100～200m，特殊情况下不应小于 60m，角度观测中误差应在±2″以内，边长测距中误差应在 2mm 以内。左、右角各测 4 个测回，左、右角平均值之和与 360°之差小于 4″，边长往返测各 4 测回，往返观测平均值较差小于 2mm。每次延伸施工控制导线测量前，应对已有的导线进行复核确认无误后方能进行导线引测。

地下控制网以闭合导线的形式布设，导线采用一高一低布置，一条边设在拱顶处一条边设在拱腰处。

6）地下高程控制测量。

① 地下水准点可与导线点同点设置，亦可另设水准点，水准点密度与导线点数基本相同，但两点间的距离不能大于 200m。

② 地下水准测量按Ⅱ等水准规范测量，往返测闭合差限差应满足≤±8$\sqrt{L}$mm（L 以公里计算）的精度。

③ 每次延伸施工控制水准点前，应对后方至少两个已知水准点进行复核，确认无误后方能向前增设水准点。

7）盾构姿态测量。盾构机拼装后，应进行盾构纵向轴线和径向轴线测量，其主要测量内容包括刀口、机头与机尾连接中心、盾尾之间的长度测量，盾构外壳长度测量，盾构刀口、盾尾和支承环的直径测量。盾构机掘进时姿态测量应包括其与线路中线的平面偏离、高程偏离、纵向坡度、横向旋转和切口里程的测量。各项测量误差满足表 8-14 的要求。盾构推进测量以自动导向系统为主，辅以人工测量校核。

盾构推进误差值 表 8-14

测量项目	测量误差	测量项目	测量误差
平面、高程偏离值（mm）	±5	纵向坡度（‰）	±1
里程偏离值（mm）	±5	切口里程（mm）	±10
横向旋转角（″）	±3		

8）管片拼装测量。管片拼装测量的主要内容包括：管片拼装的水平和竖向直径、椭圆度、环片中心的平面和高程偏离值、纵坡及旋转、环片前沿里程等。

衬砌管片每环都测量，环片拼装完毕应立即进行观测，并用报表形式及时向工程师提供测量成果，供其核查。测量数据应准确、完整、记录规范。

9）贯通测量。在隧道贯通后，根据两端控制网测定隧道贯通误差。将地面和地下控制导线点及水联网组成闭合控制网，进行严密平差计算。利用重新调整的平面及高程控制点对隧道断面进行测量，所用仪器为断面仪（TAPS）。根据测量结果确定盾构管片是否侵入限界，成果资料及时上报归档。

（8）施工监测。

1）施工监测范围应包括周边环境、隧道结构和岩土体，施工监测方案和应急预案应根据设计要求，并结合施工环境、工程地质和水文地质条件、掘进速度等制订。

2）施工监测方案应根据监测对象变形量和变形速率等进行调整，对突发的变形异常情况应及时启动应急预案。

3）地面和隧道内监测点宜在同一断面布设；盾构通过后，处于同一断面内的监测数据应同步采集，并应收集同期盾构掘进参数。

4）施工监测仪器和设备应满足测量精度、抗干扰性和可靠性等要求。

5）施工监测项目应符合表 8-15 的规定。当穿越水域、建（构）筑物及其他有特殊要求地段时，应根据设计要求确定。

施工监测项目 表 8-15

类别	监测项目
必测项目	施工区域地表隆沉、沿线建（构）筑物和地下管线变形
	隧道结构变形
选测项目	岩土体深层水平位移和分层竖向位移
	衬砌环内力
	地层与管片的接触应力

3. 问题排查清单化

盾构掘进是盾构法隧道施工的主要工序，要保证隧道的实际轴线和设计轴线相吻合，并确保圆环拼装质量，使隧道不漏水，地面不产生大变形。

（1）土压平衡式盾构正面阻力过大。

现象：盾构推进过程中，由于正面阻力过大造成盾构推进困难和地面隆起变形。

原因分析：①盾构刀盘的进土开口率偏小，进土不畅通；②盾构正面地层土质发生变化；③盾构正面遭遇较大的障碍物；④推进千斤顶内泄漏，达不到其本身的最高额定油压；⑤正面平衡压力设定过大；⑥刀盘磨损严重。

预防措施：①合理设计土孔的尺寸，保证出土畅通；②隧道轴线设计前应对盾构穿越沿线作详细的地质勘查，摸清沿线影响盾构推进障碍物的具体位置、深度，以使轴线设计考虑到这一状况；③详细了解盾构推进断面内的土质状况，以便及时调整土压设定值、推进速度等施工参数；④经常检修刀盘和推进千斤顶，确保其运行良好；⑤合理设定平衡压力，加强施工动态管理，及时调整控制平衡压力值。

治理办法：①采取辅助技术，尽量采取在工作面内清理障碍物，在条件许可的情况下，也可采取大开挖施工法清理正面障碍物；②增添千斤顶，增加盾构总推力。

（2）土压平衡盾构正面压力的异常变化。

现象：在盾构推进及管片拼装过程中，开挖面的平衡土压力发生异常的变化，与理论力值或设定应力值发生较大的偏差。

原因分析：①推进速度与螺旋机的旋转速度不匹配；②当盾构在砂土中施工时，螺旋机摩擦力大或形成土塞而被堵住，出土不畅，使开挖面平衡压力急剧上升；③盾构后退，使开挖面平衡压力下降；④土压平衡控制系统出现故障造成实际土压力与设定土压力偏差。

预防措施：①正确设定盾构推进的施工参数，使推进速度与螺旋机的出土能力相匹配；②当土体强度高，螺旋机排土不畅时，在螺旋机或土仓中适量地加注水或泡沫等润滑剂，提高出土效率；当土体很软、排土很快影响正面压力建立时，适当关小螺旋机的闸门，保证平衡土压力的建立；③管片拼装作业，要正确伸缩千斤顶，严格控制油压和伸出千斤顶的数量，确保拼装时盾构不后退；④正确设定平衡土压力值和控制系统参数；⑤加强设备维修保养，保证设备完好率，确保千斤顶没有内漏泄现象。

治理方法：①向切削面注入泡沫、水、膨润土等物质，改善切削进入土仓内土体的性能，提高螺旋机的排土能力，稳定正面土压；②维修好设备，减少液压系统的泄漏；③对控制系统的参数重新进行设定，满足使用要求。

（3）土压平衡盾构螺旋机出土不畅。螺旋机螺杆形成"土棍"，螺旋机无法出土，或螺旋机内形成阻塞负荷增大，电动机无法带动螺旋机转动，不能出土。

原因分析：①盾构开挖面平衡压力过低，无法在螺旋机内形成足够压力，螺旋机不能正常进土，也不能出土；②螺旋机螺杆安装于壳体不同心，运转过程中壳体磨损，使叶片与壳体间隙增大，出土效率低；③盾构在砂性土及强度较高的黏性土中推进时，土与螺旋机壳体间的摩擦力大，螺旋机的旋转阻力加大，电动机无法转动；④大块的漂砾进入螺旋机，卡住螺杆；⑤螺旋机驱动电动机，因为长时间高负荷工作，过热或油压过高而停止工作。

预防措施：①螺旋机打滑时，把盾构开挖面平衡压力的设定值提高，盾构的推进速度提高，使螺旋机正常进土；②螺旋机安装时要注意精度，运作过程中加强对轴承的润滑；③降低推进速度，使单位时间内螺旋机的进土量降低，螺旋机的电动机负荷降低；④在螺旋机中加注水、泥浆或泡沫等润滑剂，使土与螺旋机外壳的摩擦力降低，减少电动机的负荷。

治理方法：①打开螺旋机的盖板，清理螺旋机被堵塞的部位；②将磨损的螺旋机螺杆更换。

（4）盾构掘进轴线偏差。

现象：盾构掘进过程中，盾构推进轴线偏离隧道设计轴线较大，影响成环管片的轴线。

原因分析：①盾构超挖或欠挖，造成盾构在土体内的姿态不好，导致盾构轴线产生过量的偏离；②盾构测量误差导致轴线的偏差；③盾构纠偏不及时或纠偏不到位；④盾构处于不均匀土层中，即处于两种不同土层相交的地带时，两种土的压缩性、抗压强度、抗剪强度等指标不同；⑤盾构处于非常软弱的土层中，如果推进停止的间隙过长，当正面平衡压力损失时，会导致盾构下沉；⑥拼装管片时，拱底块部位盾壳内清理不干净，有杂质夹杂在相邻两环管片的接缝内，就使管片的下部超前，轴线产生向上的趋势，影响盾构推进轴线的控制；⑦同步注浆量不够或浆液质量不好，泌水后引起隧道沉降，而影响推进轴线的控制；⑧浆液不固结使隧道在大的推力作用下引起变形。

预防措施：①正确设定平衡压力，使盾构的出土量与理论值接近，减少超挖与欠挖现象，控制好盾构的姿态；②盾构施工过程中经常校正、复测及复核测量基站；③发现盾构姿态出现偏差时应及时纠偏，使盾构正确地沿着隧道设计轴线前进；④盾构处于不均匀土层中时，适当控制推进速度，多用刀盘刻削土体，减少推进时的不均匀阻力；也可以采用向开挖面注入泡沫或膨润土的办法，改善土体使推进更加顺畅；⑤当盾构在极其软弱的土层中施工时，应掌握推进速度与进土量的关系，控制正面土体的流失；⑥拼装拱底块管片前应对盾壳底部的垃圾进行清理，防止杂质夹杂在管片间，影响隧轴线；⑦在施工中按质保量地做好注浆工作，保证浆液的搅拌质量和注入方量。

治理方法：①调整盾构的千斤顶编组或调整各区域油压及时纠正盾构轴线；②对开挖面做局部的超挖，使盾构沿着被超挖的一侧前进；③盾构的轴线受到管片位置的阻碍不能进行纠偏时，采用楔子环管片调整环面与隧道设计轴线的垂直度，改善盾构后座面。

（5）盾构自转角度过大。

现象：盾构推进中盾构发生自转角度过大，造成盾构与车架连接不好，设备运行不稳定，增加测量、封顶块拼装等困难。

原因分析：①盾构内设备布置重量不平衡，盾构的重心不在垂直的中心线上而产生了旋转力矩；②盾构所处的土层不均匀，两侧的阻力不一致，造成推进过程中受到附加的旋转力矩；③在施工过程中刀盘或旋转设备连续同一转向，导致盾构在推进运动中旋转；④在纠偏时左右千斤顶推力不同及盾构安装时千斤顶轴线与盾构轴线不平行。

预防措施：①对安装于盾构内的设备进行合理布置，并对各设备的重量和位置进行验算，使盾构重心与中线上或配置配重调整重心位置于中心线上；②经常纠正盾构转角，使盾构自转于允许范围内；③根据盾构的自转角，经常改变旋转设备的工作转向。

治理方法：①可通过改变刀盘或旋转设备的转向或改变管片的拼装顺序来调节盾构的自转角度；②盾构自转量较大时，可采用单侧压重的方法纠正盾构转角。

（6）盾构后退。

现象：盾构停止推进，尤其是拼装管片的时候，产生后退的现象，使开挖面压力下降，地面产生下沉变形。

原因分析：①盾构千斤顶自锁性能不好，千斤顶回缩；②千斤顶大腔的安全溢流阀压力设定过低，使千斤顶无法顶住盾构正面的土压力；③盾构拼装管片时千斤顶缩回的个数过多，并且没有控制好应有的防后退顶力。

预防措施：①加强盾构千斤顶的维修保养工作，防止产生液压油泄漏；②安全溢流阀的压力调至规定值；③拼装时不多缩千斤顶，管片拼装到位及时伸出千斤顶到规定压力。

治理方法：盾构发生后退，应及时采取预防措施，防止后退的情况进一步加剧，如因盾构后退而无法拼装，可进行二次推进。

（7）盾尾密封装置泄漏。

现象：地下水、泥及同步注浆浆液从盾尾的密封装置渗漏进入盾尾的盾壳和隧道内，严重影响工程进度和施工质量，甚至对工程安全带来灾难。

原因分析：①管片与盾尾不同心，使盾尾和管片间的间隙局部过大，超过密封装置的密封界限；②密封装置受偏心的管片过度挤压后，产生塑性变形，失去弹性，密封性能下降；③盾尾密封油脂压注不充分，盾尾钢刷内浸入了浆液并固结，盾尾刷的弹性丧失，密封性能下降；④盾构后退，造成盾尾刷与管片间发生刷毛方向相反的运动，使刷毛反转，盾尾刷变形而密封性能下降；⑤盾尾密封油脂的质量不好，对盾尾钢丝刷起不到保护作用，或因油脂中含有杂质堵塞泵，使油脂压注量达不到要求。

预防措施：①严格控制盾构推进的纠偏量，尽量使管片四周的盾尾空隙均匀一致，减少管片对盾尾密封刷的挤压程度；②及时、保量、均匀地压注盾尾油脂；③控制盾构姿态，避免盾构产生后退现象；④采用优质的油脂，要求有足够的黏度、流动性、润滑性、密封性能。

治理方法：①对已经产生泄漏的部位集中压注盾尾油脂，恢复密封的性能；②管片拼装时在管片背面塞入海绵，将泄漏部位堵住；③有多道盾尾钢丝刷的盾构可将最里面的一道钢刷更换，以保证盾尾刷的密封性；④从盾尾内清除密封装置钢刷内杂物。

（8）盾构切口前方地面变形过大。

现象：在盾构推进过程中，切口前方地面出现超量沉降或隆起。

原因分析：①地质状况发生突变；②施工参数设定不当，如平衡土压力设定值偏低或偏高，推进速度过快或过慢；③盾构切削土体时超挖或欠挖。

预防措施：①详细了解地质状况，及时调整施工参数；②尽快摸索出施工参数的设定规律，严格控制平衡压力及推进进度设定值，避免其波动范围过大；③按理论出土量和施工实际工况定出合理出土量。

治理方法：根据地面监测情况，及时调整盾构施工参数，如推进速度、平衡压力、出土量等。

（9）运输过程中管片受损。

现象：在管片垂直运输与水平运输过程中，将管片边角撞坏。

原因分析：①行车吊运管片时，管片由于晃动而碰撞行车支腿或其他物件，造成边角损坏；②管片翻身时碰擦边角，引起损坏；③管片堆放时垫木没有放置妥当；④用钢丝绳起吊管片时钢丝绳将管片的棱边勒坏；⑤运输管片的平板车颠簸跳动，造成管片损坏；⑥在管片吊放时，放下动作过大，使管片损坏。

预防措施：①行车操作要平稳，防止过大的晃动；②管片使用翻身架翻身，或用专用吊具翻身，保证管片翻身过程中的平稳；③地面堆放管片时，上下两块管片之间要垫上垫木；④设计吊运管片专用吊具，使钢丝绳在吊运管片过程中不碰撞管片的边角；⑤采用运输管片的专用平板车，加设避振设置；叠放的管片之间垫好垫木；⑥工作面储存管片的地方放置枕木将管片垫高，使存放的管片与隧道不产生碰撞。

治理措施：边角损坏的管片应及时进行修补，损坏较重的管片运回地面，更换新的管片。

4. 实体检查责任化

根据盾构掘进施工流程，施工现场从管片验收、管片防水质量验收、盾构推进、隧道测量、监测等施工流程中，按流程定人定岗检查验收，落实检查项目及责任主体见表8-16。

盾构掘进施工检查项及责任主体 表8-16

序号	检查验收项目	验收内容	验收人	责任人
1	管片验收	管片承压、抗弯和检漏	工长、试验员	项目质量工程师
		进场验收管片表观、尺寸	工长、质量员	
2	管片防水质量验收	按规定抽检	工长、试验员	
		防水施工平整度、牢固度等	工长、质量员	
3	盾构推进	平衡压力值控制原则	司机、技术员	
		推进速度	司机、技术员	
		推进出土量控制	司机、技术员	
		隧道轴线信息控制	司机、技术员	
		管片拼装	司机、技术员	
		同步注浆	司机、技术员	
		二次注浆	司机、技术员	
4	隧道测量	地面平面控制测量	工长、测量员	
		地面高程控制测量	工长、测量员	
		竖井联系测量	工长、测量员	
		高程传递	工长、测量员	
		地下导线测量	工长、测量员	
		盾构姿态测量	工长、测量员	
		管片测量	工长、测量员	
		贯通测量	工长、测量员	
5	施工监测	监测方案审批	技术员、测量员	
		监测项目、监测点位数量	技术员、测量员	
		监测的精度	技术员、测量员	

8.4.3 盾构到达工序质量控制

1. 施工工艺规范化

盾构推进至距接收井井壁50m时，是盾构的到达施工阶段。盾构到达流程为：洞圈放样→基座安装→洞口防水装置安装→洞门凿除→盾构进洞→洞门密封→洞圈注浆→盾构拆除，如图 8-97 所示。

2. 质量控制标准化

（1）洞门复测。盾构到达前需对洞门直径进行"米"字形放样复核，按照设计轴线与洞门交汇点坐标及高程进行放样并做好标志。

1）整体复测流程同盾构始发。

2）洞门复测过程中采用的测量基准点需与盾构始发参考基准点一致。

3）如洞门偏差过大，需由设计调整轴线后，按照新设计轴线恢复掘进，如图 8-98 所示。

（2）盾构姿态复测。盾构贯通前的测量是复核盾构所处的方位、确认盾构姿态、评估盾构接收时的姿态和拟定盾构到达段的施工轴线、推进坡度的控制值和施工方案等的重要依据，以使盾构在此阶段施工中始终按预定的方案实施，以良好的姿态接收，在盾构接收基座上准确就位。

1）在盾构机推进至距离洞门 200m、50m 时，需对盾构进行贯通前测量，确定盾构姿态及推进环号的实际里程，如图 8-99 所示。

2）以距离洞门 100m 为起点，制订严格的掘进出洞计划，严格控制轴线，并落实到每环。

3）盾构到达加固区外 2m 对隧道进行最后一次定向测量。

（3）盾构基座安装。根据洞门的确切方位，对盾构基座安放位置进行准确放样。基座安装时按照测量放样的基线，吊入井下就位拼装、焊接，基座就位后，进行支撑加固，加强其整体稳定性。

1）基座制作前应进行结构受力验算，并报监理审批。

2）基座进场后，应复核其结构、尺寸是否满足设计要求。

3）基座安装前，底部垫层强度应满足受力要求，垫层顶面应保持在同一平面内，防止基座底部产生悬空现象；根据线路轴线用全站仪放样基座轴线位置。

4）托架下放前根据测量结果确定托架安放平面位置及高程，托架定位完成后采用型钢对托架进行固定。

5）接收基座安装时，根据放样轴线位置，将接收基座中心线与之完全重合，基座最后端与内衬墙保持 500mm 间距，以保证折页压板外翻所需空间。

6）在托架与洞门间设置轨道梁，便于盾构机步上托架；托架轨道上涂刷黄油，减小

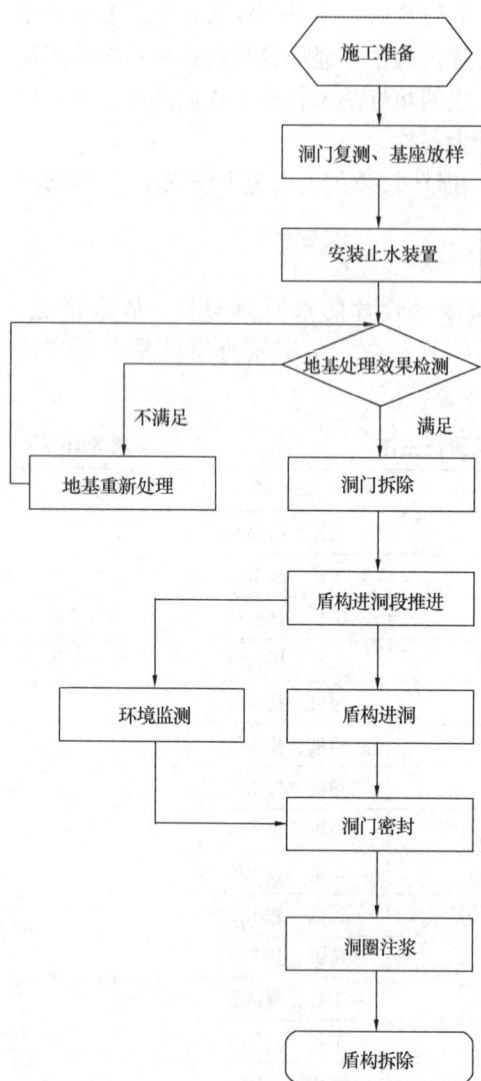

图 8-97 盾构接收工序图

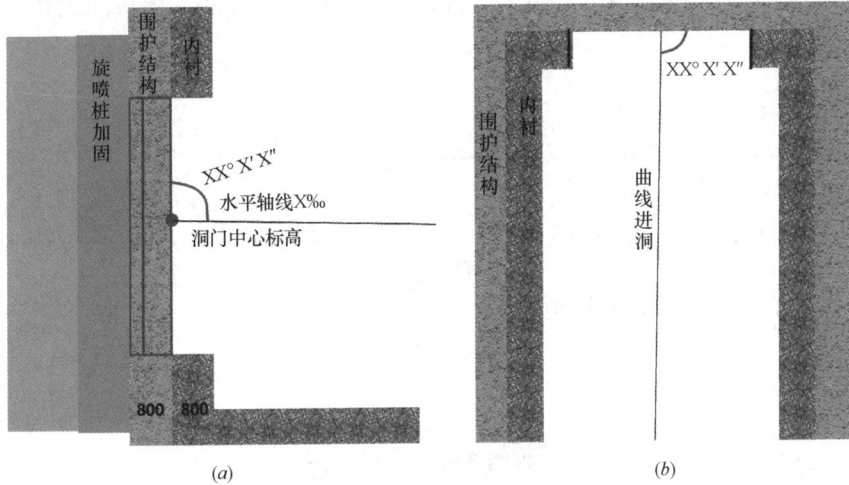

图 8-98　进洞轴线剖面图

(a) 进洞轴线剖面图；(b) 进洞轴线平面图

盾构机的摩擦阻力。

7）接收基座安装到位后，在基座前后左右四周分别对基座进行加固，防止盾构推进过程中，接收基座产生位移而影响盾构机接收。

（4）洞圈止水装置。盾构机在始发过程中，在洞门处安装折页压板＋帘布橡胶板组合而成防水装置，可以有效规避洞门涌砂、涌水的风险，该装置防水性能好、易安装、连接可靠、稳定牢固，帘布橡胶板穿在洞门钢环螺栓上，通过折页压板压紧，最终将盾构机严密包裹，质量控制要求同盾构始发，主要区分橡胶帘布凸缘方向，如图 8-100、图 8-101 所示。

为了降低盾构接收风险，在洞门圈内侧安装 2 道弧形弹性钢板（与盾构机钢板刷类似），钢板与洞门圈角度为 105°。弧形弹性

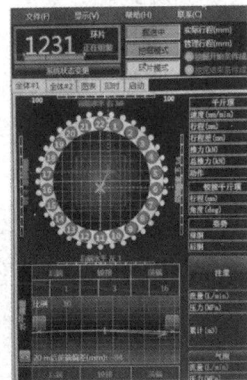

图 8-99　盾构姿态测量

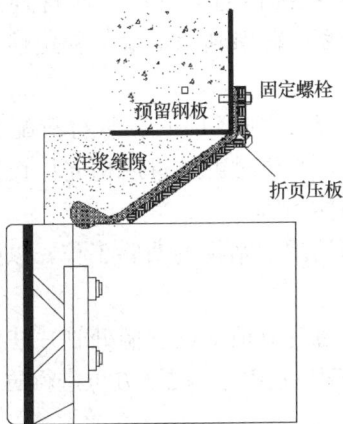

图 8-100　帘布橡胶板反装

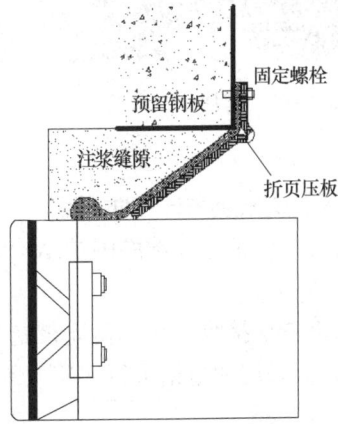

图 8-101　帘布橡胶板正装

195

钢板长 300mm，搭接长度为 100mm。2 道弧形插板间隔 150mm，插板间采用海绵填充，如图 8-102 所示。

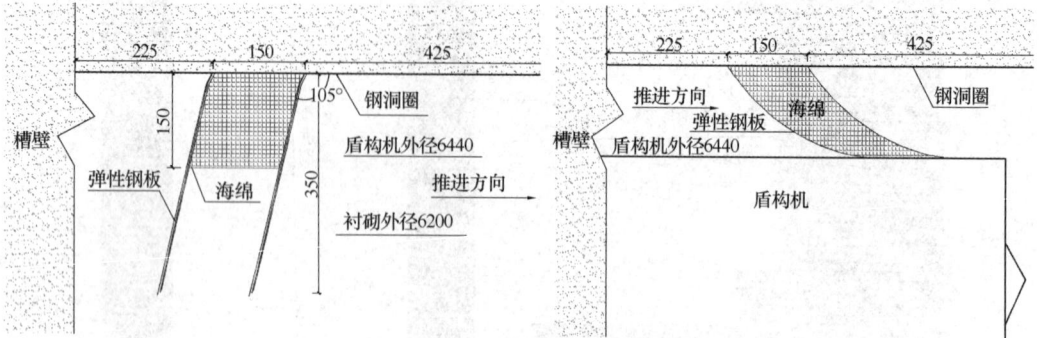

图 8-102　洞圈弹簧钢板止水装置示意图

（5）盾构机检修、端头井加固检查、洞门凿除、洞门探孔。上述流程施工控制与盾构始发基本一致。

（6）管片拉紧装置。最后 10 环管片上安装纵向拉紧联系装置，以防盾尾在脱出管片后，管片环与环之间间隙被拉大，造成漏水或漏泥。纵向拉紧联系装置由槽钢联系条、螺栓和连接件等组成。先在管片的注浆孔上安装连接件，连接件为隔环布置，保证处于同一直线上。然后将 6 根联系条通过 M30 螺栓固定在连接件上，使这些管片连成一个整体，如图 8-103 所示。

图 8-103　管片拉紧示意图

（7）盾构到达掘进施工。

1）应以距离洞门 100m 为起点，制订严格的掘进出洞计划，严格控制轴线，并落实到每一环。

2）在距离洞门 30m 时，应采取辅助措施加强管片环间连接，以防盾构掘进推力的减少引起环间松动而影响密封防水效果。

3）在到达前 6 环时，应特别制订掘进参数计划，确保到达端墙的稳定性和防止地层坍塌。

4）到达前 6 环的注浆材料配合比要进行调整，必要时可通过盾构壳体设置的孔向盾壳外注入聚氨酯来止水，以防涌水、涌泥而引起地层坍塌。

5）盾构机刀盘抵达车站的围护结构时，开始车站围护结构的凿除工作，以防止地层的坍塌。

6）盾构机二次接收。在环箍注浆施工完成后，通过对地下连续墙处管片注浆孔在加装球阀的基础上采用冲击钻进行注浆效果探测，在确认无渗漏情况下方可进行盾构机接收施工。

① 若最后一环接收环管片留在洞圈内，当特殊管片脱出盾尾后，用预先加工的弧形

196

钢板将特殊管片的端面钢板和钢洞圈焊接并注浆；

② 若最后一环接收环管片部分伸入始发圈，特殊环管片脱出盾尾后，先将扇形插板插下，紧贴管片外弧面，并焊接牢固，再用双快（快凝快硬）水泥封闭管片与钢板间的空隙，如图 8-104 所示。

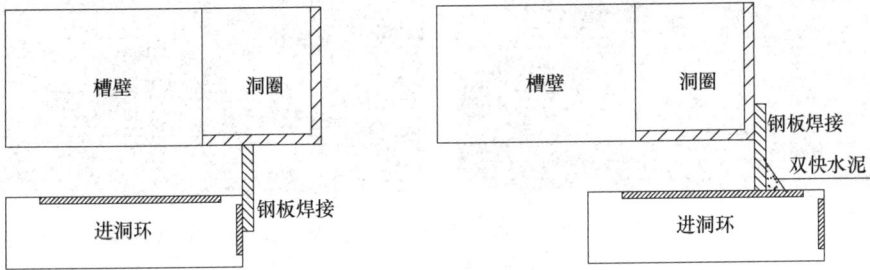

图 8-104　不同状态下洞口封堵示意图

（8）盾构退场。盾构完成到达施工后，需实施盾构机退场施工。盾构进入接收井后，必须保证盾构后端螺旋机、拼装平台等部件全部出隧道管片的端面，在停电脱卸前，必须将推进油缸、举重臂等部件缩到位。

1）盾构机清洁。盾构机拆除、吊装前，必须对盾构机进行清洁，清洁范围包括：

① 盾构机外壳清洗；

② 大刀盘上及土舱内余土清理，螺旋机内余土出净，皮带运输机内外的积泥清洗；

③ 冲洗同步注浆储浆桶内剩余浆液；

④ 注浆管路清洗；

⑤ 水箱放净余水；

⑥ 盾尾钢丝刷内油脂清理；

⑦ 所有管路编号、挂牌。

2）管路、电缆拆卸。

① 盾构机断电，高压电缆盘于 3 号台车上；

② 盾构机与后续车架的管路、电缆断开，接头处需认真包好；

③ 拆除双轨梁电动葫芦；

④ 拆除台车连接销；

⑤ 螺旋机测速器拆除；

⑥ 拆除皮带机皮带；

⑦ 拆除皮带机连接销以及第一节皮带；

⑧ 拆除双轨梁。

3）盾构机主机解体吊运。盾构机各管路、电缆和相关设备拆卸完毕后，对盾构机主机进行解体和吊运。

4）车架系统解体吊运。盾构机主机解体、吊运完毕后，将车架逐节拉出隧道后吊运，如图 8-105 所示。

3. 问题排查清单化

（1）盾构姿态突变。

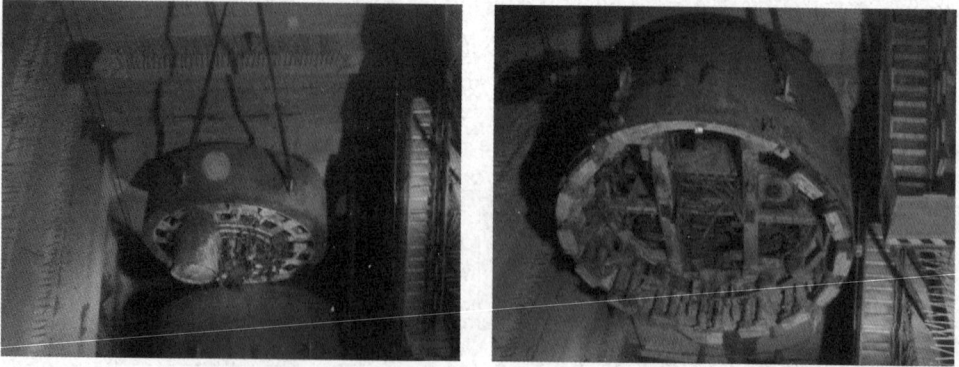

图 8-105　盾构机解体吊除

现象：在盾构接收过程中，盾构姿态突变。

原因分析：

1）基座中心夹角轴线与推进轴线发生偏差。

2）管片脱出盾尾后，建筑空隙没有及时填充。

预防治理措施：

1）盾构接收基座要设计合理，使盾构下落的距离不超过盾尾与管片的建筑空隙。

2）将进洞段的最后一段管片，在上半圈的部位用槽钢相互联结，增加隧道刚度。

3）在最后几环管片拼装时，注意对管片的拼装螺栓及时复紧，提高抗变形能力。

4）进洞前调整好盾构姿态，使盾构标高略高于接收基座标高。

（2）洞口土体流失。

现象：在盾构洞门破除过程中，洞门外侧土体塌方。

原因分析：

1）洞口土体加固效果不好。

2）洞口密封装置失效。

3）掘进面土体失稳。

预防治理措施：

1）洞口土体加固应提高施工质量，保证加固后土体强度和均匀性。

2）洞口封门拆除前应充分做好各项进、出洞的准备工作。

3）洞门密封圈安装要准确，在盾构推进过程中要注意观察，防止盾构刀盘的周边刀割伤橡胶密封圈；密封圈可涂牛油增加润滑性；洞门的扇形钢板要及时调整，改善密封圈的受力状况。

4）在设计、使用洞门密封时要预先考虑到盾壳上的凸出物体，在相应位置设置可调节的构造，保证密封的性能。

5）盾构进洞时要及时调整密封钢板的位置，及时地将洞口封好。

6）盾构将进入洞口土体加固区时，降低正面的平衡压力。

（3）盾构基座变形。

现象：在盾构机爬上盾构基座过程中，盾构基座变形。

原因分析：

1) 盾构基座的中心线与隧道轴线不平行。

2) 盾构基座整体刚度、稳定性不够。

3) 盾构基座受力不均匀。

4) 盾构机基座固定不牢靠。

预防治理措施：

1) 盾构基座形成时中心夹角轴线应与隧道设计轴线方向一致，当洞口段隧道设计轴线曲线状态时，可考虑盾构基座沿隧道设计曲线的切线方向放置，切点必须取洞口内侧面处。

2) 基座框架结构的强度和刚度能克服出洞段穿越加固土体所产生的推力。

3) 合理控制盾构姿态，尽量使盾构轴线与盾构基座中心夹角轴线保持一致。

4) 盾构基座的底面与始发井的底板之间要垫平垫实，保证接触面积满足要求。

(4) 偏离目标或者对接错位。

现象：在盾构机接收过程中，偏离目标或者对接错位，无法直接完成盾构接收。

原因分析：

1) 轴线偏差较大。

2) 纠偏距离太小。

预防治理措施：

1) 盾构机有可靠的轴线定位，如：激光导向、陀螺仪定位系统等。

2) 可靠地面三角网及井下引进导线系统，每50m设吊架（栏）对轴线跟进测量。

3) 每环衬砌测量与设计轴线的偏差。

4) 发现偏差及时缓慢纠偏。

5) 两盾构地下对接，盾构进工作井前100m反复对比测量，确保对接及出洞精度。

6) 测量仪器：全站仪，水准仪，精度高，经常校验。

4. 实体检查责任化

根据盾构到达工序流程，施工从人、机、料、法、环等方面着手，按流程定人定岗检查验收，落实检查项目及责任主体见表8-17。

盾构到达施工检查项及责任主体　　　　表 8-17

序号	检查验收项目	验收内容	验收人	责任人
1	设计文件	设计交底、图纸会审	工长、技术员	项目工程师
2	施工方案	方案专家论证、方案审批、方案交底	工长、技术员	
3	测量	盾构机测量系统调试	工长、测量员	
4	盾构机解体吊装	盾构机解体、吊装	工长、机管员	
5	接收托架、反力架及导轨	安装完成、轴线标高复核	工长、测量员	
6	土体加固	加固范围及检测结构符合设计要求	工长、试验员	
7	洞门密封	洞门止水装置安装	工长、质量员	
8	浆液制作	浆液配比、性能复核设计要求	工长、质量员	
9	监控量测	监测点布设、初始值采集	工长、测量员	

序号	检查验收项目	验收内容	验收人	责任人
10	安全监控系统	监控系统安装、调试	工长、安全员	
11	风险因素	周边环境调查、风险因素分析	工长、安全员	
12	应急准备	应急物资、设备到位	工长、安全员	
13	材料及构配件	进场报验及复试试验已完成	工长、材料员	项目工程师
14	设备机具	进场验收记录齐全有效，特种设备安全技术档案齐全，安装稳固，防护到位	工长、机管员	
15	培训及交底	上岗人员培训资料齐全；特种作业人员类别和数量满足作业要求，安全、技术交底已完成	工长、安全员	

8.4.4 联络通道工序质量控制

1. 施工工艺规范化

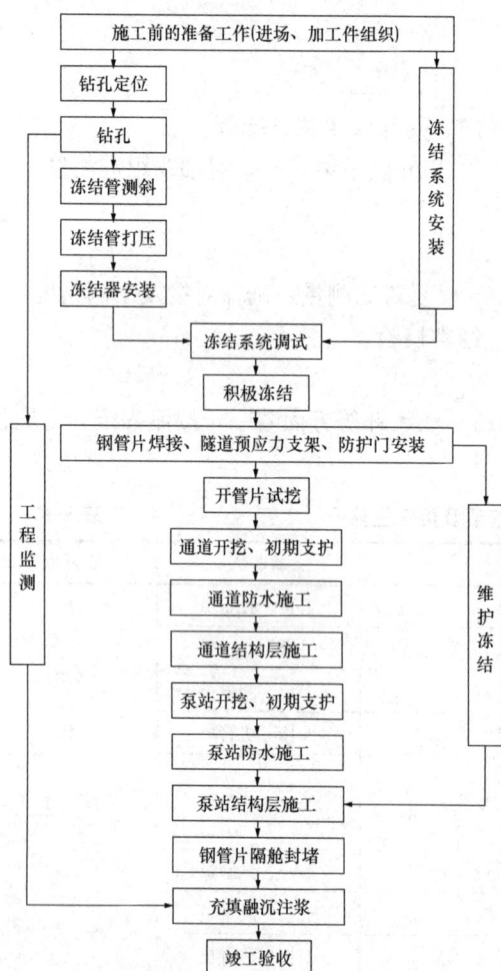

图 8-106 联络通道施工工艺流程

盾构联络通道一般设置在两条隧道中间，成为设置在两个隧道之间的一条通道，起连通、排水及防火等作用。若一条隧道整体出现问题，行人可通过联络通道转移到另外一条隧道，行人的安全系数也将大大增加，因此有"逃生通道"之称。也方便在一条隧道出现问题的时候，救援人员可以从另外一条隧道到达联络通道，然后再通过联络通道进入需要救援的地方，达到快速救援的目的。地铁联络通道通常采用全断面开挖，具体施工工序如图 8-106 所示。

2. 质量控制标准化

（1）场地准备。施工作业区设在联络通道附近隧道内，主要布置钻机、泥浆池、冻结站、冷却水池、空压机、喷浆机、材料、应急物资场地等，整个冻结站长约 80m，宽 4.5m，其中设备摆放区宽 3.15m，走道宽 1.35m，冻结安装站内照明，应急发电机设置在冻结站区域内，开挖之前进场，如图 8-107、图 8-108 所示。

（2）定位开孔与管片开孔。

1）依据施工基准点，按冻结孔施工图布置冻结孔、测温孔、泄压孔。根据各孔

图 8-107　隧道内冷冻站布置示意图（一）

图 8-108　隧道内冷冻站布置示意图（二）

孔位在钢管片上定位开孔。安装孔口管时，采用数字水平仪、量角器等精确固定孔口管的方位和倾角，以保证开孔钻进时的精度。

2）钻孔施工前，盾构施工单位应提供两隧道联络通道实际中心位置和偏斜角度，钻孔时通过透孔核实。

3）钻孔施工可采用水平钻机及夯管锤等设备。

4）钻孔时保证钻孔孔位、深度、偏斜、打压试漏、供液管深度达到设计要求，否则应采取补孔等其他措施进行处理。复测后绘制钻孔实际偏斜图。

5）控制水土流失，每个钻孔施工完成后应及时进行注浆，注入量为流出量的 1.5～2 倍。

6）压紧装置拆除后，对于含有承压水的地层，冻结管与孔口管间隙密闭焊接，保证无渗漏水。

施工现场如图 8-109～图 8-114 所示。

（3）孔口装置安装。用螺丝将孔口装置装在闸阀上，注意加好密封垫片。当第一个孔开通后，没有涌水涌砂可继续钻进，但以后钻孔仍要装孔口装置，以防突发涌水涌砂现象出现。

1）在隧道管片上施工冻结孔时，必须先安装带法兰和旁通的孔口管。孔口管宜采用低碳钢无缝钢管，孔口管内径宜大于冻结管外径 10～20mm，管壁厚度宜为 5～7mm。安装在混凝土管片上孔口管管端应加工长度不小于 200mm 的鱼鳞扣。

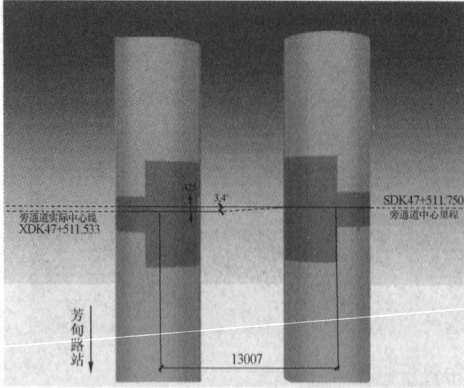

图 8-109 联络通道实际偏斜

图 8-110 冻结钻孔施工

图 8-111 孔口管定位安装

图 8-112 冻结管打压试漏

图 8-113 内管箍连接

图 8-114 激光电子水平尺测斜

2）在钢管片上应采用焊接方法固定孔口管，焊缝高度不得小于孔口管管壁厚度。在混凝土管片上，应先用取芯钻机钻进深 220～300mm、直径大于孔口管管径约 2～4mm 的钻孔，然后插入缠上麻丝的孔口管，并用不少于 3 个膨胀螺栓与隧道管片固定。孔口管插入钻孔深度不得小于 200mm，与钻孔配合要紧密，不渗漏，必要时可用压浆法在孔口管与钻孔之间充填水泥-水玻璃浆液。固定孔口管用膨胀螺栓直径不得小于 12mm，膨胀螺栓与孔口管之间用等直径钢筋焊接。

3）应在孔口管上安装阀门和孔口密封装置后再用钻机钻透隧道管片（二次开孔）。

4）跟管钻进或夯（顶）进冻结管时，孔口密封装置与冻结管之间不得漏水漏泥。如采用湿钻钻进，循环液应从孔口管上的旁通排出，并应控制排出土体体积不大于冻结孔体积，如图 8-115 所示。

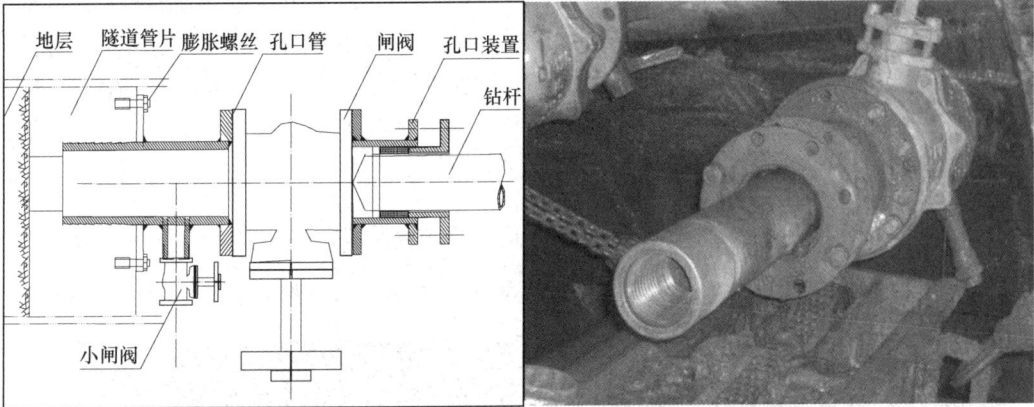

图 8-115　孔口管及孔口装置示意图

（4）冻结系统布置及安装。冻结站设在隧道内联络通道附近，站内设备主要包括冷冻机组、配电柜、盐水箱、盐水泵、冷却水泵、冷却塔及冷却水池等。冻结站安装包括氟系统、盐水系统及冷却水系统安装，要求根据冻结站的总体设计，按照先设备后管路的安装程序，将三大循环系统分别进行安装。

1）管路连接、保温与测试仪表安装。盐水和冷却水管路用法兰连接，并用管架架设在施工平台上或隧道管片上。盐水管路要离地面安装，避免浸水和高低起伏。集配液圈与冻结管的连接用高压胶管，冻结管每 2～3 个一串联，串联尽量间隔进行，应以每组冻结孔总长度相近和每路盐水循环阻力接近为宜。

在配液圈与冻结器之间安装两个阀门，以便控制冻结器盐水流量。

在冷冻机进出水管上安装温度计，在去、回路盐水管路上安装压力表、温度传感器和控制阀门，在盐水管出口安装流量计，在盐水箱安装液面传感器。

在去路盐水干管上安装单向阀，在盐水管路的高处安装放气阀，盐水和冷却水管路耐压分别为 0.7MPa 和 0.3MPa。

在对侧隧洞管片内侧冻结加固范围内敷设冷冻排管，敷设方法为用膨胀螺栓和压板直接固定在管片上。冷冻排管与穿透冻结孔之间用胶管连接。冻结加固范围内铺设不小于40mm 厚的聚苯乙烯泡沫塑胶保温板。

冷冻机组的蒸发器及低温管路、盐水箱、盐水干管表面用不小于 40mm 厚的聚苯乙烯泡沫塑胶保温板保温。

温度计、压力表和流量计安装要按有关规范进行。

2）冷冻设备验收。冷冻设备安装完成后要进行试运行验收，确定制冷系统、冷媒剂、冷却系统是否符合施工工况要求。

① 制冷系统。

a. 制冷剂循环系统的冷凝温度高于冷却水循环系统的出水温度 3~5℃。

b. 制冷剂循环系统的蒸发温度低于冷媒剂循环系统的温度 5~7℃。

c. 由冷冻机的制冷能力、制冷剂循环系统的冷凝温度、蒸发温度确定设备是否达到设计要求。

② 冷媒剂循环系统。冷媒剂循环系统的溶液为氯化钙水溶液,溶液循环系统管路内流速为:冻结器循环空间的盐水流速达到 0.1~0.3m/s;供液管盐水流速达到 0.6~1.5m/s;干管及集配液管盐水流速达到 1.5~2.0m/s。氯化钙水溶液的凝固点应低于设计盐水温度 8~10℃,密度不宜高于 1.27。盐水循环泵流量不小于 120m³/h,盐水干管压力不低于 0.3MPa。

③ 冷却水的水温、水质应达到下列要求:

a. 水温:螺杆机组运转不高于 35℃。

b. 水质:pH 值供应为 5~6.5。

冷却水循环泵运转正常,流量不小于 80m³/h,冷却水塔运转正常,如图 8-116 所示。

图 8-116　冻结站安装效果图

(5) 积极冻结和维护冻结。

1) 积极冻结。设备安装完毕后进行调试和试运转。在试运转时,要随时调节压力、温度等各状态参数,使机组在有关工艺规程和设计要求的技术参数条件下运行。冻结系统运转正常后进入积极冻结。设计积极冻结时间为 40~45d(具体时间视冻结效果而定)。积极冻结 7d 盐水温度降至-18℃以下;积极冻结 15d 盐水温度降至-24℃以下,开挖时盐水温度降至-28℃以下;去、回路盐水温差不大于 2℃。如盐水温度和盐水流量达不到设计要求,应延长积极冻结时间。每米冻结管(包括冷冻排管)的设计散热量不应小于 100kcal/h。

2) 维护冻结。在积极冻结过程中,要根据实测温度资料判断冻结帷幕是否交圈、是否达到设计厚度,同时要监测冻结帷幕与隧道的胶结情况,测温判断冻结帷幕交圈并达到设计厚度且与隧道完全胶结后,可进入维护冻结阶段。维护冻结期温度为-28℃,冻结时间贯穿联络通道及泵房开挖和主体结构施工始终。

(6) 测温孔检测。

1) 在与联络通道相接的隧道内均应设置测温孔监测冻结壁厚度、冻结壁平均温度、冻结壁与隧道管片界面温度和开挖区附近地层冻结情况。

2）测温孔宜布置在冻结孔间距较大的冻结壁界面上或预计冻结薄弱处。

3）检测冻结壁厚度的测温孔不得少于 2 个，在冻结壁内、外设计边界上均应布置测温孔，测温孔深度应不小于 2m。检测冻结壁平均温度的测温孔不宜少于 4 个，在冻结壁内、外设计边界和冻结壁中部均应布置测温孔。在冻结壁的上、下设计边界上均应布置 1 个以上测温孔，深度应不小于 2m。在集水井中部应布置 1 个以上测温孔，深度应与附近的冻结孔深度一致。检测冻结壁与隧道管片界面温度的测温孔深度应进入地层不小于 0.1m。

4）测温孔内应安装测温管，测温管宜采用具有良好导热性的钢管，且不得渗漏。测温管规格以能安装测点为宜。

5）温度测量精度应达到±0.5℃，测温元件和仪器应经过标定。

6）测温管内安装测温电缆和测温元件后，管口应进行密封和保护，防止测温元件及电缆被移位、损坏。

7）在开始冻结前应测量原始地温。从开始冻结至试挖，所有测点温度应每隔 12～24h 观测一次以上，在开挖和结构施工期间，所有测点每隔 4～12h 观测一次以上；停冻后至冻结壁全部融化期间宜每隔 1～3d 测量一次，监测点可以适当减少。冻结壁全部化冻后可停止温度监测。

8）在冻结壁解冻期间，可在联络通道内布置测温孔检测冻结壁温度回升和解冻情况。

9）所有温度检测应有原始记录，有观测者签字。应根据温度检测结果定期分析冻结壁的形成情况，评价冻结壁形成的质量与安全性。

（7）泄压孔及其他检测工作。

1）在与联络通道相接的隧道管片上均必须布置 2 个以上泄压孔。

2）泄压孔应布置在开挖区非冻土内，泄压孔应贯通开挖区内的透水层，并宜深入地层 0.3m 以上。泄压孔孔径不宜小于 38mm。泄压孔孔口应安装压力表、用于泄水的联络通道和控制阀门。

3）在冻结站运转前，必须检测地层初始水压，并与泄压孔附近地层水文勘察资料比较，发现异常必须查明原因并及时进行处理，确保泄压孔畅通。

4）冻结站运转前期，应每隔 12～24h 观测一次地层水压。水压开始上涨后，应每隔 6～12h 测量一次以上。所有观测应有原始记录，并有当事人签字。泄压孔水压上涨超过初始压力 0.2MPa 时应放水泄压，如泄压孔中有水成线流持续流出，应立即关闭阀门，继续观测。

5）对冻结器供冷发生异常或冻结效果难以确定的部位应打探孔检测冻结壁温度或检测开挖区内土体的稳定情况。

6）在开挖过程中，应检测开挖面四周的冻结壁温度、冻土进入开挖面厚度和冻结壁的收敛情况，检测频率宜为每个掘砌循环一次，如图 8-117 所示。

（8）预应力支架及应急防护门安装。安全应急门在开管片前进行安装，是防止帷幕发生大量砂、水涌出，或位移、变形超值，在其他措施抢救无效的情况下，为确保隧道安全而使用的。安装好应急门后应进行气密性试验，试验结果必须满足设计要求。防护门上应预留气压孔、注浆孔、注水孔，孔径与管路必须匹配。

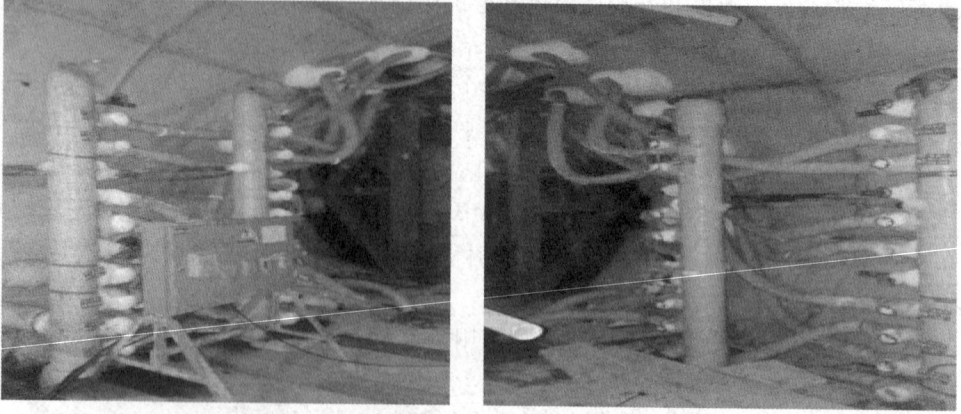

图 8-117　冻结示意图

1）隧道内每个旁通道预留口设 2 榀隧道支撑，分别安装在洞口两侧的第一条隧道管片环缝处。

2）每榀隧道支撑设 7～8 个支撑点均匀地支撑隧道管片上，每个支撑点应能提供最大到 500kN 的支撑力，支撑上半部的 4～5 个支撑点上安装最大顶力 500kN 的千斤顶以调整支撑力。

3）隧道支撑框架用型钢制作，应满足有关钢结构设计规范要求，隧道支撑安装偏离隧道管片环缝处截面不宜大于 20mm。

4）安装好隧道支撑后顶实千斤顶，每个千斤顶的顶力不得大于 100kN，且各千斤顶的顶力应基本均匀。根据实测隧道收敛变形调整各个千斤顶的顶力，收敛大的部位要求适当增加千斤顶顶力，不收敛的部位千斤顶不加力。隧道收敛达到报警值 10mm 时千斤顶顶力达到设计最大值 500kN，如千斤顶顶力达到设计最大值后隧道仍继续收敛，则应采取其他措施加强隧道支撑，如图 8-118 所示。

图 8-118　预应力支撑与应急防护门示意图

（9）开挖构筑施工

1）试挖要求。在未冻结的开挖区中部开一试挖窗口，窗口尺寸不宜大于 400mm×400mm，开窗要逐步扩大。用锹、风镐等从试挖窗口挖深 400～600mm，检查土体含水及稳定情况。若土体干燥、能自立，或者挖深至 800～1000mm 无泥水流出时间持续 24h 以上，则可判定具备正式开挖条件。否则应回填、封闭试挖窗口，采取相应措施，直至下次试挖满足上述要求为止。

2）正式开挖。经试挖判定具备开挖条件后可进行正式开挖。联络通道开挖应采取短段掘砌的作业方法，随挖随支，严格控制冻结壁温度升高和变形，如图8-119所示。

施工完集水井衬砌后施工井盖和防火门门框，根据联络通道结构设计要求施工内防水或抹面。应在施工完初期支护后、施工外防水或衬砌之前再割除开挖区内的冻结管，但施工喷射混凝土时可暂停给受影响位置的冻结管供冷12～24h，如图8-120所示。

图8-119 联络通道开挖示意图

图8-120 临时支护安装图

3）开挖与支护施工参数。初期支护可采用由喷射混凝土、型钢支架、木背板和砂浆充填层组成的结构形式。初期支护钢支架可采用18～22号工字钢等型钢制作，钢支架内侧净尺寸按联络通道结构轮廓外放20～30mm计算；喷射混凝土强度设计等级宜采用C15～C20，厚度与钢支架型钢高度一致；木背板厚度可取30～50mm；充填层可采用粗砂或水泥砂浆，厚度以30mm为宜。

初期支护的承载力应经计算确定，初期支护应能承受25%～50%以上的冻结壁荷载。在以下情况初期支护宜按承受全部冻结壁荷载设计：

① 通道位置有砂土层。

② 通道长度大于15m或通道开挖时间需要15d以上。

③ 通道开挖区附近3m内有特殊变形控制要求的重量建（构）筑物。

④ 初期支护的承载力计算方法应符合有关结构设计规范的规定。

⑤ 可采取全断面开挖方式，开挖面土体难以自稳时可以放坡。

⑥ 掘进段长宜取500～800mm，并宜与初期支护的钢支架间距一致。

4）结构施工。联络通道结构及防水层应严格按照设计和有关施工规范施工。

① 应根据施工工序安排和混凝土是否需要二次倒运的情况，确定混凝土初凝时间。

② 应采取措施确保联络通道拱部混凝土浇筑密实。

③ 应在浇筑完通道段衬砌混凝土且混凝土强度达到设计值的60%以上后开挖集水井。

④ 应考虑环境温度较低可能对混凝土强度增长的影响，如图8-121、图8-122所示。

5）衬砌后充填注浆和地层融沉注浆。

① 注浆孔宜在旁通道结构施工时预埋。注浆管预埋深度以穿透结构层为宜，布孔密度以1.5～2.5m²/个为宜。

② 停止冻结后 3～7d 内进行衬砌后充填注浆。注浆时衬砌混凝土强度应达到设计强度的 60％以上。

图 8-121 钢筋绑扎示意图

图 8-122 模板安装扎示意图

③ 衬砌后充填注浆可采用 1∶0.8 单液水泥浆。注入水泥浆前应先注清水，检查各注浆孔之间衬砌后间隙是否畅通。注浆宜按由下而上的顺序进行，当上一层注浆孔连续返浆后即可停止下一层注浆，直至注到拱顶结束。集水井部位注浆压力不得大于 0.1MPa，通道部位注浆压力不得大于静水压力。

④ 充填注浆结束后根据地层沉降监测情况进行冻结壁融沉补偿注浆。融沉补偿注浆应遵循少量、多次、均匀的原则。

⑤ 一天地层沉降大于 0.5mm，或累计地层沉降大于 3mm 时应进行融沉补偿注浆；地层隆起达到 3mm 时应暂停注浆。

⑥ 冻结壁已全部融化，且实测地层沉降持续一个月内的每半月不大于 0.5mm，可停止融沉补偿注浆。

⑦ 融沉补偿注浆时可以对冻结壁进行强制解冻。强制解冻宜分区、对称进行，并在解冻的同时进行跟踪注浆。强制解冻应加强对周围环境的监控，并应布置专用测温孔检测冻结壁解冻范围。

⑧ 强制解冻宜采用在冻结器中循环热水的方式。热水温度宜控制在 30～70℃之间，加热盐水的电加热器功率不宜小于冷冻机电机功率。

3. 问题排查清单化

(1) 冻结孔偏斜。开孔段是冻结孔偏斜控制的关键，钻进前 2m 时，要反复校核冻结管方向，调整钻机位置，并用精密罗盘或经纬仪检测偏斜，无问题后方可继续钻进。施工现场应该注意以下几点，避免冻结孔偏斜：

1) 根据实际开孔误差调整冻结孔施工方位，以减小冻结孔的最大偏斜值。

2) 间隔施工冻结孔，必要时通过调整中间冻结孔的施工轨迹，减小冻结孔最大成孔间距，使冻结孔间隔均匀。

3) 准确定出开孔孔位、方向，并在隧道两帮布点，采用拉线方法校验，控制冻结孔方向。

4) 先施工穿透联络通道两端隧道的透孔，验证隧道管片上预留洞门的相对位置。当两预留洞门相对位置偏差大于 100mm 时应修正冻结孔设计方位。

5）在施工第一个冻结孔时，检查地质、水文情况，根据施工情况优化冻结孔施工工艺参数。

6）确保冻结管加工质量，先配管确认冻结管连接顺直后再用于施工。

7）在开始钻进或下入冻结管时，应反复检查钻杆或冻结管的方位与倾角，确保孔口段冻结管方位满足设计要求，对于深度较大的冻结孔，开孔段预设 $0.5°\sim1.0°$ 的上仰角。

（2）涌水涌砂应对措施。目前打孔通常采用孔口管二次开孔，但是仍然有打孔过程中涌水涌砂现象，现场发现涌水涌砂应该在第一时间关闭孔口管球阀，同时注意以下几点：

1）如果从孔口管与钢管片外侧涌水涌砂，立即停止钻进，从旁通管或吊装孔注双液浆封堵；如果孔口装置松动，加钢压板用膨胀螺栓固定。

2）下完冻结管后，对冻结管与孔口管、套管的间隙和孔口附近地层进行注浆充填。

3）地层补偿注浆，如发现冻结孔施工过程中有地层沉降，及时进行补偿注浆。测温孔施工方法与冻结孔相同。

4. 实体检查责任化

根据联络通道施工流程，施工现场从管片验收、管片防水质量验收、盾构推进、隧道测量、监测等施工流程中，按流程定人定岗检查验收，每日检查项目及责任主体见表8-18。

联络通道施工检查项及责任主体 表8-18

序号	检查验收项目	验收内容	验收人	责任人
1	场地准备	冻结站布置	工长、施工员	项目质量工程师
		冻结设备检查（应急电源、备用冷冻机）	工长、机管员	
		管路连接质量	工长、质量员	
2	定位开孔与管片开孔	冻结孔、测温孔、泄压孔数量	工长、施工员	
		孔位、偏斜	工长、测量员	
3	孔口装置安装	孔口管安装	工长、施工员	
		检查渗漏水	工长、质量员	
4	积极冻结和维护冻结	积极冻结天数	技术员、施工员	
		维护冻结天数	技术员、施工员	
5	测温孔检测	测温记录	工长、质量员	
6	泄压孔及其他检测工作	压力量测记录	工长、质量员	
		泄压记录	工长、质量员	
7	预应力支架及应急防护门安装	千斤顶顶力	工长、质量员	
		支架轴线控制	工长、测量员	
		应急防护门开闭灵活	工长、质量员	
8	开挖构筑施工	初期支护	工长、质量员	
		二衬施工	工长、质量员	
9	融沉注浆	注浆量、注浆压力	工长、质量员	

第9章 质量缺陷整改

城市轨道交通工程质量缺陷整改管理涵盖着质量缺陷管理和质量改进管理，是构成质量闭环控制的重要环节。在城市轨道交通工程施工过程中对质量进行管理可以有效保证工程质量，降低施工风险。

9.1 质量缺陷分类

根据质量缺陷的严重程度和影响程度，将质量缺陷分为三类，分别为一般质量缺陷、严重质量缺陷和重大质量缺陷。

一般质量缺陷是指对结构性能和使用功能未构成影响的缺陷，此类缺陷由工程技术部交底，技术员和施工员组织处理；严重质量缺陷是指对结构性能和使用功能构成影响的缺陷，此类缺陷由技术负责人交底，副经理组织处理；重大质量缺陷是指对结构性能、使用功能和安全性能有严重影响的缺陷，此类缺陷需成立缺陷处理小组，制订缺陷处理方案并交底，项目负责人组织处理。

9.2 质量缺陷管理

9.2.1 质量缺陷处理流程

质量缺陷处理流程分为一般质量缺陷、严重质量缺陷和重大质量缺陷。项目部针对各类质量缺陷的不同影响程度和严重性，对各类质量缺陷的处理流程进行规范化，明确处理、上报及闭合验收等相关要求，处理流程如图9-1所示。

9.2.2 质量缺陷处理管理要求

1. 一般质量缺陷

（1）发现质量缺陷并上报项目部和监理部：施工过程中每道工序施工完成后应组织质量验收，对出现的质量缺陷应立即上报项目部和监理部。

（2）质量缺陷分类：在项目部和监理部共同见证下，根据缺陷的严重程度和影响范围进行判断，确定为一般质量缺陷，并在统计表登记。

（3）编制技术交底上报技术负责人审批：项目部对质量缺陷的范围、原因进行分析，根据已编制的《××质量缺陷处理方案》和常见质量缺陷处理措施制订针对性的处理措施，细化成《××质量缺陷处理技术交底》并上报技术负责人审批。

（4）对技术员和班组交底：技术交底审批通过后，由工程技术部组织技术员和班组进行质量缺陷处理技术交底，明确施工流程、方法、质量标准和安全注意事项。

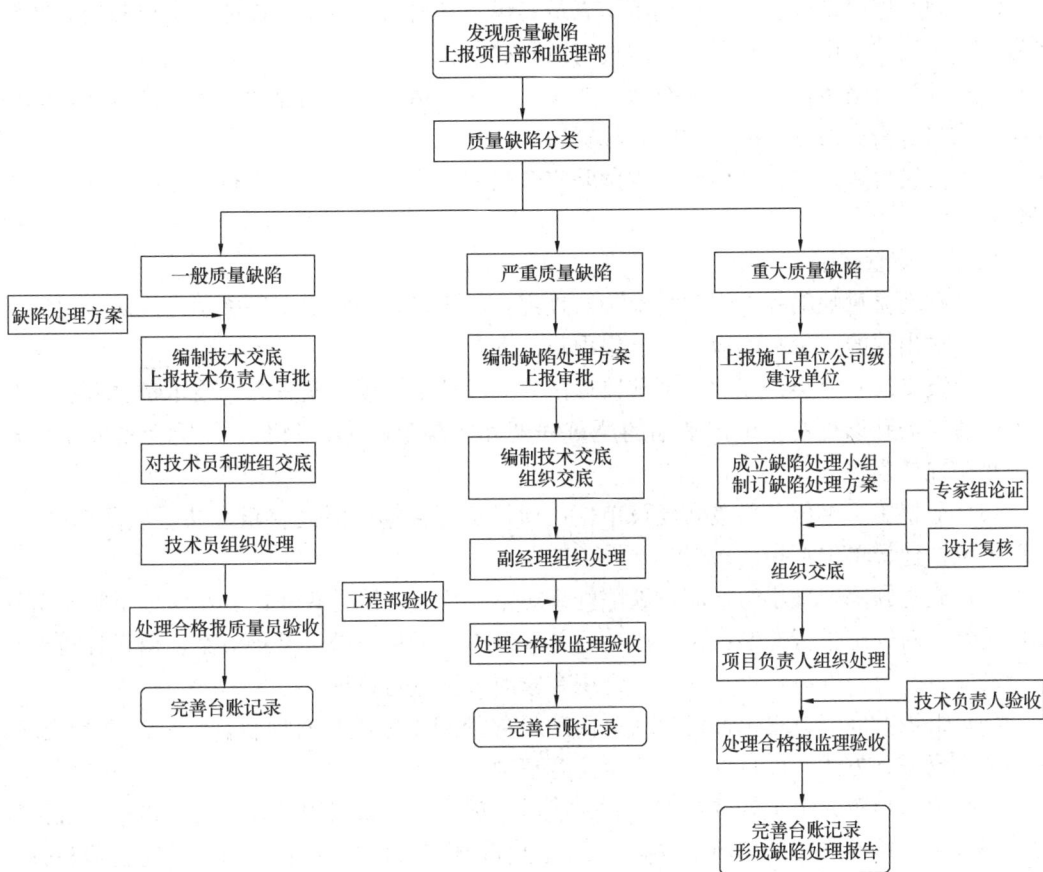

图 9-1 质量缺陷处理流程

（5）技术员组织处理：技术员组织施工员、班组人员、设备和材料等资源，按照技术交底处理质量缺陷。

（6）处理合格报质量员验收：在缺陷处理完成后，由项目部质量员进行验收，验收合格后留好相应的验收影像资料。

（7）完善台账记录：在质量员验收合格后，将该质量缺陷进行销号登记并建立管理台账。

2. 严重质量缺陷

（1）发现质量缺陷并上报项目部和监理部：施工过程中每道工序施工完成后应组织质量验收，对出现的质量缺陷应立即上报项目部和监理部。

（2）质量缺陷分类：在项目部和监理部共同见证下，根据缺陷的严重程度和影响范围进行判断，确定为严重质量缺陷，并在统计表登记。

（3）编制缺陷处理方案并上报审批：项目部对质量缺陷的范围、原因进行分析，编制具有缺陷处理的针对性处理方案，并上报项目技术负责人和监理部审批。

（4）编制技术交底并组织交底：缺陷处理方案审批通过后，由工程技术部编制针对性并具有操作性的技术交底，组织技术员和班组进行质量缺陷处理技术交底，明确施工流程、方法、质量标准和安全注意事项。

211

（5）副经理组织处理：副经理组织人员、设备和材料等资源，按照技术交底处理质量缺陷，处理过程中由工程技术部组织进行过程验收。

（6）处理合格报监理验收：在项目质量员验收合格后，协调监理工程师进行处理效果验收，验收合格后留好相应的验收影像资料。

（7）完善台账记录：在监理工程师验收合格后，将该质量缺陷进行销号登记并建立管理台账。

3. 重大质量缺陷

（1）发现质量缺陷并上报项目部和监理部：施工过程中每道工序施工完成后应组织质量验收，对出现的质量缺陷应立即上报项目部和监理部。

（2）质量缺陷分类：在项目部和监理部共同见证下，项目负责人、技术负责人和总监理工程师均需到场查看，根据缺陷的严重程度和影响范围进行判断，确定为重大质量缺陷，并在统计表登记。

（3）上报施工单位公司级和建设单位：项目负责人第一时间将重大质量缺陷向公司、监理单位、建设单位汇报。

（4）成立缺陷处理小组、制订缺陷处理方案：成立缺陷处理小组，小组成员需亲自到现场查看，对缺陷进行专题讨论，由项目部编制专项的质量缺陷处理方案，由设计对方案进行复核、验算。方案审批完成后，组织专家对方案进行论证。

（5）组织交底：方案论证通过后，由项目部处理小组组长对项目部、班组进行交底，明确施工流程、方法、质量标准和安全注意事项。

（6）项目负责人组织处理：在交底完成后，项目负责人组织管理人员、班组、设备和材料等资源，按照方案处理质量缺陷，处理过程中由项目技术负责人组织进行过程验收。

（7）处理合格报监理验收：在项目技术负责人验收合格后，由总监理工程师组织施工单位、监理单位、建设单位共同对缺陷处理效果进行验收，选择可检验的工具进行检查，验收合格后留好相应的验收影像资料。

（8）完善台账记录形成缺陷处理报告：在总监理工程师验收合格后，将该质量缺陷进行销号登记并建立管理台账，形成缺陷处理报告，指导类似缺陷的处理。

9.2.3 质量缺陷统计管理

1. 质量缺陷统计管理

在发现缺陷后，技术员根据缺陷严重程度，对照缺陷分级表，将缺陷的详细信息进行统计，形成统计管理台账，按月份进行台账的收集、整理、归档，台账模板具体见表 9-1。

质量缺陷统计管理台账（××月份）

表 9-1

序号	缺陷名称	部位	缺陷等级	统计时间	统计人	缺陷照片	备注

2. 质量缺陷销号管理

在发现质量缺陷后，及时组织进行缺陷处理工作，在缺陷处理完成后，完善质量缺陷处理信息和记录，形成销号管理台账。质量缺陷销号管理台账按照月份进行收集、整理、归档，原则上本月需要完成上月的缺陷销号工作。

一般质量缺陷由质量员任缺陷验收人，严重质量缺陷由工程技术部负责人任缺陷验收人，重大缺陷由技术负责人任缺陷验收人，在缺陷处理完成后及时组织验收，完成销号，销号台账模板具体见表 9-2。

质量缺陷销号管理台账（××月份）　　　　　　　表 9-2

缺陷统计时间：××年××月××日～××年××月××日

序号	缺陷名称	部位	缺陷等级	缺陷验收人	销号时间	处理后照片	备注

9.3 常见质量缺陷处理措施

9.3.1 常见质量缺陷描述

对各类常见的质量缺陷特征、产生原因进行学习、分析，做好施工过程中的控制预防工作和产生缺陷后的统计工作。

城市轨道交通工程中常见的质量缺陷分为明挖车站质量缺陷和盾构区间质量缺陷两大部分，常见质量缺陷统计具体见表 9-3。

城市轨道交通工程常见质量缺陷统计表　　　　　　表 9-3

分类		质量缺陷	缺陷描述	备注
车站工程	地下连续墙	露筋	由于槽段缩孔、塌方、泥浆性能不符合要求或钢筋笼偏位等原因，造成地下连续墙开挖面钢筋笼被泥土包裹，保护层厚度不足，导致钢筋外露	
		鼓包	在成槽或浇筑过程中，由于泥浆质量缺陷或槽壁受严重扰动等原因，造成槽壁坍塌，导致地下连续墙墙面不平整、出现鼓包	
		侵限	由于成槽垂直度偏差超过允许值或槽段平面位置偏差过大等原因，造成地下连续墙产生错台或向基坑内侧侵斜，侵入主体结构侧墙	
		渗漏水	在施工过程中，由于接头刷壁不彻底、墙体夹泥或开挖变形等原因，地下连续墙墙体或接缝处形成渗漏通道，出现渗水、漏水（含清水和浊水情况）等现象	
	地下防水	卷材空鼓	由于防水基面不平整、高差过大或铺贴操作不当等原因，导致卷材与基面贴合不严密，存在空鼓	
		卷材污染、破损	防水卷材施工完成后，后续进行钢筋绑扎或混凝土浇筑时，未采取有效保护措施，导致卷材表面出现破损和污染，先铺和后铺卷材无法紧密粘贴	

213

分类		质量缺陷	缺陷描述	备注
车站工程	地下防水	卷材搭接不牢	由于防水卷材预留接头污染或卷材粘接边沾水，导致搭接不牢或翘边	
		防水涂料空鼓	由于基面潮湿，在施工前未充分干燥，防水涂膜施工完成后水分蒸发，造成防水涂膜空鼓	
		涂料涂层夹杂有杂质和气孔	由于涂料在搅拌时混入了空气和杂质或基面未清理干净等原因，在涂膜施工过程中，涂膜中夹杂有杂质和气孔	
		"三缝"渗漏水	由于"三缝"清理不到位、止水带安装不符合规范、设计要求或振捣质量差等原因，防水处理不到位或混凝土不密实，接缝处渗漏水	
	主体结构	钢筋保护层超限	由于垫块位置、尺寸、数量不足等原因，在混凝土浇筑时起不到保护层垫块应有的作用，导致保护层厚度偏差不满足规范允许要求	
		钢筋机械连接外露丝牙超规范要求	由于钢筋丝头加工数量过多或钢筋丝头加工尺寸与接驳器的尺寸不符或钢筋连接时拧紧不到位等原因，导致钢筋机械连接后外露丝牙不满足规范允许要求	
		钢筋机械连接拧紧扭矩不满足规范要求	由于施工过程中接头未拧紧或丝头加工长度不足等原因，导致拧紧扭矩小于规范要求值	
		现浇柱、墙等竖向构件"烂根"	由于钢筋过密、振捣不到位、模板拼缝漏浆或混凝土离析等原因，导致钢筋混凝土结构的现浇柱、墙等竖向构件底部出现蜂窝、空隙、露筋、新旧混凝土接槎不密实等问题	
		露筋	由于钢筋紧贴模板、混凝土振捣不到位或混凝土离析等原因，导致混凝土结构钢筋裸露在结构构件表面	
		蜂窝、麻面	由于模板拼缝漏浆、振捣不充分、气泡未排出或混凝土离析等原因，导致混凝土结构局部出现酥散、气泡，无强度状态（蜂窝）和混凝土局部表面出现缺浆和麻点，形成粗糙面（麻面）	
		表面不平整	由于模板变形，导致新旧接缝错台或混凝土结构表面错台，凹凸不平	
		结构裂缝	由于养护不及时、拆模强度不足或混凝土质量不满足要求等原因，导致混凝土开裂，严重时出现渗漏水	
		渗漏水	由于混凝土振捣质量差或结构产生贯通裂缝，导致产生渗漏水	

分类		质量缺陷	缺陷描述	备注
区间工程	洞口土体加固	端头加固止水效果差	由于端头加固未按方案和设计图纸要求施工，进出洞端头加固体芯样不连续，水平探孔出现流水、流砂现象	
	盾构掘进与管片拼装	管片错台	管片拼装后同一环相邻管片或者相邻环管片之间内弧面不平整的现象	
		管片渗漏水	管片自身裂缝或管片接缝处存在湿渍、漏水	
		管片破碎	掘进过程中管片承受压力过大造成管片崩角、崩边破损，短边通长破损和螺栓孔位置破损等	
	洞门工程	洞口井接头渗漏水	井接头结构存在渗漏水现象	
	联络通道	联络通道渗漏水	联络通道衬砌结构或衬砌结构与钢管片、混凝土管片接缝处或预埋冻结管位置渗漏水	

9.3.2　质量缺陷处理措施

质量缺陷处理前，应根据不同的缺陷，制订具有针对性的处理方法。同时做好缺陷处理的相关准备工作，配备满足要求的处理材料和相应的处理设备，同时做好进场处理人员的技术培训、技术交底和安全教育工作，留好原始影像资料。处理过程中，技术人员要加强技术指导、旁站，做好过程验收。处理完成后，及时组织缺陷处理效果验收，满足要求后进行销项管理。

1. 明挖车站质量缺陷处理

（1）地下连续墙。

1）露筋处理措施。在开挖后，针对露筋位置采用以下步骤进行处理：

① 对露筋位置采用高压水冲洗，将墙面泥浆冲洗干净，再人工将表面松散的混凝土剔除；

② 在露筋面清理完成后，对露筋部位，采用砂浆进行抹面收平或混凝土进行喷射处理，再进行人工找平、养护，确保墙面平整达到防水基面施工要求。

2）鼓包处理措施。针对地下连续墙鼓包，在开挖后应及时进行测量并按照以下步骤进行处理：

① 当开挖后，地下连续墙出现鼓包时，应立即停止土方开挖，组织对鼓包进行破除，鼓包破除须采用人工风镐，禁止采用镐头机破除；

② 在鼓包破除完成后，采用人工砂浆抹面或喷浆处理，人工进行修整，确保防水基面平整。

3）侵限处理措施。针对地下连续墙侵限，在开挖过程需要勤测量，对侵限部位及时发现并采取以下步骤处理：

① 在开挖过程中，发现侵限墙幅后，组织人员进行侵限部位的混凝土破除；

② 在侵限部位破除完成后，采用人工砂浆抹面或喷浆处理，人工进行修整，确保防水基面平整；

③ 若破除露出地下连续墙钢筋后，钢筋仍侵限，则需与建设单位、监理单位和设计单位共同制订处理方案。

4）渗漏水处理措施。针对渗漏水情况不同，采取以下方法进行处理：

① 当沿地下连续墙表面存在湿渍，没有明显渗流时，直接对地下连续墙表面进行剔凿处理，凿出新鲜混凝土后，采用堵漏灵或双快水泥进行封堵；

② 当沿地下连续墙接缝有明显渗流现象，在接缝两侧注射聚氨酯浆液进行封堵；

③ 当地下连续墙接缝出现较为严重漏水现象，且具有一定水压力时，在接缝位置找出渗漏点，安装引流管进行引流；引流管安装完成后，再在接缝两侧注射聚氨酯浆液进行封堵；

④ 若地下连续墙存在严重夹泥或空洞，导致严重漏水、漏砂现象，且具有明显水压力时，应立即停止开挖工作，采用如下步骤进行处理：

a. 如地下连续墙表面有明显凸出不平现象时，需进行简单剔凿处理；

b. 把预先加工好的封堵钢板贴置于连续墙表面，并使渗水点与导流钢管相对，使渗水从导流管流出；

c. 用棉纱拌合油脂材料对钢板封边，用扁状钢钎沿封堵钢板四周缝隙打入，使封堵钢板与地下连续墙之间间隙填充密实，然后用堵漏灵或双快水泥封堵钢板周边，直至无渗水流出为止。严重情况下，可在墙缝外侧对应位置补打旋喷桩或注双液浆进行接缝止水施工。

（2）"三缝"渗漏水。

1）施工缝渗漏水处理措施。对施工缝处出现的渗漏点（缝），小范围渗漏可直接在渗漏缝两侧钻孔埋设注浆头，注射环氧树脂堵漏；大范围渗漏需先打孔，再反复注射超细水泥浆进行填充、补强。

2）诱导缝渗漏水处理措施。对诱导缝处出现的渗漏点（缝），小范围的渗漏可直接在渗漏缝两侧钻孔埋设注浆头，注射环氧树脂堵漏；大范围的渗漏需先打孔，再反复注射超细水泥浆进行填充、补强。

3）变形缝渗漏水处理措施。

① 首先将变形缝内填充的密封胶清理干净，再采用同样材料重新进行填充；

② 若更换填充密封胶后，仍继续渗漏，则通过预留注浆管注射水泥液浆，注浆完成后按要求安装接水槽。

（3）防水卷材。

1）卷材空鼓处理措施。

① 针对基面处理不到位产生的卷材空鼓，需将卷材拆除，对基面进行抹面找平，保证基面平整度，重新铺贴卷材，消除空鼓；

② 针对阴阳角位置空鼓，需对阴阳角进行倒角处理，保证角部有足够的接触面，再重新进行卷材铺贴。

2）卷材污染、破损处理措施。

① 针对防水卷材破损部位，采用同类型材料对破损位置进行修补，补丁边缘至破损边缘距离不小于10cm；

② 针对防水卷材受污染部位，首先将卷材表面泥浆杂物清理干净，保证防水卷材上

下粘贴牢固；同时在防水搭接处涂抹遇水膨胀止水胶进行补强。

3）卷材搭接不牢处理措施。

① 针对受污染的卷材，首先将卷材表面泥浆杂物清理干净，再采用同类型材料将污染位置全部粘贴覆盖，保证与混凝土接触的卷材面清洁，达到有效粘贴；

② 针对粘接边沾水时防水卷材粘接不牢的情况，首先采用干燥的毛织品处理粘接边明水，保证搭接处干燥。若因墙面渗漏水需进行堵漏处理，保证墙面干燥，再重新进行卷材粘贴。

（4）防水涂料。

1）空鼓处理措施。当出现涂膜隆起空鼓时，须将空鼓部分全部刮除，将基面清扫干净，晾晒干燥后，再按照设计要求分层涂刷，重新对该位置进行涂料防水施工。后涂部分涂料需要与周边涂料搭接不小于 10cm。

2）杂质、气孔处理措施。

① 当涂料中出现气孔时，重新对气孔位置进行防水涂料施工，采用涂料将气孔封堵。后涂部分需要与周边涂料搭接不小于 10cm；

② 当涂料含有杂质时，须将含杂质部分全部刮除，将基面清扫干净，再按照设计要求分层涂刷，重新对该位置进行防水涂料施工。后涂部分需与周边涂料搭接不小于 10cm。

（5）混凝土外观。

1）竖向构件"烂根"处理措施。

① 针对面积较小的混凝土缺陷，先将混凝土表面的灰土、浮渣或松散层人工清凿，用高压水冲洗使混凝土表面保持干净；然后用高一标号的砂浆加胶水抹平，并做好洒水养护。

② 针对较大面积、深度较深的混凝土缺陷，先凿除松散的混凝土骨料，用高压水冲洗混凝土表面，再用比原来混凝土强度高一标号的细石混凝土捣实、抹光，并做好洒水养护。

2）露筋处理措施。

① 板面露筋、板底露筋和梁底露筋处理措施：

a. 除锈：由于钢筋外露一段时间后，表面产生铁锈，采用人工将钢筋表面铁锈清理干净；

b. 凿毛：针对表面露筋，先用钢丝刷清除表面浮层污物。如露筋较深，采用人工凿除表面混凝土，使基底露出坚硬、牢固的混凝土面；

c. 冲洗：对凿除的混凝土表面，采用高压水将碎屑、灰尘冲洗干净；

d. 抹面：抹面前，先将基面洒水湿润，再在基面涂刷素浆，并用水泥砂浆将露筋部位抹压平整，抹灰分层厚度控制在 1.5～2.5cm 之间；

e. 养护：在终凝前对表面抹平压光，并洒水养护等强。

② 墙柱露筋、梁侧露筋修补措施：

a. 剔凿：人工进行凿除，在原露筋处仔细剔凿所有松散混凝土，底部混凝土凿成平面，上部混凝土凿成 60°斜面，用钢丝刷刷去钢筋上余留的松渣，并用高压水冲洗干净；

b. 支模：在支模时预先在模板的顶部留置进料口和振捣口，进料口高出结构缺陷处 50cm；

c. 保湿：在支模后开始对原混凝土进行保湿，在模板内塞满湿润的麻袋（或吸水性能强的材料），每 2h 对其浇水一次，保证下部混凝土湿润，待混凝土湿润 24h 后方可浇筑；

d. 浇筑：原混凝土基面湿润透后再进行新混凝土浇捣，浇筑面与进料口齐平；

e. 拆模：混凝土达到一定强度后方可拆模，模板拆除后，用人工轻轻凿除多余的混凝土，防止破坏混凝土结构，并进行磨光处理。

f. 养护：拆模后洒水养护。

3）蜂窝、麻面处理措施。

① 蜂窝处理方法：

a. 小蜂窝：先洗刷干净后，用水泥砂浆抹平压实；

b. 较大的蜂窝：先凿去蜂窝处薄弱松散颗粒，洗净后支模用高一标号的细石混凝土填塞捣实，较深的蜂窝如清除困难，可埋压浆管、排气管，表面抹砂浆或灌筑混凝土封闭后进行水泥压浆处理；

② 麻面处理方法。表面作粉刷的可不处理，表面无粉刷的就在麻面局部浇水充分湿润后，用原混凝土配合比去石子砂浆，将麻面抹平压光。

4）表面不平整处理措施。将不平整处进行凿毛，用原混凝土配合比去石子砂浆进行麻面抹平压光。

5）结构裂缝处理措施。

① 针对不渗漏的裂缝，沿着裂缝进行人工开槽，再用灰浆或水泥压浆法处理；

② 针对渗漏水裂缝，对裂缝处出现的渗漏点（缝），小范围的渗漏可直接在渗漏缝两侧钻孔埋设注浆头，注射环氧树脂堵漏；大范围的渗漏需先打孔，再反复注射超细水泥浆进行填充、补强。

（6）钢筋保护层超限。

1）钢筋保护层厚度过小处理措施。钢筋保护层厚度过小时，除影响钢筋的粘结、锚固外，对构件的防火和耐久性也产生不利的影响，应采取措施加固。在混凝土表面涂刷界面剂，采用方格钢丝网，用射钉将其固定在混凝土表面上，然后抹水泥砂浆，厚度根据需要确定，但不能小于 10mm，并应分层粉刷，粉刷时应压实、抹光，并浇水养护至少 7d。

2）钢筋保护层厚度过大处理措施。钢筋保护层厚度过大时，相应减小了混凝土构件的界面有效高度，这时应由原设计单位根据改变后的界面有效高度进行核算，仍能满足结构安全和使用功能的，可予以验收，否则要采取适当的加固措施进行处理。

（7）钢筋机械连接

1）钢筋机械连接外露丝牙超标处理措施。

① 针对单侧露丝超过 2p 的接头，通过调整套筒位置，可以保证两侧露丝满足规范要求；

② 针对两侧露丝均超过 2p 的接头，若接头可复拧，则可通过复紧来调整丝牙外露数量；若接头无法复拧，则需采用帮焊对接头进行补强。

2）钢筋机械连接拧紧扭矩不满足规范处理措施。

① 若是由于丝头长度过短导致的扭矩不足，则需要将过短丝头切除，按照规范要求重新进行丝头加工，确保丝头在套筒中能够对拢；

② 若是未拧紧导致的扭矩不足，通过复紧进行整改，保证扭矩达到规范和设计要求；

③ 上述措施无法实施时，可采用帮焊对接头进行补强。

2. 盾构区间质量缺陷处理

（1）管片错台。相邻管片之间的错台采用氯丁胶快硬水泥对管片接缝嵌缝，抹补后采用刮刀将错台缝隙表面刮平并清理干净。

（2）管片渗漏水。

1）管片接缝渗水处理措施（止水条未损坏）。管片接缝出现渗水时，管片密封止水条未损坏，仍然起到一定的防水作用，采用在渗水部位打入铝管的方法，并不破坏密封止水条后进行勾缝，采用注入亲水性环氧树脂的方法进行止水。做法如下：

① 采用钢丝刷清出拼缝内的浮泥、泥垢；

② 查清渗漏的部位，沿渗水拼缝按 35cm 的距离钻孔，孔径 1.4cm，孔深 8cm，打入注浆铝管，采用速凝水泥嵌缝埋管，注浆管布置如图 9-2 所示；

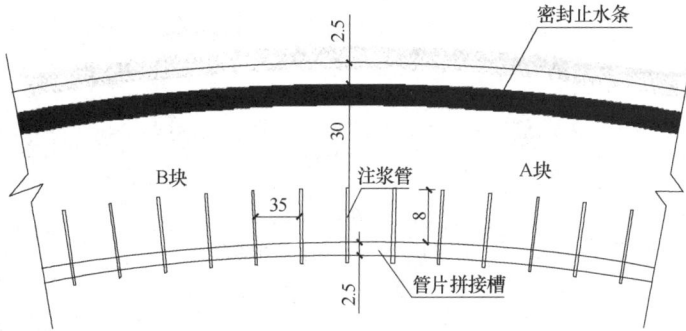

图 9-2　注浆管布置剖面图

③ 对渗水部位用速凝水泥浆进行勾缝；

④ 在铝管内注入亲水环氧浆，注入压力以 0.2～0.3MPa 为宜。观察 1～2h，如果仍有渗水，则继续注入亲水环氧注浆直至不再渗水；

⑤ 最后进行拆管及勾缝面修饰处理。

2）管片接缝渗水处理措施（止水条损坏）。管片接缝出现漏水时，判断防水条已经损坏，需将铝管沿管片环缝打入管片背后，再采用亲水性环氧树脂进行注浆止水。做法如下：

① 采用钢丝刷清出拼缝内的浮泥、泥垢；

② 查清渗漏的部位，沿拼缝渗水处按 35cm 的距离布注浆铝管，孔径 1.4cm，孔深 35cm，采用速凝水泥嵌缝埋管，注浆管布置如图 9-3 所示；

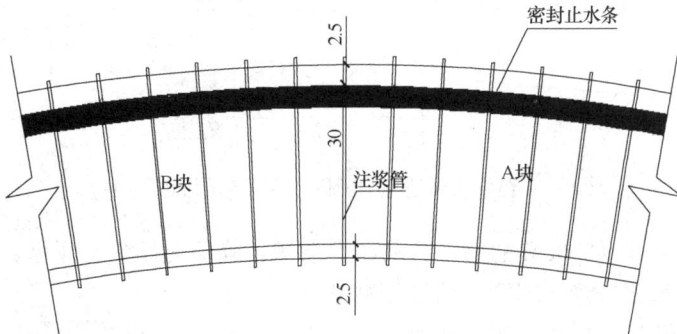

图 9-3　注浆管布置剖面图

③ 反复注入亲水性环氧树脂，直至管片接缝不再渗漏水；

④ 进行拆管封孔处理。

3）管片拼缝涌水处理措施。管片拼缝出现涌水时，注入亲水环氧树脂难以达到止水效果，在涌水处接一段软管排水，然后用快干水泥封堵软管周围，使涌水汇聚到软管排出，最后将软管封住，达到止水效果。严重情况下采用双液浆进行注浆止水。做法如下：

① 查清涌水的部位，在涌水处附近用冲击钻钻孔，孔深8cm，孔径1.4cm，插入软管，注浆管布置如图9-4所示；

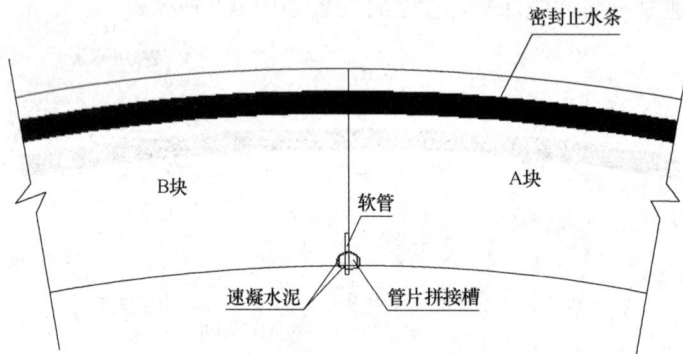

图9-4　注浆管布置剖面图

② 用快干水泥将软管周围涌水位置封堵住，使涌水汇集到软管内；

③ 快干水泥固结后，将软管打结封死；

④ 进行软管修饰处理；

⑤ 上述措施实施效果不理想时，直接采用双液浆止水处理。

4）裂缝渗漏处理措施。

① 查清裂缝的延伸部位，在裂缝的两端和两侧错开钻孔，孔径1.4cm，孔深5.0cm，间距为20cm，注浆管布置如图9-5所示；

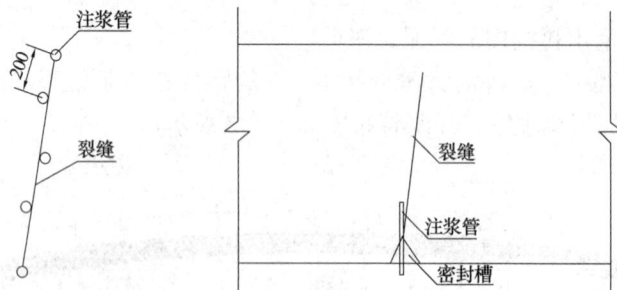

图9-5　裂缝渗漏处理平面图（左）和剖面图（右）

② 沿缝开2.0cm×2.0cm的槽，再清孔、清槽，确保无浮尘、泥垢；

③ 采用速凝水泥嵌缝、埋管，保证压贴紧密；

④ 注入亲水性环氧树脂，闭管待凝；

⑤ 待凝1～2h后，检查孔口泡管，不饱满的进行二次或多次重复注浆，直至浆液填

充饱满；

⑥ 进行拆管、槽口填补及裂缝修饰。

5）管片崩角渗水处理措施。由于崩角处有渗水，可采用高强修补砂浆＋环氧树脂进行复合处理。做法如下：

① 找出缺陷管片，人工凿除已破裂松动的混凝土，再用钢刷清理已凿出的新界面，并用高压水冲洗；

② 采用高强修补砂浆填补，并预先埋设注浆铝管，修饰成型；

③ 待砂浆达到一定强度后，从预埋铝管内注入亲水性环氧树脂；

④ 最后进行封管、找平作业。

6）对拉螺栓孔渗漏水处理措施。对拉螺栓孔出现渗漏时，做法如下：

① 拆卸对拉螺栓孔的螺母；

② 清除螺栓孔中的浮泥、泥垢、锈迹；

③ 采用阻塞球堵塞螺栓孔的一端出口，并从另一端出口插入小铝管。采用早强水泥封密，要求压贴紧密；

④ 在相应的拼缝处对拉螺栓两边，钻终止孔，孔径 1.4cm，孔深 8cm；

⑤ 注入聚氨酯直至泡管饱满；

⑥ 拆管和拔出塞球，清除螺栓孔中的早强水泥，更换胶圈，安装对拉螺栓帽。

（3）管片破碎。

1）不渗水裂缝处理措施。针对不渗水的裂缝，可直接采用 P.O 52.5 水泥对裂缝进行凿槽、抹补。抹补后用刮刀将裂缝表面抹平。

2）渗水裂缝处理措施。

① 浅裂缝骑槽埋入注浆嘴，必要时沿缝开凿"V"形槽并用水泥砂浆封缝；

② 深裂缝应骑缝钻孔或斜向钻孔至裂缝深部，孔内埋设铝质注浆管，间距应根据裂缝宽度而定（以 150～400mm 为宜），但每条裂缝至少有一个注浆孔和一个排气孔；

③ 注浆嘴及注浆管应设于裂缝的交叉处、较宽处及贯穿处等部位，对裂缝的密封效果应进行检查；

④ 等强 24h 后对裂缝进行灌浆。灌浆材料为超细水泥浆液（水泥细度满足表 9-4 要求），超细水泥浆水灰比为 0.4～0.5。浆液以灌浆泵泵送，灌浆压力为 0.4～0.8MPa；

水泥细度标准表   表 9-4

项目	普通硅酸盐水泥	磨细水泥	湿磨细水泥
平均粒径（D50，μm）	20～25	8	6
比表面（cm²/g）	3250	6300	8200

⑤ 再等强 24h 后，检查裂缝情况，未达到堵漏效果的再次进行灌浆，必要时以上述方法重新钻孔灌浆。若修补效果满足要求则切除外露的注浆管；

⑥ 抹补后采用刮刀将裂缝表面清理干净，必要时在裂缝修补处涂刷水泥浆修整表面颜色。

3）缺棱掉角处理措施。

① 修补前将混凝土基层上的松散颗粒、油脂或其他污物清理干净，再用水浸透基层；

② 将管片修补剂与（快硬）水泥混合成浆体，再用抹刀将浆体涂于潮湿（面干）的混凝土表面，一次修补厚度不超过 5mm，等浆体干后立即再抹一层，直至抹平，将多余的浆体清理干净；

③ 缺棱掉角深度大于 1cm 可采用管片修补剂与（快硬）水泥混合浆体反复修补；

④ 修补好后适当养护，保持潮湿状态，不少于 3d；

⑤ 用砂纸打磨光滑。

4）管片严重破损处理措施。经过现场勘查，结合以往修复管片的经验，使用胶皇粘补剂对断面、裂缝、缺角的管片进行修复。做法如下：

① 剔除已剥落的碎块，将破裂表面进行凿毛，然后清理干净，对于裸露的管片钢筋，应将其表面浮物（碎屑或铁锈）除净；

② 在破损混凝土表面布设单层钢筋网片，同时与管片钢筋焊接固定，采用高一标号的细石混凝土进行修复、压实；

③ 为保证管片修复后的外形，可在管片的外缘粘贴一块厚度为 1mm 的黏性泡沫塑料片，外部采用与管片半径及外形相同的金属条固定。

（4）端头加固止水效果差。

1）针对端头加固体芯样不连续的情况，采取增大取芯数量，并对相应的位置进行旋喷桩或双液浆补强。

2）针对水平探孔流水流砂的情况，首先采用单液浆进行竖向加固，双液浆进行水平补强，再重新进行水平探孔，反复检验。

3）加固体外侧设置降水井，始发、接收前进行降水运行，确保水位降至隧道底部以下。

（5）洞口井接头渗漏水。针对井接头渗漏水裂缝，对缝处出现的渗漏点（缝），小范围的渗漏可直接在渗漏缝两侧钻孔埋设注浆头，注射环氧树脂堵漏；大范围的渗漏需先打孔，再反复注射超细水泥浆进行填充、补强。

（6）联络通道渗漏水。

1）针对不渗漏的裂缝，沿着裂缝进行人工开槽，再用灰浆或水泥压浆法处理。

2）针对渗漏水裂缝，对裂缝处出现的渗漏点（缝），小范围的渗漏可直接在渗漏缝两侧钻孔埋设注浆头，注射环氧树脂堵漏；大范围的渗漏需先打孔，再反复注射超细水泥浆进行填充、补强。

9.4 质 量 改 进

施工质量是工程本身的真正生命，也是社会关注的热点问题。在科学技术日新月异和经济建设快速发展的今天，工程的质量关系到国家经济发展和人民生命财产安全。因此，工程质量管理工作尤为重要。但是，在施工过程中，任何一个环节、任何一个部位出现问题，都会给工程的整体质量带来负面影响，甚至是严重后果。为了更好地提升质量管理和改进质量，针对容易出现质量问题的环节、部位进行 QC 活动、工法创新、科技创新或者结合目前科技发展进行微创微改就显得极其重要。

9.4.1 QC 小组活动

在对工程项目质量管理过程中推行全面质量管理（Total Quality Management，简称TQM），建立适用和完善的质量工作体系，对每道施工工序加以管理，形成全面、全员、全过程的质量工作系统，从而不断改善和提高工作质量，可以有效地促进质量目标的实现。QC（Quality Control，质量控制）小组活动作为全面质量管理中的重要一环，正是一种解决一线实际问题，增进工作现场活力，改善和提高工作质量的有效活动。

通常情况下，项目部可针对现场各工序存在的质量通病，开展 QC 活动，从施工人员、施工机械设备、具体操作步骤等层层抽丝剥茧，充分分析该质量通病产生的原因，进而从源头进行改善和改建，以达到减少质量通病，提高现场施工质量的目的。项目上具体可开展 QC 活动的工序见表 9-5。

项目可开展 QC 活动的工序 表 9-5

序号	施工工序	可开展 QC 活动项目	备注
1	围护结构	(1) 如何避免地下连续墙钢筋笼卡笼现象； (2) 如何避免地下连续墙漏筋、鼓包等现象； (3) 如何避免地下连续墙接缝渗漏现象； ……	
2	基坑降水	(1) 如何确保降水井施工质量； (2) 如何确保地质夹层降水效果； ……	
3	基坑开挖	(1) 如何确保基坑开挖纵向坡度，避免滑坡； (2) 如何确保钢支撑架设与基坑开挖进度相匹配； ……	
4	防水工程	(1) 如何确保防水卷材粘贴质量； (2) 如何确保防水板搭接质量； ……	
5	钢筋工程	(1) 如何确保钢筋连接质量； (2) 如何控制钢筋保护层厚度； ……	
6	混凝土工程	(1) 如何确保混凝土浇筑质量； (2) 如何确保混凝土表观质量； ……	
7	……	……	

1. QC 小组活动的流程

QC 小组活动流程主要遵循 PDCA 循环模式，共分为四个阶段十个步骤，具体如图9-6所示。

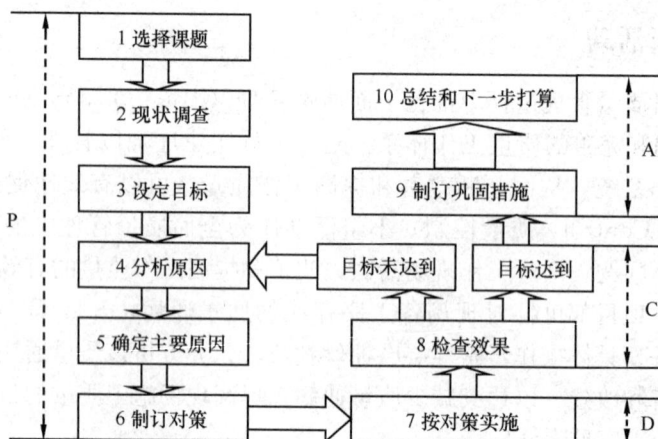

图 9-6 QC 小组的 PDCA 活动流程

P——Plan（计划）。包括方针和目标的确定及活动计划的制订，共分为六个步骤：选择课题→现状调查→设定目标→分析原因→确定主要原因→制订对策。

D——Do（实施）。组织实施，具体运作，实现计划中的内容，共分为一个步骤：按对策实施。

C——Check（检查）。检查执行计划或实施的结果，明确效果，找出问题，共分为一个步骤：检查效果。

A——Action（处理）。对总结检查的结果进行处理，成功的经验加以肯定，制订巩固措施，防止问题再发生，提出遗留问题及下一步打算，共分为两个步骤：制订巩固措施→总结和下一步打算。

2. QC 小组的活动步骤及方法

项目部主要管理人员进场后，由项目技术负责人组织项目副经理、工程技术部、质量监督部组建项目 QC 小组，由项目技术负责人和项目副经理担任 QC 小组领导成员，工程技术部、质量监督部及现场施工员担任 QC 小组组员。

QC 小组的活动经费来源主要以自筹为主，一般由项目申报经费、公司拨付经费和管理成果奖励经费三部分组成。具体项目 QC 小组活动与方法详见表 9-6。

QC 小组的活动步骤及方法

表 9-6

序号	步骤	方　法	注 意 事 项
1	选择课题	仔细研读图纸，结合项目实际情况寻找 QC 小组研究课题，由项目集体讨论并确定项目 QC 小组课题研究方向，提升项目工程质量，避免出现不良损失，提高项目经济效益	课题选择应具体、准确
2	现状调查	根据 QC 小组研究课题，通过收集工程相关资料，结合现场实际调查情况，揭示现状的问题	现状调查应深入，避免数据不全面、不充分
3	分析原因	由 QC 小组领导小组组织小组成员将所收集到的数据资料进行整理分析，根据现状调查情况进行原因分析，项目部 QC 小组领导成员对原因分析进行筛选，从中细致分析，找出症结所在	分析原因应针对问题的症结进行，分析过程要逐层递进展开，每一层之间都要有因果关系

序号	步骤	方　法	注意事项
4	制订对策	项目部 QC 小组成员针对每个主要原因，开动脑筋，相互启发，从各个角度提出改进的想法。QC 小组领导小组对全体成员的改进想法进行筛选、总结，确定所采取的对策	QC 小组成员集中讨论研究，要抓住主要矛盾，把影响问题的主要原因找出来，以便有针对性地制订对策，采取具体措施，有效解决问题
5	按对策实施	对策制订完毕后，小组成员严格按照对策列出改进措施并加以实施。实施过程中，小组领导成员除了完成自己负责的对策外，要多做些工作，定期检查实施的进程。 在实施过程中如遇到困难无法进行下去时，技术组织小组成员讨论，确实无法克服，可以修改对策，再按照新对策实施。 每条对策实施完毕，再次收集数据，与对策目标比较，检查对策是否彻底实施并达到要求	实施过程中做好活动记录，把每条对策的具体实施事件、参加人员、活动地点与具体怎么做的，遇到什么困难，如何克服，花了多少费用都要记录清楚，以便为成果报告提供依据
6	检查效果	所有的原因都得到解决或改进后，按照新的研究方法进行试生产，并从试生产中，收集数据，用以检查所取得的效果。 把对策实施后的数据与对策实施前的现状以及小组制订的目标进行比较	检查效果时要注意是否有其他方面的副作用或者还不完善的地方
7	制订巩固措施	把小组活动中制订的有效措施形成制度、标准，巩固已经取得的成果，防止问题再发生。巩固期长短，根据项目实际需要确定，只要说明 QC 小组取得的成果经过这段时间的实践，采集的数据处于稳定即可	巩固期内，QC 小组及时收集数据，分析比较，并做好相关记录，观察效果是否稳定
8	总结	QC 小组在每次活动结束后，认真总结，认真回顾活动的全过程。对成功的经验要加以肯定，有利于今后更好地开展活动；不足之处也要进行总结，吸取经验教训，以提高解决问题的能力，使得今后在活动中少走弯路	

由项目经理部负责整理申报 QC 成果奖项所需要的支撑材料。项目部严格按照各评奖协会的评审办法或规定，准备相关材料报送评奖协会进行 QC 成果奖项申报。

为使 QC 成果价值最大化，使优秀 QC 成果得以推广与共享，对能促进项目管理提升且有推广使用价值的优秀成果，项目部积极配合建设单位在一定范围内组织推广学习，并在质量交流会上进行交流。

9.4.2　工法创新

工法是指以工程为对象，工艺为核心，运用系统工程的原理，把先进技术和科学管理结合起来，经过一定的工程实践形成的综合配套的施工方法。

工法是具有指导工程施工与管理作用的一种规范化的技术文件，是对先进的施工方法的提炼与总结，也是企业技术标准化的重要组成部分；是企业技术水平和施工能力的体现，也是企业技术创新的重要手段，通俗地说它具有保证工程质量、提高效率、降低工程成本的特点。工法是一种技术积累，形成以后可以大大简化施工组织设计和施工专项方案的准备工作。

1. 工法的特征

（1）工法的主要服务对象是工程建设施工。它来自工程实践，并从中总结出有经济效益和社会效益的施工规律，然后又回到施工实践中应用，为工程建设服务。编制工法不是目的，应用—提升—再应用才是编制工法的目的。

（2）工法的核心是工艺技术，而不是材料、设备，也不是组织管理。材料设备的准备和组织管理方案的选定都是为了保证实现核心工艺的必要手段。

（3）工法的对象，有针对建筑群或单位工程的，也有针对分部或分项工程的。虽说有大小之分，但所有的工法都是用系统工程原理和方法，总结出来的施工经验，具有较强的系统性、科学性和实用性，而且是一个技术和管理相结合的、整体的、综合配套的施工方法。

（4）工法必须符合国家工程建设的方针、政策和标准、规范，必须具有先进性、科学性、实用性，保证达到工程质量和安全、提高施工效率、降低工程成本、节约资源、保护环境等方面的要求。

2. 工法的分类

根据住房城乡建设部 2014 年颁布的《工程建设工法管理办法》（建质〔2014〕103 号），工法分为房屋建筑工程、土木工程、工业安装工程三个类别。

同时，我国工法分为三级，国家级、省（部）级和企业级，其相应要求见表 9-7。

工法的分级及标准   表 9-7

级别	国家级（一级）	省（部）级（二级）	企业级（三级）
关键技术水平	国内领先水平或国际先进水平	省（部）级先进水平	本企业先进水平
经济效益或社会效益	显著	较好	一定

3. 工法的作用

工法是先进技术和科学管理相结合的产物，是企业在工程实践过程中总结和积累起来的宝贵财富。通过工法研发，可以对企业的管理和技术经验进行系统地整理和总结，有助于提高企业的技术素质和施工管理能力，是促进企业创新发展、树立良好品牌形象的关键所在。工法的编写、开发和推广应用，把成熟的施工工艺和科技成果转化为现实生产力，形成企业技术进步的良性循环，促进企业可持续发展。工法的作用如下：

（1）有利于企业的技术积累。通过编写工法可以对企业的管理和技术经验进行系统地整理和总结，形成企业的管理和技术财富，有助于提高企业员工的管理能力和技术水平。使我们不仅会干还善于总结、提炼。

（2）有利于加强企业的技术管理，促进科技成果迅速转化为生产力。

（3）工法对内可作为组织施工和普及技术教育的工具性文件，对外有利于工程项目的投标竞争。

（4）企业的工法体系形成后，可以大大简化施工组织设计的编制和施工方案的准备工作，也有利于企业的经营竞争。

4. 工法的基本内容

一项技术从形成到规范，不仅体现了技术的成熟，同时也体现了管理的成熟。工法作为一种类似于规范、规程的特殊文体，其内容组成、编写格式和语言结构都有严格的规范。一篇完整的工法必须按照以下顺序展开：

（1）前言：简述本工法的形成过程和关键技术的鉴定和获奖情况等内容。

（2）工法特点：说明本工法在使用功能或施工方法上的特点。

（3）适用范围：说明最适宜采用本工法的工程对象或工程部位。

（4）工艺原理：说明本工法的工艺核心部分的原理和理论依据。

（5）施工工艺流程及操作要点：说明本工法的工艺流程及操作要点。

（6）材料与设备：说明本工法所使用的主要材料、施工机械等的名称和要求。

（7）劳动组织：说明本工法所需的工种及其构成、人员数量以及技术要求。

（8）质量控制：说明对最终产品的质量验收要求。

（9）安全措施：说明应该遵循的安全规定和在现场所采取的主要安全措施。

（10）环保措施：说明应该遵循的环境法规和在现场所采取的主要措施。

（11）效益分析：采用对比的方法进行分析，说明应用工法所取得的经济和社会效益。

（12）应用实例：说明采用了本工法的具体工程名称、实物工程量和应用效果。

5. 工法编写要点

工法编写要点见表 9-8。

工法编写要点　　　　　　　　　　　　　　　　　　　　表 9-8

序号	标题	编　写　要　点
1	前言	"前言"两字可以不写。 （1）工法的形成过程：企业通过开发创新，推广应用新材料、新工艺、新技术、新设备的过程，通过局部创新或技术改进对原有工法修改、修订的过程。 （2）关键技术的鉴定情况：鉴定时间、主持鉴定单位、主要鉴定结论。 （3）关键技术的获奖情况：一般指获得哪一级科技进步奖，科技发明奖等。 前言中一般不应出现有关经济效益或社会效益的内容，关键技术的鉴定及获奖情况如果没有可以不写，但工法的形成过程必须在前言中说明
2	工法特点	（1）工法在作用功能方面的特点：指本工法针对工程对象、工程项目起什么作用，有什么功能等方面具有的特点。 （2）施工方法方面的特点：指施工方法本身的特点。 该项内容中要避免将特点和效益混淆，有些特点与经济效益或社会效益有因果关系，指出特点即可，将效益放在"效益分析"中去叙述。 注意不要将本章仅写成本技术在使用功能上的特点。工法中含有技术与管理的内容，技术只是工法的一部分
3	适用范围	说明最适宜于采用本工法的工程对象和工程部位，有的工法还要规定最佳的技术条件和经济条件。工法是一个综合配套的系统工程，因而在本章中也不要仅仅强调本技术的适用范围

序号	标题	编 写 要 点
4	工艺原理	说明工法的工艺核心部分的原理和理论依据。凡是涉及技术保密的内容在编写时都应加以回避。要让使用者能够了解一般工艺原理的大致内容，按照知识产权法的有关规定对本企业的机密加以保护。对于工法中所包含的技术专利，在编写时可以标明专利编号，但是工法在送审时一定要将核心机密作为附件同时上报，否则不利于专家委员会的评审
5	施工工艺流程及操作要点	工艺流程和操作要点是工法的重点内容和核心，应该按照工艺发生的顺序或者事物发展的客观规律来编制工艺流程，然后在操作要点中分别加以描述。对于使用文字不容易表达清楚的内容，也可以辅以必要的图表。本章节应包含两方面内容： 　　(1) 工艺流程：指工艺的基本过程，各有关工序的先后操作顺序和相互衔接关系，可用网络图、流程图、框图、示意图等表示。对由于构造、材料或者使用上的差异而引起的流程上的变化，也应该有所交代。 　　(2) 操作要点：与本工法有关的施工操作要点，有别于其他施工方法的操作要点，与其他施工方法没有什么区别的部分，可以不叙述
6	材料与设备	(1) 材料：说明本工法所使用的主要材料及其规格、主要质量指标以及质量要求等。对于初次使用的新型材料以及目前国家或地方尚未制订质量或验收标准的材料，不仅要列出材料的规格、主要技术指标与质量要求等内容，还应该提供相应的检验及验收方法。一些最常见的材料，如常用水泥、沙子、石子、钢筋；如本工法对这些材料无特殊要求，可不专门叙述。 　　(2) 机械：机具设备说明采用本工法所必需的主要施工机械、设备、工具、仪器的名称、型号、性能以及合理的配置数量。机具设备最好采用列表的方法，对于动力设备以及不常使用的机具设备还应该标明电源的电压、相数、电机功率、合理的配置数量等内容。合理的配置数量以一个最佳劳动组合作为计算单位。对于自行制作的小工具，还应该提供加工示意图
7	劳动组织	说明本工法所需的工种及其构成、人员数量以及技术要求。工种构成、人员数量以一个最佳劳动组合或单位工程量为计算单位。单位工程量宜采用一个工程流水段或施工单元作为确定依据。同时也应该说明各工种的技术等级，对于特殊工种需要持证上岗的情况也应该加以说明
8	质量控制	(1) 本章节要说明最终产品的质量验收要求。应说明本工法所必须执行的国家、地方或者主管部门制订的质量验收标准的名称，尤其应该说明现行标准或者规范中所没有规定的内容。 　　(2) 质量要求可以包含当时已有的国家或者地方质量标准的要求，也可以是实施本工法所遵循的自行制订的质量要求，但是自行制订的质量要求不能低于国家或者地方制订的质量标准的要求
9	安全措施	说明应注意的安全事项和应采取的具体措施，可以列出有关安全生产规定或规程名称。工法中有特殊要求的措施应叙述到位，还应列出现场必须采取的主要安全设施和必要的应急措施和资源
10	环保措施	说明应注意的环境保护事项和应采取的具体措施，是新增加的章节，说明国家环保意识的提高，可参照"安全措施"的写法

序号	标题	编 写 要 点
11	效益分析	效益分析应从工程实践效果分析本工法在质量、工期、成本等方面的经济效益和社会效益。宜采取一些合理的参照物，采用对比的方法进行分析。所谓效益既包括经济效益，也包括社会效益，既可以是直接效益，也可以是间接效益。在进行效益分析时，应该注意在不同的工程相同的指标之间是否具有可比性。应该尽可能提供一些具体的参考数据。 （1）经济效益：节省人工、节省材料、减少机械使用、加快施工进度、节省管理费等带来的成本降低。尽可能提供数据说明。 （2）社会效益：节水、节电、节热等节能效果；减少土地占用，减少或防止空气、地下水、水源、土壤、光、噪声等环境污染；提高工程质量；降低工程造价；降低劳动强度；减少施工周期等
12	应用实例	本章节说明采用了工法的具体工程的名称、地点、开竣工日期、结构形式、实物工程量和应用效果。工程量应该是提供采用本工法或本技术施工的分部分项工程的工程量。可以采用列表的方式进行描述。 一项工法的形成通常需要三个工程的应用实例，最少需要一个工程实例

6. 编写工法的其他注意事项

（1）工法的选题应抓住核心工艺特征和最适用的工程对象选题。新编工法的题目不要与已有的工法重复，当原有工法修改、修订后可用原有工法的题目，若关键技术有创新突破时也可更换题目，工法的题目应该简练明确地反映工法的主题，突出反映工法的核心内容。如果可能的话，应该在工法的题目中对工法的属性给予准确的定位。

（2）编写一篇工法时，对于工法的字数通常不做限制，可以多至数万字也可以少至数千字。工法编写深度必须能满足指导项目施工与管理的需要，对于应当叙述清楚的内容一定要说清楚，而与主题无关的内容则必须坚决删除。

（3）工法作为企业标准，对本企业具有约束力，企业具有知识产权、专利权和修改修订权，其他企业可作参考。

7. 工法申报

（1）国家级工法的申报。

1）国家级工法的申报要求。

① 已公布为省（部）级的工法；

② 工法的关键性技术属于国内领先水平或达到国际先进水平；工法中采用的新技术、新工艺、新材料尚没有相应的国家工程建设技术标准的，应已经国务院建设行政主管部门或省、自治区、直辖市建设行政主管部门组织的建设工程技术专家委员会审定；

③ 工法经过工程应用，经济效益和社会效益显著；

④ 工法的整体技术立足于国内，必须是申报单位自行研制开发或会同其他单位联合研制开发；

⑤ 工法编写的内容齐全完整。

2）国家级工法申报应提供资料。

① 国家级工法申报书；

② 工法具体内容材料；

③ 省（部）级工法批准复印件；

④ 关键技术评估（鉴定）证明；

⑤ 工法应用证明和效益证明，3 份工法应用证明由使用该工法施工的工程监理方或建设方提供，效益证明有申报单位财务部门提供；

⑥ 关键技术属于国家填补国内空白的，应有科技查新报告；

⑦ 关键技术或科技成果的奖励证明复印件；

⑧ 该工法的应用实例少于三项时，应有省（部）级工法审定单位提供的关键技术可靠、成熟性的证明材料；

⑨ 反映工法实际施工的录像光盘（重点是放映工法的工艺操作程序要求）。

（2）省级工法的申报。

1）省级工法的申报条件。

① 已经企业组织审定的企业级工法；

② 工法的关键性技术属于省内领先水平或达到国内先进水平；

③ 工法经过工程应用，证明具有先进性、科学性和实用性，经济效益或社会效益显著；

④ 工法必须是申请单位自行研制开发或会同其他单位联合研制开发，如为联合研制开发若单独申报需经联合开发单位认可；

⑤ 工法编写内容应完整齐全。

2）省级工法的申报材料。

① 省建设工程工法申报书；

② 工法文本；

③ 评为企业级工法的评审材料。

（3）局级工法的申报。局级工法每年评审一次，评审数量不限制。

1）局级工法的申报条件。

① 工法的关键性技术属于局内先进水平；工法中采用的新技术、新工艺、新材料尚没有相应的局技术标准；

② 工法经过工程应用，有一定经济效益和社会效益；

③ 工法的整体技术必须是局各施工企业自行研制开发或会同其他单位联合研制开发；

④ 工法编写内容齐全完整，应包括：前言、工法特点、适用范围、工艺原理、施工工艺流程及操作要点、材料与设备、质量控制、安全措施、环保措施、效益分析和应用实例；

⑤ 工法应按照国家有关技术规范的格式编写，文字要简练、通俗、用语准确规范、标题明确。

2）局级工法的申报材料：

① 局工程建设工法申报书（附件）；

② 工法文本；

③ 关键技术的鉴定、评估证书复印件；

④ 工程应用证明；

⑤ 经济效益证明；

⑥ 关键技术获科技成果奖励等证明。

9.4.3 科技创新

科技创新是指工业企业用于科技创新和技术开发方面的具体活动，包括用于企业研究与发展课题活动的直接支出，以及间接用于研究与发展活动的一切支出。

科技创新是原创性科学研究和技术创新的总称，是指创造和应用新知识、新技术、新工艺，采用新的生产方式和经营管理模式，开发新产品，提高产品质量，提供新服务的过程。科技创新可以分成三种类型：知识创新、技术创新和现代科技引领的管理创新。而对工程单位而言，科技创新主要为专利申报。

针对项目部进行科技创新，首先，应针对现场存在的问题，以问题为导向，从施工工艺、设备、材料等方面寻求解决问题的方法或产品。施工单位可以利用专利局平台进行查询，搜索已有的专利并加以运用，进而解决问题。如未能搜索出相关专利，则项目部可以进行科技创新，并进行专利申报。

1. 专利申报步骤

在现代，专利一般是由政府机关或者代表若干国家的区域性组织根据申请而颁发的一种文件，这种文件记载了发明创造的内容，并且在一定时期内产生这样一种法律状态，即获得专利的发明创造在一般情况下他人只有经专利权人许可才能予以实施。在我国，专利分为发明、实用新型和外观设计三种类型。

发明——是指对产品、方法或者其改进所提出的新的技术方案；

实用新型——是指对产品的形状、构造或者其结合所提出的适于实用的新的技术方案；

外观设计——对产品的形状、图案或其结合以及产品的色彩与形状、图案或其结合所作出的富有美感并适用于工业应用的新设计。

专利申请步骤：

（1）进行专利检索，了解相似技术的专利情况，为撰写文件准备。

（2）编写专利申请文件，包括请求书、权利要求书、说明书及其摘要等。

（3）向专利行政管理部门提交专利申请，并缴纳相应的费用。

（4）专利申请的初审，通过后公布；提出发明专利的实质审查，通过后进行公告，获得专利权。

2. 专利申请程序、审查时间和保护时间

（1）发明：申请—初步审查—补正—公开或依申请提前公开—依申请实审—修改—授权决定—授权公告和专利证书；

审查时间：1.5～5 年；

保护时间：20 年，自申请日计算。

（2）实用新型：申请—初步审查—补正—授权决定—授权公告和专利证书；

审查时间：约 9～11 个月；

保护时间：10 年，自申请日计算。

（3）外观设计：申请—初步审查—补正—授权决定—授权公告和专利证书；

审查时间：约5～7个月；

保护时间：10年，自申请日计算。

3. 专利申请

专利的申请包括两个阶段：申请阶段和审查阶段。

(1) 发明专利的申请阶段。

1) 专利申请权的确认。职务发明创造专利申请权、非职务发明创造专利申请权。

2) 专利申请类型的确定。专利申请分发明、实用新型和外观设计三种类型。只有针对产品、方法或者改进所提出的新的技术方案可以申请发明专利。

3) 申请发明专利应提交的文件及撰写要求。申请文件包括：发明专利申请书、说明书（说明书有附图的，应当提交说明书附图）、权利要求书、摘要（必要时应当有摘要附图）各一份。如果委托专利代理机构办理的，还应提交委托书。外国申请人必须提交我国涉外专利代理机构的委托书，具体见表9-9。

专利申请文件 表 9-9

序号	标题	内 容 要 求
1	发明专利申请书	应当写明发明的名称，发明人的姓名，申请人姓名、地址及国籍，申请人是企业或者其他组织的，其总部所在地的国家；申请人未委托专利代理机构的，其联系人的姓名、地址、邮政编码及联系电话，要求优先权的，应当注明有关事项，申请人或者专利代理机构的签字或者盖章，申请文件清单，附加文件清单，其他需要注明的有关事项
2	说明书	应当对发明专利作出清楚、完整的说明，以所属技术领域的技术人员能够实现为准，必要时应当有附图。说明书的内容按照顺序包括以下内容：技术领域、背景技术、发明内容、附图说明、具体实施方式，发明专利申请包含一个或者多个核苷酸或者氨基酸顺序的，说明书应当包括符合国务院专利行政部门规定的序列表。申请人应当将该序列表作为说明书的一个单独部分提交，并按照国务院专利行政部门的规定提交该序列表的计算机可读形式的副本
3	说明书附图	应当以机械制图的方法使用制图工具和黑色墨水绘制。附图标记应当使用阿拉伯数字顺序编号，图中除必要的关键词语外，不应当含有注释性文字
4	权利要求书	应当说明发明的技术特征，清楚、简要地表达请求保护的范围且应当以说明书为依据
5	摘要	要写明发明的名称和所属技术领域，并清楚地反映所要解决的技术问题、解决该问题的技术方案的要点及主要用途。有附图的专利申请还应提供一幅能够说明该发明技术特征的附图

4) 申请文件的受理。专利局受理处或各局代办处收到专利申请后，对符合受理条件的申请，将确定申请日，给予申请号，发出受理通知书。对申请人面交专利局受理处或各局代办处的申请文件，当时进行申请是否符合受理条件的审查，符合受理条件的当场办理受理手续。

专利局对申请文件受理的条件是：①申请文件中有请求书，请求书中应明确申请专利的类型，写明申请人的姓名或名称及详细的通信地址等。②发明专利申请文件中应当有说明书、说明书摘要、权利要求书。③申请文件的格式、纸张、文字等符合专利局的要求等。

5）受理通知书。向专利局受理处或专利局代办处寄交申请文件的，大约在1个月内会收到国家知识产权局专利局的受理通知书或者不受理通知书以及退换的申请文件。

① 申请日的确认。向专利局受理处或专利局代办处直接递交的专利申请，以收到日为申请日；通过邮局邮寄的专利申请，以寄出的邮戳日为申请日，如寄出的邮戳日不清楚无法辨认，则以专利局或专利局代办处收到日为申请日。

② 申请日改正。申请人收到受理通知后，认为受理通知书上记载的申请日，与邮寄该申请文件的日期不一致时，可在递交申请文件两个月内，拿着收寄申请文件的邮局出具的寄出日期的证据到专利局进行更改。

6）缴费申请。申请人收到受理通知后，申请人最迟应当在自申请日起两个月内缴纳申请费。申请费以及其他费用都可以直接向专利局收费处或专利局代办处面交，或通过银行或邮局汇付。

向专利局受理处或者专利局代办处面交申请文件的，可以在取得受理通知书以后，当时缴纳申请费。通过邮寄方式提交申请的，应当在收到受理申请书以后再缴纳申请费，但是缴纳申请费的日期最迟不得超过申请日起2个月。

（2）发明专利的审查阶段。在中国，对发明专利的审查制度为：初步审查、申请公布、实质审查（延迟审查）与专利权无效宣告程序（异议审查）相结合的制度。

1）初步审查。初步审查的内容包括两部分，第一，形式审查：主要是审查各种文件是否齐全，文件的格式是否符合要求，申请人委托专利代理机构的是否有委托书，申请费是否已经缴纳。第二，明显实质性缺陷审查：实质性缺陷是指申请专利的主题从表面上看是不是实施细则所定义的发明创造，是否明显违反国家法律、社会公德或妨害公共利益，是否明显属于专利法规不授予专利权的内容，申请人是否缺乏申请专利，申请人是外国人的，是否明显没有资格提出专利申请，是否委托涉外专利代理机构办理等。

2）申请的公布。国务院专利行政部门收到发明专利申请后，经初步审查认为符合本法要求的，自申请日起满18个月，即行公布。国务院专利行政部门可以根据申请人的请求早日公布其申请。如果要求优先权的，则从优先权日起满18个月公布。下列三种情况，专利申请不予公布：①经过初步审查不合格或视为撤回的。②申请人自申请日起15个月内要求撤回申请的。③属于保密专利申请的。

3）请求实质审查。专利法规定发明专利申请自申请日起3年内，国务院专利行政部门可以根据申请人随时提出请求，对其申请进行实质审查。申请人无正当理由逾期不请求实质审查的，该申请即被视为撤回。国务院专利行政部门认为必要时，可以自行对发明专利申请进行实质审查。办理实质审查请求的手续是：填写《实质审查请求书》、缴纳实质审查费、提交申请日前与本发明有关的资料。

4）实质审查。实质审查的内容是：①申请专利的发明创造是不是专利法所规定的发明。②申请专利的发明创造是否违反国家法律、社会公德或妨碍公共利益；是否属于不授予专利权的发明。③申请专利的发明创造是否具备授予专利的条件，即新颖性、创造性和实用性。④说明书是否对发明做了清楚、完整的说明，充分公开了请求保护的主题，说明书的撰写是否符合专利法规定的要求。⑤权利要求书在说明书中是否有根据；是否清楚、简要地表达了请求保护的范围，其独立权利要求所表述的是不是达到发明目的的一个完整的技术方案。⑥专利申请是否符合单一性的要求。⑦申请人提出的修改或提案申请，是否超出原说明书和权利要求书记载的范围。⑧核实优先权是否成立。

5）作出审查决定。审查员在作出驳回申请决定之前，会将其认定申请不合格的事实、理由、证据和法律依据通知申请人，并给申请人至少一次陈述意见或补正的机会。如果申请人在规定的时间内未提出新的理由和证据。也未对申请文件进行符合专利法和实施细则规定的修改，审查员才作出驳回的决定，并通知申请人。申请人对驳回决定不服的，在规定的期限内，可向专利局复审委员会提出复审请求。

发明专利申请经过实质审查没有发现驳回的理由，或经过申请人修改补正后符合授予专利权条件的，将由国务院专利行政部门作出授予发明专利的决定，并通知申请人，申请人根据专利局的通知办理专利登记手续。发给发明专利证书，同时予以登记和公告，发明专利权自公告之日起生效。

6）专利权的授予。国务院专利行政部门发出授予专利权的通知后，申请人应当自收到通知之日起2个月内办理登记手续。申请人按期办理登记手续的，国务院专利行政部门应当授予专利权，颁发专利证书，并予以公告。

期满未办理登记手续的，未缴纳登记费、授予当年的年费的，视为放弃取得专利权的权利。

第五篇　安全生产现场控制标准化

第 10 章　现场安全文明施工

城市轨道交通工程现场安全文明施工主要以绿色（文明）施工管理、安全防护管理以及机械设备管理为核心，通过努力改善劳动条件、消除不安全因素、保持施工场地整洁、卫生，科学的组织施工，保障劳动者在工作中的安全健康环境，是体现施工组织科学性和管理水平的主要内容之一，也是增强施工队伍竞争能力的主要标志之一。

10.1　绿色（文明）施工的内涵及管理措施

绿色施工为工程建设中在保证质量、安全、职业健康的基本要求前提下，通过科学管理和技术进步，最大限度地节约资源与减少对环境负面影响的施工活动，实现四节一环保（节能、节地、节水、节材和环境保护）。环境保护是绿色施工的前提和核心要求，必须首先实现。此外，绿色施工仅仅做到"四节一环保"还是不够的，更要重视改善作业条件，减轻劳动强度和提高机械设备效率等。

文明施工是指保持施工现场良好的作业环境、卫生环境和工作秩序。因此，文明施工也是保护环境的一项重要措施。文明施工主要包括：规范施工现场的场容，保持作业环境的整洁卫生；科学组织施工，使生产有序进行；减少施工对周围居民和环境的影响；遵守施工现场文明施工的规定和要求，保证职工的安全和身体健康。

绿色施工是建立在文明施工的基础上优化施工工艺，美化环境，观感更加舒适和优雅，是文明施工的升级版。"四节"（节地、节能、节水、节材）环境保护最大程度减少施工活动对周边环境造成的不利影响，减少资源与能源的消耗，减少施工现场作业，提高工业化水平，减少原材料的浪费，降低建筑生产成本，尽快实现建筑工程向标准化、机械化发展。项目部要积极推动以企业为主体、产学研相结合的自主创新机制，鼓励、支持施工现场进行节能、节水、环保技术改造，淘汰落后的机械设备设施及高耗能、高污染的工艺技术，推广采用节能环保的新设备、新工艺、新技术，推进绿色（文明）施工科技进步。

（1）项目部成立以项目经理为组长的绿色（文明）施工管理体系，制订绿色（文明）施工管理责任制度。

（2）组织施工人员进行绿色（文明）施工教育培训，增强施工人员的绿色（文明）施工意识。

（3）定期对现场绿色（文明）施工进行检查，做好记录，并随时整改。

（4）在生活区和生产区设置明显的节水、节能、节材等警示标志，并按规定设立安全警示标语。

10.1.1　节水抑尘管理措施

（1）实行用水计量管理，由综合办公室制订各施工阶段的用水定额，严格控制各施工段的用水量。

（2）施工现场机具、设备、车辆冲洗用水必须设置循环用水装置（循环水箱），在旁边设置三级沉淀池，经沉淀后用于现场洒水降尘，节约水源，控制施工造成的扬尘污染，如图 10-1 所示。

（3）现场搅拌用水、养护用水应采取有效节水措施，严禁无节水措施养护混凝土。

（4）施工现场供水管网应根据用水量布置，管径合理、管路简捷，采取有效措施减少管网及用水器具的漏损。

（5）施工现场办公区、生活区的生活用水采用节水系统和节水器具，提高节水器具配置比率。项目临时用水使用节水型产品，安装计量装置，采取针对性的节水措施。在水源处设置明显的节约用水标志。

（6）施工用水必须装设水表，施工区与生活区分别计量。及时收集施工现场用水资料，建立用水、节水计量台账，并进行分析、对比，提高节水率，如图 10-2 所示。

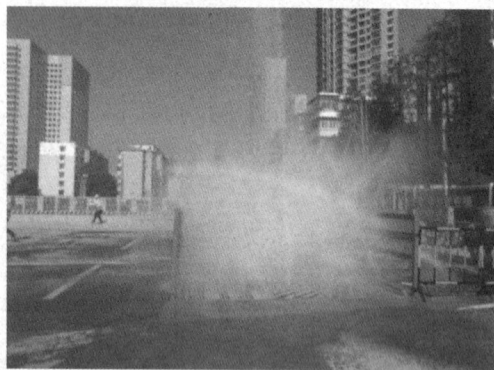

图 10-1　水资源再利用冲洗车辆示意图　　　　图 10-2　用水计量示意图

10.1.2　节能美化标准管理措施

（1）地铁车站基坑及主要通道照明可采用 LED 灯照射，出入大门处设置太阳能灯进行照明。围挡外侧人行道照明采用 LED 灯带＋时空开关，定时开启节约用电，如图 10-3 所示。

（2）办公室采用自然光源、安装节能灯。办公室、宿舍使用空调，夏天制冷室内温度不低于 26℃，冬天制热室内温度不高于 20℃，人员较长时间离开办公室时关闭空调和电源。

（3）生活区配备空气能热水器，既能有效地保证人员洗漱用热水，又能达到水资源的节省和合理利用，如图 10-4 所示。

（4）综合办公室要定期对人员普及节约的相关知识，有效地节约能源。

（5）围挡采用太阳能发电的球形灯，围挡太阳能球形灯的特点：绿色环保、高效节能、高质量、高亮度、高寿命、高智能化、高安全性、高方便性。运行成本低、维护费用低、无需燃料、无污染、节省成本，合理利用太阳能或其他可再生能源。

图 10-3　车站照片采用 LED 灯示意图　　　　图 10-4　采用空气能热水器示意图

10.1.3　节约、文明利用材料管理措施

（1）现场办公和生活用房采用周转式活动房，现场围挡部分装配式可重复使用，工程完成后进行回收再利用；对现场铺设的管线进行保护，划分区域合理存放、布设以便能重复利用节约材料和材料分类标准统一。

（2）施工工艺及模板支护等专项方案予以会审、优化，合理安排工期，加快周转材料周转使用频率，降低非实体材料的投入和消耗；合理确定商品混凝土掺合料及配合比，降低水泥消耗。

（3）施工过程中要求精确定料、合理下料，不浪费；施工中剩余的钢筋头、模板方木等材料要合理利用。设置废料池，将废弃材料分类统一管理。

（4）办公用品由办公室按计划采购，建立领用制度。节约纸张，内部资料尽量双面打印，单面废纸背面充分利用，如图 10-5 所示。

（5）根据施工进度、材料周转时间、库存情况等制订采购计划，并合理确定采购数量，避免采购过多，造成积压或浪费。

（6）施工现场建立可回收再利用物资清单，制订并实施可回收废料的回收管理办法。对物资、材料分类整理，便于节材管理和文明标准化管理，如图 10-6 所示。

图 10-5　废纸再利用示意图　　　　　　图 10-6　垃圾分类处理示意图

（7）选用耐用、维护与拆卸方便的周转材料和机具，对周转材料进行保养维护，维护其质量状态，延长使用寿命。按照材料堆放要求进行材料装卸和临时保管，避免因现场存放条件不合理、存放时间过长而影响场地文明施工标准化和材料浪费。

10.1.4 节约场地标准规划管理措施

（1）根据施工规模及现场条件等因素合理确定临时设施，统一规划和标准美观布设。如临时加工厂、现场作业棚及材料堆场、办公生活设施等的占地指标。临时设施的占地面积应按用地指标所需的最低面积设计，如图10-7所示。

图10-7　场地合理化应用示意图

（2）要求平面布置合理、紧凑，在满足环境、职业健康与安全及文明施工要求的前提下尽可能减少废弃地和死角，临时设施占地面积有效利用率大于90%。

（3）应对深基坑施工方案进行优化，减少土方开挖和回填量，最大限度地减少对土地的扰动，保护现场周边的自然生态环境。

（4）红线外临时占地应尽量使用荒地、废地，少占用农田和耕地。工程完工后，及时对红线外占地恢复原地形、地貌，使施工活动对周边环境的影响降至最低。

（5）利用和保护施工用地范围内原有绿色植被，对于施工周期较长的现场，可按建筑永久绿化的要求，安排场地新建绿化。

10.1.5 环境保护管理措施

1. 大气污染与水污染

（1）在建筑施工中，要选择积极有效的方法来将大气污染与水污染的问题加以解决。首先，就大气污染来说，应该对运输情况进行改善。在现场施工作业中所产生的粉尘很难被根除，但在运输中可以选择必要的措施来减轻其给大气带来的污染，对此，我们可以先把建筑垃圾放到容器中，之后再将其装到车上，防止其直接跟空气接触，同时还可以通过禁止直接对废弃材料进行燃烧的方式来减少有毒气体的产生；其次，水污染这一问题，应该将废水相关的处理工作做好，避免污水直接流出，定期地对废水加以清理。

（2）为防治粉状材料造成扬尘污染，施工对砂石料存放、预拌砂浆罐及搅拌站均采取全封闭厂房；并安装自动抑尘设备，网喷施工搭设防护棚，防止尘土飞扬、污染环境，如图10-8所示。

（3）施工区域与暂不施工区域分开布置，对施工区域内裸露渣土采用绿网100％进行覆盖，防止扬尘；对暂不施工区域裸露场地进行绿化，营造绿色施工氛围，如图10-9所示。

图 10-8　砂石料场封闭洒水示意图

图 10-9　裸土覆盖示意图

（4）施工现场大门内设置车辆自动冲洗设备，对进出车辆进行冲洗，确保不带泥出场；定期对场内道路进行洒水、清扫，控制扬尘。

2. 控制扬尘

（1）安装24h环境在线监测系统，噪声、扬尘、PM2.5、PM10等设定标准数值后，若超标，系统自动启动喷淋，如图10-10所示。

（2）围挡、龙门式起重机、塔式起重机安装自动喷淋系统。基坑周边安装雾炮，无法自动喷淋的地方，用洒水车加雾炮，控制扬尘无死角。

（3）现场应配备洒水车（4m³以上）、除尘喷雾机和喷淋设施。定期进行洒水除尘，保证场地整洁，如图10-11所示。

图 10-10　扬尘监测仪示意图

图 10-11　除尘喷雾机

（4）现场洒水除尘可优先利用提前收集的基坑降水、雨水等。

3. 防止土污染

（1）通过盾构机渣土改良从源头控制土污染。盾构机配置有一套膨润土注入系统。在确定不使用泡沫剂的情况下，关闭泡沫输送管道，同时将膨润土输送管道打开，通过输送泵将膨润土压入刀盘、渣仓和螺旋输送机内，达到改良渣土的目的。泡沫装置首先按一定比例将活性剂和水分别由活性剂泵和水泵泵入泡沫发生器，然后在泡沫发生器中进一步和压缩空气进行混合生成泡沫，其中一部分通过四条独立的管道将泡沫经过盾构机前部的中心回转接头输送到刀盘，其余部分经过各自的管道进入土仓和螺旋输送机对渣土进行改良，如图10-12所示。

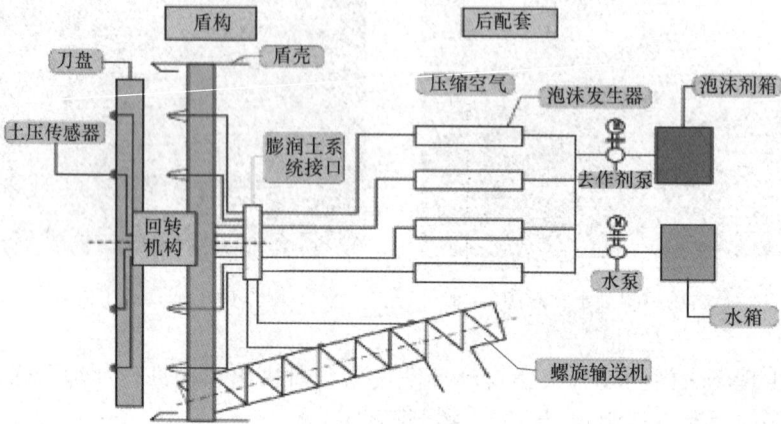

图 10-12 泡沫及膨润土示意图

（2）施工现场未能及时运弃土方时，除满足安全要求外，还应采用密目网格布进行遮盖，防止扬尘污染。

（3）土方运输选用有液压自动封盖的车辆，施工区域出口处设洗车槽，不得将泥土带上市政道路。运送袋装或散装材料的车辆要用帆布严密遮盖，防止遗撒及粉尘污染；施工现场不倒垃圾、杂物，垃圾、杂物及时清运，运输过程中应严密遮盖，如图10-13所示。

（4）经过施工改良后的土体如桩泥、盾构泥土等必须在指定的渣土坑内存放，渣土坑密封良好，泥水不得外溢。泥浆运输需要待泥浆水分蒸发后方可装车运输，如图10-14所示。

图 10-13 车辆冲洗

图 10-14 渣土密封运输

（5）土水分疏干情况，若需要紧急运输时，采用密闭式泥浆专用车辆运输，或将运输车辆采用油布铺设包裹，密封完好，禁止泥浆沿路流洒。

4. 减轻噪声的污染和固体废弃物的污染

（1）合理科学的运用相关施工设备、拟定这些机械设备运作时间，将噪声污染这一问题解决。对于那些在运行时产生相对大的噪声设备应该尽量少用，且在使用时确保不在人们日常休息时间，此外，施工人员一定要保持文明施工，在施工时不应大声喧哗。要想将固体废弃物污染降低，就应该防止堆放固体废弃物，严格根据可回收和不可回收的类别对其进行分类，使固体废弃物中有价值的部分可以得到充足的再次使用，对于没有价值的废弃物也要将其有效处理，如图 10-15 所示。

图 10-15　隔离措施示意图

（2）混凝土施工采用低噪声振捣棒最大限度减小施工噪声；材料运输车进入现场严禁鸣笛，装卸材料使用龙门式起重机等设备轻拿轻放。施工现场安装 24h 环境在线监测系统，通过 LED 显示屏公示噪声数值，若超标，系统自动启动报警，监控室值班人员将信息发送至现场管理人员手机上，收到信息后立即处理，直至报警解除；对于现场频繁使用的设备首选静音型号。

5. 防止有害的化学品污染

首先，施工现场将专用油料和油漆以及危险的化学品库分类存放，并对存放的仓库地面和墙面做好防止渗透的处理工作，相关的保管人员要有专人来负责，避免油料渗漏和冒出，给水体和土壤都带来污染；其次，不要将有毒有害的废弃物掺杂土方来回填，应该将其交付具有相关能力的单位加以处理；最后，对于施工中容易发生易燃易爆的物品还要设立单独的库房，如图 10-16 所示。

图 10-16　材料分类存放示意图

10.2　安全防护管理

安全防护管理主要是通过对项目施工现场临边护栏、用电、消防、防中毒设施等常见安全防护设施的管理进行文字说明，并运用效果示意图与实景照片，规范各类安全防护设施的示范做法，现场施工时应加强对现场相关设施的设计、施工、验收工作的管理，以建立长效机制，使现场的安全防护设施常态化处于安全标准的状态。

10.2.1 临边防护管理

项目对施工现场机械设备作业区域、现场危险区域、临空面（与坠落基准面相对高度2m 及以上）、基坑边、预留孔洞以及有坠落、坠物或其他危险的场所必须设置临边防护护栏，并悬挂警示标志，见表 10-1。

常见临边类型及防护措施 表 10-1

序号	临边类型	防护措施
1	桩孔/地下连续墙导墙/槽孔临边	采用硬质移动护栏防护，护栏设置于导墙翼板外侧，禁止机械碾压，防止人员跌落，并悬挂警示标志
2	集土坑临边	集土坑与交通道路相邻侧应用固定围挡进行封闭，开口处采用硬质护栏进行防护，并悬挂安全警示标
3	泥浆池通道临边	泥浆制备区采用钢管式护栏或其他刚性制式护栏，且走道板满铺
4	基坑临边	基坑护栏可采用定型护栏，护栏立柱采用方钢，两道连接板采用钢筋插削固定连接，防护栏外框采用方钢，中间采用钢板网
5	基坑首道撑临边	防护措施同基坑临边，顶部设置防雨棚，其中首道撑行人部位与坑边60cm 挡水坎处设置预制钢踏步，两侧采用钢管焊接防护
6	车站结构楼梯、洞口等临边	防护措施同基坑临边采用定型护栏，上部洞口处采用防坠网进行全方位覆盖
7	模板支架端部临边	模板铺装后，在临边侧采用φ48mm 钢管搭设固定防护，与底部模板平齐。设置二道水平横杆，立杆应与架体连成一体且至少三个扣件以上，立杆间距≤1.5m。内侧挂设密目网或钢丝网及安全警示标志
8	盾构隧道、轨行区走道板临边	根据盾构掘进进度沿走道板设置，每隔 3.5m 设置高 1.3m 规格为40mm×40mm×2.5mm 方钢，顶部穿孔，上横杆距板 1.2m，中横杆距板 0.6m，表面涂刷黄黑警示漆或张贴黄黑警示带
9	中、顶板支架周边、侧墙防水铺设、侧墙钢筋绑扎、中隔墙及翻梁等结构临边	中、顶板支架周边在临边侧采用钢管搭设固定防护，与底部模板平齐，设置二道水平横杆，立杆应与架体连成一体且至少三个扣件以上，立杆间距≤1.5m。内侧挂设密目网或钢丝网及安全警示标志。 中隔墙、翻梁施工，板中部形成条状孔洞。中部临板两侧应使用钢管搭设固定防护（搭设方式与板面周边相同），中部孔洞铺设安全防坠网，防止人员跌落。 侧墙及结构柱施工一般采用钢管脚手架一次性搭设到位，一侧设置上下梯道，与架体相连接，踏步采用 90cm 杆件对拼十字扣紧固，并设置扶手杆，与作业平台防护栏杆相连接，高度均为 1.2m，中间杆设置平面高度 0.6m，立杆间距不大于 2m，作业平台走道板满铺，不得出现翘头板，梯道、防护栏均悬挂安全警示标志

考虑到施工周期影响，应分为定型工具化护栏及临时护栏，现场施工首选定型化护栏，护栏立柱采用 40mm×40mm 方钢，两道连接板采用 8mm 钢筋插削固定连接或双排螺杆进行固定，底部支撑采用膨胀螺丝进行固定，外框采用 30mm×30mm 方钢，每片高 600mm、宽 1500mm，中间采用钢丝网，钢丝直径或截面不小于 2mm，网孔边长不大于 20mm，如图 10-17、图 10-18 所示。颜色涂刷可采用红白相间、蓝白相间或黑黄相间警示漆；临时护栏有铁马移动护栏及钢管临时护栏，应连续设置，防护设施的构造和强度、刚度应符合《建筑施工高处作业安全技术规范》JGJ 80—2016 的规定要求。

图 10-17 定型工具化护栏图

图 10-18 铁马移动护栏图

安全防护设施经过安全环保部验收后方可使用，且拆除须经安全环保部同意。安全人员每天应对各类安全防护设施进行巡视检查，及时修复安全防护缺陷，严防高处坠落、坠物事故。临边防护应采用钢管围栏或定型化、工具化围栏进行防护，方便安装拆卸及重复利用，提高利用率，并保证一定的强度、刚度和稳定性。防护栏杆及挡脚板应设置由黄黑、红黄、红白相间的斜线组成的标线，栏杆外立面挂设安全标志。施工现场防护如图 10-19～图 10-30 所示。

图 10-19 机械旋转区域防护图

图 10-20 楼梯防护图

图 10-21　板内预留孔围护

图 10-22　板内临时楼梯口围护

图 10-23　防坠平网图

图 10-24　钢管脚手架防护通道

图 10-25　行走区域隔离示意图

图 10-26　塔式起重机周边隔离防护示意图

图 10-27　混凝土支撑通道图

图 10-28　上下井口防护图

图 10-29　防护电瓶车轨行区防护

图 10-30　隧道走道板临边防护图

10.2.2　用电设施管理

1. 现场临时用电管理

现场临时用电组织设计应由电气工程技术人员组织编制，经公司技术负责人审批，监理单位审查同意后，严格组织实施。项目安全环保部应按照用电设施布置图布设，临时用电工程必须由安全环保部组织，经编制、审核、批准部门和项目部共同验收，合格后方可投入使用。

项目在施工现场配备专业电工对现场临时用电进行日常管理，专业电工归项目安全环保部管理。现场安装、维修、拆除临时用电设施必须由持证电工完成。

项目安全环保部应负责对用电设施进行验收，定期对临时用电工程检查，检查时应复查接地电阻值和绝缘电阻值，对检查中发现的安全隐患必须及时处理，并应履行复查验收手续。

施工临时用电必须建立安全技术档案，并应包括下列内容：用电组织设计；修改用电组织设计；用电技术交底资料；用电工程检查验收表；电气设备的试、检验凭单和调试记录；接地电阻、绝缘电阻和漏电保护器漏电动作参数测定记录表；定期检（复）查表；电工安装、巡检、维修、拆除工作记录。安全技术档案应由主管该现场的电气技术人员负责建立与管理。其中"电工安装、巡检、维修、拆除工作记录"可指定电工代管，每周由项目经理审核认可，并应在临时用电工程拆除后统一归档。

现场用电必须采用 TN-S 接零保护系统，三级配电两级保护。由总配电箱经由分配电箱到开关箱到用电设备，严禁一闸多机现象。配电箱、开关箱应有名称、用途、分路标记及系统接线图，箱门应配锁，并由电工负责；箱体外应张贴安全标志。现场电缆线路应采用埋地或架空敷设，严禁沿地面明设。安全环保部安排电工每日对现场临时用电进行巡视检查，规范填写电工巡视记录，定期进行接地电阻及漏电保护测试，及时填写测试记录，规范现场临时用电管理，严防触电事故。用电设施如图10-31～图10-35所示。

图 10-31　配电室防护示意图

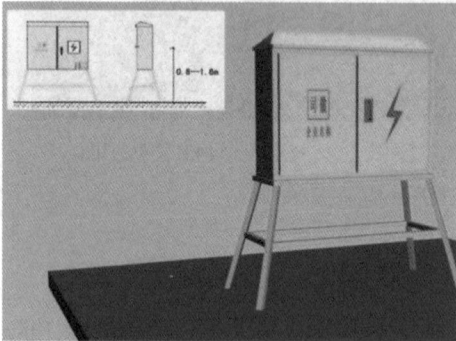

图 10-32　移动式开关箱示意图

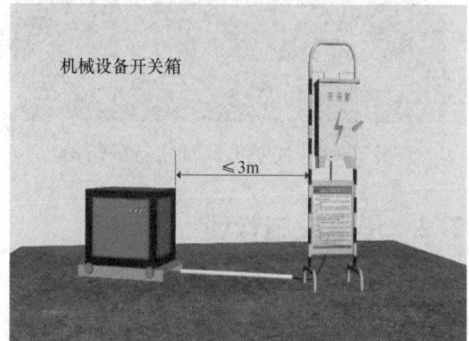

图 10-33　开关箱与用电设备间距示意图

图 10-34　桥架式电缆敷设

图 10-35　地面临时性架空电缆敷设

2. 照明设施管理

（1）办公生活区照明。施工现场生产用电与办公生活用电要分开设置，办公生活区每栋活动板房宜设置一个配电箱作为电源接入点及控制开关箱，其中照明线路作为单独的线路由专门的漏电保护器控制；配电箱宜悬挂固定于活动板房上，照明、空调引出电线穿防护套管按照横平竖直、美观、布局合理的原则引至活动板房的电源接入点；室内照明配线宜采用穿电工套管敷设；每间宿舍应独立设置控制电箱，并应设置具有隔离作用及短路保护、过载保护和漏电保护的电器；民工生活区一律采用 USB 插板进行充电，空调插座、USB 插座要分别单独布线。项目安全环保部联合专业电工每周对办公生活区照明用电进行检查，填写临时用电检查记录，规范办公生活用电，保证用电安全，如图 10-36、图 10-37所示。

图 10-36　临建设施 USB 插座

图 10-37　临建设施限流器

（2）施工现场照明。项目施工现场的照明应分为基本照明及工作照明。基本照明必须满足人员通行的视觉需要，工作照明应根据现场实际在工作区域设置集中照明；施工现场照明用电必须与动力用电分开设置，电缆线应采用软质橡皮护套线，并配有漏电保护器保护，灯具的金属外壳应作接零保护；现场照明用电安装必须由项目电工完成，分包队伍接入照明用电时，必须由项目专业电工进项监督并经项目检查验收合格后方可投入使用。项目安全环保部联合电工对现场照明用电每日进行巡查，发现问题及时处理，并填写检查记录，规范现场照明用电，保证用电安全。

（3）盾构隧道照明。隧道内照明用电必须与动力用电分开设置，且施工区域照明电压应不大于 36V，照明线路应布置在隧道内人行通道一侧，照明线路应采用绝缘子固定于电线支架上，电线支架沿管片固定，间距应与照明灯布设同步。隧道内每 10m 安装一个节能照明灯或者沿线布置 LED 灯带，每 50m 布置一个应急照明灯具。

现场照明相关布置如图 10-38～图 10-43 所示。

图 10-38　围挡照明布置图

图 10-39　车站结构内照明布置图

图 10-40　车站内 LED 灯带照明布置图

图 10-41　工作照明灯架示意图

图 10-42　隧道节能照明灯布置图

图 10-43　隧道 LED 灯带照明布置图

10.2.3　消防设施管理

安全环保部应制订消防设施维修、保养、检测等的操作规程和管理制度；建立消防设施配置、运行等情况的管理档案和消防设施布置图；组织消防设施的操作、管理人员接受消防安全培训；对消防设施的维修、保养、检测等有关情况记录检查，并按照要求设置相关标志。项目安全环保部对办公生活区消防设施要进行验收，对现场消防器材要每周定期进行检查，并及时填写验收或检查记录，规范现场消防设施的设置及管控，严防火灾事故。

现场消防器材和设施包括：灭火器、消防架、消防沙、消防车道、消防水源等。项目消防重点区域包括：办公生活区，动火作业区，发电机房，变配电房，木材、防水材料、油脂油料等易燃易爆危险品存放和使用区域。以上区域消防设施配置和管理由项目安全环保部负责。项目施工现场及办公生活区域，灭火器的配置标准应符合现行国家标准《建设工程施工消防安全技术规范》GB 50720 的要求，消防区域要划分责任人，张贴消防责任牌，如图 10-44～图 10-47 所示。

图 10-44　消防站布置示意图

图 10-45　消防沙箱示意图

图 10-46　消防车道示意图

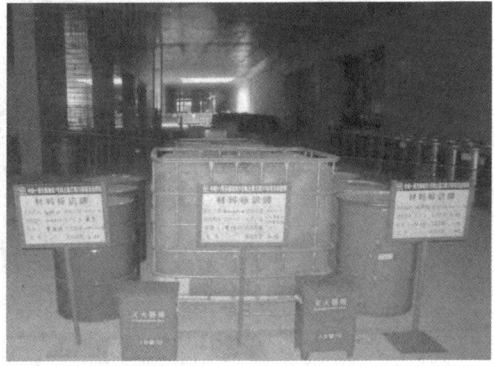

图 10-47　灭火器布置示意图

10.2.4　防中毒设施管理

1. 通风系统布置

盾构隧道施工时，隧道内必须配备通风装置，可采用机械送风系统，向隧道内输送新鲜空气。通风装置放置位置宜距离隧道口 5～10m，通风机应采用机械方式连接，通风管路采用柔性伸缩式风管，沿隧道拱顶或拱侧偏上方位置布设，吊挂平直，拉紧吊稳，接头严密，风管末端宜距离工作面不大于 15m。通风装置周边应设置隔离防护措施，项目安全环保部应定期对隧道内空气质量进行检测，如图 10-48、图 10-49 所示。

图 10-48　盾构隧道内通风示意图

图 10-49　隧道风机隔离防护设置示意图

2. 有毒气体检测设备

盾构隧道施工时，盾构设备应配置一套固定式气体检测装置，有害气体浓度含量能够在触摸屏和工控机上进行显示，能够实现自动检测报警的功能，同时项目必须配置不少于2套的便携式气体检测仪，用于 CO、O_2、CH_4、H_2S 等有害气体浓度检测。由项目安全环保部每天定时对隧道内空气质量进行检测，每天检测频率不得少于 3 次，检测后及时填写检测记录，有害气体检测数据超过规范标准后，及时进行预警，启动应急预案，并安排工作人员撤出作业面，加强隧道内通风，等有害气体检测合格后方可再次进入作业面。气体测试仪器应定期计量，安全环保部设置专人管理和保养，以保证其完好，如图 10-50、图 10-51 所示。

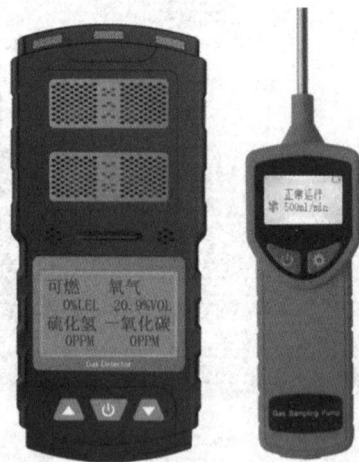

图 10-50　盾构机配置固定式气体检测装置示意图　　图 10-51　便携式气体检测装置示意图

10.3　机械设备管理

项目施工现场工程作业使用施工设备种类繁多，既有大型设备，也有小型机具。为规范施工设备管理，项目经理部必须从各类设备的进场、安装、拆除、检测、登记、检查、验收及日常管理等方面对设备使用进行规范要求，以达到做好项目施工现场安全管理的目的。

10.3.1　起重吊装设备管理

城市轨道交通常见的起重吊装设备主要有：塔式起重机、龙门式起重机、履带式起重机、汽车式起重机和码头起重机等，起重吊装设备是城市轨道交通工程最常用的机械设备之一，需要项目经理部严格执行相关管理工作流程，并对配套人员进行严格检查，方能起到真正减小风险，达到安全管理的目的。

1. 起重吊装设备管理流程

城市轨道交通工程起重吊装设备管理流程见表 10-2。

设备类型	设备名称	设备管理流程								
		① 安装告知	② 安装或分包单位自检	③ 总包单位检查	④ 监理单位检查	⑤ 检测	⑥ 使用登记	⑦ 监理审批	⑧ 拆卸告知	⑨ 日常管理
起重设备	塔式起重机	✓	✓	✓	✓	✓	✓	✓	✓	✓
	龙门式起重机									
	履带式起重机					✓				
	汽车式起重机	✗				✗（需年检报告）		✗	✗	
	码头起重机					✓				

注：打✓表示需要，打✗表示不需要，所有打✓检查结果均应合格方可进入下一步骤。

2. 起重吊装设备安拆、检测、登记、验收管理

（1）进场管理。起重吊装设备进场之前，项目物资机电部进行设备报验，附设备"两证一书"、保险单，经监理审批同意后设备方可进场。严禁使用私人设备。

租赁设备还应满足以下要求：应与出租人签订租赁合同及安全协议，明确安全责任；出租单位应持有合法的经营手续，具有机械设备租赁经营项目的营业执照、起重设备租赁行业确认书。

（2）安装告知、拆除告知管理。

1）塔式起重机规格、型号、出厂编号与特种设备制造监督检验编号应保持一致，进场应提供生产（制造）许可证、起重机械设备产品合格证和使用说明书，建立设备档案。

2）超出规定使用年限的塔式起重机应进行安全评估，安全评估不合格严禁使用。

3）安装、拆卸作业前应向当地施工安全监督机构办理告知手续，四方验收责任人签字确认，经第三方单位检测合格后，在安全监督机构办理备案、登记手续，取得准用证书。

（3）安装、拆除管理。

1）起重机械安装和拆卸工程应由工程技术部组织、物资机电部配合，依据规范要求编制安装、拆卸施工专项方案，并由企业技术负责人签字报监理审批。专项方案应该由施工总承包单位组织编制，起重机械安装拆卸实行专业分包的，专项方案可由专业承包单位组织编制，总承包单位审批后报监理批准。

2）塔式起重机安拆应按照施工专项方案、规范、操作规程等要求进行，监理工程师、设备工程师、安全工程师应全程管理。

3）安装、拆卸现场应设置警戒隔离区域，防止无关人员进入。指挥人员使用明确的指挥信号进行指挥。

4）安拆单位应具有建设行政主管部门颁发的起重设备安装工程承包资质。

5）安装拆卸特种作业人员应持有住房城乡建设部颁发的特种作业操作资格证书，起重司机（履带式起重机、汽车式起重机、码头起重机）取得质监部门颁发的特种作业操作资格证书后，方可上岗作业。

（4）检测管理。项目经理部的物资机电部组织，由具有资质的技术检测机构对起重吊装设备检测合格。

（5）验收管理。项目经理部的物资机电部组织、安全环保部参与对起重吊装设备进行验收，自检合格后，报监理验收合格后方可使用。

3. 起重吊装设备日常管理

（1）人员持证。塔式起重机、龙门式起重机作业人员持证要求见表10-3。

起重吊装设备操作人员持证一览表   表 10-3

序号	证件种类	设备名称	人员持证类型	发证机构	相关要求
1	司机	塔式起重机	建筑塔式起重机司机	住房和城乡建设行政主管部门	持证满3个月方可独立上岗
		龙门式起重机	桥（门）式起重机司机		
		履带式起重机	起重机械司机	（××市）质量技术监督局	持证满1年方可独立上岗
		码头起重机			
		汽车式起重机	起重机械作业	质量技术监督局 Q8 证	
2	信号司索		住房和城乡建设行政主管部门		信号司索工须自初领证之日起且从事本职工作满3个月后方可单独上岗作业
3	塔式起重机、门式起重机安拆工		住房和城乡建设行政主管部门		持证满3个月方可独立上岗

（2）设备标志。起重设备必须在指定位置张挂起重机设备使用登记牌如图 10-52 所示、人员信息牌如图 10-53 所示和操作规程，并在醒目位置设置安全管理信息牌，如图 10-54 所示。

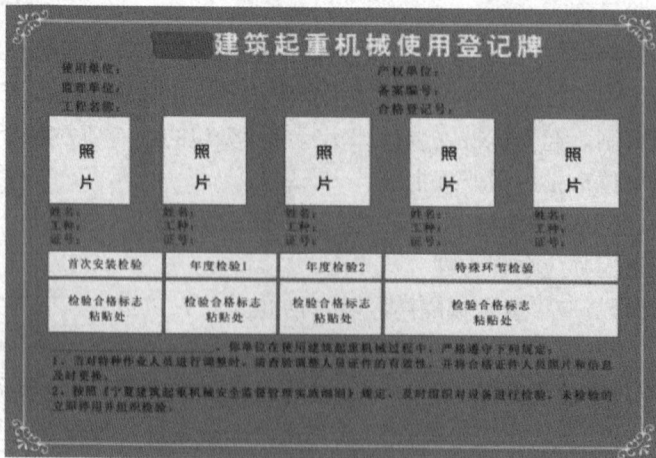

图 10-52　起重设备使用登记牌

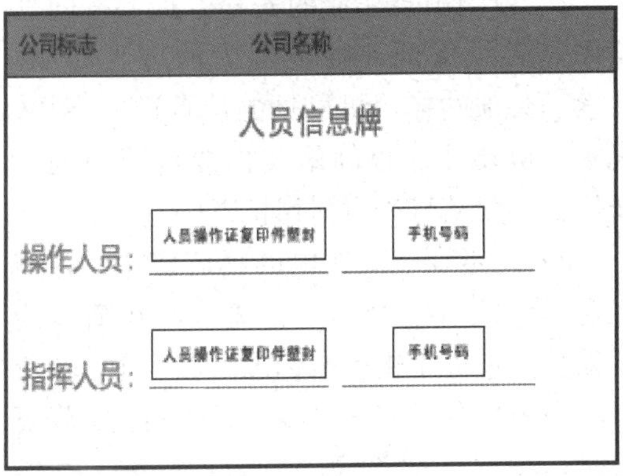

图 10-53　人员信息牌

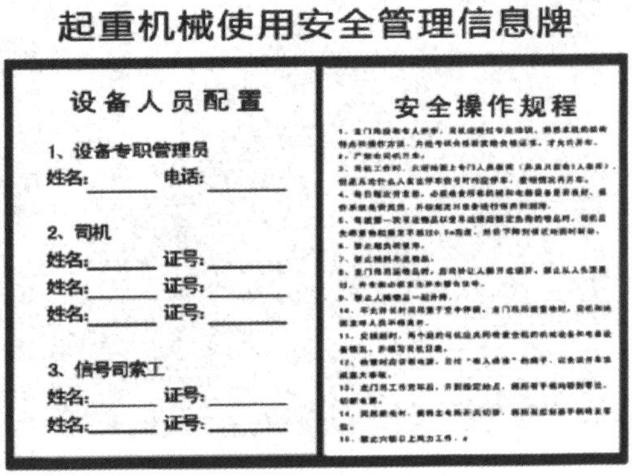

图 10-54　安全管理信息牌

（3）起重设备吊钩夹板、起重臂头部、转台尾部等凸出部位应涂刷警告图案；起重设备应装有音响清晰的喇叭、电铃和汽笛等信号装置。

（4）对安全附件、保护装置、主要构件必须做到上机检查、下班检查、交接班有记录。

（5）各种吊具、索具、钢丝绳应由专人定期检查维护，不符合要求的应及时更换，废弃的应及时作报废处理，不得滞留施工现场。

（6）新进场设备操作、司索指挥人员要进行三级教育。作业前必须对起重作业人员进行书面安全技术交底，并配备必要的专用工具，起重作业时起重司索佩戴袖标或穿专属反光背心，如图 12-55 所示。

（7）对于属于危险性较大的分部分项工程的起重吊装工程，项目部工程管理部应依据规范要求编制起重吊装专项施工方案，并由企业技术负责人签字报监理审批。对于超过一定规

图 10-55　司索佩戴袖标或穿专属反光背心

模的危险性较大的分部分项工程的起重机械安装和拆卸工程，工程管理部编制专项方案，由企业技术负责人审核签字、加盖单位公章，由总监理工程师审查签字，并由工程管理部组织对专项方案进行专家论证，依据专家意见完善方案。

（8）核对周边作业环境，包括地基基础、地下管线、架空线路、周围建（构）筑物等，要与其他作业点和环境因素保持安全距离，设置吊装危险区域，悬挂安全警示牌，禁止无关人员进入。

（9）特殊条件下吊装作业。

1）临路环境下的吊装作业。因特殊情况需要跨路吊装或侵占部分道路吊装时，必须与当地交警部门协商对该部分道路设置临时警戒或封闭，吊装过程中，专人疏导交通确保吊装安全。

图 10-56　高压线旁作业保护

2）夜间吊装作业的安全管理。夜间吊装作业必须保证作业范围内的灯光照明，司索工必须站在司机可见的位置进行指挥。起重司机要注意夜间吊装作业范围内的灯光位置，严禁灯光直射司机驾驶室。

3）附近存在高压电的吊装作业。在施工现场必须有安全警示标志，并在高压线下采用红色标示出安全标志，如图 10-56 所示。当吊装作业的安全距离达不到规范要求时，必须采取绝缘隔离防护措施，并应悬挂醒目的警告标志。架设防护设施时，必须经有关部门批准，采用线路暂时停电或其他可靠的安全技术措施，并应有电气工程技术人员和专职安全人员监护。

10.3.2　盾构机组管理

盾构机组是城市轨道交通施工中必要的大型专业设备之一，盾构机组操作及管理具有很强的专业性，必须由项目经理部的物资机电部门专业人员进行管理，是项目经理部设备管理工作的重要内容之一。

1. 盾构机进场管理

（1）旧盾构机应经过维修保养，状态良好，满足施工作业要求，且进场必须办理进场报验手续。

（2）盾构机分三类验收：

1）进场前验收：盾构机在进场前进行验收，验收通过后方可进入施工现场。物资机电部在自检合格后，向监理提交验收申请（附盾构选型专家评审报告。旧盾构机，应具有相应资质单位出具盾构评估报告），总监理工程师在 1 个月内完成相关验收。

2）始发前验收：盾构机现场组装完成后，进行始发前检查验收，验收盾构机各项性能及参数指标是否满足始发要求。项目部的物资机电部自检合格后向监理和业主提交验收申请。

3）穿越特殊地段前验收：盾构机在穿越特殊地段（指大江大河、重要建（构）筑物、重要管线等）前 100m 进行检查验收，验收盾构机各项性能及参数指标是否满足要求。项目物资机电部在自检合格后向监理和业主提交验收申请。

2. 盾构机吊装、组装、调试、拆卸管理

（1）盾构施工前，工程技术部应编制《盾构机组吊装、组装、调试、拆卸安全专项方案》，方案需组织专家评审，经企业技术负责人、总监理工程师审批通过，专家同意后方可实施。

（2）盾构吊装前，由总监理单位组织建设单位、设计单位、监理单位及相关专业人员进行吊装条件验收。

3. 盾构机日常管理

（1）盾构机高压用电作业人员必须取得高压电工证。高压电缆施工完成后，必须请有资质的单位现场电试；电试合格后方可供电使用。

（2）供紧急情况使用的通信联络设备、避难用设备器具、急救设备、器材、应急医疗设备、消防设备应齐全，并在有效期内。

10.3.3 其他大型设备管理

城市轨道交通工程其他大型设备主要有：地下连续墙施工使用的成槽机、钻孔灌注桩施工使用的各类桩机、地基加固施工使用的三轴搅拌桩机、基坑土方开挖施工使用的各类挖掘机等。这些设备安全风险大，事故发生率高，需要项目经理部进行严格管控。

项目物资机电部组织大型设备进出场、大型设备的安装、调试、验收及报验，建立大型设备台账；项目安全环保部参与大型设备的安装、验收，对大型设备操作人员进行安全交底，对大型设备日常操作进行安全检查、巡视。

1. 大型设备进退场管理

（1）大型设备进场必须办理进场报验手续，由物资机电部负责、安全环保部配合进行严格验收，合格后挂验收合格牌，再向监理单位报请验收。物资机电部应负责建立大型机械设备台账，设备验收合格后，要有书面验收记录，并保存归档。

（2）大型设备退场及时报告监理单位。

大型设备退场，应向项目物资机电部提出申请，物资机电部应做好退场记录。

2. 大型设备日常管理

项目安全环保部参与大型设备的安装、验收，并对大型设备日常操作进行日常安全检查、巡视。项目部每月由物资机电部牵头、安全环保部配合，组织对项目机械设备进行一次安全与管理检查，检查机容、机况、保养、修理、持证上岗，日常使用、保养、维修记录等。

10.3.4 小型机具管理

城市轨道交通小型机具主要有：钢筋切断机、钢筋弯曲机、电焊机、对焊机、切割机、圆盘锯、振动器、混凝土搅拌站、氧气瓶、乙炔瓶、空压机储气罐、潜水泵、手持电动工具等各类小型机具。项目安全环保部应对小型机具作业人员加强培训，现场应悬挂操作规程；对小型机具使用情况应纳入每天巡视检查范围。

1. 小型机具进退场管理

小型机具进场必须办理进场报验手续。中小型机具设备安装后，由物资机电部负责、安全环保部配合进行严格验收，合格后挂验收合格牌。再由项目物资机电部报监理单位验收。物资机电部应负责建立本单位机械设备台账，中小型机具设备验收合格后，要有书面验收记录，并保存归档。

小型机具退场，应向项目物资机电部提出申请，物资机电部应做好退场记录。

2. 小型机具日常管理

物资机电部应建立小型机具台账，及时发放劳动防护用品，建立劳动防护用品发放台账；安全环保部对小型机具作业人员进行培训和技术交底，现场应悬挂操作规程；安全环保部应将小型机具使用情况纳入每天巡视检查范围。项目部每月由物资机电部牵头、安全环保部配合，组织对本单位机械设备进行一次安全与管理检查，检查机容、机况、保养、修理、持证上岗，日常使用、保养、维修记录等。

（1）小型机具管理一般要求。

1）施工机具运到施工现场，必须经检查验收确认符合要求挂合格证后，方可使用。

2）各种设备应按规定装设符合要求的安全防护装置。

3）作业人员应按机械保养规定做好各级保养工作，机械运转中不得进行维护保养。

（2）钢筋切断机日常管理。

1）切断钢筋时，手和刀距离应保持15cm以上。

2）在调直块未固定、防护罩未盖好前不得送料，作业中严禁打开防护罩并调整间隙。

（3）钢筋弯曲机日常管理。

1）严禁在钢筋弯曲机的作业半径和机身不设固定销的一侧站人。

2）根据工件要求准备好各种芯轴及工具。钢筋的放置要和挡铁轴、工作盘旋转方向配合，不能放反。

3）对超过机械铭牌规定直径钢筋严禁进行弯曲。不直的钢筋，不得在弯曲机上弯曲。

（4）电焊机日常管理。

1）交流电焊机必须安装防二次侧触电保护器。外壳必须有保护接零，应有二次空载降压保护器和触电保护器。焊钳与把线必须绝缘良好、连接牢固，不得采用钢筋等金属构件代替二次线接地，如图10-57、图10-58所示。

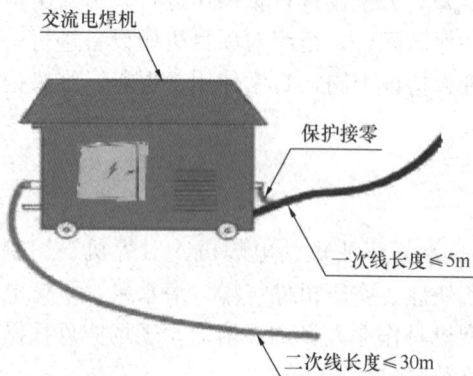

图10-57　电焊机接地示意图

图10-58　电焊机运输小车示意图

2）电源应使用自动开关，接线板应无损坏，有防护罩。交流弧焊机变压器一次侧电源线长度应小于5m，二次侧电源线长度应小于30m。

3）焊接现场10m范围内，不得有易燃、易爆物品。

4）雨天不得室外作业；在潮湿地点焊接时，要站在胶板或其他绝缘材料上。

（5）对焊机日常管理。

1）对焊机闪光区应设置防护挡板或防护棚，并清理周边易燃、易爆物品。

2）冷却装置水路应畅通，不得有漏水。

（6）切割机日常管理。

1）切割机必须使用绝缘手柄，切割机砂轮应有防止火星飞溅的防护罩。

2）砂轮切割机应使用接触式通断开关（即按下去接通电源，松开断开电源），不得使用倒顺开关。

3）砂轮切割机作业时应使用夹具固定切割物，严禁使用砂轮机进行打磨作业，如图10-59所示。

（7）圆盘锯日常管理。

1）作业前必须检查锯片、刀片的松紧程度、有无裂痕、损伤及运转是否正常等情况，检查锯片防护罩、皮带轮防护罩等安全防护装置是否有效。

2）作业场所严禁吸烟和明火作业，并设置消防设备。场内木屑、刨花应经常清理，如图10-60所示。

图 10-59　砂轮切割机防护设施

图 10-60　木工机械防护示意图

（8）振动器日常管理。

1）振动器应装有漏电保护装置，操作人员必须穿绝缘鞋，戴防护手套。

2）电缆线应满足操作所需的长度，严禁用电缆线拖拉或吊挂振动器。需移动振动器时，应先关闭电动机，再切断电源。

（9）搅拌站日常管理。

1）搅拌站的水泥罐等应固定牢靠并设置缆风绳。

2）料斗升起时，严禁任何人在料斗下方停留或者通过；当需要在料斗下检修或清理料坑时，应将料斗提升后用铁链或插入销锁住。

3）运转中严禁保养维修。保养维修搅拌机，必须拉闸断电，锁好电箱，挂好"有人工作严禁合闸"牌，并有专人监护。

（10）氧气瓶、乙炔瓶日常管理。

1）氧气瓶必须安装减压器、防震圈和安全帽，乙炔瓶必须安装回火防止器；压力表不得损坏，输气管应用抱箍固定并不得老化、漏气，氧气橡胶管为红色，乙炔橡胶管为黑色。

2）氧气瓶、乙炔瓶禁止倒置，乙炔瓶卧放应有防倾倒措施，禁止用金属棒等硬物敲击，如图10-61所示。

3）氧气瓶、乙炔瓶之间安全距离不得小于5m，离明火安全距离不得小于10m，如图10-62所示。

图 10-61 氧气乙炔运输车示意图

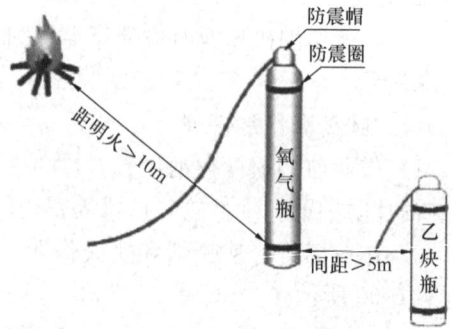

图 10-62 氧气乙炔使用间距示意图

（11）空压机储气罐日常管理。

1）空压机应有防噪声装置，皮带轮应有防护罩或防护挡板。

2）各安全阀动作应灵敏可靠，压力表应灵敏可靠，计测准确。

（12）潜水泵日常管理。

1）启动前应检查：水管应绑扎牢固；放气、放水、注油等螺栓均旋紧；叶轮和进水节应无杂物；电缆绝缘良好。

2）接通电源后，应先试运转，不得超过 5min。经常注意水位变化，叶轮中心距水面距离应在 0.5～3m 之间，泵体不得陷入污泥。

（13）手持电动工具日常管理。

1）使用砂轮的机具，应检查砂轮与接盘间的软垫并安装稳固，螺母不得过紧，凡受潮、变形、裂纹、破碎、磕边缺口或接触过油、碱类的砂轮均不得使用。

2）作业前应检查：外壳、手柄不出现裂缝、破损；电缆软线及插头等完好无损，开关动作正常，保护接零正确、牢固可靠；各部防护罩齐全牢固，电器保护装置可靠。

第11章 安全风险管理

"新基建"加快了城市轨道交通基础设施的建设，建设规模的扩大与建设队伍配套的矛盾、建设队伍能力与技术适应性的矛盾、原材料的供应与需求的矛盾、质量要求与成本之间的矛盾等，诸如此类的问题，给工程建设带来巨大的风险和压力。建立一套完善的风险管理、应急管理体系及流程，有利于安全基础工作的加强和各项措施的落实，从而有效遏制事故的发生。

11.1 城市轨道交通工程常见风险

城市轨道交通工程施工过程中，常见的风险有两种：一是工程自身风险，二是周边环境风险。

工程自身风险是指因工程本身特点和地质条件复杂性等导致工程实施难度大、安全风险高的工程。自身风险主要考虑地质条件、结构埋深、施工工艺特点、结构特性（如地下结构层数、跨度、断面形式、覆土厚度）等风险因素。

工程环境风险是指因工程周边环境条件复杂，城市轨道交通施工可能导致其正常使用功能或结构安全受到影响的工程。环境风险根据城市轨道交通地下工程与工程影响区域范围内环境设施的重要性、位置关系、地下结构类型与施工方法等因素划分，城市轨道交通工程常见风险源见表11-1。施工现场相关情况如图11-1～图11-8所示。

城市轨道交通工程常见风险一览表 表11-1

序号	风险分类	施工工法	施工工序	常见风险
1	工程自身风险	明（盖）挖法工程	围（支）护结构	围护结构变形、基坑失稳
2			地下水控制	基坑周边沉降超限、变形大
3			车站基坑土方开挖	深基坑边坡坍塌
4				支撑体系变形、垮塌
5				坑底突涌、涌水、涌砂
6				基坑变形、失稳
7			模板支架施工	模板、支架坍塌
8		矿山法工程	支护施工	拱顶渗漏、坍塌，地面沉降
9			车站及隧道开挖	掌子面坍塌
10				隧道坍塌
11				周边沉降超限、变形大
12		盾构法工程	盾构始发/接收	盾构涌水、涌砂
13				盾构机吊装起重机倾覆、设备坠落

序号	风险分类	施工工法	施工工序	常见风险
14	工程自身风险	盾构法工程	盾构掘进	盾构姿态偏离设计界限
15				盾构管片错台、碎裂、隧道坍塌
16				盾构机开仓作业人员气体中毒、泥水喷涌、坍塌
17				地面沉降、开裂、坍塌
18			联络通道施工	冷冻钻孔时孔口装置脱落、涌水、涌砂、冻结管断裂造成盐水泄漏、土体冻胀管片变形、掌子面突泥、涌水、涌砂、土体坍塌、地面沉降、塌陷
19	周边环境风险	工程施工影响	周边建（构）筑物	建（构）筑物沉降、倾斜、开裂、倒塌
20			地下管线	管线破坏
21			城市道路	地表隆起、道路下沉、地面塌方
22			桥梁	桩基下沉、桥梁开裂、倒塌、桥梁拆除复建
23			周边河流及防汛墙	河水倒灌、防汛墙倒塌

图 11-1　地下连续墙钢筋笼吊装

图 11-2　深基坑土方开挖

图 11-3　脚手架搭设

图 11-4　盾构到达

图 11-5 盾构机吊装

图 11-6 联络通道冷冻施工

图 11-7 轨道交通工程周边建筑物

图 11-8 地下管线跨越基坑

11.2 安 全 风 险 分 级

安全风险分级应根据工程自身特点和周边环境条件分别确定。其中，工程自身风险分级可根据城市轨道工程明（盖）挖法、矿山法、盾构法等不同施工方法分别进行评估；周边环境风险分级应结合周边环境的重要性与地铁工程的临近关系进行评估。

11.2.1 工程自身风险分级

工程自身风险分级宜根据工程规模、施工工法、结构形式、工程地质条件、水文地质条件等因素确定。

1. 明（盖）挖法工程风险分级

明（盖）挖法工程风险分级宜以基坑开挖深度为基本依据，并根据基坑形式、工程地质条件、水文地质条件等进行修正。明（盖）挖法工程自身风险分级见表11-2。

自身风险工程等级	基本分级条件	分级修正依据
一级	开挖深度超过 25m（含 25m）	1. 对以下情况，可上调一级： （1）基坑结构平面或断面复杂； （2）存在偏压基坑； （3）地质条件复杂； （4）基坑工程周边环境条件复杂； （5）临近河湖渠施工。
二级	开挖深度在 15～25m（含 15m）	
三级	开挖深度在 5～15m（含 5m）	2. 对以下情况，可下调一级： （1）采用盖挖逆作法施工； （2）竖井类基坑

注：风险等级修正时，上调最多为一级，下调最多为三级。

2. 矿山法工程风险分级

矿山法工程风险分级宜以暗挖隧道的结构层数、跨度、断面形状及大小为基本依据，并根据工程地质条件、水文地质条件、隧道空间状态等进行修正。矿山法工程自身风险分级见表 11-3。

矿山法工程自身风险分级表　　　表 11-3

自身风险工程等级	基本分级条件	分级修正依据
一级	双层及以上暗挖站或开挖宽度超过 12m 单层的暗挖站；开挖宽度净跨超过 12m 的暗挖区间；开挖宽度超过 12m 的暗挖风道；带泵房的联络通道；开挖高度超过 18m 的横通道等	对以下情况，可上调一级： （1）暗挖结构平面或断面复杂； （2）暗挖受力体系转换多； （3）暗挖坡度大； （4）覆土厚度小； （5）相邻暗挖隧道间距离近； （6）群洞效应显著； （7）采用平顶直墙工法； （8）结构进入承压水层，且不具备降水条件； （9）采用盾构扩挖方式形成永久结构的暗挖工程； （10）地质条件复杂
二级	开挖宽度大于 9m 的暗挖洞室；联络通道；开挖高度大于 15m 的暗挖通道	
三级	开挖宽度小于 9m 的暗挖工程	

3. 盾构法工程风险分级

盾构法工程风险分级以相邻隧道空间关系和分部工程类别为基本依据，并根据工程地质条件、水文地质条件、盾构机形式、盾构隧道空间状态等进行修正。盾构法工程自身风险分级见表 11-4。

盾构法工程自身风险分级表　　　表 11-4

自身风险工程等级	基本分级条件	分级修正依据
一级	较长范围处于非常接近状态的并行或交叠盾构隧道；盾构到达区段	1. 对以下情况，可上调一级： （1）坡度大； （2）覆土厚度小； （3）地质条件复杂； （4）单洞、双线盾构隧道。
二级	较长范围处于较接近状态的并行盾构隧道；盾构始发区段	
三级	盾构区间区段	2. 当地质条件简单时，可下调一级

4. 联络通道施工风险分级

联络通道施工难点风险源主要在钻孔、冻结、开挖、融沉注浆四分项施工，针对联络通道施工特点，对风险源进行辨识并进行风险分级，见表11-5。

联络通道施工风险分级表 表 11-5

风险源	风险辨识与分析	风险等级	备注
钻孔	一般地层开孔时可能有涌水、涌沙冒泥现象	Ⅱ	
	钻孔过程中涌水、涌砂冒泥量大	Ⅱ	
	孔口装置脱落	Ⅲ	
	钻进时大量涌水、涌砂可能失控	Ⅱ	
	地面建（构）筑物及管线沉降	Ⅲ	
冻结	冻胀对隧道的影响：不同土层交界处冻结管易断裂	Ⅲ	
	盐水漏失，影响冻结效果	Ⅲ	
开挖	开挖时隧道内进水，淹没开挖工作面	Ⅱ	
	开挖过程中可能发生突发涌水情况不易处理	Ⅰ	
	冻结帷幕两帮收敛变形大、速度快，冻结帷幕可能失稳	Ⅲ	
	冻结帷幕局部变软，与结构交界面局部有水渗出，可能界面化冻或冻结帷幕局部未交圈，在流砂地层中极可能引起隧道失稳破坏	Ⅲ	
	工作面或冻结帷幕有线流水流出，且封堵困难，情况危急	Ⅰ	
融沉注浆	地面沉降	Ⅲ	
	建（构）筑物及管线沉降	Ⅲ	
	隧道变形	Ⅲ	

11.2.2 环境风险分级

环境风险分级宜根据周边环境的重要性和与地铁工程结构的空间位置关系为基本依据，并根据周边环境安全现状、工程地质条件、水文地质条件、施工方法等进行修正。环境风险分级见表11-6。

环境风险分级表 表 11-6

环境风险基本分级依据		邻近关系			分级修正依据
		邻近	较邻近	一般	
周边环境重要性分级	重要	一级	一级	一级	（1）当地质条件复杂时，可上调一级；（2）当采用盾构法施工、环境对象在建时与新建地铁工程设计有过相关配合或预留了一定穿越条件等情况时，可下调一级；（3）桥梁桩基施工时可下调一级
	较重要	二级	二级	三级	
	一般	三级	三级	三级	

周边环境的重要性大小可根据周边环境对象的类型、功能、使用性质、特征、规模等，分为重要、较重要、一般三级。环境重要性大小分级见表11-7，环境重要性大小宜通过环境调查等综合确定。

周边环境重要性分级表

表 11-7

环境重要性等级	基本条件	修正依据
	既有轨道交通线、铁路；国家级保护文物古建；国家城市标志性建筑；机场跑道及停机坪等	
重要	市级保护文物古建；近代优秀建筑物，重要工业建筑物，10 层以上高层或超高层民用建筑物，重要地下构筑物；直径大于 0.6m 的煤气或天然气总管，市政热力干线，雨、污水管总管；交通节点的高架桥、立交桥主桥连续箱梁；城市快速路，高速路；500kV 及以上高压线重要河湖等	当遇下列情况时，可上调一级：
较重要	较重要工业建筑物，7～9 层中高层民用建筑物，较重要地下构筑物；直径大于 0.6m 的自来水管总管；城市高架桥、立交桥主桥连续箱梁、110～500kV 高压线；城市主干路，次干路；较重要河湖等	(1) 环境对象有特殊保护要求；(2) 新建地铁结构下穿环境对象；(3) 河湖与地下水有水力联系等
一般	一般工业建筑物，1～3 层低层民用建筑物，4～6 层多层建筑物，一般地下构筑物；直径在 0.3～0.6m 之间的自来水管刚性支管，直径小于 0.3～0.6m 的自来水柔性支管，煤气或天然气支管，市政热力干线、户线，雨、污水管支管；立交桥主桥简支 T 梁、异形板，立交桥匝道桥，人行天桥；城市支路，人行道，广场；一般河湖等	

周边环境与新建地铁结构的空间位置关系可分为邻近、较邻近和一般三级。邻近关系分级见表 11-8。

周边环境与新建地铁结构的邻近关系分级表

表 11-8

施工方法	邻近关系		
	邻近	较邻近	一般
明（盖）挖法	基坑周边 0.4H 范围内	基坑周边 0.4～0.6H 范围内	基坑周边 0.6～1.0H 范围内
矿山法	隧道正上方 0.7B 范围内；隧道外侧 0.5B 范围内	隧道正上方 0.7～1.5B 范围内；隧道外侧 0.5～1.0B 范围内	隧道正上方 >1.5B；隧道外侧 1.0～2.0B 范围内
盾构法	隧道正上方 0.5D 范围内；隧道外侧 0.3D 范围内	隧道正上方 0.5～1.0D 范围内；隧道外侧 0.3～0.7D 范围内	隧道正上方 >1.0D；隧道外侧 0.7～1.0D 范围内
高架结构	桩基外侧 1d 范围内	桩基外侧 1～3d 范围内	桩基外侧 3～5d 范围内；上跨

注：H—基坑开挖深度，B—矿山法隧道毛洞设计宽度，D—盾构法隧道设计外径，d—桥梁桩径。

11.3　风　险　控　制　管　理

风险控制管理是在风险分析的基础上，针对项目存在的风险因素采取针对性的管理措施，降低风险事件发生的概率及减小风险事故的损失程度。项目经理部主要从施工技术风险、安全操作风险两个方面开展风险控制管理工作。主要在施工准备期通过风险识别、风险评估、风险分级、制订风险管控方案和采取相应风险对策进行技术风险管理，并重点落实施工期的风险交底、风险公示、安全教育、风险巡查、风险监测、风险预警以及"险长制"管理等手段，实现施工风险动态跟踪与控制。

11.3.1　风险管理体系

项目经理部成立由项目经理为组长，项目技术负责人、项目安全负责人、项目副经理为副组长，项目各部门负责人为组员的风险管理领导小组。

项目风险管理领导小组负责组织工程技术部、安全环保部制订风险相关管理制度，明确各级责任人的风险管理职责，确定项目风险管理流程，按照风险管理程序对工程项目风险进行全周期控制管理。项目风险管理体系如图 11-9 所示。

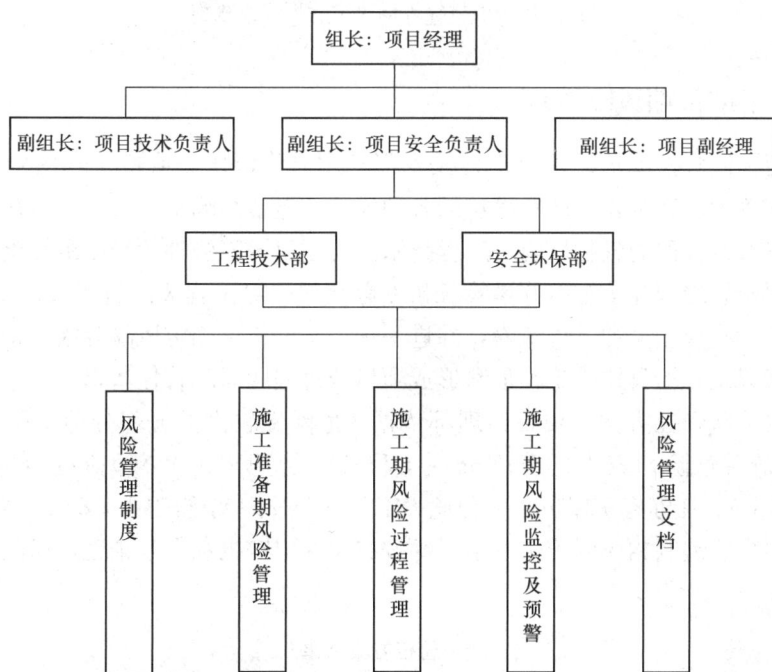

图 11-9　风险管理体系

11.3.2　风险管理工作流程

在工程施工阶段，项目部风险管理领导小组研究确立有效的风险管理机制和工作流程，使风险管理内容和处理方案在施工各方迅速达成共识并及时实施。项目经理部风险管理工作流程如图 11-10 所示。

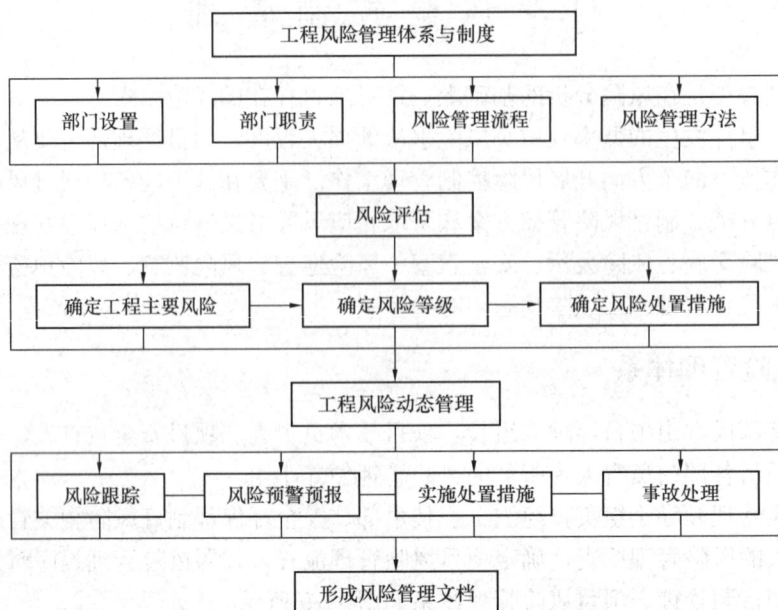

图 11-10　项目经理部风险管理工作流程

11.3.3　施工准备期风险管理

（1）确定风险管控清单。项目工程技术部利用风险调研表或检查表建立初步风险清单，清单中明确列出客观存在的和潜在的各种风险，包括影响工程安全、质量、进度、费用、环境、信誉等方面的各种风险。工程技术部向项目风险管理领导小组提交初步的风险识别清单。风险管理领导小组召开风险分析专题会议，对工程风险进行二次识别，整理、筛选与工程活动直接相关的各项风险，并进一步识别分析，确定风险等级，指定风险管控责任人，明确风险管控具体措施，最终形成项目全过程的风险管控清单。

（2）制订风险管控方案。项目经理部依据《危险性较大的分部分项工程安全管理规定》、关于实施《危险性较大的分部分项工程安全管理规定》有关问题的通知（建质〔2018〕31 号文）、江苏省房屋市政工程危大工程安全管理实施细则 378 号文等相关文件，针对不同等级风险编制相应的施工方案，并按有关规定审批和专家论证，风险管控方案清单见表 11-9。

风险管控方案清单　　　　　　　　　　　　　　　　　　　　　　表 11-9

序号	风险类别	施工工序	风险管控方案名称	是否组织专家论证
1	周边环境	周边建筑物	周边建筑物保护方案	按现场情况与业主要求确定
2		地下管线	地下管线保护方案	按现场情况与业主要求确定
3		城市道路	城市道路防护方案	否
4		桥梁	桥梁保护施工方案	按现场情况与业主要求确定
5		周边河流及防汛墙	河流防护施工方案	按现场情况与业主要求确定

序号	风险类别	施工工序	风险管控方案名称	是否组织专家论证
6	车站工程	地下连续墙施工	地下连续墙钢筋笼吊装专项施工方案	是
7		降水施工	基坑降水专项施工方案	是
8		基坑开挖施工	基坑开挖与支护专项施工方案	是
9		监测施工	车站监测专项施工方案	是
10		模板支架施工	车站模板及支架专项施工方案	是
11	区间工程	行车安拆	行车安拆专项施工方案	是
12		区间监测	区间监测专项施工方案	是
13		盾构机吊装	盾构机吊装专项施工方案	是
14		盾构掘进	盾构始发、掘进、到达专项施工方案	是
15		联络通道施工	联络通道专项施工方案	是

11.3.4 施工期风险过程管理

项目经理部风险管理主要体现在技术风险管理及动态风险管理，利用风险交底、风险公示、风险巡查、风险监测、风险预警以及"险长制"管理等手段，实现施工风险动态跟踪与控制。

1. 风险交底

(1) 开工前，项目技术负责人根据项目全过程的风险管控清单及风险评估报告对项目全体人员进行风险交底，让项目管理人员明晰工程施工期间的各类风险因素以及对应的防范应对措施。

(2) 项目安全环保部根据项目全过程安全风险管控清单，结合项目施工进度及施工计划，每月5日前制订月度风险管控清单，并将本月工程项目安全风险对项目管理人员及现场作业人员进行风险交底。风险交底应明确工程施工工序涉及的安全风险、风险防范措施及施工注意事项。

(3) 工程施工过程中，现场技术管理人员要严格落实施工方案中的风险处置措施，项目专职安全员对风险处置措施落实情况进行监督巡查，确保工程风险处于受控状态，在班前会要告诫施工人员主要安全风险、可能引发事故隐患类别、事故后果、管控措施、应急措施及报告方式等内容。

2. 风险公示

项目经理部安全环保部应在施工现场按工区设置风险动态公示牌，公示内容包括：风险源名称、风险源描述、风险等级、风险防范措施、风险施工时长、风险工程进度、风险责任人、联系方式等。风险动态公示牌要及时更新，在不同施工阶段公示内容不同，包含工程自身和周边环境方面的风险，不能有缺项漏项。

3. 风险巡查

(1) 针对二级风险，项目经理部建立项目领导值班带班制度，项目经理、项目技术负责人、项目安全负责人等每天值班巡查，填写风险巡视记录，确保工程施工按方案执行，确保工人操作安全无误，确保安全防范措施落实到位，并每天组织现场管理人员与班组长召开碰头会，分析现场安全风险，安排人员及时处理。

（2）针对三级风险，项目专职安全员做到每天班前巡视监督，填写风险巡视记录，确保安全防范措施落实到位。

（3）项目风险管理领导小组每月至少开展1次安全风险管控工作会议，二级风险工程施工期间可适当增加会议频率，会上通报分析上一阶段安全风险管控重点实施情况，并对下阶段风险管控重点进行再评定、再分析，拟定具体管控措施，强化落实，确保风险管控到位。

4."险长制"管理

"险长制"是为促进城市轨道交通工程建设安全风险技术管理的系统化、规范化和信息化，加强现场安全风险管控，明确安全生产责任制，最大限度地规避风险，避免人员伤亡和环境破坏，针对工程自身和周边环境的各类风险设立一名负责人，该负责人全面负责此风险工程的管理，承担相应的安全生产责任，该负责人为"险长"。

（1）针对等级的风险，明确由项目经理、项目技术负责人、项目安全负责人等担任不同层级"险长"。二级风险明确由项目负责人担任"险长"Ⅲ级风险明确由项目技术负责人或安全负责人担任"险长"，各级险长要切实负责施工现场的安全风险管控。

（2）项目经理部制作"险长制"公示牌，在现场醒目位置进行公示，公示内容包括：风险源名称、风险源描述、现场照片、风险等级、风险防范措施、险长、联系方式等。"险长制"公示牌要及时更新，不能有缺项漏项，如图11-11所示。

×××××××××××××××××××"险长制"公示牌

施工单位：　　　　　　　　　　　　　　　　监理单位

序号	风险源名称	基本概况	现场照片	风险等级	风险防范措施	险长	联系方式
Ⅰ		车站长为466.6m，车站主体标准段基坑深约16.4～16.9m，基坑宽约19.7m；盾构井段基坑深约18.3m，基坑宽24.4m。车站基坑坑底位于3-2粉砂中，开挖深度内以粉土、粉砂为主，依次为1杂填土、2-1粉质黏土、2-2粉土、3-1粉砂夹粉土、3-2粉砂。标准段及端头井地下墙墙趾均插入4-1层淤泥质粉质黏土。基坑开挖受潜水及局部第一层承压水影响，易发生坍塌、涌水涌砂及渗透变形		Ⅱ	1.基坑变形控制等级定为1级，地面最大沉降≤0.1%H，围护结构最大水平位移≤0.14%H，且≤30mm。 2.支护方案采用地连墙+内支撑的基坑支护形式。加强监测，第一道支撑采用钢筋混凝土支撑以提高整体性。 3.地下连续墙接头采用工字型钢接头，提高接头的止水效果，防止接缝渗漏水造成涌水、涌砂。 4.开挖后及时支护，减少无支撑暴露时间，有风险预案。 5.考虑到周围建筑物较远，本站对承压水采用降压水措施。 6.基坑施工过程中加强监控量测，包括对基坑土体、地下水、道路下方重要管线、周边建筑物的监测，通过监测结果信息化指导施工。 7.加强应急管理，根据施工组织应急演练		

监理单位监督员：　　　联系方式：　　　　　轨道公司监督员：　　　联系方式：

图11-11 "险长制"公示牌

（3）"险长"要定期对所负责的工程安全风险巡视检查，二级风险工程正常施工时每天至少1次，三级风险工程正常施工时每周至少1次，专职安全管理人员至少每天1次，在关键工序、关键时期及易发生安全问题的部位，应增大巡视频率。主要巡视内容：

1）开挖面地质状况巡视。

2）支护结构体系巡视。

3）施工工艺及设备巡视。

4）施工组织管理及作业状况巡视。

5）周边环境巡视。

（4）"险长"要定期填写"险长"履职记录表，风险管理或巡查描述要实事求是，风险状态填写要真实，切实反映现场安全风险现状，"险长"及时签字，风险状态栏可为"基本可控""重点关注""发生险情"。附件栏内，填写"照片""检查记录""会议记录""处置（整改）记录"，可组合填写。"险长"履职记录表如图11-12所示。

风险异常情况处置（整改）记录表

日期	情况或过程描述	要求及结果	责任人签字
	异常情况或险情描述：	对处置（整改）的要求：	
	施工单位响应或处置过程描述：	施工单位处置（整改）的结果：	
	监理单位监督员意见：	需描述的其他说明：	
	轨道公司监督员意见：	需描述的其他说明：	

"险长"履职记录表

风险名称：_____ 风险等级：_____ "险长"：_____

履职日期	风险管理或巡查描述	风险状态	"险长"签字	监理单位监督员签字	轨道公司监督员签字	附件

图11-12 履职记录

（5）项目安全环保部每季度编制现场施工风险动态评估报告，报告中因包含本阶段风险管控整体情况、问题统计与分析、下阶段风险管控计划，并以正式文件发送给工程建设各方，形成现场风险管理实施文件记录。

（6）工程设计、施工方案如有重大变更，项目工程技术部应对工程建设风险进行重新分析与评估，并更新完善施工阶段风险动态清单。

（7）项目安全环保部对与工程施工有关的事故、意外或缺陷等要进行风险记录。

11.3.5 施工期风险监控及预警

1. 风险监控

针对Ⅲ级以上风险工程，项目工程技术部应建立一套系统的风险监测与预警体系，工程技术部通过对监测数据的动态管理，及时掌握风险工程的发展状态。风险监测包括项目自身监测和委托第三方监测单位进行监测。

（1）根据设计文件要求，地铁车站及盾构区间主要监测对象、项目及各监测项目控制值如下：

1）车站主要监测对象、项目及控制值。车站主要监测对象、项目及各监测项目控制值按表 11-10 执行。

车站主要监测对象、项目及各监测项目控制值统计表

表 11-10

序号	监测对象	监测项目	控制值	
			累计值（mm）	速率（mm/d）
1	围护结构	围护墙顶水平（竖向）位移监测	水平位移≤23.82 竖向位移≤10	3
2		围护墙体深层水平位移（测斜）	水平位移≤23.82	4
3		地面沉降	≤0.15%H	3
4		支撑立柱沉降	≤20	3
5		地下水位	≤1000	500
6		支撑轴力（含支撑变形）	每道支撑最大设计值的70%	
7	周边环境	车站周边建（构）筑物	累计变形≤20	2
8		刚性管线	≤20	2
9		柔性管线	≤20	3

注：H 为基坑开挖深度。

2）盾构区间主要监测对象、项目及控制值。盾构区间主要监测对象、项目及各监测项目控制值按表 11-11 执行。

盾构区间主要监测对象、项目及各监测项目控制值统计表

表 11-11

序号	监测对象	监测项目	控制值	
			累计值（mm）	速率（mm/d）
1	区间隧道周边环境	地表竖向位移	地表沉降≤20、隆起量≤10	±4
2		地下管线竖向位移	±20	±2
3		建筑物沉降	±20	±2
4	区间隧道主体结构	拱顶沉降	±20	±3
5		净空收敛（水平、竖向）	±20	±3
6	联络通道周边环境	地表竖向位移	地表沉降≤20、隆起量≤10	±4
7		区间隧道净空收敛	±20	±3
8		区间隧道拱顶沉降	±20	±3
9	联络通道主体结构	通道主体竖向位移	±20	±3
10		通道主体净空收敛	±20	±3

（2）根据工程风险特点，项目工程技术部确定合理的工程监测方案，制订预警标准。工程监测方案要针对不同等级风险，制订不同的监测频率和控制指标。

（3）将风险的监测数据和风险工程可能发生的事故建立对应关系。

（4）针对不同的监测数据，确定基于监测数据的风险评估等级。

（5）根据监测数据对风险工程进行动态评价。

（6）项目工程技术部定期对风险监测数据进行分析，如果发现异常或超过警戒值，应及时进行风险预警，采取规避措施，做好风险事故处理准备工作。

风险监测工作流程如图 11-13 所示。

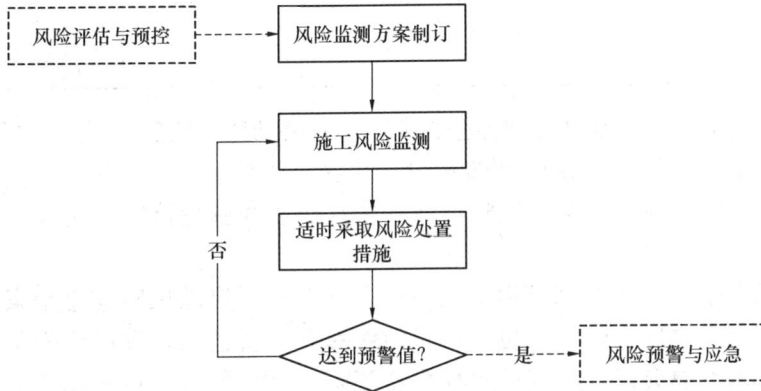

图 11-13　风险监测工作流程

2. 风险预警

针对风险工程，项目经理部风险管理领导小组应建立风险预警预报制度。风险预警分为监测预警、巡视预警、综合预警三类。

风险预警工作流程如图 11-14 所示。

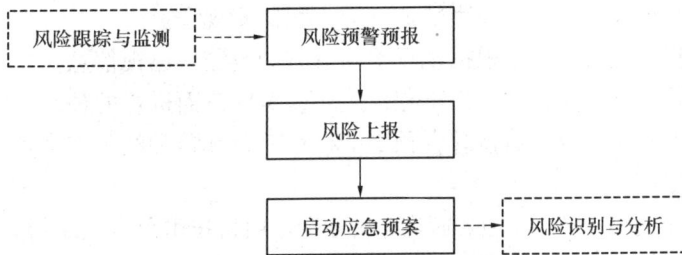

图 11-14　风险预警工作流程

（1）监测预警。根据设计单位提出的监控量测控制指标值，以第三方和项目自身监测数据为基础发布监测预警；根据项目每日巡视，发现风险工程的安全隐患和不安全状态发布巡视预警。施工期间，按照严重程度将风险预警分为三级：黄色预警、橙色预警和红色预警。其中：

1）黄色监测预警："双控"指标（累计变化量、变化速率）均超过监控量测控制值的65%时，或双控指标之一超过监控量测控制值的80%时。

2）橙色监测预警："双控"指标均超过监控量测控制值的80%时，或双控指标之一超过监控量测控制值时。

3）红色监测预警："双控"指标均超过监控量测控制值，或实测变化速率是变化速率控制值的1.5倍以上。

发生黄色、橙色、红色级别预警时，应按如下要求加密监测（最低要求），并及时提交监测成果。具体监测频率参见表 11-12。

车站及区间预警监测频率 表 11-12

序号	预警等级	施工监测频次
1	黄色	2～3 次/d
2	橙色	3～4 次/d
3	红色	1～1 次/2h

① 红色预警，项目经理部立即停止作业，及时启动风险应急预案，并将风险预警信息上报建设单位，建设单位组织召开专家分析会议，全面分析和评估风险工程安全状态，制订针对措施消除或降低风险，风险消除后恢复作业并进行持续监测直至稳定后消除预警。

② 橙色预警，项目经理部可继续进行作业，但及时启动风险应急预案，并将风险预警信息立即上报监理和建设单位，项目组织召开分析会议，邀请标段总监理工程师和建设单位代表参加会议，制订针对性措施消除或降低风险，直到风险工程稳定后消除预警。

③ 黄色预警，项目经理部组织现场技术人员召开风险专题分析会议，分析风险原因，采取措施消除风险，形成风险处置会议纪要，加强监测和巡视频率，直到风险工程稳定后消除预警。

（2）巡视预警。施工过程中通过巡视，发现安全隐患或不安全状态而进行的预警。按严重程度由小到大分为三级：黄色巡视预警、橙色巡视预警和红色巡视预警；监测预警及施工巡视预警标准参考《江苏省城市轨道交通工程监测规程》。

（3）综合预警。施工过程中根据现场参与各方的监测、巡视信息，并通过核查、综合分析和专家论证等，及时综合判定出工程风险不安全状态而进行的预警。综合预警分级按严重程度由小到大分为三级：黄色综合预警、橙色综合预警和红色综合预警。

预警处置措施：

1）黄色综合预警：施工单位应加强组织分析，项目技术负责人主持并组织风险处理，项目总监、第三方监测单位项目负责人、设计单位专业负责人和建设单位工程主管部门参加风险处理方案的制订和风险处理过程的监督、管理；施工单位、监理单位、第三方监测单位加强监测和巡视。

2）橙色综合预警：施工单位应组织四方会议，项目经理主持并组织风险处理，监理单位总监理工程师、第三方监测单位技术负责人、设计单位和勘察单位的项目负责人及建设单位工程主管部门有关领导参与风险处理方案的制订和风险处理过程的监督、管理；建设单位工程主管部门加强督查和协调处理。

3）红色综合预警：施工单位应组织专家论证，启动应急预案。施工单位企业主管领导主持并组织风险处理，监理单位总监理工程师、第三方监测单位技术负责人、设计单位和勘察单位的技术负责人及建设单位主管领导、工程主管部门领导参与风险处理方案的制订和风险处理过程的监督、管理，建设单位主管领导和相关部门督促和协调处理。

（4）消警。工程实施过程中，通过相关技术措施与管理手段进行风险处置后，达到消除工程隐患且具备解除预警条件的，可进行消警。工程消警分为监测数据预警消警、巡视预警消警、综合预警消警三类。综合预警必须消警：

1）黄色综合预警的消警：由施工单位上报消警建议，监理单位审定后，由监理单位发布消警信息并抄报建设单位工程主管部门。

2）橙色综合预警的消警：由施工单位上报消警建议，监理单位初审，报建设单位工程主管部门审定后，由建设单位工程主管部门发布消警信息。

3）红色综合预警的消警：由施工单位上报消警建议，监理单位初审，报建设单位工程主管部门审定后（必要时征求公司相关领导的意见），由建设单位工程主管部门发布消警信息。

4）对于应力类监测，当数据小于阈值后应及时消警。对于位移类监测，按下列要求降低预警等级：

① 对橙色、红色监测数据预警，监测值变化速率连续三个监测周期小于50％报警值时，监测数据预警等级降低一级。

② 对橙色、红色监测数据预警，监测值变化速率连续六个监测周期小于50％报警值时，监测数据预警等级降低二级。

③ 红色监测预警降低后预警等级不得低于黄色，除非数据累计值回到正常状态，否则黄色控制指标预警不能消除。风险处理结束后，施工单位应对预警写出消警建议报告，并根据预警级别的不同报不同层级的监控或管理单位审核。

11.3.6　风险管理文档

工程项目风险管理应当建立真实、完整的风险管控档案。

风险管理文档主要包括：风险管理组织机构及职责，风险管理制度和办法，周边环境核查和施工地质复查记录，安全风险管控单库，风险动态评估，危大工程专项论证、关键节点施工前条件核查，风险管控实施方案，监测方案及监测预警标准，信息报送及施工期风险预警和消警，工程风险应急预案，应急抢险队伍与设备物资及其他风险管理相关的活动记录和资料。

风险管理领导小组应组织相关部门按照要求建立和完善风险管理文档，相关部门根据职责分工编制、收集风险管理文档，并及时归档。

11.4　"双重预防机制"管控

"双重预防机制"是由各地区、各有关部门为抓住辨识管控重大风险、排查治理重大隐患两个关键，不断完善的工作机制，分为安全风险分级管控和事故隐患排查治理两个方面。

11.4.1　风险分级管控

项目经理部风险分级管控主要体现在划分风险点、辨识危险源、风险分级、制订管控措施、风险分级管控、编制风险管控清单、风险告知等7个方面。具体内容见表11-13。

序号	内容	主　要　内　容	备注
1	划分风险点	（1）划分风险点：以子单位工程为单元，按照工艺流程顺序，进行风险点划分。划分风险点是风险分级管控体系建设的关键环节（全覆盖、无遗漏）。 （2）确定风险点：项目负责人组织进行讨论，技术负责人、安全总监、工程技术人员、班组长、岗位人员参加，根据岗位分工的特点，对风险点名称、覆盖范围、划分的合理性、全面性等内容进行讨论、确定	
2	辨识危险源	（1）辨识危险源：发动全员对每个风险点，以"穷尽"的原则，自下而上排查，要涵盖所有作业活动和设备设施，充分考虑人的因素、物的因素、环境因素、管理因素四种因素，排查出尽可能多的危险源。 （2）确定危险源：组织岗位、班组、专业等人员对排查出的危险源，保留能造成人身伤害或财产损失的重要危险源，对常识性、一般的危险源作为日常培训和管理。危险源排序以检查顺序确定	
3	风险分级	（1）危险源分级： 1）定量分析一般采用作业条件危险性分析法（LEC法）评价其风险程度，将危险源分为1、2、3、4级，并分别用红、橙、黄、蓝四种颜色表示。 2）定性分析是在采取定量计算的基础上结合企业现场经验和管控难易程度进行的分析。 （2）风险点分级：风险点级别由其包含的危险源的最高等级确定，将风险点分为1级、2级、3级、4级四个级别，并分别用红、橙、黄、蓝四种颜色表示	
4	制订管控措施	（1）制订管控措施： 1）管控措施主要是针对危险源采取的相应控制方法和手段。 2）一般按照工程技术措施、管理措施、培训教育措施、个体防护措施、应急措施等顺序进行编制。 3）不同级别的危险源要结合实际采取一种或多种措施进行控制。 （2）确定管控措施：对制订的管控措施组织各专业负责人、工程技术人员、班组长、岗位人员进行讨论，按照约束人的行为、确保设备设施的完好、保证作业环境的原则，逐项确定每个危险源对应的管控措施，确保管控措施的有效性、针对性、实用性	
5	风险分级管控	风险分级应根据工程自身特点和周边环境条件分别确定。详见11.2章安全风险分级内容	
6	编制风险管控清单	经过风险点划分、危险源辨识、风险分级、制订管控措施等工作，最终将风险点、危险源、管控措施等内容汇总成册，形成项目部风险分级管控清单	
7	风险告知	采取培训、告知牌板、管控措施落实排查本、"两个体系"手机软件等多种形式进行风险告知，使每位职工都能够熟悉岗位存在的安全风险及相应的管控措施	

11.4.2 隐患排查治理

隐患排查的目的是通过隐患排查，对生产过程及安全管理中可能存在的隐患、有害与危险因素、缺陷等进行查找，及时发现生产薄弱环节和安全隐患，查找不安全因素，寻求治理和消除隐患的方法、措施，并且真正落到实处，使安全隐患得到有效地治理和控制，保证生产安全。隐患排查的范围和内容涉及每一个层面，从安全生产管理制度及法律法规到实际执行落实，从重点工作和主要问题到潜在危险因素，从生产设备、工艺到安全实施及现场环境，从人员思想意识到人员作业安全每一个环节都要做好隐患排查与整改。

1. 编制隐患排查清单

根据已经确定的风险点、辨识出的危险源及制订的控制措施，确定排查类型、主体，并编制隐患排查清单，大体上隐患排查清单可分为以下几类：文明施工隐患排查治理清单、起重吊装隐患排查治理清单、安全防护隐患排查治理清单、施工用电隐患排查治理清单、施工机具隐患排查治理清单、三违行为隐患排查治理清单、施工机械隐患排查治理清单、盾构机隐患排查治理清单等。

2. 隐患排查形式

（1）日常安全检查：现场安全员对责任工区施工机械、模板支架、临时用电、临边防护、消防等安全设施进行日常安全检查，并填写日常安全巡查记录。对责任工区防火、高空作业、起重吊装、管线、机械使用、模板支架、临边防护等重大风险源进行重点排查，发现问题、及时整改，并做好详细记录。

（2）联合监理开展周安全检查。

1）由总监理工程师组织项目经理部主要管理人员对项目各工点安全生产情况每周开展一次安全检查。

2）检查过程中及时纠正违规违章行为；对安全隐患制订整改措施，落实责任人限期进行治理。

（3）节假日的安全检查。

1）节假日包括：元旦、春节、"五一"劳动节、"十一"国庆节等假日。

2）由安全环保部牵头组织各工点管理人员在节假日前进行安全检查。

3）检查内容包括：洞口临边防护、危险物品存放场所、火灾隐患及消防设施、大型机械设备及小型机具设施完好情况等。

4）检查工作结束后，下发《安全隐患整改通知单》，对检查中的问题和安全隐患落实责任单位、责任人，在节假日前整改到位。

5）检查结果填写检查记录，安全隐患登记台账。

（4）季节性安全检查。季节性安全检查：是按照不同季节以防火、防爆、防雷击、防触电、防汛、防高温、防食物中毒、防冻等为重点进行安全检查。

3. 安全隐患治理

（1）各类检查工作结束后，由项目经理部的安全环保部以《安全隐患整改通知单》的形式，制订隐患整改措施，落实责任部门、责任人限期整改，并跟踪治理直至验收合格达标。

（2）安全环保部要建立安全隐患整改登记台账，检查结束后，将安全隐患登记台账。

（3）隐患整改部门或工区在接到安全隐患整改通知后，必须认真组织落实整改，要落实到班组、个人按期完成，并组织内部验收。验收合格后将《安全隐患整改回执单》及时回执反馈安全环保部。

（4）下达整改通知部门收到《安全隐患整改回执单》后，组织对整改项目进行验收，验收合格后在《回执单》签署验收意见，验收不合格要求整改单位继续整改并复查验收，直至合格。

11.5　危大工程管理关键节点条件核查

项目经理部在实施风险工程前必须执行关键节点条件验收制度。关键节点是指城市轨道交通工程开（复）工或施工过程中风险较大、风险集中或工序转换时容易发生事故和险情的关键工序和重要部位。关键节点风险管控要坚持全面识别、重点管控、各负其责、强化落实的原则，要严格按照住房城乡建设部《关于加强城市轨道交通工程关键节点风险管控的通知》（建办质〔2017〕68号）的规定开展关键节点施工前条件核查。

11.5.1　工程关键节点清单

项目经理部的工程管理部应编制《关键节点辨识清单》，报监理单位审批后实施。城市轨道交通工程关键节点见表11-14。

常见的城市轨道交通工程关键节点清单　　　　　　　　　　表11-14

序号	类别	关键节点名称	备　注
1	明挖	深基坑开挖（车站、附属工程、风井）	降水、围护结构、地基处理等开挖准备
2	暗挖	竖井开挖	
3		马头门开挖	开口宽度小于6m的首次；开口宽度大于6m的全部
4		多导洞施工扣拱开挖	首次
5		大断面临时支护拆除	首段
6		扩大段开挖	首循环
7		仰挖、俯挖	首循环
8		钻爆法开挖	首次
9		穿越重大风险或复杂环境	穿越既有铁路、地铁隧道、高速公路、江河湖海、密集建筑群、重要建筑物、文物、重要管线、有毒有害气体地层、高架桥等
10		围岩等级突变处开挖	降低2个（含）等级
11		区间联络通道开口施工	每次

序号	类别	关键节点名称	备 注
12	盾构	深基坑开挖（始发井、接收井）	降水、围护结构、地基处理等开挖准备
13		盾构始发	每次
14		盾构到达	每次
15		盾构开仓	每次
16		盾构机吊装	每次
17		空推段	每次
18		穿越重大风险或复杂环境	穿越既有铁路、地铁隧道、高速公路、江河湖海、密集建筑群、重要建筑物、文物、重要管线、有毒有害气体地层、高架桥等
19		工程自身重大风险	叠落隧道上洞施工、覆土厚度不大于盾构直径的浅覆土层地段、平行盾构隧道净间距小于盾构直径70%的小净距地段、大坡度（大于3%）等特殊地段施工
20		区间联络通道开口施工	每次
21	高架	跨越铁路或道路的预制梁架设施工	首次
22		跨越铁路或道路的挂篮悬臂混凝土浇筑施工	首次
23		架桥机安装、走行	首次
24	起重吊装	龙门式起重机、塔式起重机等起重机械安装/拆卸（含起重量300kN及以上的其他起重设备）	首次
25		采用非常规起重设备、方法且单件起吊重量在100kN及以上的起重吊装施工	首次
26	模板工程及支撑体系	超过一定规模的模板支撑系统混凝土浇筑	模架搭设高度8m及以上，或搭设跨度18m及以上，或施工总荷载15kN/m² 及以上，或集中线荷载20kN/m及以上的混凝土浇筑
27	其他	顶管施工的始发/接收	每次
28		人工挖孔桩施工	深度超过16m首桩
29		桩基托换	首桩
30		凿除既有运营车站主体结构	每次

11.5.2　关键验收流程

（1）关键节点验收各项工作准备完成后，项目部自查，自查合格后向监理单位提交关键节点施工前条件验收书面申请，符合要求后报监理单位预检查，监理单位预核查通过后报建设单位同意后，组织进行关键节点验收。

（2）项目经理部需要聘请专家的关键节点条件核查，专家人数不少于3名（其中原则上至少包含一名参加过专项施工方案论证会的专家）。

（3）项目经理部关键节点风险管控条件核查应由建设、监理、施工、勘察、设计、第三方监测等单位相关负责人参加。

（4）关键节点验收主要流程：项目经理部对验收条件进行工作小结→监理单位对验收条件进行质量评估报告→验收小组进行现场踏勘并检查相关资料→相关单位对验收条件发表建议和意见→专家对验收条件进行技术评估→质监站、安监站对本次验收程序进行监督→验收小组形成关键节点验收报告，同时拍好影像资料存档。

（5）现场验收通过后方可进入下一道工序施工。若未当场通过，项目经理部须在对专家和验收组成员提出的问题逐条整改、销项闭合后，报监理单位、建设单位审批通过后才可以进入下一道工序施工，否则应继续整改完善并重新组织验收。

11.5.3　关键节点验收内容

项目经理部应按照城市轨道交通工程国家相关规定及工程内容，确定关键节点风险管控的具体内容。关键节点风险管控内容主要包括：

（1）勘察和设计交底的完成情况；

（2）专项施工方案编制、审批和专家论证情况；

（3）监测方案编制审批及落实情况；

（4）施工安全技术交底情况；

（5）安全技术措施落实情况；

（6）周边环境核查和保护措施落实情况；

（7）材料、施工机械准备情况；

（8）项目管理、技术人员和劳动力组织情况；

（9）应急预案编制审批和救援物资储备情况；

（10）相关工程质量检测资料；

（11）法规、标准及合同约定的其他情况。

具体如深基坑开挖条件验收、高大模板支撑系统混凝土施工（首次）条件验收、龙门式起重机、塔式起重机机械安装/拆卸条件验收、顶管施工的始发/接收条件验收、盾构机吊装条件验收、盾构机始发/到达条件验收、盾构开仓条件验收和盾构隧道联络通道开挖条件验收等，见表11-15～表11-22。

深基坑开挖条件验收

表 11-15

前期保障	（1）施工现场已完成设计、勘察交底。 （2）基坑围护设计和基坑开挖方案经过专家评审通过，评审意见已落实或整改闭合。 （3）降水（降压）方案已按设计要求完成并通过专家评审。 （4）基坑开挖、围护结构堵漏施工方案已审批，并向管理层和作业层进行了交底。 （5）各分包单位资质经过审查且符合有关规定。 （6）已查明基坑周围的保护建（构）筑物、管线等现状及承受变形的能力，制订好切实可行的保护措施。 （7）开挖任务单、监测、支撑安装记录和基坑开挖巡视等制度已建立且有专人负责。 （8）对本工程潜在的风险进行辨识和分析，具有针对性、可操作性的应急预案，并已落实抢险设备、材料、人员。 （9）质量保证资料齐全

现场准备	(1) 人员、设备、支撑都已到位，特种设备按规定检测合格。 (2) 围护、圈梁、混凝土支撑（及立柱桩）已完成施工，且满足设计强度要求。 (3) 地基处理已完成，已有检测报告并达到设计要求。 (4) 降水井已经按照方案进行了布设验收，并完成预降水试验，满足基坑开挖要求；配备备用电源，基坑开挖前完成电源转切换试验。 (5) 施工现场坑外排水措施已落实。 (6) 周围环境及基坑监测已按批准的监测方案布点，测取初始值并经第三方监测单位复核。 (7) 围护结构施工阶段遗留问题（如漏筋、侵限、鼓包、表面不平整等）已制订相应的方案，对需提前处理的遗留问题整改到位。 (8) 施工用电满足需求。 (9) 设计、规范及相关文件规定的其他要求
应急措施	应急抢险物资、人员、设备等已经配备到位

高大模板支撑系统混凝土施工（首次）条件验收 表 11-16

前期保障	(1) 专项施工方案已经过专家论证。 (2) 项目技术负责人已组织对需要处理或加固的地基、基础进行验收，并留存记录。 (3) 搭设高大模板支撑架的作业人员经过培训交底，取得建筑施工脚手架特种作业操作资格证书。项目总工已对现场管理人员、操作班组、作业人员进行安全技术交底，并履行签字手续。安全技术交底的内容应包括模板支撑工程工艺、工序、作业要点和搭设安全技术要求等内容，并保留记录
现场准备	(1) 高大模板支撑系统的结构材料已经验收且检测合格，相关记录齐全。 (2) 架体搭设满足规范和方案要求，与建筑物拉结稳固。立杆基础应坚实平整、有排水措施。 (3) 设计、规范及相关文件规定的其他要求
应急措施	应急抢险物资、人员、设备等已经配备到位

龙门式起重机、塔式起重机起重机械安装/拆卸条件验收 表 11-17

前期保障	(1) 起重机械安装/拆卸专项方案审批完成，对超过一定规模的起重设备安装拆卸工程应通过专家论证。 (2) 起重机械安装/拆卸工程生产安全事故应急救援预案通过审批。 (3) 起重机械安装/拆卸单位资质及安全生产许可证满足要求。 (4) 设备安全技术档案齐全有效。包括： 1) 购销合同、制造许可证、产品合格证、安装使用说明书、备案证明等原始材料。 2) 定期检验报告、定期自行检查报告、定期维护保养记录、维修和技术改造记录、运行故障和生产安全事故记录、累计运转记录等运行资料。 3) 历次安装验收记录。 (5) 起重机械安装/拆卸单位专业技术人员、专职安全生产管理按要求到位，特种作业人员符合要求，证书有效；完成安全施工技术交底。 (6) 安装单位与使用单位签订安装（拆卸）合同及安全协议书

现场准备	（1）起重机地面轨道基础、轨道梁及安装预埋件应符合工程设计的要求。 （2）现场施工用电满足要求。 （3）起重安装设备验收要求： 1）起重设备安装完成后，安装单位按照安全技术标准及安装使用要求对起重机械进行自检、调试及试运行。自检合格出具自检合格证明。 2）完成使用单位安全使用交底及培训。 3）委托专业的建筑机械安全检测机构进行监督检验，并取得合格证明文件。 4）使用单位编制起重吊装安全施工专项方案并通过审批，对超过一定规模的起重吊装工程完成专家论证。 5）起重机司机、指挥人员、司索工特种作业操作资格证书符合规范、有效。 6）作业现场安全防护满足要求。 （4）起重机械安装取得合格证明文件后，由使用单位或者委托专业的检测机构组织安装、监理等单位进行验收，验收合格后投入使用。 （5）设计、规范及相关文件规定的其他要求
应急措施	应急抢险物资、人员、设备等已经配备到位

顶管施工的始发/接收条件验收　　　　　　　　　　　　　　表 11-18

前期保障	（1）顶管施工的始发/接收方案（含端头加固）通过专家评审并已审批。 （2）测量方案已审批，井下控制点已布设、固定，并通过第三方测量单位验收及测量数据复核。 （3）监测方案已审批，监测点已按监测方案布置好，且已测取初始值。 （4）分包队伍资质、安全生产许可证等资料齐全，人员资格满足要求。 （5）施工现场技术交底（含各种施工工艺和步骤）已按要求完成。 （6）对本工程潜在的风险进行辨识和分析，具有针对性、可操作性的应急预案，并已落实抢险设备、材料、人员等，相关应急物资已到位。 （7）对隧道穿越的道路、地下障碍物、管线等设施现有状况及其承受变形的能力已完成调查，并且制订好切实可行的应对措施
现场准备	（1）人员、设备、材料按要求到位： 1）拟上岗人员安全培训资料齐全、考核合格，特种作业人员类别和数量满足要求。 2）设备机械进场验收记录齐全有效，顶管掘进机及配套设备通过验收并经过试运行，主要包括液压、电器、压浆、气压、水压、照明、通信、通风等操作系统是否正常工作，各种电表、压力表、换向阀、传感器、流量计等是否能正确显示其处于正常工作状态，然后进行联动调试，确认没有故障后方可准备顶管始发；特种设备通过相关部门检测合格。 3）顶管掘进机在导轨上的中心线、坡度和高程应符合规定。 4）管道、缓冲、密封、润滑泥浆等材料应落实到位。 （2）工作井已按设计要求完成并通过验收或移交，其标高、轴线、结构强度等各项技术参数符合设计和规范要求，能满足顶管施工各阶段受力要求（工作井结构尺寸和洞门中心已复核且符合设计要求）。 （3）要求的各项技术措施（后背墙、导轨安装、端头加固、洞门止水、应急降水井等）已经完成，各项指标已经达到设计要求并有检测或验证报告。 （4）洞门探孔已打（不少于 9 个），未发现异常情况，满足始发/到达要求。 （5）施工水、电满足要求。 （6）设计、规范及相关文件规定的其他要求
应急措施	应急抢险物资、人员、设备等已经配备到位

前期保障	(1) 盾构井吊装施工方案已通过专家评审，评审意见已予落实或整改。 (2) 吊装作业单位资质符合规范，特种作业人员资格满足要求。 (3) 吊装作业管理人员、组装人员到位，符合要求；施工和安全技术交底已完成。 (4) 对吊装施工潜在的风险进行辨识和分析，具有针对性、可操作性的应急预案，并已落实抢险设备、材料、人员等
现场准备	(1) 吊装设备到位，档案齐全，满足规范、专项方案要求。 (2) 吊装场地空间满足要求，地面硬化满足吊装要求。 (3) 盾构出发轨道安装完成，隧道轴线与盾构机轴线、位置、倾角校核完成，满足要求。 (4) 井口到井底的空间，满足最大构件下井要求。 (5) 各构件已加焊吊环，并且强度、刚度满足要求，台车已加保护措施。 (6) 在井口四周安装固定的防护栏。 (7) 施工用电满足要求。 (8) 设计、规范及相关文件规定的其他要求
应急措施	应急抢险物资、人员、设备等已经配备到位

前期保障	(1) 盾构推进、始发/到达方案（含端头加固）通过专家评审并已审批。 (2) 监测方案已审批，监测点已按监测方案布置好，且已测取初始值。 (3) 测量方案已审批，井下控制点已布设、固定，并通过第三方测量单位验收及测量数据复核。 (4) 施工现场技术交底（含各种施工工艺和步骤）已按要求完成。 (5) 对盾构隧道沿线的建（构）筑物、管线等设施现有状况及其承受变形的能力已完成调查，并且制订好切实可行的应对措施。 (6) 作业队伍资质、安全生产许可证等资料齐全，人员资格满足要求。 (7) 人员、设备、材料按要求到位。拟上岗人员安全培训资料齐全，考核合格，特种作业人员类别和数量满足要求；设备机械进场验收记录齐全有效，盾构机通过验收；特种设备通过相关部门检测合格。 (8) 对本工程潜在的风险进行辨识和分析，具有针对性、可操作性的应急预案，并已落实抢险设备、材料、人员等
现场准备	(1) 工作井已按设计要求完成并通过验收或移交，其标高、轴线、结构强度等各项技术参数符合设计和规范要求，能满足盾构施工各阶段受力要求（端头井结构尺寸和洞门中心已复核且符合设计要求）。 (2) 要求的各项技术措施（端头加固、降水、冷冻等）已经完成，各项指标已经达到设计要求并有检测或验证报告。 (3) 洞门探孔已打（不少于 9 个），未发现异常情况，满足始发/到达要求。 (4) 始发/接收架经设计验算，结构强度满足要求。 (5) 施工风、水、电满足要求。 (6) 设计、规范及相关文件规定的其他要求
应急措施	应急抢险物资、人员、设备等已经配备到位

盾构开仓条件验收		表 11-21
前期保障	(1) 盾构开仓安全专项施工方案编审（包括应急预案）、专家论证、审批齐全有效。 (2) 按方案要求的地面或洞内土体加固措施已完成，并通过验收。盾构机所处位置定位测量完毕，开仓区域地面警示标志及隔离带设置合理。开仓区域监测点布设完成，初始值已读取。 (3) 有限空间作业施工准备完成，有害气体检测设备、带压开仓各类辅助设备已报验合格。 (4) 作业人员体检、安全教育、安全交底和技术培训完成。 (5) 建（构）筑物及管线核查，地上、地下管线标志，保护措施已落实到位	
现场准备	(1) 施工前进行孔洞探测并进行了相应处理。 (2) 各种仪器仪表工作正常，施工工具及更换刀具准备到位，盾构刀盘已锁定。 (3) 施工风、水、电满足需求。 (4) 设计、规范及相关文件规定的其他要求	
应急措施	应急抢险物资、人员、设备等已经配备到位	

盾构隧道联络通道开挖条件验收		表 11-22
前期保障	(1) 施工现场已完成设计、勘察交底。 (2) 联络通道加固及开挖施工方案已通过专家评审，评审意见已予落实或整改。 (3) 监测方案已审批，监测点已按监测方案布置，且已测取初始。 (4) 分包队伍资质、许可证等资料齐全，安全生产协议已签署，人员资格满足要求。 (5) 人员、机械、材料已按要求到位，施工备用电源安装到位，且试运转状况良好。 (6) 对本工程潜在的风险进行辨识和分析，具有针对性、可操作性的应急预案，并已落实抢险设备、材料、人员等。 (7) 质量保证资料齐全	
现场准备	(1) 支撑已架设完毕。 (2) 探孔、卸压孔已打，未发现异常情况并满足开挖条件。 (3) 设计要求的开挖加固措施已经完成，各项加固指标已经达到设计要求并有检测或验证报告，冷冻法加固已落实专项监测，冻结温度、冷冻壁厚度和交圈情况经检测和评估符合设计要求。 (4) 防护门已安装并启闭灵活	
应急措施	应急抢险物资、人员、设备等已经配备到位	

11.6 应 急 管 理

项目经理部应急预案管理的要点及要求包括：应急预案分类、评审、发布、备案、修订等。此外，还分析了应急物资储备、应急预案演练的相关内容与工作重点。

11.6.1 应急工作原则

按照"安全第一，以人为本；预防为主，常备不懈；资源共享，应急迅速"的原则，实行统一领导，分级响应，属地为主，分工协作的原则。

（1）安全第一，以人为本。把保障人民群众的生命安全、最大限度地减少财产损失放在首位，充分发挥人的主观能动性，充分发挥先期配置的专业救援力量的骨干作用。

（2）预防为主，常备不懈。坚持预防为主的方针，做好预防、预测和预警工作。做好常态下的风险评估、物资储备、队伍建设、装备完善、预案演练等工作。

（3）资源共享，应急迅速。加强对施工工地的动态管理，建立施工工地全方位监管的长效机制，提高建设工程施工突发生产事故应急处置的协同应对能力。

11.6.2　组织机构及职责

1. 组织机构

成立以项目经理为组长，项目技术负责人、项目副经理、项目安全负责人为副组长，工程技术部、安全环保部、质量监督部、计划合约部、物资机电部、财务部、试验室、综合办公室等部门负责人为组员的应急管理领导机构，下设应急处置小组：技术保障组、抢险救援组、现场警戒组、医疗救护组、信息联络组、物资保障组、后勤保障组等。

（1）领导小组组成：

组长：项目负责人；

副组长：项目技术负责人、副经理、项目安全负责人；

成员：项目经理部各部室负责人。

（2）领导小组职责：

1）负责建立和运行项目部应急抢险指挥体系，组织指挥各方面力量处理事故，统一指挥对事故现场的应急救援，控制事故蔓延和扩大。

2）负责抢险物资设备统一调配、补给工作。

3）负责应急救援工作的信息发布。

4）负责对事故应急处理工作的检查和指导。

5）组织项目部进行应急救援预案的联合演练。

6）负责组织开展项目部应急管理，指导、督促各项目部按规定开展应急管理工作。

2. 应急抢险处置小组及主要职责

应急抢险领导小组下设现场处置小组，其职责主要有技术保障、抢险救援、物资保障、现场警戒、信息联络、医疗救护、后勤保障等。

（1）技术保障组：根据事故性质提供技术支持和保障，为应急抢险提供决策的依据；对本项目施工突发生产事故的发生和发展趋势、抢险救援方案、应急处置办法、灾害损失和恢复方案等进行研究、评估，并提出相关建议。

（2）抢险救援组：按照抢险方案实施应急抢险救援，按照方案迅速组织抢险力量进行抢险救援，预防次生灾害发生可能造成的人员伤害及财产损失。

（3）物资保障组：负责协调、调度物资、设备、器材等，并及时调运到事故现场。

（4）现场警戒组：应急程序启动后，分别对事故现场及周边地区道路进行封闭、警戒，未经应急组长许可情况下，严禁任何人员及机械出入。

（5）信息联络组：收集现场信息，核实现场情况，保证现场与应急小组之间传递信息的真实、及时与畅通，迅速向应急救援小组办公室及有关部门汇报应急处置情况。

（6）医疗救护组：负责对现场受伤人员实施救援，对伤员进行应急处置、急救和救护，必要时根据事先制订的预案及时转送医院救治。

（7）后勤保障组：负责抢险救灾过程中的各项后勤服务工作，包括饮水、就餐、车辆安排、接待工作、抢险工作联络、通信保障等，配备好无线电对讲机，如有人员伤亡，还应协助有关部门做好送医院抢救、救治费用协商、探病及家属的接待安置工作。

11.6.3　应急预案管理

为规范项目经理部应急管理程序，根据《城市轨道交通建设工程质量安全事故应急预案管理办法》《生产经营单位生产安全事故应急预案编制导则》等法律法规要求，项目经理部在开工前，应当编制所承担工程项目的综合应急预案，并按工程事故、影响周边环境事故类别编制工程项目应急预案，同时制订事故现场处置方案。

应急预案是一项综合性工作，按照"分级管理"和"分级负责"的原则，应急预案由项目负责人组织工程技术人员、安全管理人员、物资设备人员及其他主要人员联合编制，并经专家评审通过，项目综合应急预案，经项目负责人审核后，由公司技术负责人审批，上报监理单位并组织进行专家评审。专项应急预案和现场处置方案，由项目技术负责人审核，项目负责人审批，上报监理单位，专项应急预案和现场处置方案可视情况组织评审。

1. 应急预案分类

综合应急预案是对事故及突发事件应对工作的总体安排。主要规定工作原则、组织机构、预案体系、事故分级、监测预警、应急处置、应急保障、培训、演练与评估等，是应对事故及突发事件的综合性文件。

专项应急预案应按照综合预案程序和要求组织制订，是指针对某一类型或某几种类型的事故而预先制订的工作方案。主要规定应急响应责任人、风险防范和监测、信息报告、预警响应、应急处置、人员疏散组织和路线、可调用或可请求援助的应急资源情况以及实施步骤等，体现自救互救、信息报告和先期处置特点，是综合预案的组成部分。

现场处置方案是指针对某一特定事故或突发事件现场处置工作而预先制订的方案。主要规定现场应急处置程序、技术措施及实施步骤。侧重于细化先期处置，明确并落实现场相关人员的直接处置权和指挥权；严格遵守安全规程，科学组织有效施救，确保救援人员安全，并强化救援现场管理。现场处置方案是专项应急预案的技术支持性文件。

2. 专项应急预案分类

根据城市轨道交通工程特点，主要施工隧道、车站等。施工区域大多数地处城市闹市繁华地带，施工环境复杂，地面建（构）筑物分布较多，地下管线、建（构）筑物分布复杂，地质情况多变，施工难度大，工期紧的特点，给项目部施工带来了巨大风险。根据施工特点，项目应根据实际情况编制相应的专项应急预案。具体如下：

（1）通用类施工专项应急预案。

1）大型机械（起重机、成槽机、旋挖钻机等）倾翻事故专项应急预案。

2）起重吊装事故专项应急预案。

3）消防事故专项应急预案。

4）触电事故专项应急预案。

5）高处坠落事故专项应急预案。

6）物体打击事故专项应急预案。

7）有毒有害气体爆炸事故专项应急预案。

8）机械伤害事故专项应急预案。

9）火工品爆炸事故专项应急预案。

10）龙门式起重机安装/拆卸事故专项应急预案。

（2）深基坑工程施工。

1）深基坑围护结构突泥涌水（漏水漏沙）专项应急预案。

2）深基坑基底突泥涌水专项应急预案。

3）深基坑围护结构断桩专项应急预案。

4）深基坑变形预警报警专项应急预案。

5）基坑坍塌专项应急预案。

6）深基坑开挖土方滑移（滑塌）专项应急预案。

7）深基坑钢支撑变形专项应急预案。

8）基坑支护钢支撑坠落事故专项应急预案。

9）基坑周边建（构）筑物沉降、变形、坍塌专项应急预案。

10）基坑开挖管线（自来水、雨污水、天然气、电缆、通信光缆等）损坏专项应急预案。

11）高支模坍塌专项应急预案。

（3）盾构工程施工。

1）盾构穿越重要建（构）筑物专项应急预案。

2）盾构始发/接收洞门突泥涌水（漏水漏沙）专项应急预案。

3）盾尾及铰接密封漏沙漏水专项应急预案。

4）盾构穿越既有铁路线专项应急预案。

5）盾构穿越既有地铁线路专项应急预案。

6）盾构施工地面沉降、坍塌专项应急预案。

7）盾构施工管线损坏（自来水、雨污水、天然气、电缆、通信光缆等）专项应急预案。

8）盾构穿越水域（江、河、湖、海）漏水事故专项应急预案。

9）隧道内有害气体爆炸事故专项应急预案。

10）电瓶车水平运输溜车事故专项应急预案。

11）盾构开仓（人仓、螺旋仓）作业涌水、涌砂事故专项应急预案。

（4）其他类型。

1）环境污染事故专项应急预案。

2）群体性卫生防疫突发事件专项应急预案。

3. 应急预案评审、维护与更新

（1）应急预案评审。项目综合应急预案编制完成后，经项目负责人审核，由公司技术负责人审批，上报监理单位并组织进行专家评审。专项应急预案和现场处置方案，由项目技术负责人审核，项目负责人审批，上报监理单位，专项应急预案和现场处置方案可视情况组织评审。评审人员应该包括城市轨道交通工程安全生产或应急管理方面的专家，预案涉及的其他部门和单位相关人员。评审人员与应急预案编制单位不得存在隶属关系。评审的主要内容包括：

1）应急预案是否符合有关法律、行政法规等，是否与有关应急预案进行了衔接。

2）主体内容是否完备，组织体系是否科学合理；责任分工是否合理明确。

3）风险评估及防范措施是否具有针对性。

4）响应级别设计是否合理，应对措施是否具体简明、管用可行。

5）应急保障资源是否完备，应急保障措施是否可行。

6）评审后应形成书面评审意见。

（2）维护与更新——修订。当应急预案有下列情形之一时，需及时修订并归档。

1）依据的法律、法规、规章、标准及上位预案中的有关规定发生重大变化的。

2）应急指挥机构及其职责发生调整的。

3）面临的事故风险发生重大变化的。

4）重要应急资源发生重大变化的。

5）预案中的其他重要信息发生变化的。

6）在应急演练和事故应急救援中发现问题需要修订的。

7）编制单位认为应该修订的其他情况，并按照有关报备程序重新备案。

11.6.4 应急培训

利用多种形式（培训、讲座、多媒体等），对相关部门和人员开展应急预案内容、应急救援职责、程序等进行教育和培训，不断提高应急意识、应急救援措施、基本防护等常识，确保应急教育培训到位，如图 11-15 所示。

根据实地情况，项目部可组织相关专业人员及应急组织机构向当地应急组织机构联合培训，增强项目部应急组织能力，如图 11-16 所示。

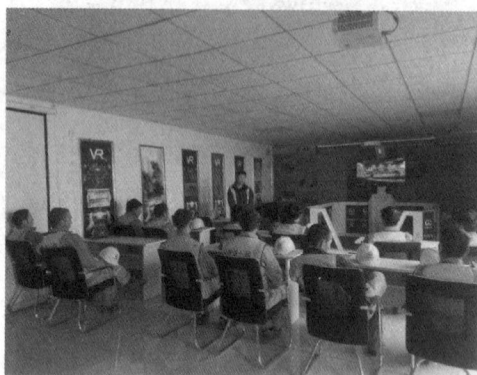

图 11-15　应急管理 VR 视频培训

图 11-16　应急救援培训

11.6.5 应急物资储备

应急物资及设备应由专门仓库存储，数量及规格型号必须符合审批的应急预案要求。应急物资严格按"专项储备、专人负责"制，由项目物资机电部安排专人进行日常管理，安全环保部负责监督检查，非紧急抢险及救援情况下，任何人不得挪用应急物资。

（1）应急物资的概念。应急物资是指在事故即将发生前用于控制事故发生，或事故发生后用于疏散、抢救、抢险等应急救援的工具、物品、设备、器材、装备等一切相关物资。

(2) 应急物资的采购入库。应急物资由物资机电部负责采购，必须填写入库清单，经验收后统一入库保管。应急物品管理要建立应急台账，统一管理。

(3) 应急物资的储备管理。

1) 经检验合格的应急物资，必须实行分区、分类存放和定位管理。根据库房分成若干个区，按照物资的不同属性，将储存物资分成若干个大类，对每一类物资，根据其保管要求，仓储设施条件及仓库实际情况，确定具体的存放区。为方便抢修物资存放，减少人为差错，对应急物资进行编号定位，结合物资存放保管目录，把库房、货架、层次、货位四者统一编号，并附上标签，做到见单就知货物存放地点，提高工作效率。

2) 应急物资应妥善保管，以保护物资的质量。物资堆放前必须垫好垛底，物资堆码后，为防止受到雨水侵蚀和日光暴晒，需定期进行检查。

3) 加强对应急物资的管理，防止应急物资被盗用、挪用、流失和失效，对各类物资及时予以补充和更新，检查人员每月要定期检查一次应急物资和工具的情况，发现缺少和不能使用的要及时提出和督促，确保正常使用，检查人员每次检查时要进行详细记录，留存备查。

(4) 应急物资的调拨。

1) 应急物资由项目部应急指挥部统一调度、使用。

2) 应急物资调用根据"先近后远，满足急需，先主后次"的原则进行。

3) 建立物资调剂供应的渠道，以备物资短缺时，可迅速调入。

应急物资储备包括但不限于以下清单，项目部应在开工前储备足够、合格的应急救援物资，标准不得低于应急物资表内的要求，并做好日常的管理、检查、维护；应急物资必须专门存储，严禁挪用，如图 11-17、图 11-18 所示。

图 11-17　现场应急库房设置

图 11-18　现场应急库房设置

(5) 车站施工应急物资储备。城市轨道交通工程项目经理部标准车站施工应急物资必备清单见表 11-23。

标准车站施工应急物资必备清单　　　　　　　　　表 11-23

序号	名称	单位	数量	说明
1	油溶性聚氨酯	t	2	
2	聚氨酯泵	台	2	又名齿轮泵

序号	名称	单位	数量	说明
3	水泥	t	20	库存不得少于 10t
4.	水玻璃	t	2	
5	双液注浆机	台	2	含管路、各规格接头、变径接头
6	WSS 注浆机	台	2	含不同长度钻杆
7	磷酸	t	2	
8	双快水泥	箱	10	堵漏灵
9	沙袋（泥袋）	m³	100	
10	水泵	台	5	其中 1 台不小于 11kW，配专用电缆
11	电缆	盘	6	不同规格
12	开关箱	个	5	
13	木楔子	m²	5	
14	方形钢板		若干	厚度 8mm，300mm×500mm
15	消防水带	盘	3	
16	竹梯	个	2	
17	急救药箱	个	2	
18	对讲机	个	20	
19	棉纱、棉絮		若干	
20	引流管	个	若干	
21	发电机	台	1	满足施工现场断电应急准备

（6）区间及联络通道施工应急物资储备。城市轨道交通项目经理部盾构施工及联络通道施工必备应急物资见表 11-24。

盾构施工及联络通道施工必备应急物资　　　　表 11-24

序号	名称	单位	数量	说明
1	潜水泵	台	1	功率 15kW；扬程 30m；流量 100m³/h
2	低吸泵	台	2	功率 5.5kW；扬程 30m；流量 25m³/h
3	排污泵	台	4	排污
4	千斤顶及葫芦	台	4	
5	双液注浆机	台	4	含管路、各规格接头、变径接头
6	WSS 注浆机	台	2	含不同长度钻杆
7	压浆泵	台	4	注浆
8	混凝土喷射机	台	1	喷射浆
9	电焊机	台	4	
10	弧形钢板		若干	厚度 5mm、10mm，至少备用一环
11	电缆	盘	6	不同规格
12	开关箱	个	10	

序号	名称	单位	数量	说明
13	木楔子（木方）	m²	5	
14	22号槽钢	m	60	
15	油溶性聚氨酯	t	4	
16	水玻璃	t	5	
17	硅酸盐水泥（P.O42.5）	t	20	
18	双快水泥	t	2	
19	棉花毯	条	20	
20	水管	m	150	
21	对讲机	台	20	
22	棉絮		若干	
23	钢管支撑		若干	

11.6.6 事故应急管理处置程序

事故应急管理处置程序是：事故发生→应急响应→信息报告→先期处置→应急救援→应急结束→恢复施工。

（1）应急响应。当项目经理部发生或将要发生事故时，应根据现场实际情况，由应急组长决定启动应急预案。

（2）信息报告。事故发生后，由应急组长及时（10min内）上报上级单位，应准确、完整地上报，对事故不得迟报、谎报或者瞒报。任何单位和个人不得阻挠和干涉对事故的报告。

事故报告内容：

1）事故发生单位概况（单位的名称，所属标段等）。

2）事故发生的时间、地点以及事故现场情况。

3）事故的简要经过。

4）事故已经造成或者有可能造成的伤亡人数（包括下落不明的人数）和初步估计的直接经济损失。

5）已采取的措施。

6）其他应该上报的情况，如事故发现新情况时，应该补充上报，书面报告按照《建设工程施工企业职工伤亡事故快报表》上报。

（3）紧急处理。事故发生后，应该积极采取抢救措施，管控现场，减少人员伤亡和事故损失，防止事态进一步扩大，做好现场保护工作并立即上报。项目部严格保护事故现场，抢救人员，防止事故扩大，需要移动现场物件时应做好标志和书面记录，采取拍照、摄像、绘图等方式，详细记录事故现场原貌，妥善保存现场重要的痕迹、物证。

（4）应急救援。

1）一旦接到发生或者有可能发生重大事故的报告后，应急领导小组的所有成员，必须第一时间赶赴现场，施工现场的所有施工人员必须接受统一指挥，投入抢险工作；事故现场由突发事故应急救援小组组长任现场指挥，全面负责事故现场工作。

2）踏勘现场，由应急领导组长决定启动应急预案，组织召开现场首次会议，研究抢险方案，落实抢险事宜。

3）现场救援。各应急处置小组成员到达现场，明确各自职责，督促其立即开展工作。确定应急处置方案，听取技术保障组抢险方案，各处置小组现场实施救援。

（5）现场检测与评估。根据需要，危险源风险评估小组、技术处理小组和事故调查小组，综合分析和评价检测数据，查找事故原因，评估事故发展趋势，预测事故后果，为制订现场抢救方案和事故调查提供参考。检测与评估报告要及时上报现场应急救援指挥部。

（6）应急结束。事故现场得以控制，导致次生、衍生事故隐患消除后，现场应急结束。应急结束后，应明确：

1）事故情况上报事项。

2）需向事故调查处理小组移交的相关事项。

3）事故应急救援工作总结报告。

11.6.7　应急预案演练

1. 应急演练方式及规模

根据应急预案组织定期应急预案演练，演练包括内部演练和与市有关部门的合成演练或协同演练；使应急救援人员进入"实战"状态，熟悉各类应急救援的处置和整个应变的程序，提高协同作战能力；并对演练的结果进行评估，分析方案中存在的不足，并予以改进和完善。

（1）桌面演练。由应急领导小组成员参加，按照本应急预案及其标准工作程序，讨论紧急情况时应采取行动的演练活动，一般在会议室内举行。

主要目的是锻炼参演人员解决问题的能力，以及解决应急组织相互协作和职责划分的问题。

（2）实战演练。针对某项应急响应功能或其中某些应急响应行动举行演练活动，主要目的是针对应急响应功能，检验应急人员以及应急体系的策划和响应能力。演练过程要求尽量真实，调用更多的应急人员和资源，并开展人员、设备及其他资源的实战性演练，以检验相互协调的应急响应能力，如图 11-19、图 11-20 所示。

图 11-19　实战演练分工

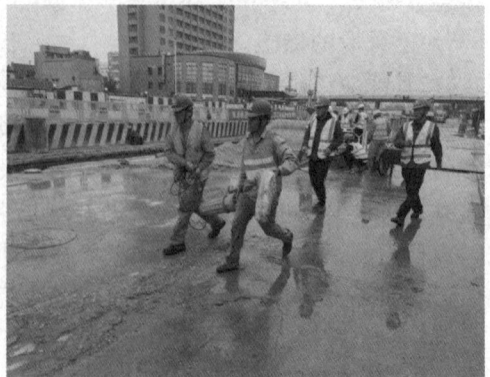

图 11-20　现场应急演练

应急演练由项目部组织，项目经理负责，根据施工情况，制订演练计划、编制演练方案，将计划、方案及演练情况报告建设单位有关部门。项目部每半年至少组织一次综合应急预案演练或者专项应急预案演练，在关键工序前根据要求组织相应的演练。

2. 应急演练要求

（1）应急组织与指挥体系是及时、有效进行应急抢险的基础。

（2）项目部要建立以项目经理为核心，项目班子为主体的指挥体系，要分工明确，能调动整合项目全部资源，迅速反应和投入抢险工作中。

（3）应急体系的建立是要实实在在使用的，不能是因为外部检查需要而建立的。

3. 应急体系运行与过程控制要点

（1）险情发生时，应急指挥系统要迅速反应，总指挥由项目经理担任，从现场勘查、险情上报，抢险方案制订，险情初步控制，项目资源调动等方面，统筹协调部署，根据分工，指挥安排项目书记、副经理、安全负责人、技术负责人分头落实各项工作。

（2）险情过程中，要保证地面和基坑（隧道内）信息畅通、互通，由项目经理进行统筹指挥。基坑（隧道内）的情况和需要解决的问题及时向地面反馈，地面有新的应急措施和命令要及时传达到基坑（隧道内）落实，保证信息的一致性。

4. 应急演练评估与总结

演练结束后，应针对本次演练组织相关人员进行点评和总结，并从各自的角度总结本次演练的经验教训，确认评估报告内容，拟定改进计划并填写《应急演练效果评估表》。

对演练中暴露出的问题，组织参加演练单位和个人按照改进计划中规定的责任和时限要求，及时采取措施予以改进，修改完善应急预案，有针对性地加强应急人员的教育和培训，对应急物资装备有计划地更新等。

11.6.8 常见城市轨道交通事故应急处置措施

1. 深基坑开挖类型、工程风险预防及突发事故应急抢险措施

（1）类型一

事故类型：基坑纵向滑坡；

预防措施：

1）严格控制基坑开挖坡度。

2）在开挖前和开挖过程中均采用具有针对性的降水措施，保证降水效果。

3）暴雨来临之前所有边坡应铺设塑料膜防止暴雨冲刷，同时在坡底设置大功率水泵抽水，防止坡底浸水。

4）如果遇到特殊情况，需要基坑停工较长时间，应在平台、基坑边和坡底设置排水明沟和集水坑，并派专人抽水值班，必要时对基坑边坡面进行喷射混凝土保护。

5）在进度允许的情况下尽量采用少开工作面的形式，避免暴露太多的基坑工作面。

6）坡顶严禁堆积荷载，坡顶不允许设置便道。

抢险措施：

1）疏散现场人员，同时对可能造成影响的周边单位或住宅内的人员进行疏散。

2）通知相关管线单位，根据影响程度进行管线监护和处置。

3）会同交警部门对影响到的周边道路进行调整和交通疏解。

4）如果纵向滑坡后基坑没有坍塌：

① 在具备条件和不危及人员安全的前提下补强支撑，并对坡底处进行土方回填；

② 如果不能补强支撑，则立即组织对坡底处进行回填土方或砂。

5）如果纵向滑坡后基坑发生坍塌：

① 立即对基坑塌方处进行回填土方或砂；

② 进行坡顶卸载；

③ 尽量减少动载；

④ 杜绝任何流入基坑边坡内的水源。

（2）类型二

事故类型：支撑失稳；

预防措施：

1）钢支撑失稳前有拱起侧弯或下沉的先兆，发现该情况时要迅速采取加固或补撑措施，在基坑开挖期间要加强对支撑的观察，每班要有专人巡查。

2）对监测报表中的数据要进行认真分析。

3）对支撑材料要严格把关，杜绝使用有缺陷的支撑材料。

4）支撑施工要严格按设计架设、施加预应力等，对安装传感器的支撑，要有特殊措施进行保护。

5）要根据立柱桩的沉降情况，及时调整支撑，防止支撑因立柱桩的沉降或上抬而造成偏心，影响支撑受力。

抢险措施：

1）险情现场人员疏散，同时对可能造成影响的周边单位或住宅内的人员进行疏散。

2）通知相关管线单位，根据影响程度进行管线监护和处置。

3）会同交警部门对影响到的周边道路进行调整和交通疏解。

4）如果发生钢支撑失稳，基坑未坍塌：在失稳的钢支撑旁加设钢支撑，并施加预应力。同时对周围支撑复查，查找是否有支撑松弛，如果发现有支撑松弛，应立即采取复加预应力加固措施。如果因支撑松弛而发生支撑失稳，则应立即查找周边超载、围护结构背土流失、支撑材质等原因，防止失稳现象扩散。

5）如由于支撑失稳已经引起基坑坍塌：立即对基坑坍塌处回填土方，并清理基坑周边的超载，如果围护结构背土发生土体流失，要立即填充砂或混凝土，同时对周围支撑复查，查找是否有支撑松弛，如果发现有支撑松弛，应立即复加预应力，防止失稳现象扩散。

（3）类型三

事故类型：坑底隆起（超出警戒值）；

预防措施：

1）基坑开挖过程中加强基底隆起监测。

2）地基加固、井点降水等措施严格按要求施工。

3）基坑周边防止过多的超载。

4）围护结构插入比要满足要求。

5）开挖前对围护质量摸底、详查，对可能会发生渗漏的部位做必要的技术处理。

6）可增加基底抽条加固等坑底加固措施。

7）基坑开挖后，按规范设计要求及时架设支撑。

抢险措施：

1）疏散险情现场人员，同时对可能造成影响的周边单位或住宅内的人员进行疏散。

2）通知相关管线单位，根据影响程度进行管线监护和处置。

3）会同公安交警部门对影响到的周边道路进行封闭，并调整事故路段内的交通。

4）一旦发现坑底隆起超出警戒值后，应立即停止开挖，立即加设基坑外沉降监测点。

5）对小型基坑如出入口等，可及时采用回填土方或回灌水的方法，对大型基坑则应立即回填土，直至基坑外沉降趋势收敛方可停止回灌或回填。

6）如果采用回灌水的方法，马上与消防部门联系，从附近消火栓中取水回灌，另外由于回灌水用水量较大，如消火栓水量不够，同时与自来水公司联系，从附近供水管道中取水。

7）可增加基底抽条加固等坑底加固措施。

（4）类型四

事故类型：承压水突涌；

预防措施：

1）施工前针对工程水文地质情况，科学计算承压水水头降低标准，合理布设井点。

2）在基坑开挖施工过程中，对承压水的水位进行仔细、认真的观测和控制。

3）为防止井点坏损，布设一定数量的预备井点。

抢险措施：

1）疏散现场人员，同时对可能造成影响的周边单位或住宅内的人员进行疏散。

2）通知相关管线单位，根据影响程度进行管线监护和处置。

3）会同交警部门对影响到的周边道路进行调整和交通疏解。

4）开启所有承压水抽水泵，降低承压水水位。

5）对小型基坑如出入口等，可及时采用回灌水、填土等方法，对大型基坑则应立即进行回填土方（以黏性土为佳）。

6）如果采用回灌水的方法，马上与消防部门联系，从附近消火栓中取水回灌，另外由于回灌水用水量较大，如消火栓水量不够，同时与自来水公司联系，从附近供水管道中取水。

7）加强对基坑及周边建筑物的沉降观测。

8）在降水措施采取的同时，寻找涌水源，对其采取必要的技术措施。

9）对用 SMW 搅拌桩作围护的基坑，慎用双液浆，一定要对注浆压力有严格控制，防止压力过大破坏围护结构。

（5）类型五

事故类型：基坑围护结构流水、流砂；

预防措施：

1）严格控制地下连续墙等围护结构的垂直度，避免开叉。

2）地下连续墙施工时，增加刷壁次数，保证刷壁效果。

3）混凝土浇筑时必须连续，避免出现堵管、导管拔空等现象，及时清除绕管混凝土。

4）对地下连续墙进行墙趾注浆，防止出现不均匀沉降。

5）地下连续墙施工中发生的质量问题都详细记录，在基坑开挖前和开挖过程中采取专项措施进行处理。

6）基坑开挖中，随挖随撑，防止围护结构出现大的变形，造成地下连续墙接缝渗漏。

7）根据管线及周边地面状况，在管线与基坑之间或管线（箱涵）底部基础，采取水泥土搅拌桩及注浆加固等形式隔断或减少施工对其影响。

8）加强施工监测，实施动态信息化施工管理。

9）基坑开挖期间，24h值班，及时对地墙质量和渗漏情况进行检查，发现问题及时处理。

抢险措施：

1）险情现场人员疏散，对可能造成影响的周边单位或住宅内的人员进行疏散。

2）通知相关管线单位，根据影响程度进行管线监护和处置。

3）会同交警部门对影响到的周边道路进行调整和交通疏解。

4）查清漏点后，先用棉被封堵，用基坑土方回填覆压，在基坑漏点附近增设临时支撑和复加轴力。

5）在围护结构漏点外侧打孔，压注堵漏材料进行封堵。当漏点被彻底封堵、不再涌砂后，再压注双液注浆，对地基进行加固。

6）当漏砂严重，封堵无效有可能导致周围环境破坏时，用土方、砂或水泥等材料回填基坑。

7）对周围建筑物、管线和道路进行监控，当变形较大时，采取双液跟踪注浆措施，减小变形速率，对流失的土体填充。

2. 盾构法隧道常见施工风险预防及突发事故应急措施

（1）类型一

事故类型：建筑物（房屋等）变形过大；

预防措施：

1）施工前先对建筑物进行调查，并根据需要采取必要的结构加固措施。

2）严格控制平衡压力及推进速度，避免波动范围过大。

3）施工时采取土体改良，确保土体和易性和流动性等，保持进出土顺畅。

4）正确确定注浆量和注浆压力，及时、同步地进行注浆。

5）注浆应均匀，根据推进速度的快慢适当调整注浆速率，尽量做到与推进速率相符。

6）采取措施，提高搅拌浆的质量，保证压注浆液的强度。

7）推进时，经常压注盾尾密封油脂，保证盾尾钢丝刷具有密封功能。

8）根据建筑物变形及周边地面沉降程度，尽量布置地面注浆管，及时进行地面跟踪注浆。

9）加强施工监测，实施动态信息化施工管理。

抢险措施：

1）变形可控状态

① 对建筑物进行结构加固。

② 根据地面监测情况，及时调整盾构施工参数，如推进速度、平衡压力、出土量等。

③ 根据建筑物及周边地面变形情况及时调整注浆量、注浆部位，对于沉降大的部位

可采用补压浆的措施。

④ 损坏的盾尾钢丝刷及时更换，或在盾尾内垫海绵，对盾尾进行堵漏。

⑤ 布置地面注浆管的，及时进行地面跟踪注浆。

⑥ 在隧道内进行壁后注浆，减少盾尾漏浆。

⑦ 加强监测频率和监测要求。

2）变形非可控状态

① 盾构停止推进。同时根据地面变形情况及时调整注浆量、注浆部位，对于沉降大的部位进一步加大采用补压浆的措施，减缓或控制地层的进一步变形。

② 紧急组织所有应急人员到位，根据指令快速调集足够的应急物资到场。

③ 紧急向上级部门汇报，紧急联系所有相关部门（街道、道路、管线、公安等），并及时撤离建筑物内人员及贵重物品，疏散周边人员。

④ 协助相关部门建立安全隔离区，并参与警戒和巡逻工作。

⑤ 配合相关部门进行抢救工作。

（2）类型二

事故类型：管线变形过大；

预防措施：

1）施工前先对管线进行悬吊等方式加以保护。

2）严格控制平衡压力及推进速度，避免波动范围过大。

3）施工时采取土体改良，确保土体和易性和流动性等，保持进出土顺畅。

4）正确确定注浆量和注浆压力，及时、同步地进行注浆。

5）注浆应均匀，根据推进速度的快慢适当地调整注浆的速率，尽量做到与推进速率相符。

6）采取措施，提高搅拌浆的质量，保证压注浆液的强度。

7）推进时，经常压注盾尾密封油脂，保证盾尾钢丝刷具有密封功能。

8）根据管线及周边地面状况，在管线与隧道之间或管线（箱涵）底部基础，采取钢板桩及注浆加固等形式隔断或减小盾构施工对其影响。

9）加强施工监测，实施动态信息化施工管理。

抢险措施：

1）变形可控状态

① 开挖并暴露管线，并对其进行悬吊等方式加以保护。

② 根据地面监测情况，及时调整盾构施工参数，如推进速度，平衡压力，出土量等。

③ 根据建筑物及周边地面变形情况及时调整注浆量、注浆部位，对于沉降大的部位可采用补压浆的措施。

④ 损坏的盾尾刷及时更换，或在盾尾内垫海绵，对盾尾进行堵漏。

⑤ 根据管线及周边地面状况，在管线与隧道之间或管线（箱涵）底部基础，采取钢板桩及注浆加固等形式隔断或减小盾构施工对其影响。

⑥ 在隧道内进行壁后注浆，减少盾尾漏浆。

⑦ 联系管线部门，并配合管线部门对局部已产生变形，但还不影响周边环境的管线进行修补。

⑧ 加强施工监测，实施动态信息化施工管理。

2）变形非可控状态

① 盾构停止推进。同时根据地面变形情况及时调整注浆量、注浆部位，对于沉降大的部位加大补压浆措施，减缓或控制地层和管线的进一步变形。

② 紧急组织所有应急人员到位，根据指令快速调集足够的应急物资到场。

③ 紧急向上级部门汇报，紧急联系所有相关部门（街道、道路、管线、警局等），并及时撤离、疏散附近人员、搬移贵重物品。

④ 管线内渗漏物对周边环境有害的，应协助相关部门及时建立安全隔离区，并参与警戒和巡逻工作。

⑤ 在专业部门领导下，配合相关专业部门进行抢救工作。

（3）类型三

事故类型：突发盾构机进出洞事故；

预防措施：

1）加强操作规程交底、地质勘探等，避免门洞钢筋混凝土的破除不合理形成水土压力过高。

2）控制掘进速度、水土压力，加强周边建筑物、相邻管线、周边道路沉降监测。

抢险措施：

1）事故发生后，事故现场负责人必须在第一时间赶赴现场，施工现场的抢险救援小组成员必须接受统一指挥，投入抢险救援工作。

2）应立即组织隔离、疏导交通和保护现场。组织人员从安全通道向安全出口方向迅速疏散、撤离。遇有人员受伤，立即通知"120"急救中心，并派人至路口接应。"120"未到之前应及时对伤员进行临时救治：对轻伤人员及时进行创面清洗、包扎后送就近医院治疗；伤较重的，应用敷料或用清洁床单、被单、衣服等包扎创面，尽快送往特色医疗单位救治。

3）应立即通知相关单位（如管线单位等）的人员到场监护，抢险中应对周边环境进行监控，有可能造成破坏时，应及时采取安全措施。并加强与应急救援物资供应单位联络，保证物资供应渠道畅通。

4）应负责做好前来指挥抢险的各级领导及专家的接待工作，安排好办公、生活、住宿、车辆等后勤保障工作。及时提供所需的技术资料，做好联络，确保信息传递畅通。

5）应立即组织技术人员迅速查明现场的实际情况（如事故发生时间、地点、部位、原因、过程、已采取的措施及可能发展趋势导致的后果等），在确保安全的前提下运用拍照等手段取得资料，为现场抢险、事故调查和分析提供相关资料。

6）应根据现场提供的各种资料，通过简短的会议决定应采取的应急措施（如临时围护、支护、注浆加固等）。

7）有可能危及周围居民的安全时，应立即通知当地政府及居委会，组织居民安全有序地撤离。

8）应有专人负责事故现场设立警戒线，对现场通道进行封锁，疏散围观人员，劝说无关人员不要进入事故现场，做好媒体接待，并根据实际情况，及时向周边居民发布安民告示。

第六篇 质量安全信息化

第12章 数字信息化

质量安全信息化能够使工程建设的过程更加透明，促使工程实施手段以及材料的使用更加规范，用信息化推动工程建设质量与安全的过程控制。项目经理部质量安全数字信息化管理就是利用网络及信息技术，借助各种专业仪器设备和数字分析软件，对关键视频及数据信息进行同步采集与监控，并对重要施工信息进行收集，辅助项目经理部对周边环境安全、参建人员的安全、施工过程中的质量及安全、现场安全文明施工等进行高效及精确管理和研判，以消除和降低施工过程中的安全及质量隐患。数字信息化管理有利于提升项目经理部质量安全管理，保障轨道交通工程建设安全稳步推进。

12.1 现阶段数字信息化管理应用

众所周知，质量安全信息化应用对提升项目经理部的管理功效有很大帮助，但它的作用不是万能的，需要各项目经理部根据自身工程规模、经济条件、管理需求等选择最合适的信息化手段来辅助进行安全和质量的管理。当前，项目经理部在质量安全数字信息化方面的应用已逐步规范，部分技术已比较成熟，特别是安全及文明施工管理方面的应用比较多，但质量管理方面的应用还在丰富阶段，如 BIM 的应用。

一般而言，项目经理部数字信息化应用大体可以分为场区人员信息化管理、人员安全教育和培训信息化管理、现场安全质量信息化管理、现场安全文明施工信息化管理、监测相关信息化等几个方面。另外，监控室及网络建设等信息化应用的保障工作必须到位。

12.1.1 场区人员信息化管理

场区人员信息化管理主要包括人员的进出考勤管理及人员定位管理。

1. 人员进出考勤管理

人员进出考勤管理的应用从其适用范围、设备及软件需求、人员信息的采集内容、具体做法等方面说明，并对目前应用的几种类型的人员考勤设备的优缺点进行了分析。

（1）适用范围。适用于项目工程车站、区间盾构、铺轨及机电安装等施工期间人员进出场及考勤管理。

（2）设备及软件需求。安装于现场的门禁考勤闸机（如三辊闸、摆闸、翼闸、平移闸等），以及考勤设备及配套软件（如卡片式、指纹式、虹膜式、人脸式、组合式等）。

（3）人员信息采集。门禁考勤信息录入一般包括人员姓名、性别、身份证号、所属单位、工种、班组等，考勤系统软件记录的信息有人员进出场状态、考勤时间、考勤地点、考勤抓拍照片等。

（4）做法。门禁考勤闸机一般安装在工地大门进出口位置和隧道进出口位置，根据出入口的大小可设 1～3 个通道。进出场人员信息预先录入考勤系统，在通过门禁考勤机时系统通过卡片、指纹、虹膜、人脸等手段核验人员信息，记录人员进入信息，必要时可抓拍即时照片信息。门禁考勤闸机形式如图 12-1、图 12-2 所示。

图 12-1　指纹识别考勤机示例图

图 12-2　人脸识别考勤机示例图

（5）各类型考勤系统优缺点分析。通过实际应用效果来看，卡片式考勤系统信息读取快，但不能准确固定到个人，对人员的精确管理不利，适用于人员集中出入但管理要求不严格的工点；指纹式考勤系统正常情况下可以精确管理进出的人员，但信息读取慢，许多时候因工人指纹不明显或手指不干净而读取不到信息，不利于人员集中出入，适用于人员不密集进出的工点；虹膜式考勤系统能较迅速地读取人员信息和精准确定考勤人员，但受光线影响较明显，在光线不足的情况下信息读取时间较长，不利于晚间人员的集中出入管理，适用于夜间进出场人员较少的工点。人脸式考勤系统适应性较好，能迅速读取和确定进出人员的信息，但成本相对较高，适用于人员管理严格、标准化建设要求高的工点。

2. 人员定位管理

人员定位管理的应用从其适用范围、设备需求、人员信息的采集内容、具体做法等方面说明，并对目前应用的几种类型的定位器优缺点进行了分析。

（1）适用范围。适用于项目工程站后铺轨及机电安装阶段的人员进出场及活动范围管理。

（2）设备需求。人员定位系统一套、无线网络基站及定位器若干。定位器的种类主要有芯片安全帽、芯片手环、芯片安全带等，如图 12-3、图 12-4 所示。

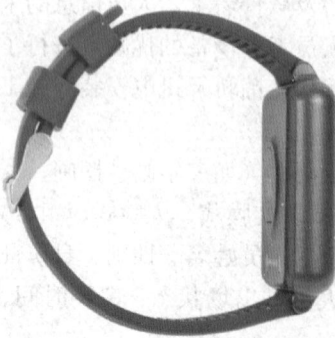

图 12-3　定位手环示例图

图 12-4　定位安全帽示例图

（3）人员信息采集。人员定位芯片采集的人员信息一般有姓名、性别、身份证号、所属单位、工种、班组等，定位系统则采集人员的进出场信息、实时位置信息等。

（4）做法。在施工隧道的进出口、交叉道口、工作面、地面主要出入口等位置安装基站，在出入口附近或监控室内设置显示大屏，施工人员穿戴带有定位芯片的防护设备进入工作区域后，系统通过基站对相关人员的身份及位置信息等进行读取和管理，并在大屏实时显示，如图 12-5 所示。

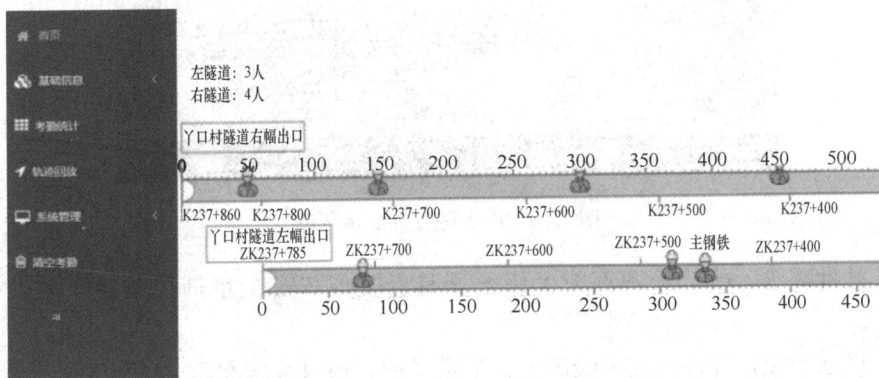

图 12-5　人员实时定位示意图

（5）定位器优缺点分析。安全帽式定位器结构较复杂，也易出现人帽分离的情况，成本相对较高，对确定人员的准确位置信息也不利；腕表式或安全带式定位器佩戴方便、不易出现人表（带）分离的情况，并可同步配置通话功能，方便隧道内外的人员联系。腕表式定位器同时还具有简易人员健康监测功能。

12.1.2　人员安全教育和培训信息化管理

人员安全教育和培训信息化管理的方式一般分为网上课堂、安全培训工具箱、VR 体验、电子场景模拟、现场视频短片等，受教人员通过亲身体验、主动或被动接受教育，提高质量和安全意识。

1. 网上课堂

网上课堂的应用从其适用范围、软件需求、具体做法等方面进行说明。

（1）适用范围。适用于项目工程建设全过程一线施工及管理人员的安全和质量教育管理。

（2）软件需求。项目经理部或上级公司具有专业的安全及质量教育培训网站或系统。网上课堂界面如图 12-6 所示。

（3）做法。项目经理部在项目实施之初应用专业安全教育网站（计算机版或手机版）组织一线操作人员进行施工质量和安全相关的学习和教育，设置网上答题库，通过考试或答题积分奖励等形式督促或鼓励一线操作人员掌握和提升相关的安全意识。

2. 安全培训工具箱

安全培训工具箱的应用从其适用范围、软件需求、具体做法等方面进行说明。

（1）适用范围。适用于项目一线施工人员进场安全培训教育及考核管理。

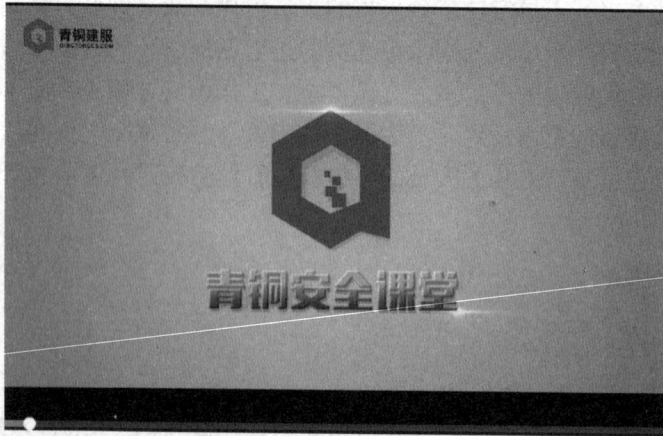

图 12-6 网上课堂界面示例图

（2）软件需求。项目经理部或上级公司具有类似"安全培训工具箱"的安全管理系统。

（3）做法。项目经理部在一线施工人员进场前，通过系统配套设备对人员进行信息录入（刷身份证），并组织其进行相应的培训教育和无纸化考试，形成培训及考核档案信息，利用网络传送至培训数据汇总平台，再由总平台生成从业人员二维码印制在其安全帽侧面，通过计算机和手机可及时查看相应人员的信息及安全培训情况，从而实现对从业人员安全教育全面集中管理。安全培训工具箱应用如图 12-7 所示。

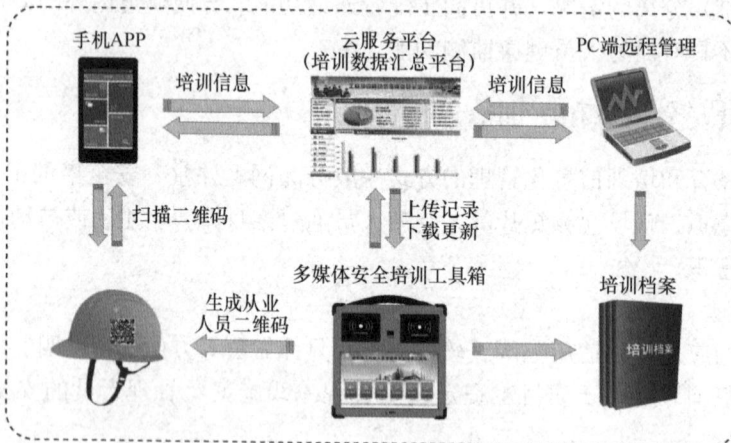

图 12-7 安全培训工具箱应用示意图

3. VR 体验馆

VR 体验馆的应用从其适用范围、软件需求、具体做法等方面进行说明。

（1）适用范围。适用于项目工程一线施工人员进场后的安全教育管理，如基坑坍塌、高处坠落、物体打击、火灾等场景的伤害体验或火灾的正确处置。

（2）设备及软件需求。项目现场具有 VR 体验室及一套 VR 体验设备及相应的场景模拟系统。VR 体验馆实景如图 12-8 所示，电子模拟灭火体验如图 12-9 所示。

304

图 12-8　VR 体验馆实景示例图

图 12-9　电子模拟灭火体验示例图

（3）做法。项目经理部在一线施工人员进场接受安全教育培训后，分批组织相关人员在 VR 体验室内进行虚拟场景安全体验，通过场景伤害虚拟体验以及灭火实际操作体验，进一步增强其安全防范意识和正确处置火灾灭火能力。

4. 现场视频短片

现场视频短片的应用从其适用范围、软件需求、具体做法等方面进行说明。

（1）适用范围。适用于项目工程施工现场安全警示教育及质量控制培训。

（2）设备需求。安装在现场的显示屏和各类安全及质量教育短视频。

（3）做法。项目经理部在施工围挡区域人员通道附近或人员休息室内安装尺寸大小合适的显示屏，根据各施工阶段存在的安全风险或质量风险，通过现场的显示屏循环播放相应的短视频，不断强化现场一线施工人员及质量安全管理人员的质量安全意识。现场视频短片如图 12-10 所示。

图 12-10　现场视频短片示例图

12.1.3　现场安全质量信息化管理

现场安全质量信息化管理的方式可通过视频监控、大型起重设备工作监控、盾构施工实时监控进行实时监督，并通过隐患排查治理系统填报、质量管理系统填报以及安全质量风险管控系统的填报进行过程控制。

1. 视频实时监控系统

视频实时监控系统的应用从其适用范围、设备及软件需求、具体做法等方面进行说明，并分述了不同施工阶段视频的安装基本原则，同时对球形摄像头与枪形摄像头应用的优缺点进行了简单分析。

（1）适用范围。适用于车站、区间盾构、铺轨及机电安装施工区域以及施工围挡区域、办公区等部位的安全及质量管理。

（2）设备及软件需求。清晰度高、大倍率、长焦距、具红外功能的摄像头以及用于安装摄像头的立杆、网线保护管、视频存储以及配套的视频切换操作软件等。摄像头的类型主要为枪形摄像头及球形摄像头两类。

（3）做法。施工场区、办公区域围挡封闭后，安装场区及办公室区域的摄像头，随着工程的进展再逐步安装车站施工、区间盾构施工、联络通道、铺轨及机电安装阶段的摄像头。所有摄像头均接入操作平台统一管理。视频监控操作平台如图12-11所示。

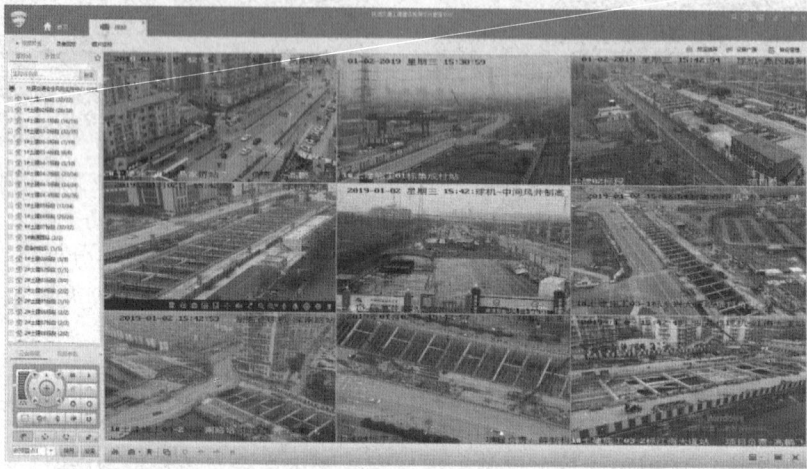

图12-11 视频监控操作平台示例图

1）场区高点监控摄像头安装。在工点围挡外附近寻找高层建筑物或架设立杆安装球形摄像头，距地面高度应满足覆盖整个施工现场的要求（一般距地面高度约30～50m），可根据现场实际情况增加机摄像头数量。高点监控摄像头位置安装如图12-12所示。

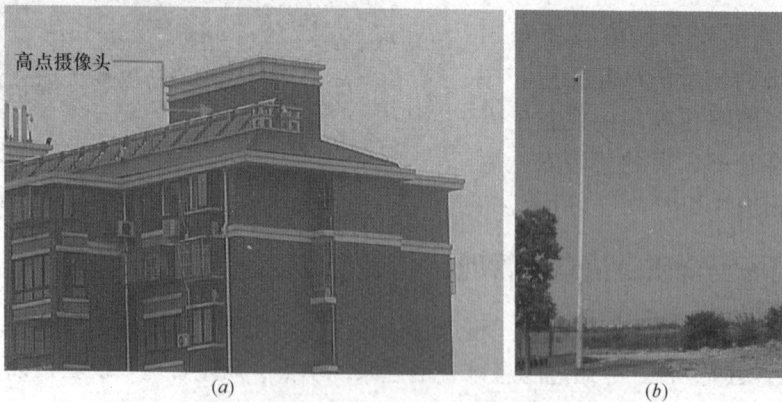

图12-12 高点监控摄像头位置安装示例图
(a) 利用建筑物安装；(b) 架设立杆安装

2）施工区域摄像头安装。在施工区域围挡四周间隔50～100m安装1个枪形摄像头，在大门出入口、钢筋加工区、危险品仓库出入口等部位至少安装1个枪形摄像头，一般采用架设立杆安装，也可利用灯塔作为安装支架，如图12-13所示。

3）非施工区域摄像头安装。在办公区域、生活区、仓库、停车场等通道及出入口部

306

图 12-13　围挡边架设立杆安装示例图

位安装枪形摄像头，一般采用架设立杆安装，也可利用墙壁作为安装支点。非施工区域视频监控画面如图 12-14 所示。

图 12-14　非施工区域视频监控画面示例图

4）车站施工区域摄像头安装。车站深基坑、明挖区间施工时，长度不足 200m 基坑至少设置 4 台球形摄像头，两端头井部位各设置 1 台，中段等距再设 2 台，基坑长度每增加 50m 宜增加 1 台球形摄像头（异形车站同此原则），附属基坑施工期间至少在转角部位设置 1 台球形摄像头。中间井位置至少设置 2 台球形摄像头。基坑范围摄像头布置如图 12-15 所示。

基坑部位摄像头一般采用支架安装于混凝土支撑下方或侧墙部位。基坑内摄像头安装如图 12-16 所示。

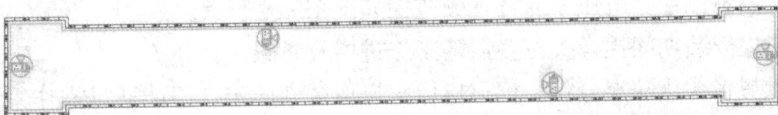

图 12-15　基坑范围摄像头布置示意图

由于基坑内钢支撑较密集，基坑开挖过程中摄像头的位置需随开挖深度及施工进度及

图 12-16　基坑内摄像头安装示例图

时上下调整位置，必要时可增加摄像头数量，以满足基坑施工期间安全质量管理需求。

5）区间盾构施工摄像头安装。区间盾构施工期间，宜在管片拼装附近、盾构出渣口附近、管片吊装井口、同步注浆桶等部位各安装 1 台球形摄像头（也可直接调用盾构机自带的监控视频）；每个区间隧道洞口对面设置 1 台枪形摄像头，对准隧道口；联络通道位置洞口设置 1 台球形摄像头及 1 台枪形摄像头，对准开挖洞口。隧道洞口及联络通道位置摄像头安装如图 12-17 所示。

盾构隧道或长度较大的暗挖隧道内的摄像头需采用网线跟进或采用无线网络进行信号传输，以满足安全质量管理需求。

图 12-17　隧道洞口及联络通道位置摄像头安装示例图
(a) 隧道洞口视频；(b) 联络通道摄像头（球机）安装位置

6）铺轨及机电安装施工摄像头安装。对于铺轨及机电安装阶段，需在电瓶车前后各安装 1 台枪形摄像头，同时在隧道铺轨及机电安装工作面部位安装至少 1 台球形摄像头，安装于车站或隧道侧壁。电瓶车前方视频监控如图 12-18 所示。

铺轨及机电安装期间摄像头位置需随工作进展及时跟进调整。

（4）视频摄像头优缺点分析。枪形摄像头摄像区域固定，不能通过操作系统对摄像角度进行转变，对于出入口、通道、操作区等范围小、不间断的监控比较适用。球形摄像头摄像区域不固定，可水平和上下 360°调整监控方向，人为操控性强，不能全过程对监控点进行监控，对于某时段全方位掌握施工区域的情况比较适用。

308

图 12-18　电瓶车前方视频监控示例图

2. 大型起重设备工作监控

大型起重设备工作监控系统的应用从其适用范围、设备及软件需求、具体做法等方面进行说明，并对监控的主要参数进行简述。

（1）适用范围。适用于停车场、车辆段、车站基坑和区间盾构施工过程中的塔式起重机和龙门式起重机安全管理。

（2）设备及软件需求。用于采集塔式起重机及龙门式起重机工作期间实时数据的整套传感设备及相应的配套软件。

（3）做法。塔式起重机及龙门式起重机安装完成通过验收后，在塔式起重机起重臂、旋转支座、钢丝绳，龙门式起重机整车、天车、主钩、副钩等关键部位安装数据传感器，采集的数据上传至配套的软件中进行处理，从而确保起吊机械设备处于安全工作状态。起重工作监控如图 12-19 所示。

对于塔式起重机监控的数据不限于力矩百分比、安全吊重、前臂长、塔式起重机高、载重、幅度、角度等。

对于龙门式起重机监控的数据不限于整车的当前状态、行程偏差、左整车行程、右整车行程、电缆卷筒、累计工作时间、工作循环次数等；天车的当前状态、行程、前行程、后行程、主起升制动、副起升制动等；主钩的当前状态、深度、转速、吊重等；副钩的当前状态、深度、转速、吊重等。

3. 盾构施工实时监控

盾构施工实时监控系统的应用从其适用范围、设备及软件需求、具体做法等方面进行说明，对监控的主要参数进行了简述，并对盾构实时监控的难点进行了简要分析。

（1）适用范围。适用于区间盾构掘进期间的质量和安全管理。

（2）设备及软件需求。用于同步采集盾构推进施工期间实时数据的设备及配套软件。

（3）做法。在盾构操作室安装数据同步采集设备，将存储在盾构机控制计算机中的实时参数通过网络专线上传到地面工点监控室配套软件系统中显示。

盾构实时采集的数据不限于土仓压力、油缸行程、推进力、刀盘转速及扭矩、盾尾油脂压力、同步注浆量、盾构姿态等。盾构推进界面如图 12-20 所示、盾构姿态界面如图 12-21 所示。

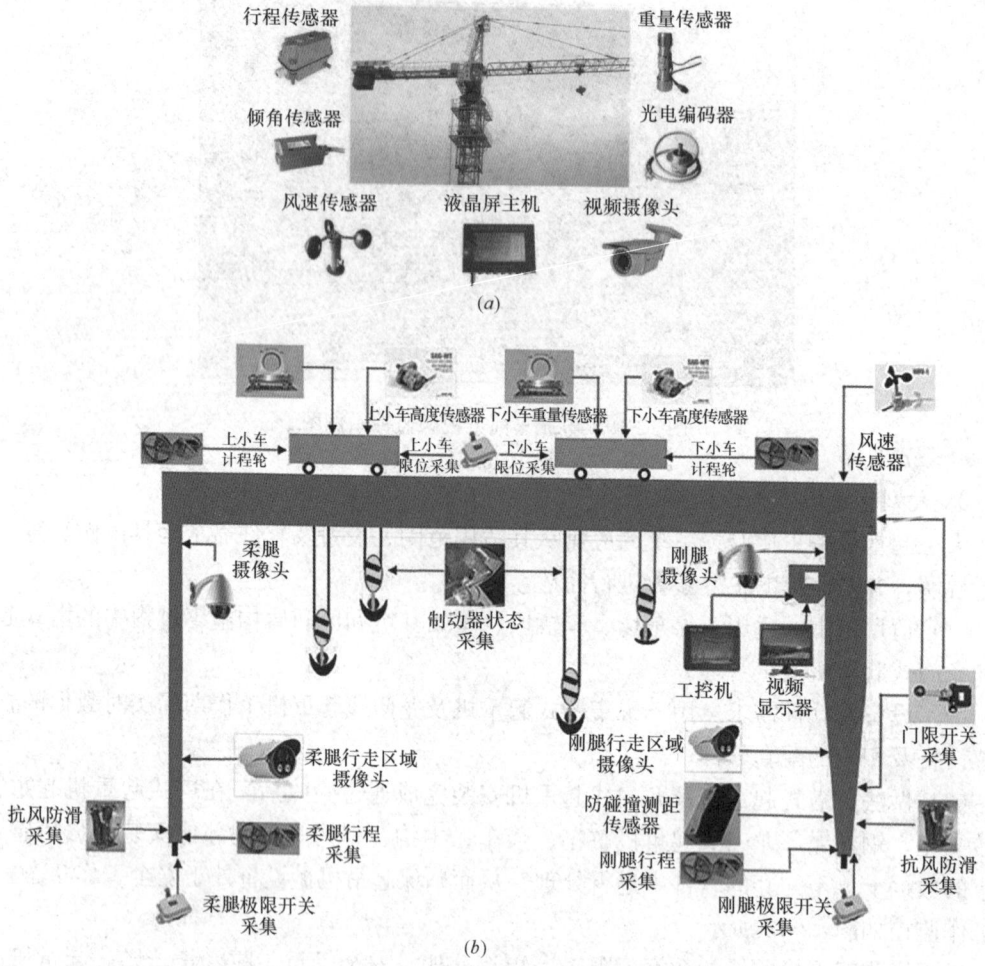

图 12-19 起重工作监控示意图

(a) 塔式起重机；(b) 龙门式起重机

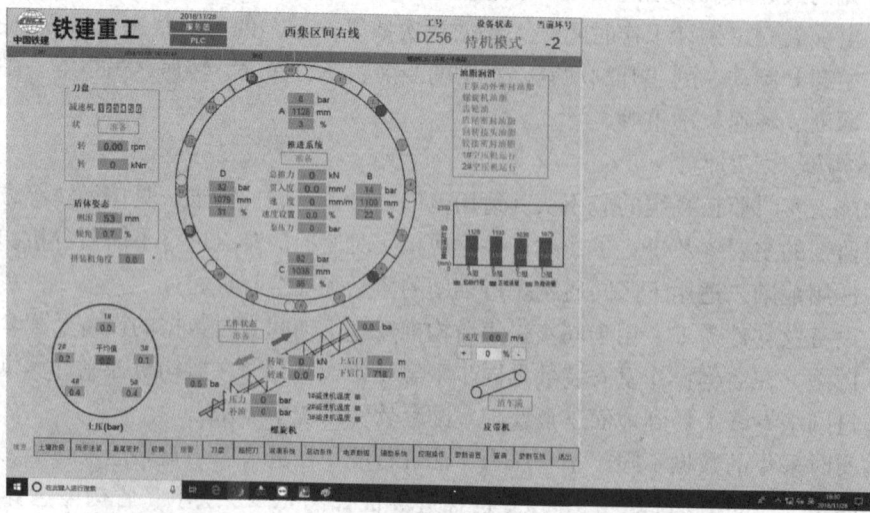

图 12-20 盾构推进界面示例图

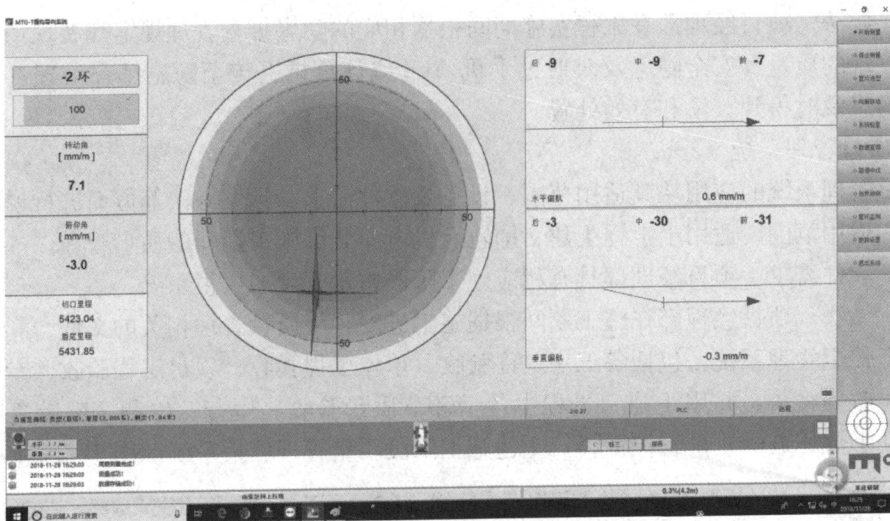

图 12-21　盾构姿态界面示例图

（4）监控难点分析。盾构施工过程中的渣土体积和重量不能准确进行采集，同步注浆量数据也会受到注浆泵工作性能的影响而异常，信息化监控不能充分有效实施，盾构施工对地面沉降造成的影响不能及时有效地进行预防。需加强过程中渣土体积及同步注浆量的人工观测，准确填报。

4. 隐患排查治理信息系统

隐患排查治理信息系统的应用从其适用范围、设备及软件需求、具体做法等方面进行说明。

（1）适用范围。适用于工程建设全过程双重预防机制的安全及质量隐患管理工作。

（2）设备及软件需求。项目经理部应用的隐患排查治理信息系统应具有与城市轨道交通特点相匹配、针对性强的质量安全隐患分类分级数据库，具有相应的隐患整改期限和隐患排查与治理整改闭合情况统计功能。同时系统配套手机 App 具有随手拍功能。隐患排查治理界面如图 12-22 所示。

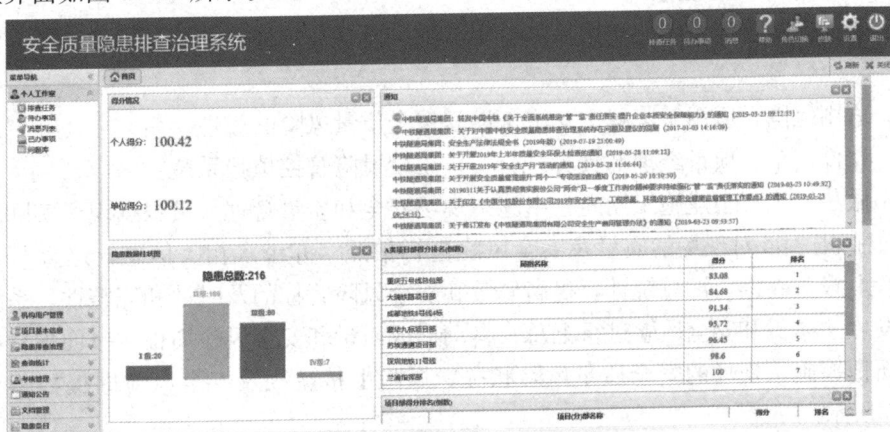

图 12-22　隐患排查治理界面示例图

311

（3）做法。项目经理部在工程实施期间根据相应的隐患排查管理规定开展现场巡查工作，将发现的质量及安全隐患及时通过手机App或计算机上传至隐患排查治理系统，以便各类隐患及时得到关注和有效处置。

5. 质量管理系统

质量管理系统的应用从其适用范围、设备及软件需求、具体做法等方面进行说明。

（1）适用范围。适用于工程土建、铺轨及机电安装等施工期间的质量管理。

（2）软件需求。项目经理部具有相应施工阶段质量管理的填报系统。

（3）做法。项目经理部在施工期间根据施工进度，将质量管理相关的文件、影像资料等及时上传至管理系统，包括各工序首件验收、单位工程验收、项目工程验收、专项验收及竣工验收等材料，并用于施工过程中各个环节质量验收、检查、检测、影像资料的存档。以便形成完成的质量管控资料。土建施工阶段质量管理填报系统如图 12-23 所示。

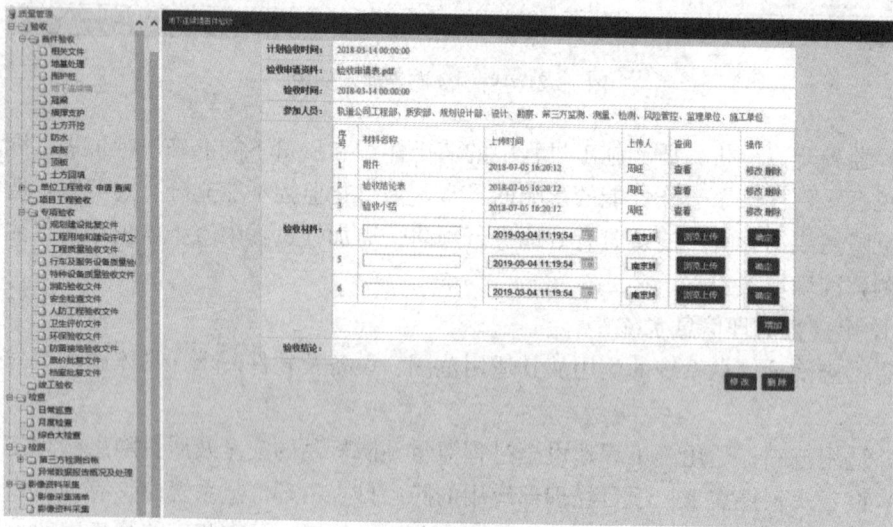

图 12-23　土建施工阶段质量管理填报系统示例图

6. 安全质量风险管控系统

安全质量风险管控系统的应用从其适用范围、设备及软件需求、具体做法等方面进行说明。

（1）适用范围。适用于工程土建施工期间安全质量风险的管理。

（2）软件需求。项目经理部具有一套安全质量风险管控填报系统。

（3）做法。工程土建施工期间，由施工现场安全和质量管理人员根据现场实际施工进展，通过手机App对现场的质量及安全风险进行拍照，并录入相关信息，巡查时可随时随地进行上报、查询、汇总统计，提高质量和安全风险管控的及时性和完整性。系统软件对一周发生的质量和安全风险进行汇总，自动形成质量和安全风险周报，以便项目部管理人员全面把控施工现场的安全质量风险状况。风险上报流程及安全风险周报如图 12-24、图 12-25 所示。

7. 其他可应用的信息化管理系统

项目经理部在实际安全质量管理工作中，可针对各自的管理特点，扩展相关的信息化

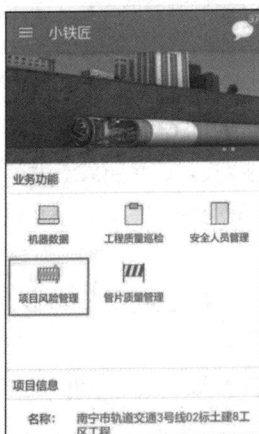

| 步骤1:进入系统 | 步骤2:进入项目风险上报 | 步骤3:输入风险信息，右上角点击提交即可 |

图 12-24　风险上报流程图

图 12-25　安全风险周报示例图

管理工作，如：

（1）应急管理系统。应急管理工作是项目经理部重要工作之一，为能及时有效地做好应急管理工作，相应的信息化管理系统中宜包含应急专家库、应急线路管理、应急物资管理、应急方案管理等内容，并能根据应急需求自动推荐专家或应急处置措施。

（2）工程资料管理系统。工程资料管理是项目经理部的主要工作之一，涉及质量安全方面的资料较多，为方便查阅，信息化系统中可对质量安全方面的资料分类管理，可分为地质勘察资料、结构设计资料、风险资料、监测资料、施工资料、安全教育培训资料等，相关的资料在不涉及保密的情况下均可采用二维码在施工现场进行展示。

（3）施工进度管理系统。施工进度管理与质量安全密切相关，只有进度可控，相应的质量和安全才能得到有效地保障，项目经理部通过进度管理系统，将工程实施计划与实际进度进行实时对比，自动形成原因分析，并提供相应的补救措施建议，为工程质量和安全施工提供保障。

（4）环境风险源管理系统。环境风险源管理是项目经理部安全风险控制的重要工作之一。通过信息化管理系统，对梳理和分级后的重大环境风险源进行动态管控（结合施工进度、监测数据、现场巡查等方面），从而有效保障了周边环境风险源的安全。系统中可具有风险源负责人制度、岗位积分制等管理模块，保证施工期间的环境风险源安全可控。

（5）人员持证管理系统。人员持证上岗是项目经理部在工程实施期间保证工程质量和安全的重要抓手。项目经理部通过信息化手段对各工种人员的持证情况、证书的有效期等进行实时监控，及时发现持证人员数量变化及需要年检的证件等，确保现场施工人员的技能或管理水平处于较高状态。

12.1.4 安全文明施工信息化管理

现场安全文明施工信息化管理主要通过现场环境监测及喷淋系统开展工作，其中对扬尘的管理是重中之重。

1. 环境实时监测系统

环境实时监测系统的应用从其适用范围、设备及软件需求、具体做法等方面进行说明，并简述了重点监测的参数。

（1）适用范围。适用于明挖基坑土建施工过程中的环境监控管理。

（2）设备及软件需求。环境监测设备及配套软件若干台。

图 12-26 环境实时监测设备示例图

（3）做法。在明挖工点围挡范围内相对空旷且不影响施工的位置安装环境监测设备，所采集的实时数据现场大屏显示，并通过网络及时传输到应用平台进行报警管理，以便现场及时采取相应的措施控制施工对环境的影响。环境实时监测设备如图 12-26 所示。

对环境的监测数据不限于温度、湿度、噪声、风速、风向、PM10、PM2.5 等。

2. 自动喷淋系统

自动喷淋系统的应用从其适用范围、设备及软件需求、具体做法等方面进行说明。

（1）适用范围。适用于明挖基坑工点土建施工期间的扬尘管理。

（2）设备及软件需求。扬尘监测设备及配套处理软件、现场喷淋系统，如图 12-27 所示。

（3）做法。环境监测设备对现场的 PM2.5 进行监控，通过配套软件与现场喷淋系统进行关联，当现场 PM2.5 临近超标时自动触发喷淋控制开关，及时降低现场的 PM2.5。另外，场区内配备雾炮和洒水车若干辆，确保施工对环境的最低影响。

图 12-27 现场喷淋系统示例图

12.1.5 监测相关信息化

工程在土建施工期间为加强安全防控工作，需应用自动化监测等辅助手段，提高项目经理部的判断及响应效率。主要应用于围护结构墙体深层水平位移监测（简称测斜）、静力水准监测（简称沉降）、建筑物倾斜监测、钢支撑轴力伺服、地下水位控制等方面。

1. 自动化监测

自动化监测应用从其适用范围、设备及软件需求、具体做法等方面进行说明，对当前常用的几类自动化监测类型进行了简述。

（1）适用范围。适用于土建施工阶段车站基坑、明挖区间、盾构区间（含联络通道）本体及周边环境等的变形控制风险管理工作。

（2）设备及软件需求。用于深层水平位移自动化监测、静力水准自动化监测、倾斜自动化监测等相应监测类型的仪器设备及配套处理软件系统。

（3）做法

1）墙体深层水平位移监测。根据基坑监测方案确定的监测点数量及位置，首先进行测斜仪器选型（单轴传感型、双轴传感型），再进行传感器安装，线路连接，现场安装和保护，设置监测频率，通过移动网络实现数据自动采集、传输、分析、预警提示等。监测过程中人工参与校核。测斜仪传感器如图 12-28 所示、设备现场安装及保护如图 12-29 所示。

2）静力水准自动化监测。首先在被监测建（构）筑物的表面进行容器（储液筒）安装固定，然后进行通液管连接和铺设，再

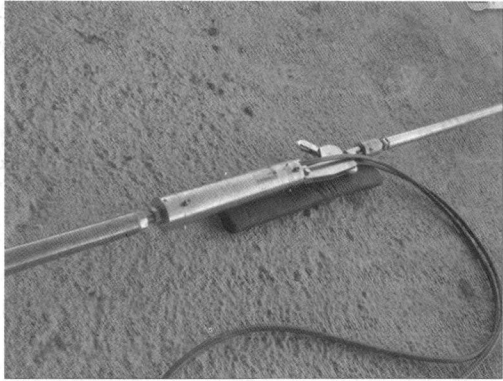

图 12-28　测斜仪传感器示例图

进行容器顶盖拆离、系统充液，悬挂浮筒，组合容器与容器顶盖，再进行通气管安装、铺设，最后传感器电缆焊接加长，进行数据自动采集与传输。监测设备现场安装如图 12-30 所示。

图 12-29　设备现场安装及保护示例图

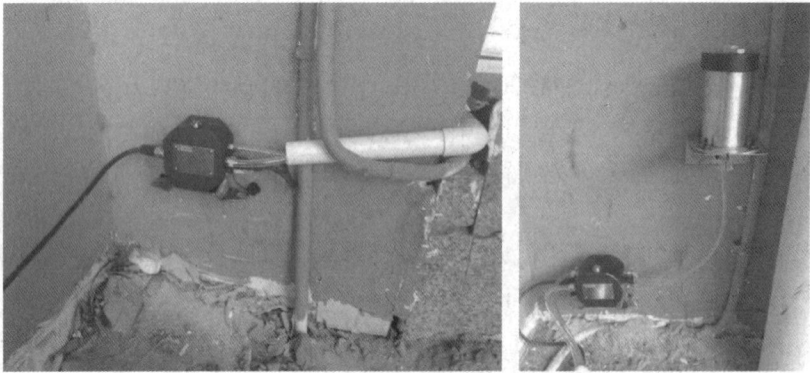

图 12-30　监测设备现场安装示例图

3）倾斜自动化监测。倾斜自动化监测需根据监测点的布设方案将倾斜监测传感器安装在被监测物体上，安装时必须记住仪器的安装方向，以正确区分正负值变化与仪器现场监测方向的对应关系。再通过线路连接进行数据采集和传输。当外部无电源供电条件时，可采用太阳能或锂电池的供电方式。监测设备现场安装如图 12-31 所示。

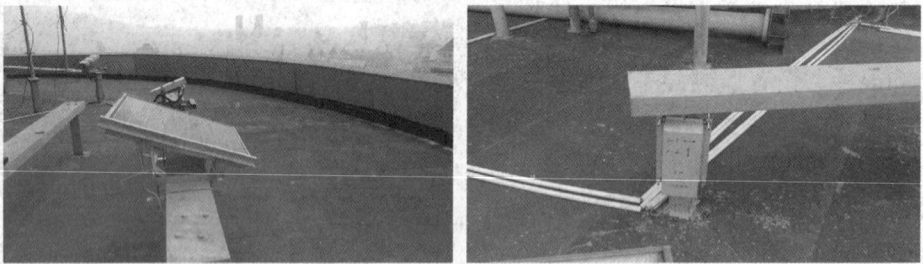

图 12-31　监测设备现场安装示例图

2. 钢支撑轴力伺服系统

钢支撑轴力伺服系统的应用从其适用范围、设备及软件需求、具体做法等方面进行说明，并对安装过程进行了简述。

（1）适用范围。适用于车站基坑、明挖区间土体开挖期间钢支撑轴力的稳定控制。

（2）设备及软件需求。钢支撑智能自动节及配套控制设备若干套、数据处理软件1 套。

（3）做法。首先在钢支撑一端安装智能自动节，然后进行预应力施加，智能自动节再进行轴力过程调节，最后通过线路连接实现数据采集和轴力自动控制。一般多安装于直撑段，斜支撑过短不适合安装智能补偿节，需安装时应配有型钢斜牛腿。智能节及控制站如图 12-32 所示。

安装过程：土方开挖至支撑底标高（安装支撑处超挖 50cm）→剥出预埋件或地下连续墙主筋→安装三角钢板牛腿→现场测量钢支撑实际尺寸→钢支撑拼装→（智能自动节拼接）→吊装就位→预应力施加→检查各节点情况→组织验收。

3. 地下水位控制

地下水位控制从其适用范围、设备及软件需求、具体做法等方面进行说明。

图 12-32　智能节及控制站示例图

(a) 智能节；(b) 控制站

(1) 适用范围。适用于车站土体开挖及主体施工期间的地下水控制管理。

(2) 设备及软件需求。智能型地下水位计、水泵及配套数据传输和管理软件。

(3) 做法。基坑土建施工期间根据坑内按需降水或坑外地下水回灌的需求，在水位观测井内安装智能型地下水位计，通过系统软件控制回灌井的工作水泵，实现稳定控制地下水的目的。地下水自动回灌装置如图 12-33 所示。

12.1.6　信息化管理监控室的建设

为便于信息化管理工作，项目经理部一般在工点现场及项目部办公区域均设置信息化监控室，用于监控显示屏的安装及相关网络、操作设备的安放。监控室的面积一般不低于 $20m^2$，位置根据项目经理部的实际情况进行确定。室内宜作防静电处置，配置操作台及固定电话等。监控室如图 12-34 所示。

图 12-33　地下水自动回灌装置示例图

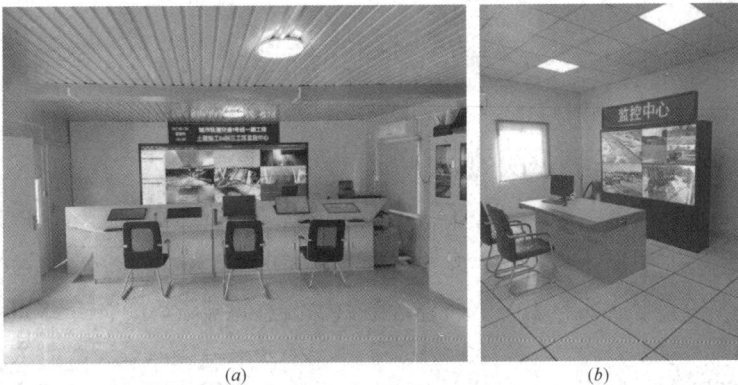

图 12-34　监控室示例图

(a) 项目部监控室；(b) 工点监控室

12.1.7　信息化管理网络的建设

项目经理部利用有线＋无线传输网络技术，将网络覆盖至标段所辖工点的各个区域，便于施工现场、标段监控中心、部门或上级各单位之间的数据传输。具体要求参考如下：

（1）为实现标段监控中心数据至建设单位、上级主管部门传输通畅，建议接入专线（带宽根据相关单位或部门具体要求选择）。

（2）标段内部网络传输应包括有线网络和无线网络，带宽满足现场传输要求，且不低于相关管理单位或部门的要求。

（3）当工点需要采用无线网络时应覆盖整个工点，无盲区无死角。

（4）用于隧道内视频及盾构数据传输的介质应采用光纤，网络带宽应满足数据传输要求（建议不小于 10M），且不低于相关管理单位或部门的要求。

（5）工点组网如图 12-35 所示。

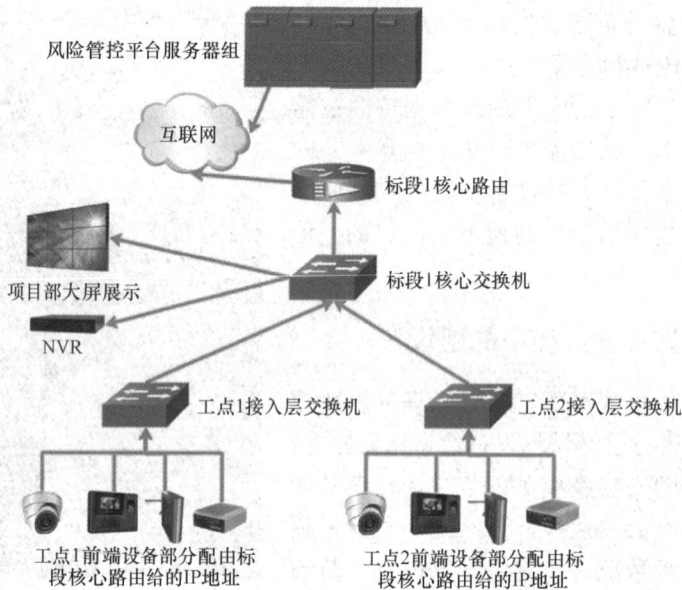

图 12-35　工点组网示意图

12.2　数字信息化管理系统建设及应用案例

12.2.1　数字信息化管理系统建设

通过具体案例介绍项目经理部在土建实施阶段数字信息化的建设。项目经理部根据自身管理需求并结合业主单位的规定，在现场安全质量管理、人员进出场管理、人员安全教育培训管理、现场安全文明施工等方面进行的数字信息化建设，具体介绍如下：

1. 项目概况

某标段共为 3 站 2 区间，位于某市主城区道路下方，周边道路交通繁忙。车站一主体外包总长 201.5m，标准段净宽度约 19.7m，开挖深度 16.8m，共设 4 个出入口 2 组风亭，

1号风亭及2、3号出入口基坑开挖深度9～12m，2号风亭及1、4号出入口基坑开挖深度10.6～11.4m；车站二主体外包总长约290.9m，标准段净宽度约18.3m，基坑开挖深度17.06m，共设6个出入口及2组风亭，1、2号风亭及6号出入口基坑为两层，开挖深度约17.06m，1～5号出入口基坑开挖深度约10.15m；车站三主体结构外包总长约260m，标准段净宽度约18.3m，开挖深度约18.5m，共设4个出入口及2组风亭，出入口及风亭基坑开挖深度约10.7～12.9m。

区间一全长827.45m，设一个联络通道兼泵房；区间二全长725.9m，设一个联络通道兼泵房。

2. 信息化实施方案

该标段信息化的实施主要从硬件设备的配置与保护、网络布设与信号传输、监控室的建设等方面进行设计，从而选择最优的实施方案。

信息化建设的总体要求：

1）标段监控中心要求。标段监控中心的建设根据业主的要求统一标准。在标段内一个场地较开阔的工点内（或项目部内）建设本标段的监控中心，监控中心监控室占地面积不小于20m²，平面尺寸以6m×3.5m为宜。外墙采用天蓝色，平顶红边，顶面吸声处理、地面静电地板处理、墙面柱面处理、门窗处理等。监控室内配置操作台或安装电视墙和操作台（安装至少4台55寸液晶显示器，2台计算机），操作台上方安装室内LED，每台盾构机设置一部外线电话（盾构工区）。监控室内需要有稳定的符合设备用电功率和电压要求的单独电源（220kV）并配置UPS不间断电源；为保证系统的稳定运行，所采用的网络设备必须为按照适应恶劣使用环境而设计的工业级网络设备，并配置网络设备柜。监控中心实现对各工点现场子系统设备的远程管理，汇聚和集成展示（包括监控视频、门禁数据、设备监测数据、环境数据、盾构实时数据等），并向业主的信息化平台无条件实时推送数据。

2）网络建设要求。标段需选用成熟的网络技术完成工地有线和无线传输网络的组建，满足现场工点各系统设备与标段监控中心、标段监控中心与业主单位监控中心的连接，其中必须通过专线与业主单位的网络传输。

3）数字信息化设备及硬件配置要求。

① 视频监控系统。实现工程建设期间对工点全天候无死角（包括但不限于施工场地、车站基坑、工作井、明挖区间、工地出入口、加工场、堆料场、仓库、生活区、办公区、停车车场、围墙、升降机、管片拼装处、盾构出渣口等）的不间断实时监视，以实时掌控工地的施工形象面貌和工程进度，及时发现施工过程中存在的安全风险等，总体安装原则为：

a. 车站深基坑、明挖区间施工时，长度不足200m的基坑至少设置4台球形摄像头。基坑长度每增加50m则至少增加1台球形摄像头（异形车站同此原则），端头井附近各设置1台球形摄像头。附属结构基坑在拐角部位设置1台球形摄像头。

b. 中间风井至少设置2台球形摄像头，实现对该工作面的有效监控。

c. 盾构区间：在管片拼装处、盾构出渣口至少安装2台球形摄像头，对施工情况进行实时视频，以利于掌握盾构机掘进情况（可直接调用盾构机的监控视频）。

d. 每个隧道洞口设置1台枪形摄像机，对隧道内人员进出情况实现有效监控。

e. 盾构区间联络通道在洞口位置设置球形摄像头1台，实现对工作面的有效监控。

f. 工地出入大门设置摄像头1台，实现对该处的有效监控。有洗车槽的大门必须设置 1 台球形摄像机,用于监控车辆的冲洗、覆盖等。

g. 车站围挡范围内,最远不超过 50m 观视距离设置一台球形摄像头。

h. 钢筋加工厂至少设置球形摄像头 1 台,实现对该工作面的有效监控。

i. 仓库、生活活区、办公区、停车场处,至少设置 1 台枪形摄像头。

j. 在工地周边寻找或设置一制高点布设 1 台球形摄像机(一般距离地面 30~100m),拍摄范围应覆盖整个施工现场,便于实时掌握工地的施工形象面貌和工程进度。

视频监控系统满足本地视频监控数据存储、显示、转发、查询,通过集成第三方 SDK 以及 Onvif 等标准协议,实现与第三方设备的通信,并最终转换为信息化平台协议,从而快速、稳定地将第三方设备接入平台,解决平台软件和第三方设备间互联互通的问题。

各工点的视频存储需保存 1 个月。

② 人员进出考勤管理系统。建立覆盖本标段所有人员的实名制信息管理系统,建立实名制管理系统正常运行所需的软硬件基础设施,安排专人负责系统的管理、维护和数据录入、更新等工作,并保证实名制信息的真实性、准确性和及时性。同时能向业主单位及地方管理部门同步传送数据信息。

③ 设备监控系统。建立标段内重要施工机械设备的安全监控系统,实现对盾构、龙门式起重机、塔式起重机等重要设备施工过程的监控,并将关键的数据传送至业主的监控系统。

④ 环境实时监测系统。标段每个车站工点需安装环境监测系统,用于对包括但不限于扬尘、噪声、气象条件等进行实时监控,并将相关数据同步传送到业主的监控系统。

⑤ 信息化平台。信息化平台包含但不限于建设可视化协同管理平台、各项信息化子监控系统等。标段需要配置包括可访问信息化平台的工作计算机存储设备、移动办公设备等,包括但不限于按要求使用信息化平台及相关手机应用程序,用于各监控系统的监控操作、信息上报等。

⑥ 其他。标段根据自身管理需要建设相应的安全教育培训、质量安全管理系统等。

3. 信息化建设成果

受该标段站点周边场地条件限制,项目部租用了附近一幢办公楼作办公区,三个车站各作为一个工区,根据信息化管理建设要求,通过市场调研等,采购或定购相应的软硬件设备或系统,完成了各个数字信息化子系统的建设。项目部信息化管理系统如图 12-36 所示。

(1)标段网络建设。该标段网络采用电信千兆数据专线,租用时间为 3 年。网线的布设由电信公司人员根据现场实施进度及时跟进实施,并做好保护。

(2)标段监控中心监控室。该标段在项目部办公区建立了标段项目部监控中心,在 3 个工区各建设了一个现场工点监控室,并按要求配置的设备见表 12-1。

监控中心建设及相关配置表 表 12-1

序号	项目类别	设备名称	型号	单位	数量	备注
1	标段监控中心			间	1	28m², 防静电处置
2	工区监控室			间	3	20m², 防静电处置
3	配套设备	55 寸拼接屏	DS-D2055NL-E/G	个	18	4 处监控大屏
		LED 屏	定制	个	4	
		信息化平台服务器	DS-VE2208C-RBD	台	4	
		NVR	32 路	台	4	每个监控室 1 台

序号	项目类别	设备名称	型号	单位	数量	备注
3	配套设备	24口汇聚交换机		台	1	标段使用
		服务器机柜		台	4	国产
		UPS	6kVA	套	4	国产，每个监控室1套
		硬盘	4T	块	13	
		操作台		套	4	
		台式计算机		台	5	标段监控室2台，工点监控室1台
		平板计算机		台	4	
		电话		台	4	

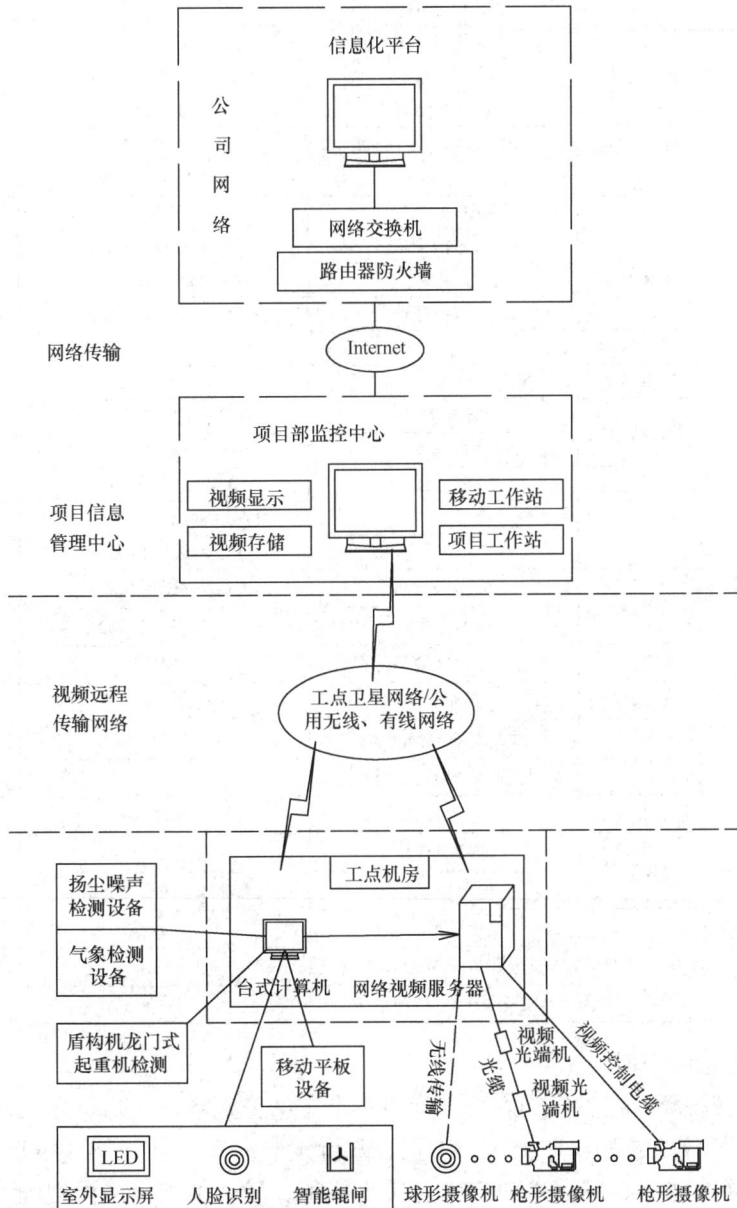

图 12-36　项目部信息化管理系统

（3）信息化子系统。标段根据文明施工需求、人员管理及安全培训教育需求、现场安全质量管理需求等建起了视频监控系统、实名制考勤系统、环境监测系统、盾构实时监控系统、龙门式起重机起吊监控系统、现场 VR 体验室等，并同步应用了安全隐患排查系统、安全风险监控系统等。相应的配置见表 12-2。

标段信息化设备配置表　　　　　　　　表 12-2

序号	项目部/工点	建设项目	设备名称	型号	单位	数量
1	车站一 （201.5m）	环境检测	扬尘噪声气象一体机	IS-EME-201	台	1
		实名制系统	智能辊闸	DS-K3G401-R	套/处	6/2
			人脸识别	DS-K1T605MF	套	1
			LED 显示屏	定制	个/处	2/2
		视频监控	球形摄像机	DS-2DE7220IW-A	个	9
			枪形摄像机	DS-2CD2T26FWD-I5S	个	5
			高点监控摄像头	DS-2DE7330IW-A	个	1
2	车站二 （290.9m）	环境检测	扬尘噪声气象一体机	IS-EME-201	台	1
		实名制系统	智能辊闸	DS-K3G401-R	套/处	6/2
			LED 显示屏	定制	个/处	2/2
		视频监控	球形摄像机	DS-2DE7220IW-A	个	13
			枪形摄像机	DS-2CD2T26FWD-I5S	个	5
			高点监控摄像头	DS-2DE7330IW-A	个	2
		安全教育	VR 体验馆	—	套	1
3	车站三 （260m）	环境检测	扬尘噪声气象一体机	IS-EME-201	台	1
		实名制系统	智能辊闸	DS-K3G401-R	套/处	6/2
			LED 显示屏	定制	个/处	2/2
		视频监控	球形摄像机	DS-2DE7220IW-A	个	11
			枪形摄像机	DS-2CD2T26FWD-I5S	个	5
			高点监控摄像头	DS-2DE7330IW-A	个	1
4	2 处盾构区间 （1554m）	视频监控	枪形摄像机	DS-2DE7220IW-A	个	6
			球形摄像机	DS-2CD2T26FWD-I5S	个	6
		环境监控	扬尘噪声气象一体机	IS-EME-201	个	2
		实名制系统	智能辊闸	DS-K3G401-R	套/处	2/2
		设备检测	盾构数据传输系统	HKTC-Ⅲ（M）	台	2
			龙门式起重机数据传输系统	—	套	2
		信息化平台	移动设备	平板电脑	台	2
5	项目部办公区	视频监控	球形摄像机	DS-2DE7220IW-A	个	2
			枪形摄像机	DS-2CD2T26FWD-I5S	个	15
		应用软件	安全风险监控系统		套	1
			安全隐患排查治理系统		套	1
			安全培训工具箱系统		套	1

1）监控视频系统建设

① 施工区域视频监控摄像头安装。标段三个车站分别在出入口（车站均分南北区施工）、建筑材料堆放处、材料加工区、围挡、基坑及制高点安装球形或枪形监控摄像头，其中制高点摄像头选择在围挡外的高层建筑物屋顶。场区围挡范围内视频（以车站二为例）安装位置如图 12-37、图 12-38 所示。制高点视频安装如图 12-39 所示。

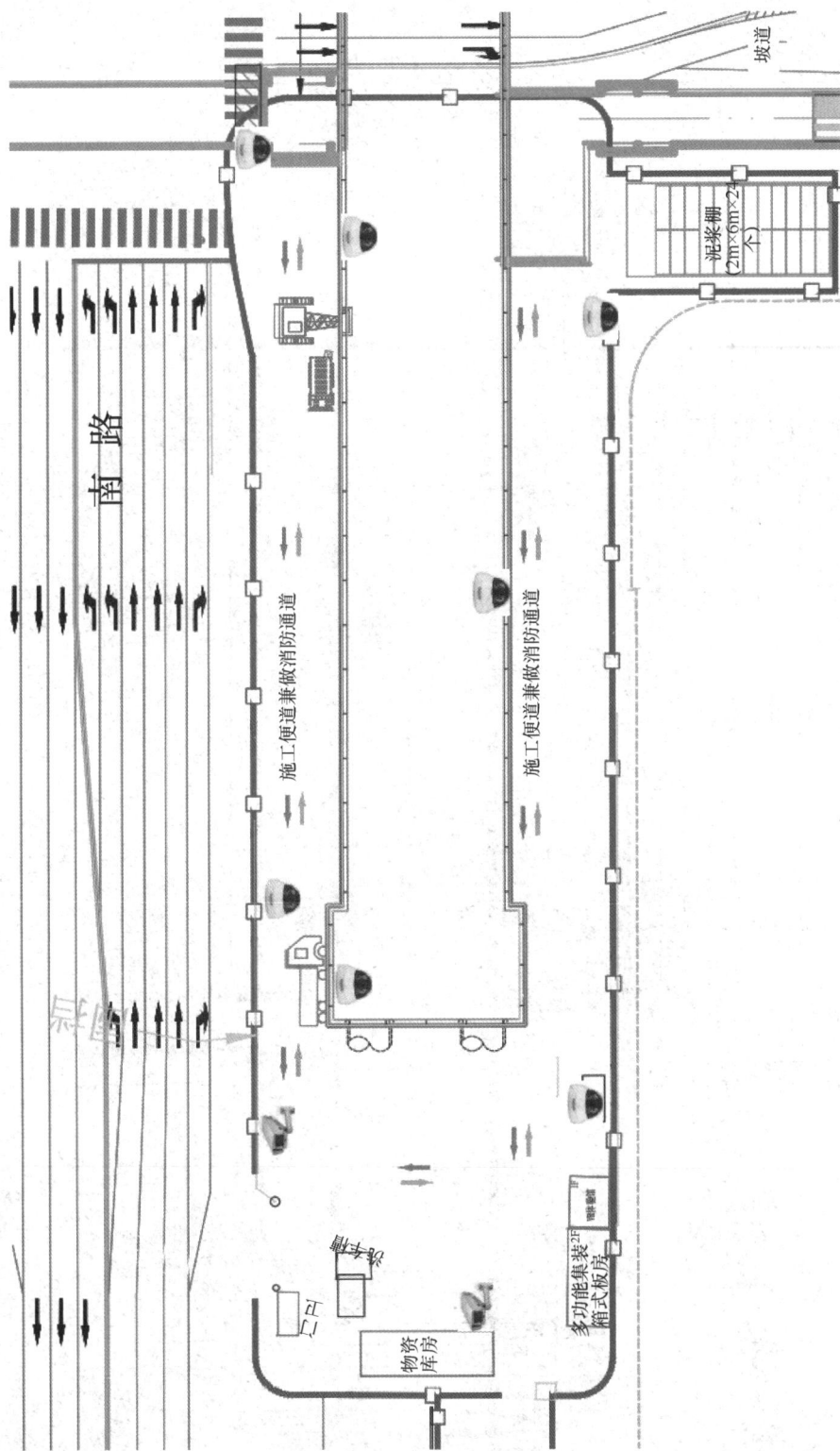

图 12-37 车站二（北侧）围挡区域视频安装示意图

南 路

施工便道兼做消防通道

施工便道兼做消防通道

坡道

泥浆棚
(2m×6m×2个)

多功能集装箱式板房

物资库房

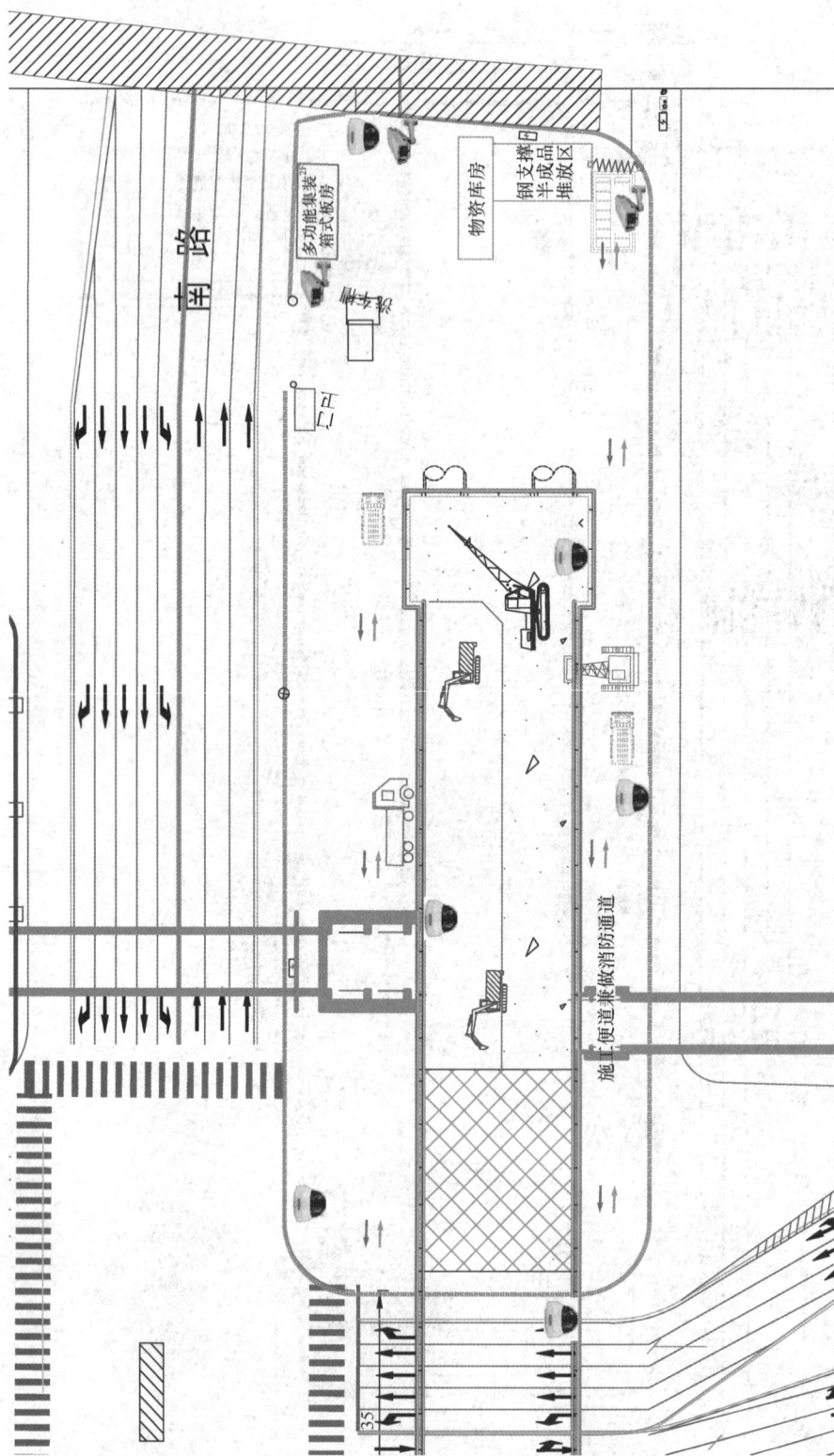

图 12-38　车站二（南侧）围挡区域视频安装示意图

南　路

多功能集装[?]箱式板房

物资库房

钢支撑[?]半成品成品堆放区

施工便道兼做消防通道

35

图 12-39　车站制高点视频安装位置图

盾构施工期间，分别在管片拼装处、盾构出渣口附近各安装 1 台球形摄像头，如图 12-40 所示。

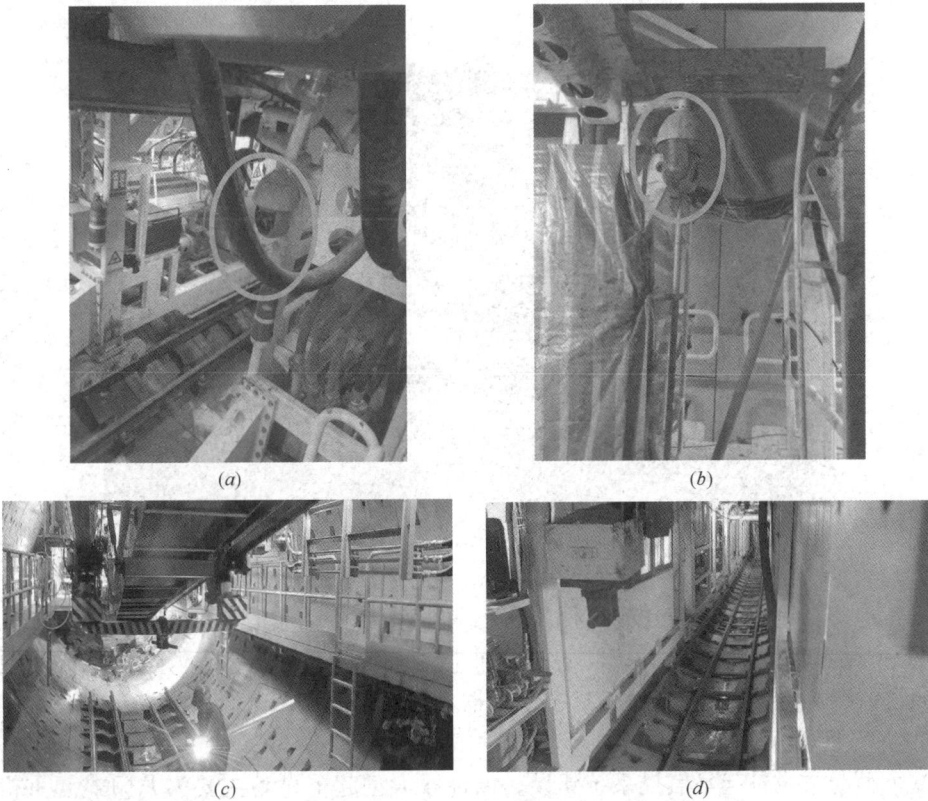

图 12-40　盾构施工视频安装位置图

(a) 管片拼装区摄像头安装位置；(b) 盾构机尾部出渣区域摄像头安装位置；
(c) 管片拼装区监控画面；(d) 出渣区监控画面

联络通道施工期间在开挖面对面安装 1 台枪形摄像头，如图 12-41 所示。

图 12-41　联络通道视频安装位置图
(a) 摄像头安装位置；(b) 监控视频画面

② 非施工区域视频监控摄像头安装。非施工区域主要指项目部办公区及生活区，标段办公区为租用的办公楼改造，项目部在每个楼层的通道、大门进出口位置安装了可调节摄像头，安装位置如图 12-42 所示。在生活区的围挡上安装枪形摄像头，对准各个主要出入通道。

图 12-42　联络通道视频安装位置图

2）工地实名制考勤系统建设。标段在工区每个出入口均安装 3 套三辊闸机，配置人脸考勤及指纹考勤机，并采用 LED 显示屏同步显示在场人数。所有人员信息提前通过二代身份证阅读器、脸纹采集套件、指纹采集器等进行采集和录入。实名制考勤系统平台界面如图 12-43 所示。

3）大型起重设备起吊监控系统建设。该标段大型起重设备主要为龙门式起重机，在龙门式起重机组装检测完成后，由专业的公司安装各类传感器通过网络传输至龙门式起重机控制室，并由龙门式起重机控制室主机通过无线网络传输至地面监控室。龙门式起重机监控数据采集及显示如图 12-44 所示。

4）环境实时监测系统建设。该标段采用的环境实时监测系统由颗粒物在线监测仪、数据采集和传输系统、后台数据处理系统及信息监控管理平台四部分组成。其主要功能包

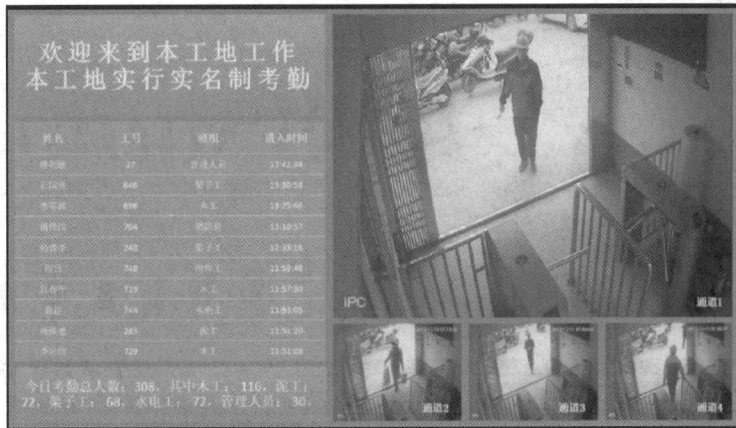

图 12-43　实名制考勤系统平台界面

图 12-44　龙门式起重机监控数据采集及显示图
(a) 监控数据显示屏；(b) 监控数据采集设备

括：颗粒物（SPM）浓度测试与超标报警、风向、数据、资料信息定向、定点传送；噪声 dB（A）采集功能；气象五参数采集功能；基于 3G VPN 网络的双向数据传输；与双向控制系统；光伏充蓄电和市电相结合的电源；与风向联动的粉尘采集功能；剩余电量显示功能；光路自动清洗功能；仪器自动调零功能；风机转速显示功能；粉尘仪内部温度显示。监测数据通过电信移动宽带 VPDN 专网进行传输，传输高效、安全，将前端监控图像传送到监控平台，其应用首页如图 12-45 所示。

系统提供基础地图及影像图信息，集所有工区信息、在线监测点位信息。具备监测状态显示、地图量算、缓冲区分析、自定义拉框统计等功能，实现地图信息与属性信息的关联。环境监测系统电子地图如图 12-46 所示。图中彩色气泡代表在线设备，灰色气泡代表离线设备。点击气泡可查看设备的名称、监测数据等信息。以 15min 均值作为评级标准：

绿色：好，工地监测浓度 0～0.4mg/m³；

黄色：中，工地监测浓度 0.4～1mg/m³；

红色：差，工地监测浓度大于 1mg/m³。

5）应用软件建设。项目部通过上级公司及业主单位提供的安全隐患排查与治理系统、安全风险监控系统、安全培训工具箱等专业软件进行相应的质量及安全管控。

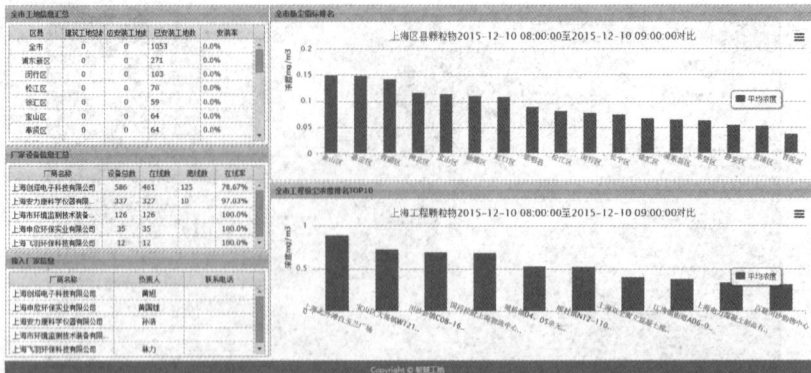

图 12-45　环境监测系统平台首页界面

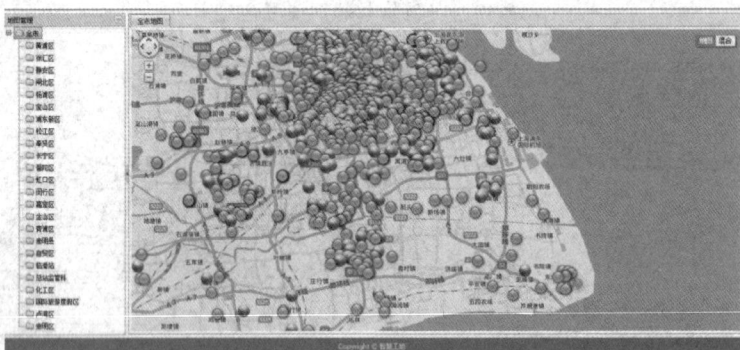

图 12-46　环境监测系统电子地图界面示例图

12.2.2　数字信息化应用案例

通过部分案例介绍数字信息化应用对项目经理部提升土建施工阶段现场质量及安全管控的意义，主要应用如下：

1. 监控视频

当前各项目经理部所采用的视频监控系统基本未实现智能化，大多采用人工调节视频角度巡查，但这不影响视频监控系统的便捷性。特别是在天气恶劣、路程较远、环境较差的工点位置更能体现其高效和便捷。

（1）案例一：现场违章行为。某工地施工单位上级公司在例行视频巡查时，发现施工区域有人员未戴安全帽，如图 12-47 所示，立即向相关工点发出督改单，有效加强了现场安全管理。

（2）案例二：现场险情。某盾构区间已贯通，洞门未及时封堵，汛期一场大雨后，洞门上方开始大量涌水，如图 12-48 所示，现场人员未能及时发现，项目部监控中心值班人员发现后立即汇报项目部，项目部立即进行了应急处置，避免了更大险情的发生。

2. 盾构实时监控

当前各项目经理部对盾构的实时监控做得比较好，安排人员在地面监控室 24h 值班，一方面减少了人员上下隧道的时间，特别是长隧道的施工，另一方面可以直接监控盾构推

图 12-47 现场人员未戴安全帽

进的各项参数，协助盾构司机完成盾构推进工作。并且系统可以对重要的参数设置预警控制值，提前防范，避免重大质量或安全事故的发生。

（1）案例一：盾构姿态异常。某盾构区间长 1364.64m，设置 2 个联络通道，其中 1 个位于直线段，另一个位于 R300 曲线段。盾构在完成曲线段联络通道的拼装后进行成型管片复测，发现成型管片水平位置超限最大为 150mm，远远超过规范允许的偏差 50mm。

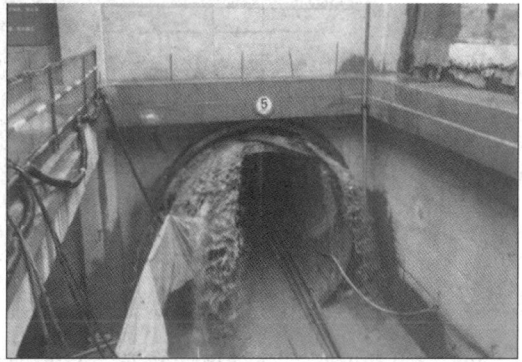

图 12-48 隧道洞门涌水

经过事后分析，其中一条原因是夜间施工，盾构操作人员在盾构姿态偏移量大于 50mm 时未及时调整盾构姿态，地面监控人员未及时发现所致。在前点姿态超出达 100mm 后才开始纠偏（833～839 环），如图 12-49 所示，纠偏措施滞后。

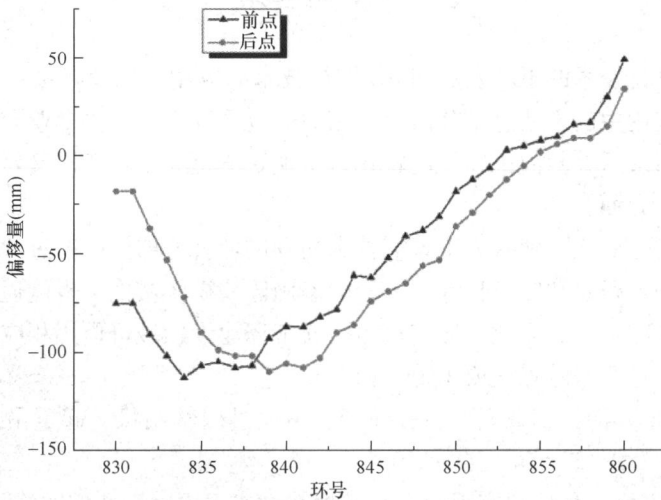

图 12-49 盾构姿态变化曲线图

329

（2）案例二：某盾构区间始发后，刀盘刚出加固区开始，推进速度一直较低，始终保持在 10mm/min 左右，如图 12-50 所示，刀盘推力及扭矩也比较大，监控人员发现后立即上报项目部技术负责人，并组织专家进行专题讨论，制订相应的处置措施。在采取一系列的安全保障措施后，经过近 20 环的工艺和参数调整，最终恢复正常推进状态，避免了安全或质量事故的发生。

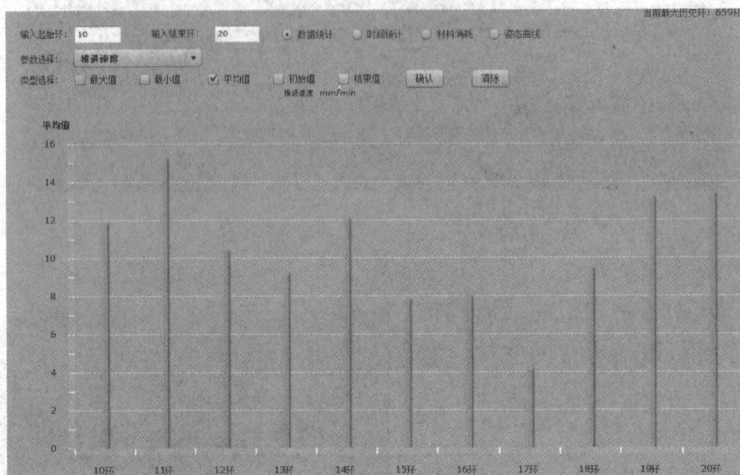

图 12-50　盾构推进速度柱状图

12.2.3　数字信息化管理注意事项

数字信息化在项目经理部质量及安全管理方面起着积极作用，但信息化的应用需要配合相应的管理手段才能发挥其最大功效。建设而不使用是对资源的浪费，使用而不维护是对信息化管理的松懈，只有保护好、维护好各个信息化子系统网络及设备，才能真正发挥数字信息化管理的作用，从而真正提升项目经理部质量安全管理的效能。

12.3　数字信息化管理应用展望

随着数字信息化技术的不断发展和 5G 网络技术的应用，以及各级项目经理部在质量安全信息化管理应用中的不断总结和研究，相关的应用成果也将更专业、更智能。对质量安全的管理也将由事后补救向事前控制转化，实现轨道交通工程建设又好又快地发展，具体展望有如下几个方面：

（1）视频智能化监控。随着人工智能技术的发展，公安部门已通过"天网"实现了人脸识别、车辆识别，跟踪和锁定目标，一般的家用监控视频摄像头也能通过声音或光线的变化来进行目标跟踪锁定。因此，城市轨道交通工程建设领域可借用相应的技术对施工区域安全隐患或事件进行跟踪曝光或预警。如：

1）人员的违章方面：不戴安全帽、抽烟、不通过门禁闸机、起重吊装期间无司索人员等。

2）安全防护方面：场地内突现的火光或烟雾、非下雨因素造成的施工区域迅速积水、基坑或隧道内的异常水流声响、氧气乙炔罐体距离过近、临边防护缺失、高大模板支架体系变形等。

3）环境风险源异常变化方面：周边地面沉降过大或出现空洞、建筑物外墙新增裂缝、河流水面异常漩涡等。

4）环境保护方面：施工区域内局部扬尘、噪声污染、场区内污水积聚、施工区内光照强度不足等。

（2）质量及安全监控。城市轨道交通工程施工中存在的质量及安全隐患多种多样，科学技术的发展同样迅速。目前项目经理部质量安全信息化管控成果证明，"互联网＋技术"在轨道交通工程建设中已创新出多种多样的成果，提升了项目经理部在质量安全方面的管控功效，但质量信息化管控方面的应用偏少。因此，今后在质量信息化监控方面的探索仍大有可为，如：

1）钢筋焊接质量方面："互联网＋焊接技术"，通过网络技术对电焊机电流的监控，可防止烧筋情况。

2）盾构施工质量方面："互联网＋超声波技术"，通过网络结合超声波技术对盾构前方地层进行实时监控，可有效防止因地层突变造成盾构施工姿态控制困难引起的隧道成型质量差的情况。

3）钢筋绑扎质量方面："互联网＋激光精准定向技术"，通过软件程序配合激光成像技术开发钢筋施工质量监控系统，在钢筋绑扎阶段通过一系列的激光光柱指定钢筋的安放位置，工人按光柱位置进行钢筋绑扎施工，监控系统对未安放到位或钢筋缺失位置坐标进行预警提示，质量管理人员现场排查处置后再组织相关的验收工作。

4）混凝土保护层厚度方面："互联网＋激光精细测量技术"通过激光测量技术配合软件系统开发混凝土保护层厚度监控系统，在混凝土立模阶段对模板与钢筋之间的距离进行监控或扫描，对异常地段进行预警。同时对墙体垂直度同步监控。

5）混凝土浇筑质量方面："互联网＋超声波技术"，通过安装在模板外侧的超声发射器在混凝土浇筑阶段不断对混凝土浇筑情况进行探测，对振捣不到位的地方及时进行预警，提醒施工人员加强振捣，保证混凝土浇筑期间的密实度。

（3）管理软件。管理工作的提升离不开信息化的应用，项目经理部质量安全方面的管理软件也会随着信息化的发展、管理人员工程经验和管理经验的不断积累而越来越完善。可进一步开发和应用的软件如：安全质量综合分析评估软件、安全管理指导软件、安全事故处置方案指导软件等。

总之，网络技术在发展、工程技术在发展、施工经验在积累、管理经验也在积累，相互的组合就是项目经理部信息化应用的提升，不仅仅在质量安全方面得以提升，在绿色施工、环境保护、人文关怀方面同样大有作为。

第 13 章　BIM 技术的应用

城市轨道交通建设工程 BIM 技术是以工程项目的各项相关数据为基础，建立数字三维模型，通过数字信息仿真模拟工程所具有的真实信息。将信息的关联性、一致性、可视性、协调性、模拟性、优化性和可出图性等融为一体，在同一平台上，让建设单位、监理单位、设计单位、施工单位等工程参与方共享同一信息模型，可以极大地方便参建各方人员基于统一的 BIM 模型进行沟通、协调与协同工作；实现对工程的预控，从而提升工程质量，保证工程执行过程中概算能快速且较为准确、控制设计变更、进行技术交底、减少返工、降低成本，并能大大降低合同执行风险；同时，BIM 技术的应用也可以为信息管理系统提供及时、有效、真实的数据支撑。BIM 模型提供了贯穿项目始终的数据库，实现了工程项目全生命周期数据的集成与整合，并有效支撑了管理系统的运行与分析，实现工程与管理信息化的有效结合，提高工程建设效率，还为运营管理提供透明的技术维修平台，为工程提高其使用价值。本章节主要以土建施工过程中经常涉及的 BIM 技术应用为例，以点带面，总结出 BIM 技术的应用。

13.1　项目经理部 BIM 实施策划

在施工阶段，项目经理部应根据工程项目实际情况，制订针对性的 BIM 策划来引导项目 BIM 实施。BIM 策划包含 BIM 应用目标、应用流程、应用内容、人员配置信息和软硬件配置信息等内容。通过制订 BIM 策划，有利于 BIM 工作的开展、实施与管理，有利于将 BIM 技术真正融入工程施工相关流程中，为工程项目带来实际效益。

13.1.1　应用流程及内容

明确项目的 BIM 应用总体目标是制订 BIM 实施方案的第一步也是最重要的一步，目标一般体现为提升项目团队管理能力和项目施工效益。为实现总体应用目标，需明确整体 BIM 应用流程和应用内容，这是制订 BIM 实施方案的重点工作，整体应用流程定义了项目所有应用内容的总体实施顺序及建筑信息模型数据信息搭载过程。应用流程的主线是项目建设进度时间轴，将项目 BIM 应用内容放置于时间轴对应阶段并明确应用顺序，从而确定该项目 BIM 整体应用流程，如图 13-1 所示。

各施工阶段 BIM 应用可根据具体进度及生产安排来灵活调整应用顺序和应用内容，主要内容包括：

（1）根据建设单位 BIM 技术标准要求，结合工程设计方案、施工工法、工艺流程及项目管理要求进行模型深化设计，形成施工模型。

（2）利用施工模型进行施工方案与工艺流程模拟，形成图片或视频辅助施工交底。

（3）利用 BIM 数据集成与管理平台，对施工进度、质量、安全、成本等进行全过程

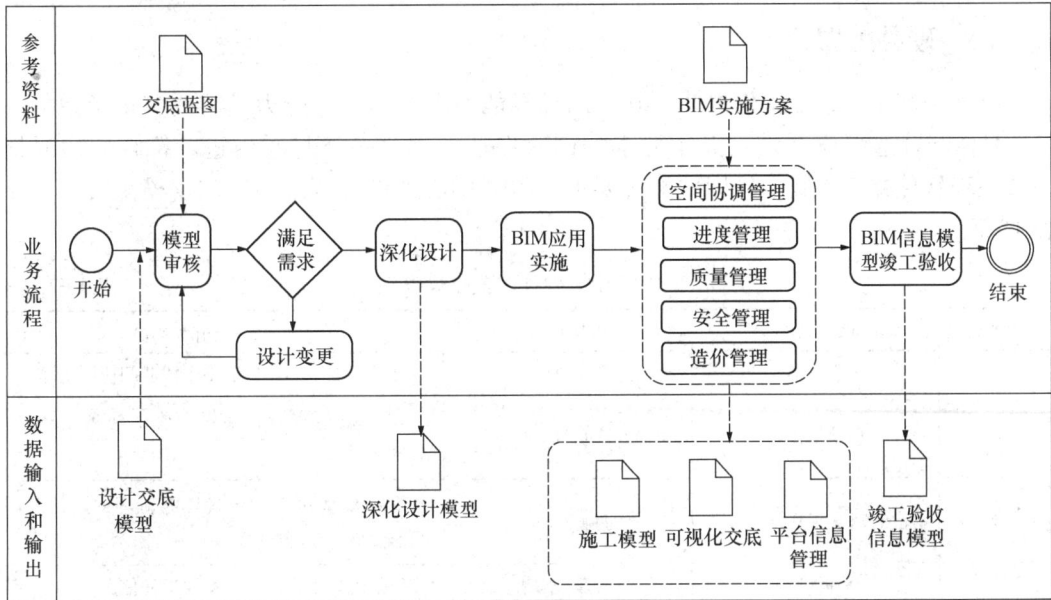

图 13-1　BIM 整体应用流程

可视化管理。

（4）根据工程和项目自身需要，综合应用数字监控、移动通信和物联网技术，实现施工现场即时通信与动态监管、施工对结构及支撑体系安全分析、大型施工机械操作精度检测、复杂结构施工定位与精度分析、施工安全风险动态监控等智慧建造，提高施工精度、效率和安全保障水平。

（5）工程竣工验收合格后，将各阶段验收情况、设备出厂信息、设备系统调试数据、试运行等数据信息及资料附加或关联到模型中，形成竣工验收模型，向业主移交。竣工验收模型及附加或关联的验收信息、资料和格式等应满足政府管理部门资料归档要求，支持线路运营维护。

13.1.2　人员配置

人员配置是支撑项目实施的重要因素之一。项目经理部宜设置独立的 BIM 工作室，并配备一名 BIM 负责人，负责与参建各方的交流沟通和对 BIM 团队的日常管理；按规模配备相应人数 BIM 工程师，负责项目 BIM 技术应用的实施。BIM 中心人员配置要求详见表 13-1。

BIM 中心人员配置要求　　　　　　　　　　　　　　　　　表 13-1

	岗位	数量	基本要求	备注
1	BIM 负责人	1 人	（1）全日制大专及以上学历，从事 BIM 工作 2 年以上。 （2）有完整的 BIM 工程项目全过程管理经验。 （3）熟练使用 BIM 软件，拥有良好的沟通协调能力。 （4）有 BIM 建模师及以上等级资格证书	人数配置参照 2 站 2 区间规模
2	BIM 工程师	2～3 人	（1）全日制大专及以上学历，从事 BIM 工作 1 年以上。 （2）熟练掌握建筑、结构等专业 BIM 建模、深化设计等工作。 （3）能够利用 BIM 模型进行施工图纸输出、报告编制、施工模拟、优化资源配置等工作。 （4）有 BIM 建模师及以上等级资格证书	

13.1.3 硬件配置

BIM 是基于三维的工作方式，硬件的计算能力和图形处理能力是需要着重考虑的因素。具体配置选型应在满足业主要求的同时保证硬件设备能与时俱进，符合应用时期 BIM 系列软件在当前版本的标准配置要求。BIM 中心硬件按两站两区间规模配置，详见表 13-2。

BIM 中心硬件配置建议表　　　　　　　　　　　　　　　表 13-2

序号	硬件名称	配置标准	实现功能
1	服务器	一套/标段	文件存储中心，保障整个团队间协同工作
2	移动工作站	一套/标段	BIM 模型查看、编辑，数据处理、会议支持
3	塔式工作站	两套/车站	BIM 模型建立、存储与更新，数据处理，图形渲染与动画制作
4	平板设备	两套/车站	采集现场工程信息、接收工程信息
5	网络	100M 以上专线	保障数据存储和通信，对接信息化平台

13.1.4 软件配置

BIM 应用类软件很多，根据使用功能大体可分为建模类软件、数据处理类软件、施工管理平台类软件等。表 13-3 列举了部分常用施工 BIM 应用软件，项目经理部可根据自身特点和需求进行选择，软件版本号应与业主要求相一致。

常用 BIM 应用软件配置要求表　　　　　　　　　　　　　　表 13-3

序号	软件名称	功能	备注
1	AutoCAD	平面图纸处理	
2	Autodesk Revit	全专业三维建模	
3	Autodesk Navisworks	碰撞检测、进度与施工模拟	
4	Lumion	场景布置、漫游及渲染	
5	3D MAX	建模辅助、施工模拟	
6	Adobe After Effects	视频合成、后期处理	
7	BIM 数据集成与管理平台	信息与模型关联、项目协同管理	以业主规定为准

13.2 BIM 技术在轨道交通项目上的应用

城市轨道交通工程具有规模大、风险高、工程技术复杂、涉及主体多、控制标准严格、与工程周边环境相互影响大等特点。针对上述特点，采用 BIM 技术可以节省项目施工成本，提高施工效率，实现对施工全过程中进度、成本、质量和安全等多个目标的高效管理控制。本部分内容包含 BIM 技术应用在空间协调管理、质量管理和安全管理方面的作用及应用流程，项目经理部在实施过程中宜按照实际需求结合应用流程开展相关应用。

13.2.1 BIM 技术在空间协调管理中的应用

BIM 在空间协调管理应用中的目标是充分发挥信息化优势进行施工现场协调管理，通过 BIM 模型对施工现场进行模拟，评估施工进展中平面空间和立体空间的安全性与布置的合理性，有效提高管理效率，降低施工安全风险。应用内容主要包含施工场地布置、管线改迁和交通导改。

1. 施工场地布置

场地布置模型是施工阶段 BIM 应用的基础，是 BIM 技术辅助质量安全可视化管理的前置条件。通过 BIM 技术创建施工场地平面布置模型，对施工阶段场地布置进行模拟，有利于评估施工进展中平面空间和立体空间的安全性与布置的合理性，优化场地布局，提高场地利用率，减少材料二次搬运；施工总平面现场管理应用流程如图 13-2 所示。

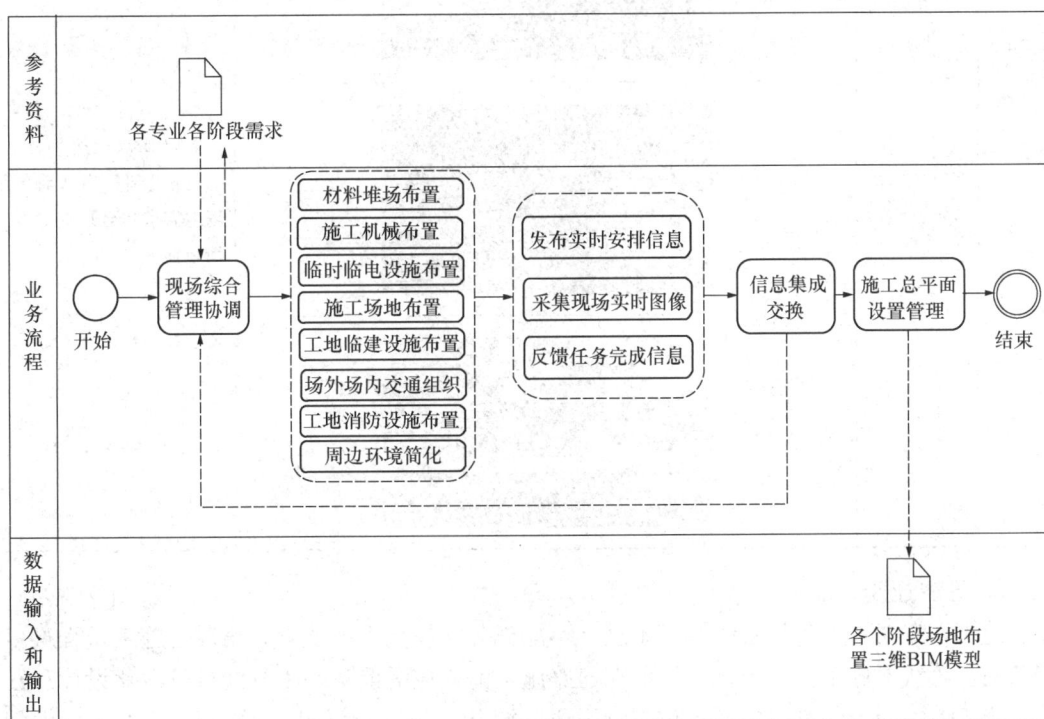

图 13-2　施工总平面现场管理的应用流程

BIM 场地布置成果详见表 13-4。

BIM 场地布置成果表

表 13-4

序号	类别	BIM 三维场地布置模型	取得的成果
1	钢筋加工棚位置的确定		通过建立三维模型，在有限的空间合理确定钢筋加工棚的位置，便于钢筋的加工与运输

序号	类别	BIM 三维场地布置模型	取得的成果
2	大门及门禁系统		通过建立三维模型，合理确定大门位置，优化行车路线，使整体布局更美观合理
3	各施工阶段场地布置		通过建立三维模型，分析各专业、各工种的场地需求，合理规划场地布置
4			
5			

2. 管线迁改

施工初期对地下各类管线勘探不全，不能充分掌握地下管线分布情况，施工过程难以避免地下管线对施工造成干扰。因此在道路施工前，应提前对地下管线进行深化设计和迁改。施工前，应与各管线权属单位进行沟通协调并现场进行详勘，通过 BIM 技术建立精准的地下管线模型，再与拟施工的工程实体模型进行冲突分析，确定管线迁改方案，可提前排除地下管线迁改对工程施工的干扰。BIM 技术辅助管线迁改的工作流程如图 13-3 所示。

基于 BIM 技术的管线碰撞检测成果如图 13-4 所示。

3. 交通导改

在城市轨道交通工程施工中，交通导改对工程进度影响较大。通过 BIM 技术立体呈现导改方案中的每一个环节，实现交通导改方案的演示与优化，保证工程施工期间交通的畅通。

首先，运用 BIM 建模软件（Revit 等）建立环境分析模型、交通导改模型；然后，应用 BIM 渲染软件（Navisworks、Lumion 等）制订交通导改方案演示视频、优化方案；最后，通过演示视频辅助完成交通导改、分期施工、道路恢复等工作。

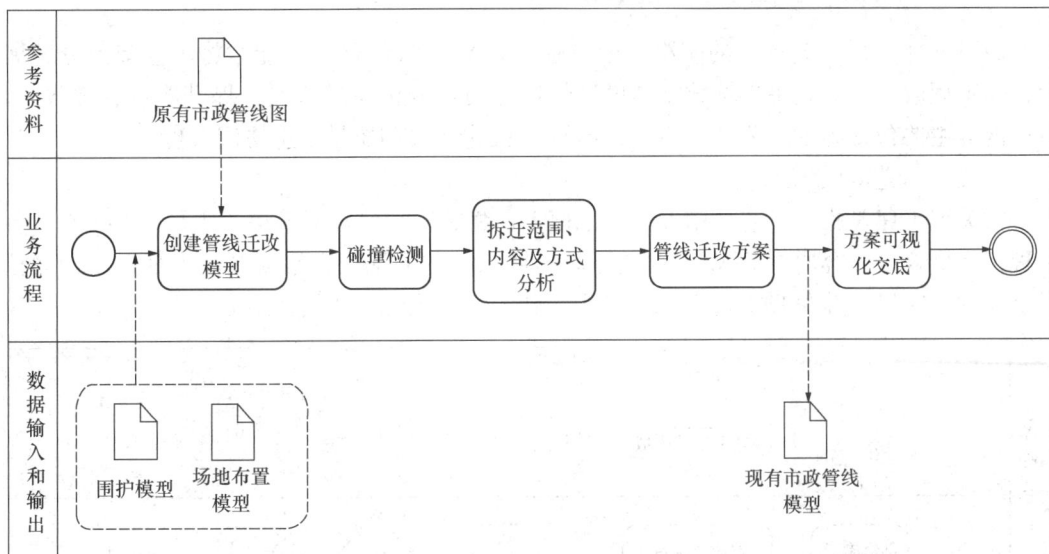

图 13-3　BIM 技术辅助管线迁改的工作流程

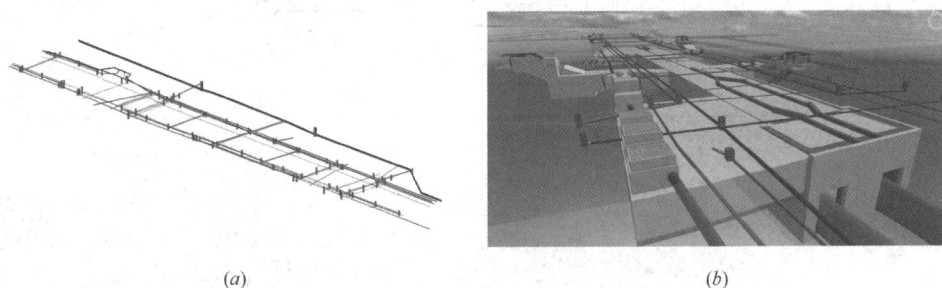

(a)　　　　　　　　　　　　　　(b)

图 13-4　基于 BIM 技术的管线碰撞检测成果

(a) 原有管线三维模型；(b) 管线碰撞检测

BIM 技术的辅助交通导改如图 13-5 所示。

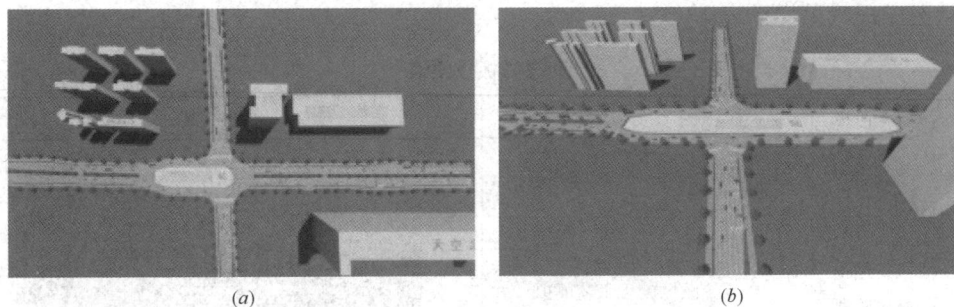

(a)　　　　　　　　　　　　　　(b)

图 13-5　BIM 技术的辅助交通导改

(a) 过渡期交通疏解方案；(b) 1 期交通疏解方案

13.2.2　BIM 技术在质量管理中的应用

BIM 技术在质量管理中的应用目标：通过 BIM 软件的可视化能力将工艺节点分解展示，便于理解，以及收集现场数据与模型快速比对，分析质量情况，提升质量管理效率。应用内容主要包含施工工艺动态模拟、BIM 可视化交底和质量信息协同管理。

1. 施工工艺动态模拟

对关键工序及施工工艺采用虚拟施工模拟，将施工重要样板做法、质量管控要点、各工种工序配合等内容通过 BIM 技术进行动态展示，辅助施工方案编制，为现场质量管控提供依据；BIM 技术辅助的施工工艺模拟工作流程如图 13-6 所示。

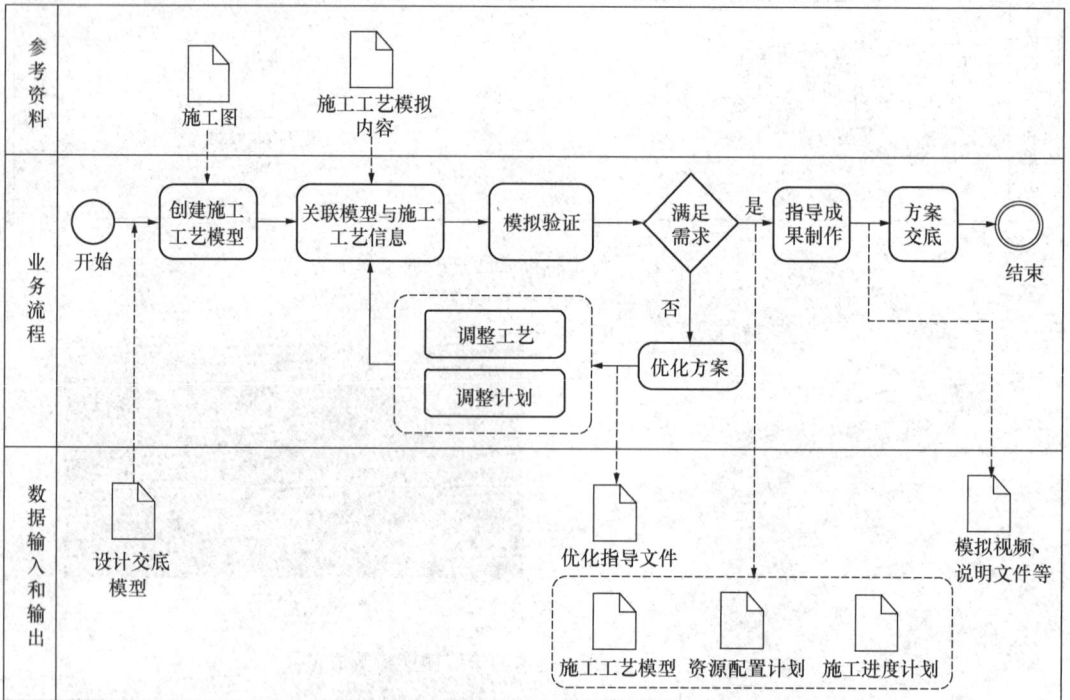

图 13-6　BIM 技术辅助的施工工艺模拟工作流程

动态样板成果详见表 13-5。

动态样板成果表 　　　　　　　　　　　　　　　　　　　　　　　表 13-5

序号	施工阶段	内容	成　　果
1	围护结构施工阶段	地下连续墙施工工艺模拟	

序号	施工阶段	内容	成　果
2	围护结构施工阶段	钢支撑施工工艺模拟	
3		基坑开挖施工工艺模拟	
……		……	……
1	主体结构施工阶段	钢筋工程施工工艺模拟	
2		混凝土工程施工工艺模拟	
……		……	……
1	盾构区间施工阶段	盾构始发接收工艺流程模拟	

序号	施工阶段	内容	成　果
2	盾构区间 施工阶段	管片拼装施工工艺模拟	
……		……	……

注：本表所列应用内容仅供参照，项目经理部在实施过程中应根据需求进行调整确定。

2. BIM 可视化交底

BIM 可视化交底是对上述 BIM 应用成果的准确表达和传递。使用 BIM 技术进行方案交底更为形象直观，便于施工和管理人员更好地理解施工方案和具体做法，有利于提高工程施工质量。在利用 BIM 技术进行交底时，应注意以下几点：

（1）交底内容应具有针对性。BIM 技术可视化交底应区分交底对象，进行差异化交底。交底内容应便于理解，以满足交底人员的需求。

（2）交底信息应充分理解和传递。BIM 可视化交底应以会议方式为主，在展示施工方案流程、工艺操作模拟、模型文件的同时，应有技术人员进行具体讲解，并安排相应提问环节，以保证交底信息能充分理解和传递。

（3）交底方式应与传统方式相结合。受文件效力和确认方式的限制，BIM 可视化交底应采用图片或视频格式与传统方式交底结合进行，BIM 可视化交底作为传统交底方式的补充和直观反映。

3. 质量信息协同管理

以深化设计模型为基础建立质量管理模型，根据质量验收标准和施工资料标准等确定质量验收计划，进行质量验收、质量问题分析和质量问题处理等工作，将质量管理事件录入 BIM 数据集成与管理平台，建立工程质量信息与模型的关联，实现工程质量问题追溯和统计分析，辅助质量管理决策。在质量验收环节中，利用 BIM 数据集成与管理平台查询模型的信息，快速获得验收准备工作及各项工作完成条件，提高验收工作沟通和实施的效率；质量信息化管理的工作流程如图 13-7 所示。

BIM 技术辅助的质量信息化管理如图 13-8 所示。

13.2.3　BIM 技术在安全管理中的应用

BIM 技术在安全管理中应用的目标是：通过模型的可视化提高施工人员对施工安全注意事项和防护措施的理解，以降低施工安全风险。应用内容主要包含：危险源辨识与防护部署、虚拟现实安全体验和安全信息协同管理。

1. 危险源辨识与防护部署

利用 BIM 软件自动对临边、洞口等位置进行判断，在 BIM 模型中布置各类安全防护设施，并按危险等级进行颜色区分，便于现场安全管理人员及施工作业人员提前对施工作

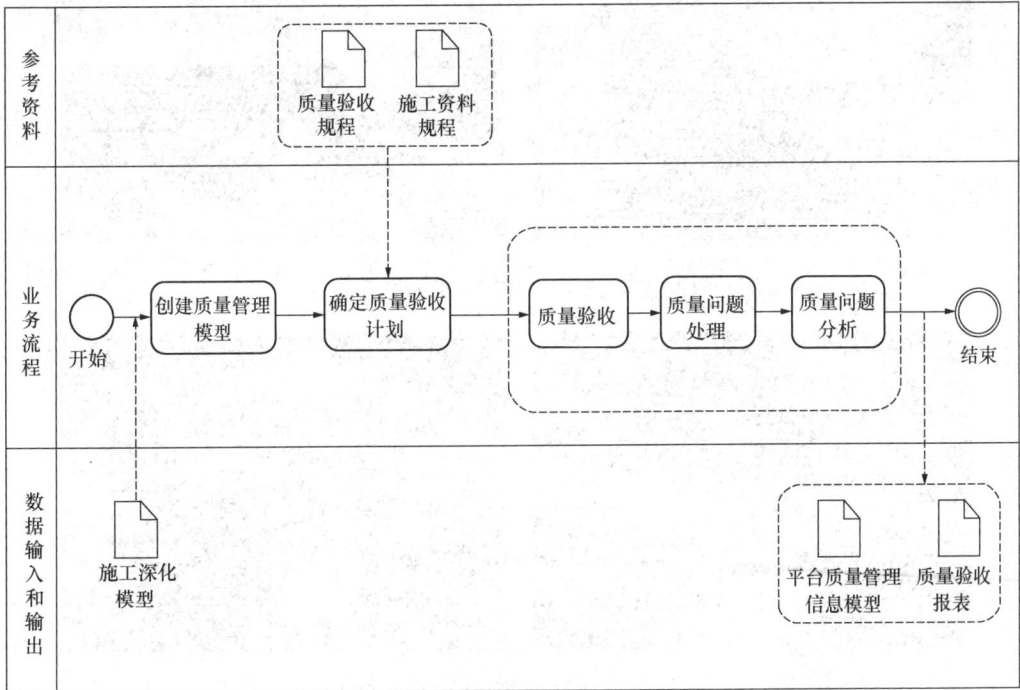

图 13-7 质量信息化管理的工作流程

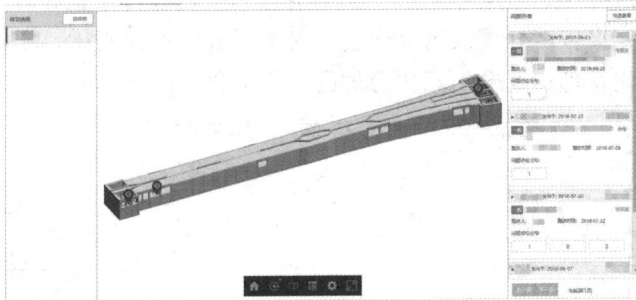

图 13-8 BIM 技术辅助的质量信息化管理

业面的危险源进行判断，对照模型检查现场的各种防护设施到位情况，对可能忽略的安全死角进行排查，从而完善防护设施部署，降低安全风险发生的概率；基于 BIM 的安全防护部署如图 13-9 所示。

2. 虚拟现实安全体验

将车站主体模型、场地布置模型、安全防护模型配合 VR 设备进行第一人称漫游，让施工作业人员在进场作业前进入作业模拟环境，了解危险源和注意事项，指导工人安全文明施工；基于 BIM 模型的 VR 安全体验如图 13-10 所示。

3. 安全信息协同管理

以深化设计模型为基础，根据施工安全风险管理体系增加风险监测点模型和工程风险点等信息，建立安全风险管理模型，利用 BIM 数据集成与管理平台将安全风险检测数据

图 13-9　基于 BIM 的安全防护部署

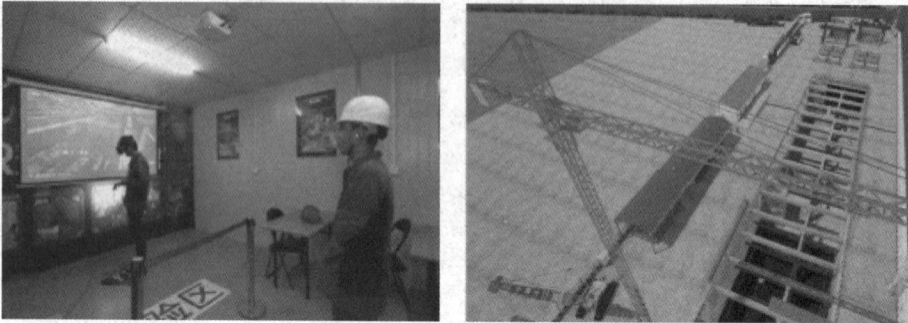

图 13-10　基于 BIM 模型的 VR 安全体验

关联到模型元素中，实现对施工安全风险的可视化动态管理。发现安全问题时，利用平台中安全管理模型，按部位、时间等要素对安全信息和问题进行汇总和展示，并将安全隐患整改信息、事故调查报告、处理决定等通过平台关联到模型元素中，实现城市轨道交通工程参建各方的协同化管理；安全信息化管理的工作流程如图 13-11 所示。

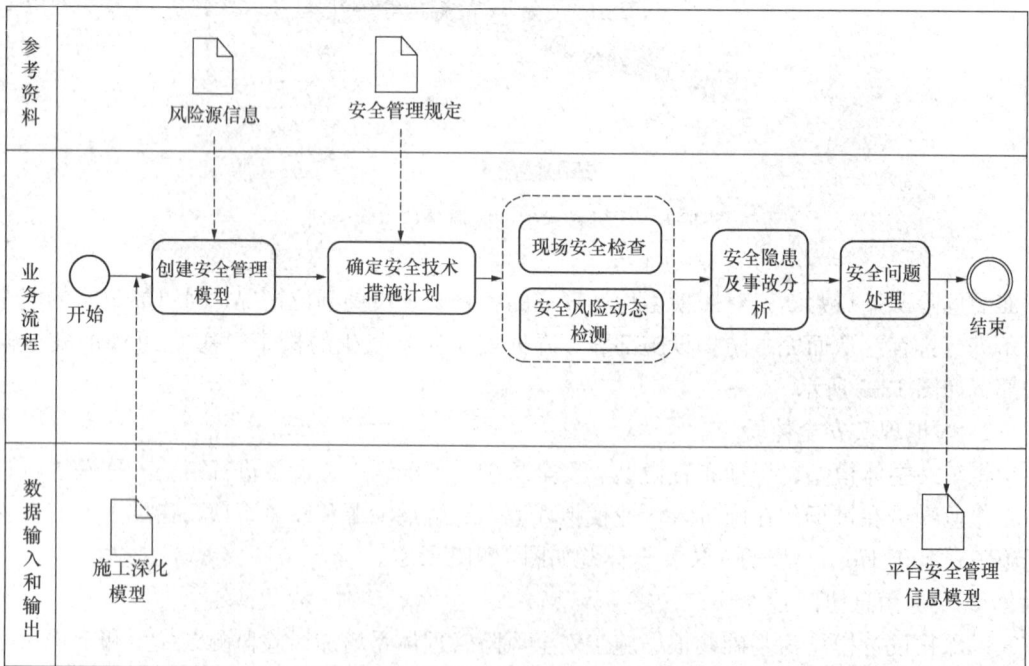

图 13-11　安全信息化管理的工作流程

BIM 技术辅助安全信息化管理如图 13-12 所示。

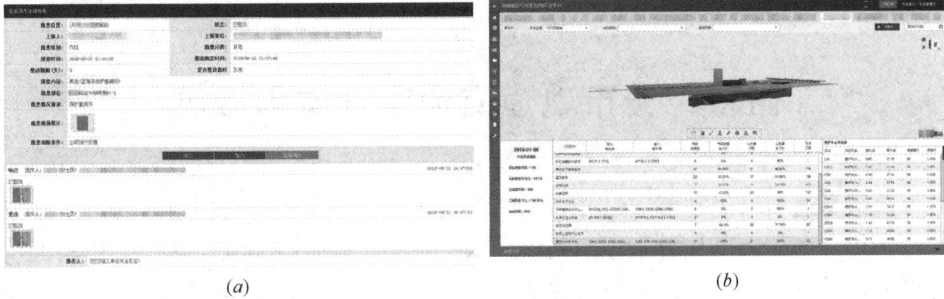

(a)
(b)

图 13-12　BIM 技术辅助安全信息化管理
(a) 现场安全检查及协同整改；(b) 安全风险动态监测

附录：城市轨道交通部分微创微改

城市轨道交通项目经理部通过开展 QC 小组、工法研究等科技创新活动，鼓励一线施工技术、管理和操作人员从解决施工质量通病、提高工效，降低安全风险、提高经济效益的角度出发，结合工程实际，钻研小发明、小革新、小改造、小设计、小窍门"五小"创新项目，形成贴合现场实际的工艺工法，提升工程质量安全水平。本附录所列 16 项微创微改项目选自《江苏城轨论坛》（2018 年第 4 期）。因部分内容涉及专利权，请在使用过程中严格遵照国家相关法律法规执行，避免产生纠纷。

1.1　水平施工缝中埋式钢边的橡胶止水带施工

1. 适用范围

适用于用钢边橡胶止水带水平施工缝的施工。

2. 主要做法

（1）采用在内外侧钢筋之间设置一根中间加工成 U 形槽口的定位筋，将止水带下部放至 U 形槽口内，上口采用专用的模板紧固夹将方木卡紧。在保证了钢边止水带顺直的同时，避免了对钢边止水带进行打孔破坏，同时紧固便于回收周转使用。

（2）止水带在混凝土浇筑完成后不拆除，待上部结构施工前，进行拆除，过程中又起到保护止水带的作用。

3. 图例

钢边橡胶止水带的顺直措施如附图 1-1 所示。

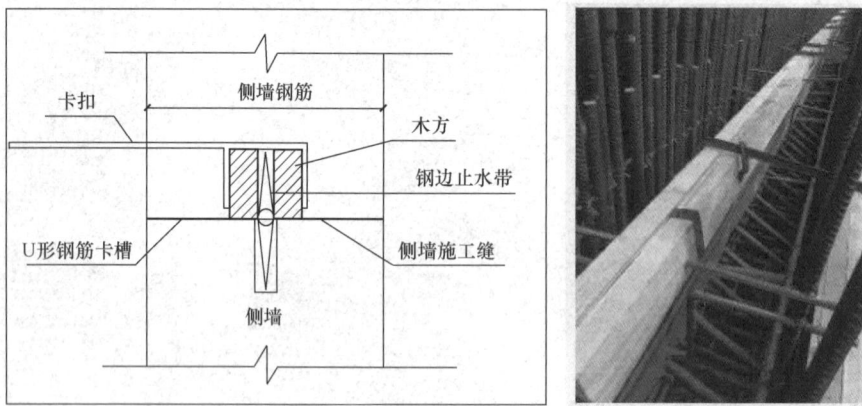

附图 1-1　钢边橡胶止水带的顺直措施

（陈凯、王盖楠、杨禹）

1.2 侧墙防水卷材的接缝处理

1. 适用范围

适用于侧墙防水施工。

2. 主要做法

按传统的侧墙防水卷材接缝处理方式，使用水泥钉固定防水卷材，在施工过程中，由于作业人员水平、材料质量等影响，有可能造成卷材粘贴不牢、搭接长度不够未能有效覆盖钉孔等，此时钉孔形成渗水通道，增加了结构渗漏风险。

针对这种情况，本工程结合现场实际，提出了一种新的防水卷材接缝处理做法，通过增加一道单面粘合高分子自粘胶膜防水卷材工序，避免在卷材上穿孔，加强了防水效果，如附图 1-2 所示。该方法具体施工工艺如下：基面处理→固定单面自粘胶膜→下侧卷材铺设固定→搭接面清洗、粘贴→上侧卷材固定→清理、检查、验收。

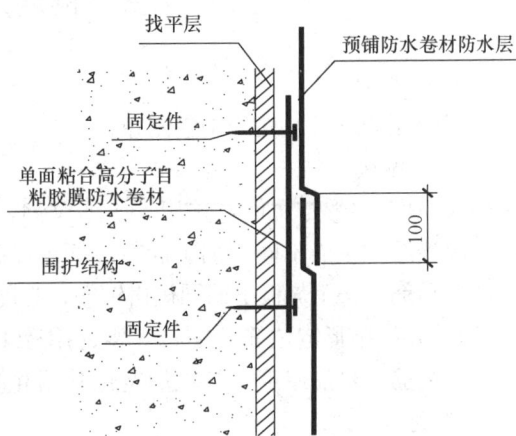

附图 1-2 无穿孔侧墙防水卷材接缝做法

先将单面粘合高分子自粘胶膜防水卷材切割成不小于 30cm 宽的条状备用，施工时先对围护结构基面进行抹面找平，然后将单面自粘卷材采用水泥钉配合垫片固定在基面上，自粘面必须面向混凝土结构，单面自粘卷材的有效宽度（固定件中间部分）宜＞15cm。随后将自粘面隔离膜撕掉，将下侧防水卷材粘贴于自粘式卷材上。铺设上侧防水卷材时，与下侧防水卷材有效搭接宽度为 10cm，上幅压下幅搭接。侧墙防水卷材接缝做法的施工步序如附图 1-3 所示。侧墙接缝处理现场如附图 1-4 所示。

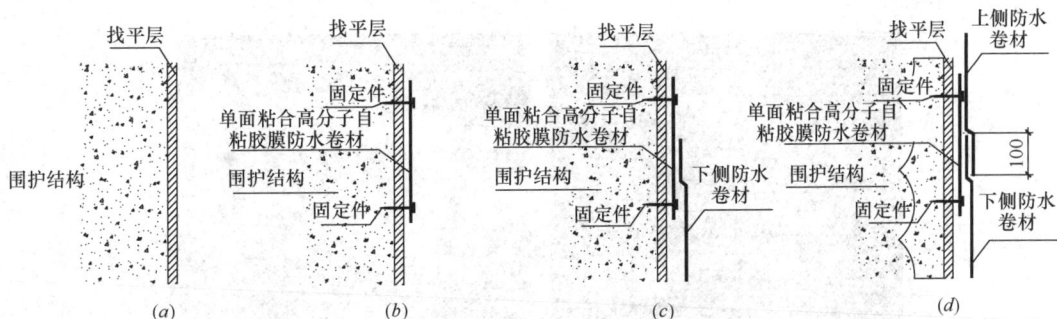

附图 1-3 侧墙防水卷材接缝做法的施工步序

（a）基面找平处理；（b）固定单面自粘卷材；（c）铺设固定下侧防水卷材；（d）固定上侧防水卷材

附图 1-4　侧墙接缝处理现场

1.3　钢筋定位措施

1. 适用范围

适用于侧墙、板、柱的钢筋定位。

2. 主要做法

（1）"日"字形定位筋：选用 $\phi14$ 螺纹钢，宽度根据侧墙主筋排距确定，长度为宽度两倍。因墙厚与主筋不同，加工后喷漆标志以防止误用。

（2）凳筋：选用与板主筋同规格钢筋，高度根据排距确定，底部弯折 2 个直角以固定。

（3）"井"字形定位筋：中心骨架选用 $\phi14$ 螺纹钢，外轮廓为柱长度、宽度分别扣除保护层与主筋、箍筋厚度。柱主筋定位采用光滑的 $\phi12$ 圆钢，焊接"U"形企口。

3. 图例

钢筋定位措施示意图如附图 1-5 所示，钢筋定位措施使用效果图如附图 1-6 所示。

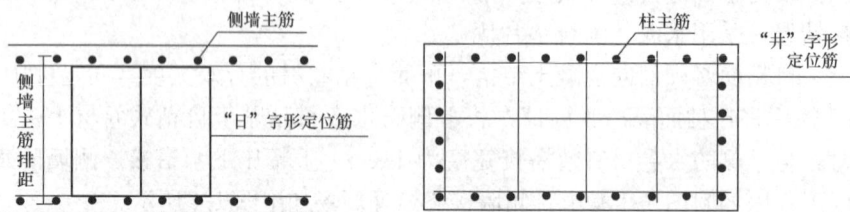

附图 1-5　钢筋定位措施示意图

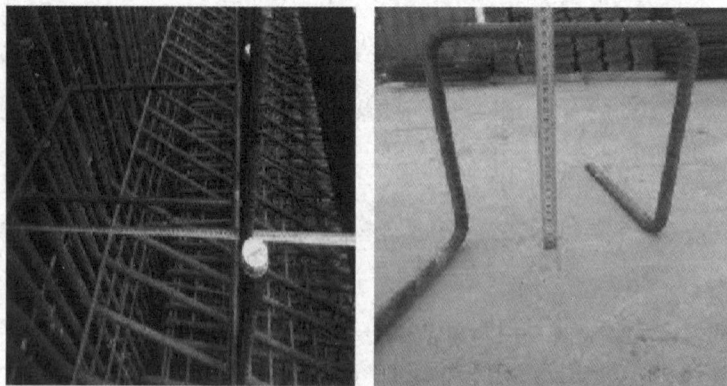

附图 1-6　钢筋定位措施使用效果图

（陈凯、王盖楠、杨禹）

346

1.4　新型钢支撑活络头保载技术

1. 适用范围

广泛适用于各种地层条件下以圆筒钢支撑作为支护结构的基坑工程，尤其适用于基坑周边存在临近建（构）筑物、基坑变形控制要求高的工况。

2. 主要做法

基于传统钢支撑（预加轴力损失较大，约 $15\%\sim45\%$）和轴力伺服系统（设备昂贵、维护繁杂、爆管风险大）所存在的不足与局限，研发了一种以螺栓紧固原理进行轴力锁定的新型活络头，活络头两侧各设置一个锁紧螺栓，为防止螺纹破坏造成螺母滑脱，优选螺距 16mm 的梯形螺纹，螺栓材质采用 45 号钢并作调质加强处理。按锁紧螺栓承受全部轴力进行设计、校核，但仍保留钢楔锁定结构，以提高钢支撑整体安全储备。

3. 图例

新型钢支撑活络头示意图如附图 1-7 所示。

附图 1-7　新型钢支撑活络头示意图

（王社江）

1.5　挖机抓斗可拆卸式刮板

1. 适用范围

适用于工法桩围护结构形式的基坑。

2. 主要做法

（1）采用工法桩围护结构形式的基坑开挖过程中，采用传统挖机开挖围护结构表面会留下 $6\sim10cm$ 抓痕，不仅影响围护结构质量，也增加后期人工找平的工作量。

（2）通过在挖机抓斗安装可拆卸式刮板，有效地保证围护结构墙面整体平整度，减少因超挖造成削弱墙体厚度，损伤围护结构的整体性。

（3）采用机械找平，有效减轻了人工抹平的工作量，提高了施工质量。

3. 图例

挖机抓斗可拆卸式刮板如附图 1-8 所示。

附图 1-8　挖机抓斗可拆卸式刮板

（房明明、梅艳涛）

1.6　盾尾积水报警系统

1. 适用范围

适用于盾构区间施工。

2. 主要做法

（1）当盾尾积水超过限位时，液位控制器触点开关闭合，报警及控制拼装机电路得电开始工作，此时声光报警器得电发出盾尾积水过多需抽水的警报。

（2）警报发生后，时间继电器开始倒计时，计时时间内盾尾积水未排除，装置控制断开接触器电源使得本地接收箱电源断开，遥控器无法使用，拼装不能正常工作。

（3）通过及时对盾尾积水积泥的抽排，防止管片防水材料的预膨胀及提前失效，确保管片环面的清洁与平整度，可减少管片环面的错台，保证环面受力均匀，提高环缝的防水效果。

（4）通过对盾尾积水积泥的及时抽排，减少盾尾处的含沙量，降低盾尾底部油缸电镀层的磨损，降低推进油缸、油缸球头、撑靴腐蚀，提高盾构设备的使用寿命。

3. 图例

盾尾积水报警系统如附图 1-9 所示。

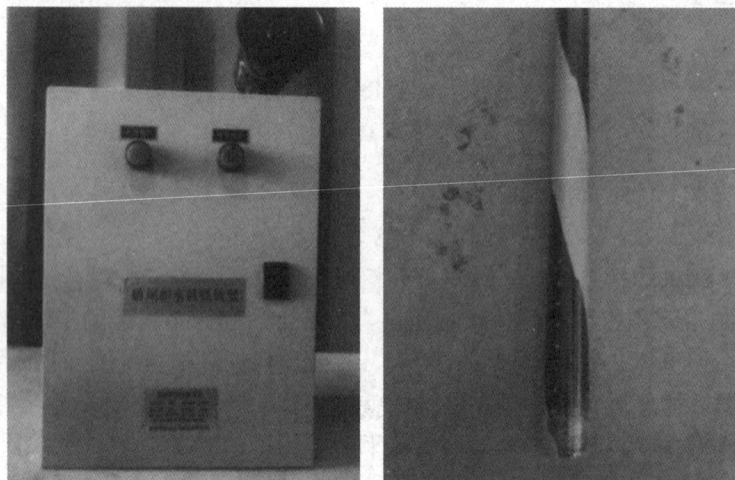

附图 1-9　盾尾积水报警系统

（李海波）

1.7　散 装 材 料 吊 篮

1. 适用范围

适用于起重吊装作业。

2. 主要做法

（1）制作专用吊篮对散装物料进行吊装。吊篮必须经过设计、计算、验收等程序方可使用。

（2）吊篮应设置限定承重量，悬挂限重标志。

（3）吊篮须设置 4 个吊点，宜采用 4 根吊绳。禁止使用螺纹钢作为吊点。

3. 图例

散装材料吊篮如附图 1-10 所示。

附图 1-10　散装材料吊篮

1.8　微扰动注浆工艺

1. 适用范围

适用于注浆施工。

2. 主要做法

微扰动注浆采用专用钻孔机及特定工艺打设注浆孔，并在注浆管前端安装注浆前端装置，注浆管根据需要注浆的土层插入不同深度范围进行分层注浆，每层注浆厚度应等于设定的注浆长度。注浆管插入到每次注浆厚度时利用前端装置同时开启所有喷浆孔进行注浆，并同时按设定的拔管速度起拔注浆管，每次拔管长度（即每次注浆长度）务必确保浆液均匀、定量注入地层的一定范围。

微扰动注浆是采用革新的注浆设备和注浆工艺，将注浆对地层的扰动降到最低，以"均匀、多点、少量、多次"的注浆工艺抬升沉降过大的区段，调整其不均匀沉降线型。"均匀"是指注浆过程均匀拔管，使浆液均匀喷入指定的注浆范围；"多点"是综合考虑注浆浆液的扩散半径（0.6m 之内），沿需要注浆的结构段以每 1.1～1.2m 的间距开孔，保证注浆加固体的整体性；"少量"是指单次注浆高度和注浆量控制到比较少的范围（80～160L），以减少每次注浆过程对结构的局部抬升过大和对土层的二次扰动，进而保证土层加固的效果；"多次"是指每次注浆结束后，待土层固结沉降稳定一定时间后（一般以 3d 为时间间隔），在紧邻的注浆范围内进行下一次注浆，通过多次、少量地在连续范围内注浆，形成有效的注浆加固桩体。

3. 图例

微扰动注浆施工示意如附图 1-11 所示。

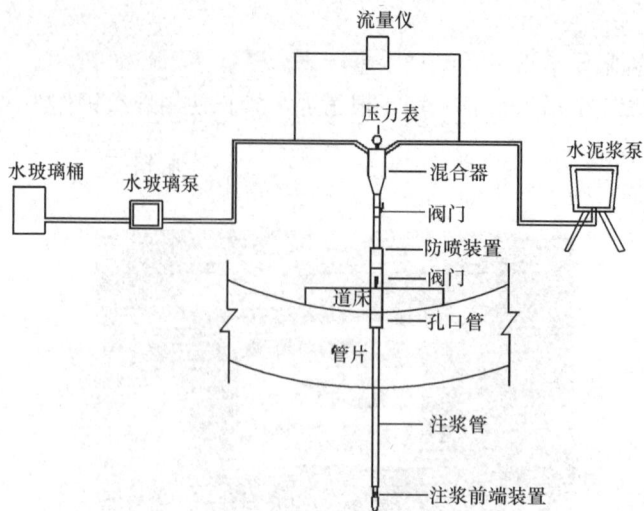

附图 1-11　微扰动注浆施工示意图

（葛以衡、赵国强、夏昌欢、廖少明）

1.9　预应力空心板梁铺盖技术

1. 适用范围

广泛适用于城市轨道交通工程中的铺盖施工需要。可根据工程需要，灵活预制矩形、L形、T形等结构形式。

2. 主要做法

现浇混凝土铺盖板工期长、费用高，临时立柱桩对铺盖下土方开挖、钢支撑拆除施工影响较大。采用装配式先张法预应力混凝土简支空心板梁可代替以往的现浇铺盖，具有施工周期短、造价低、便于拆除、可循环利用等优点，符合建筑业绿色施工的发展趋势。预应力空心板梁主要由中梁、边梁及垫石组成。

3. 图例

预应力空心板梁铺盖如附图 1-12 所示。

附图 1-12　预应力空心板梁铺盖

（王社江）

1.10 降水井集中排放收纳器

1. 适用范围

适用于基坑降水点布设较多的在建工地。

2. 主要做法

城市轨道交通工程施工过程中现场疏干井较多，三级电箱和与之相匹配的水管众多，降水井集中排放收纳器可有效地解决众多水管和电缆线线路布设混乱的问题。每个收纳器上设置有6个水表及编号，旁边有6个编号相同的电箱与之相对应，整齐美观，相同编号便于操作不易混淆。

由收纳器汇总的水统一流向水循环系统，再经喷淋系统投入到现场扬尘管控治理等方面，提高水资源利用率，创建绿色文明工地。

3. 图例

降水井集中排放收纳器如附图1-13所示。

附图 1-13 降水井集中排放收纳器

（冯关建、尹鹏）

1.11 冠梁防堆土自动滑板

1. 适用范围

适用于包含冠梁的基坑施工。

2. 主要做法

现场基坑采用内外双层防护设计，在基坑开挖出土过程中冠梁上会堆积渣土。冠梁防堆土自动滑板，能有效解决出土作业时遗落渣土对冠梁地污染，渣土会随着斜坡面重新落入基坑内，减少后期清理人力物力投入，后侧的挂钩设计加强滑板牢固效果的同时对挡墙具有保护作用；两侧的提手设计使其搬运更加方便。

3. 图例

冠梁防堆土自动滑板如附图 1-14 所示。

附图 1-14　冠梁防堆土自动滑板

（尹鹏、苟建杰）

1.12　支撑梁清障车

1. 适用范围

适用于包含支撑梁的基坑施工。

2. 主要做法

在出土作业阶段，挖掘机大臂在旋转过程中，挖斗内的渣土会遗落至混凝土支撑梁和冠梁上，非常影响美观且清理起来不安全、不方便。

（1）支撑梁清障车可便捷地解决支撑梁上杂物的清理工作。

（2）轮子和立杆的设置使得清障车在支撑梁上移动时更加稳定不易侧翻。

（3）两侧横杆的设置为安全绳的固定提供可靠保障，同时使用时清障车可在安全绳的牵引下向前推进，便捷高效。

3. 图例

支撑梁清障车如附图 1-15 所示。

附图 1-15　支撑梁清障车

（李玉和、尹鹏）

1.13　氧气、乙炔瓶温度报警器

1. 适用范围

夏季或高温环境下气割作业。

2. 主要做法

在高温环境下动火作业容易引起氧气、乙炔瓶爆炸事件的发生，安装报警器后当金属感应装置温度高于 40℃ 时，会立即鸣叫 10 次进行报警，提醒作业人员立即采取措施进行降温，确保氧气、乙炔瓶处于安全受控状态。同时，两个轮子上的开关可以有效地阻止溜车情况的发生，进一步提升安全性能。

3. 图例

氧气、乙炔瓶温度报警器如附图 1-16 所示。

附图 1-16　氧气、乙炔瓶温度报警器

（李玉和、王蔚辰）

1.14　电瓶车安全地锚

1. 适用范围

适用于线路坡度大、坡长的地铁隧道在建工地。

2. 主要做法

在电瓶车水平运输过程中，由于线路长、坡度大，容易发生溜车事故，溜车事故危害性较大，对隧道内作业人员、设备及电瓶车本身的破坏也危害极大。在结构底板上制作安装电机车防溜车地锚，能够有效减少电机车溜车事故，并且杜绝因电机车刹车系统设备故障原因导致的溜车事故，进一步提升安全性能。

3. 图例

电瓶车安全地锚如附图 1-17 所示。

附图 1-17　电瓶车安全地锚

（陈凯、王盖楠、杨禹）

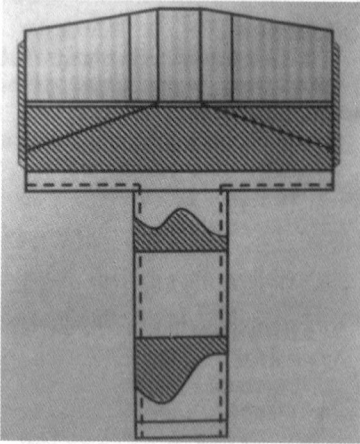

附图1-18　新型盾构机刮刀装置示意图

1.15　新型盾构机刮刀装置

1. 适用范围

适用于盾构机刀具。

2. 主要做法

（1）以特殊粉体为原料，经过表面处理，在其表面包覆金属层，制得复合粉体。

（2）将复合粉体经过处理成型后，烧结制得硬质合金刀头。

（3）硬质合金刀头固设于刀柄上，刀具顶部为耐磨层，刀具棱边倒钝。

3. 图例

新型盾构机刮刀装置示意图如附图1-18所示。

（刘龙）

1.16　联络通道感应测温系统

1. 适用范围

适用于冻结法联络通道施工。

2. 主要做法

目前冻结行业普遍使用康铜线作为测温元件，该系统安装繁琐，测温数据无法实时显示，占用大量测温人员时间，并且无法实现数据电子化。

采用进口ds18b20测温元件，一线总线布线方式，可以实现测温数据实时显示，但是只能在本地查看，无法远端监控。

通过利用物联网平台，可实现测温设备数据的采集、处理、存储、分析、可视化全过程，有效地解决测温数据远传的问题。

通过在测温孔内安装温度感应探头，探头与巡检仪连接，通过巡检仪解码后将监测数据转换成温度传输到计算机软件中，软件可自动生成温度时程曲线，并配备自动记录保存功能。

3. 图例

联络通道感应测温系统示意图如附图1-19所示。

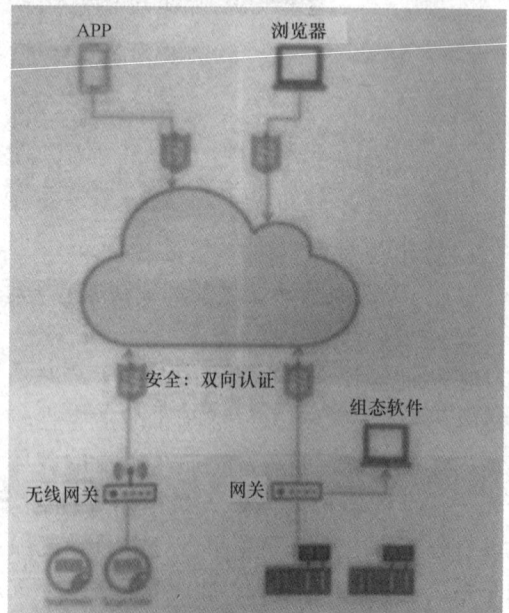

附图1-19　联络通道感应测温系统示意图

（钱理赢、刘龙）

参 考 文 献

[1] 中华人民共和国安全生产法.
[2] 中华人民共和国劳动法.
[3] 中华人民共和国特种设备安全法.
[4] 中华人民共和国建筑法.
[5] 中华人民共和国消防法.
[6] 中华人民共和国环境保护法.
[7] 中华人民共和国刑法.
[8] 中华人民共和国职业病防治法.
[9] 中华人民共和国突发事件应对法.
[10] 中华人民共和国行政处罚法.
[11] 特种设备安全监察条例.
[12] 中共中央国务院关于开展质量提升行动的指导意见.
[13] 安全生产许可证条例.
[14] 国务院关于特大安全事故行政责任追究的规定.
[15] 突发公共卫生事件应急条例.
[16] 建设工程质量管理条例.
[17] 生产安全事故报告和调整处理条例.
[18] 江苏省工程建设管理条例.
[19] 江苏省建筑市场管理条例.
[20] 江苏省安全生产条例.
[21] 中华人民共和国国家标准. 城市轨道交通工程监测技术规范 GB 50911—2013[S]. 北京：中国建筑工业出版社，2013.
[22] 中华人民共和国国家标准. 建筑基坑工程监测技术标准 GB 50497—2019[S]. 北京：中国建筑工业出版社，2019.
[23] 中华人民共和国国家标准. 地下防水工程质量验收规范 GB 50208—2011[S]. 北京：中国建筑工业出版社，2011.
[24] 中华人民共和国国家标准. 城市轨道交通地下工程建设风险管理规范 GB 50652—2011[S]. 北京：中国建筑工业出版社，2011.
[25] 中华人民共和国国家标准. 地铁设计规范 GB 50157—2013[S]. 北京：中国建筑工业出版社，2013.
[26] 中华人民共和国行业标准. 建筑深基坑工程施工安全技术规范 JGJ 311—2013[S]. 北京：中国建筑工业出版社，2013.
[27] 中华人民共和国行业标准. 钢筋焊接及验收规程 JGJ 18—2012[S]. 北京：中国建筑工业出版社，2012.
[28] 中华人民共和国国家标准. 水泥基渗透结晶型防水材料 GB 18445—2012[S]. 北京：中国标准出版社，2012.

[29] 中华人民共和国国家标准. 混凝土外加剂 GB 8076—2008[S]. 北京：中国标准出版社，2009.

[30] 中华人民共和国国家标准. 给水排水管道施工及验收规范 GB 50268—2008[S]. 北京：中国建筑工业出版社，2008.

[31] 中华人民共和国国家标准. 城市轨道交通安全防范系统技术要求 GB/T 26718—2011[S]. 北京：中国标准出版社，2009.

[32] 中华人民共和国国家标准. 混凝土结构耐久性设计标准 GB/T 50476—2019[S]. 北京：中国建筑工业出版社，2019.

[33] 中华人民共和国国家标准. 建筑工程绿色施工评价标准 GB/T 50640—2010[S]. 北京：中国计划出版社，2010.

[34] 杨文渊. 起重吊装常用数据手册[M]. 北京：人民交通出版社，2000.

[35] 住房城乡建设部工程质量安全监管司. 城市轨道交通工程地质风险分析与对策[M]. 北京：中国建筑工业出版社，2015.

[36] 上海市建设工程安全质量监督总站，上海建科工程咨询有限公司. 大型工程技术风险控制要点[M]. 北京：中国建筑工业出版社，2018.

[37] 中华人民共和国住房和城乡建设部. 危险性较大的分部分项工程安全管理规定（住房城乡建设部令第 37 号）[R]. 2018.

[38] 中华人民共和国住房和城乡建设部. 房屋建筑和市政基础设施工程竣工验收备案管理办法（住房城乡建设部令第 2 号）[R]. 2009.

[39] 中华人民共和国住房和城乡建设部. 房屋建筑和市政基础设施工程施工分包管理办法（住房城乡建设部 124 号令）[R]. 2019.

[40] 中华人民共和国住房和城乡建设部. 建设工程质量检测管理办法（住房城乡建设部令第 141 号）[R]. 2005.

[41] 中华人民共和国住房和城乡建设部. 建筑起重机械安全检查监督管理规定（住房城乡建设部令第 166 号）[R]. 2008.

[42] 中华人民共和国住房和城乡建设部. 危险性较大的分部分项工程安全管理规定（建办质〔2018〕31 号）[R]. 2018.

[43] 中华人民共和国住房和城乡建设部. 城市轨道交通工程关键节点风险管控（建办质〔2017〕68 号）[R]. 2017.

[44] 中华人民共和国住房和城乡建设部. 城市轨道交通建设工程质量安全事故应急预案管理办法（建质〔2014〕34 号）[R]. 2014.

[45] 中华人民共和国住房和城乡建设部. 关于印发城市轨道交通工程安全质量管理暂行办法的通知（建质〔2010〕5 号）[R]. 2010.

[46] 中华人民共和国住房和城乡建设部. 住房城乡建设部关于印发城市轨道交通建设工程验收管理暂行办法的通知（建质〔2014〕42 号）[R]. 2014.

[47] 中华人民共和国住房和城乡建设部. 关于印发城市轨道交通工程质量安全检查指南的通知（建质〔2016〕173 号）[R]. 2016.

[48] 中华人民共和国住房和城乡建设部. 住房城乡建设部关于开展工程质量管理标准化工作的通知（建质〔2017〕242 号）[R]. 2017.

[49] 中华人民共和国住房和城乡建设部. 住房城乡建设部关于印发工程质量安全手册（试行）的通知（建质〔2018〕95 号）[R]. 2018.

[50] 江苏省住房城乡建设厅. 江苏省建筑施工起重机械设备安全监督管理规定（苏建法〔2004〕90 号）[R]. 2004.

[51] 江苏省住房城乡建设厅. 关于明确施工项目经理部关键岗位人员网上备案标准及有关管理要求

（苏建建管〔2017〕236 号文）〔R〕. 2017.

[52] 住房城乡建设部工程质量安全监管司. 城市轨道交通工程安全风险管理体系构建指南〔M〕. 北京：中国建筑工业出版社，2015.

[53] 江苏省住房和城乡建设厅，江苏省土木建筑学会城市轨道交通建设专业委员会. 城市轨道交通工程系统安装及联调联试指南〔M〕. 北京：中国建筑工业出版社，2017.

[54] 江苏省住房和城乡建设厅，江苏省土木建筑学会城市轨道交通建设专业委员会. 城市轨道交通工程施工现场标准化实施指南〔M〕. 北京：中国建筑工业出版社，2016.

[55] 江苏省住房和城乡建设厅，江苏省土木建筑学会城市轨道交通建设专业委员会. 城市轨道交通工程质量验收资料实施指南〔M〕. 北京：中国建筑工业出版社，2016.

[56] 李云贵. 建筑工程施工 BIM 技术应用指南〔M〕. 北京：中国建筑工业出版社，2017.

[57] 本书编委会. 城市轨道交通工程 BIM 应用指南〔M〕. 北京：中国建筑工业出版社，2018.

[58] 住房城乡建设部工程质量安全监管司. 城市轨道交通工程常见质量问题控制指南〔M〕. 北京：中国建筑工业出版社，2015.

[59] 中华人民共和国住房和城乡建设部. 城市轨道交通工程质量安全检查指南（建质〔2016〕173 号）〔R〕. 2016.

[60] 中华人民共和国建设部. 地铁及地下工程建设风险管理指南〔M〕. 北京：中国建筑工业出版社，2008.